Título Original: *Western Marxism*

EDITOR | Edson Manoel de Oliveira Filho
COORDENADOR DA BIBLIOTECA JOSÉ GUILHERME MERQUIOR
João Cezar de Castro Rocha
PRODUÇÃO EDITORIAL, CAPA E PROJETO GRÁFICO
É Realizações Editora
PREPARAÇÃO DE TEXTO | Jessé de Almeida Primo
REVISÃO | Antonio Carlos Marques
DIAGRAMAÇÃO | Nine Design / Mauricio Nisi Gonçalves

CIP-Brasil. Catalogação na Publicação
Sindicato Nacional dos Editores de Livros, RJ

M534m

Merquior, José Guilherme, 1941-1991
O marxismo ocidental / José Guilherme Merquior ; tradução Raul de Sá Barbosa. - 1. ed. - São Paulo : É Realizações, 2018.
352 p. ; 23 cm. (Biblioteca José Guilherme Merquior)

Tradução de: Western marxism
Inclui bibliografia e índice
ISBN 978-85-8033-343-5

1. Marx, Karl, 1818-1883. 2. Filosofia marxista. 3. Socialismo. I. Barbosa, Raul de Sá. II. Título. III. Série.

18-50082 CDD: 335.4
CDU: 330.85

Meri Gleice Rodrigues de Souza - Bibliotecária CRB-7/6439
28/05/2018 05/06/2018

Os direitos desta edição pertencem a
É Realizações Editora, Livraria e Distribuidora Ltda.
Caixa Postal: 45321 · 04010 970 · São Paulo SP
Telefax: (5511) 5572 5363
e@erealizacoes.com.br · www.erealizacoes.com.br

Este livro foi impresso pela RR Donnelley em julho de 2018.
Os tipos usados são da família Sabon LT Std e Industrial736 BT. O papel do miolo é o Lux Cream 80 g, e o da capa cartão Ningbo C2 250 g.

O Marxismo Ocidental

José Guilherme Merquior

Tradução de Raul de Sá Barbosa

Posfácios de
João Cezar de Castro Rocha
José Mario Pereira

Para Leandro Konder,
que não concordará com tudo...

Sumário

Prefácio 11

Capítulo I: Um conceito e seu *background*

1. O que é marxismo ocidental? 14
2. O legado: Hegel 25
3. O legado: o marxismo de Marx 59

Capítulo II: Os fundamentos do marxismo ocidental

1. Lukács e o "comunismo-cultura" 82
2. Gramsci e o historismo marxista 120

Capítulo III: O pós-guerra

1. A Escola de Frankfurt em sua fase clássica 141
   A obra solitária de Walter Benjamin 148
   O espírito da dialética negativa 163
2. De Sartre a Althusser 173
3. De Marcuse a Habermas 193
   Jürgen Habermas e o Santo Graal do diálogo 202

Capítulo IV: Algumas conclusões gerais 229

Posfácios

Uma obra-manifesto? Hipóteses sobre o estilo intelectual de José Guilherme Merquior
por João Cezar de Castro Rocha 250

José Guilherme Merquior
por José Mario Pereira 258

Arquivo José Guilherme Merquior 265

Marcos do marxismo ocidental 305

Bibliografia 307
Índice analítico 329
Índice remissivo 345

O MARXISMO OCIDENTAL

PREFÁCIO

Na sua citadíssima undécima tese sobre Feuerbach, Marx concitou a filosofia a mudar o mundo em vez de limitar-se a interpretá-lo. O problema do marxismo pós-Marx é que, historicamente, ele seguiu à risca a prescrição: sem dúvida nenhuma, alterou a face do mundo moderno – mas não se pode dizer que o tenha interpretado de maneira intelectualmente satisfatória. Quando o marxismo ocidental, nascido, na década de 1920, do espírito revolucionário, ganhou impulso, nos trinta anos que se seguiram à Segunda Guerra Mundial, passou a proclamar a necessidade premente de repensar tanto a teoria marxista quanto a sua relação com a práxis social.

O presente estudo é uma tentativa de avaliar criticamente os resultados principais desse esforço teórico. Reflete, espero, inúmeras e vigorosas trocas de ideias sobre o marxismo e seus problemas com mentes de primeira ordem, nenhuma das quais, naturalmente, é responsável pelas opiniões aqui expressas: Raymond Aron, Leszek Kolakowski, Ernest Gellner, Fernando Henrique Cardoso, Perry Anderson, Leandro Konder, Roberto Schwarz, Carlos Nelson Coutinho, John A. Hall, F. A. dos Santos. Agradeço a Hélio Jaguaribe a hospitalidade do seu Instituto de Estudos Políticos e Sociais (Rio), onde esbocei, em 1984, a maior parte da minha análise da Escola de Frankfurt. Graças a uma oportuna sugestão de Celso Lafer, pude precisar melhor, nesta edição, a posição histórica do conceito hegeliano de sociedade civil. De certo modo, pensei este livro anos a fio – mas jamais teria conseguido escrevê-lo em apenas um outono sem a ajuda e o estímulo dos meus amigos e da minha família

JGM
Londres, junho de 1985

Capítulo I

UM CONCEITO E SEU *BACKGROUND*

1. O QUE É MARXISMO OCIDENTAL?

Geralmente se entende por "marxismo ocidental" um corpo de ideias, principalmente filosóficas, que abarca a obra de autores tão diversos quanto Georg Lukács a Althusser, Walter Benjamin e Jean-Paul Sartre. Abrange também intervenções teóricas e análises históricas tão distantes umas das outras no tempo, no escopo e no espírito quanto as de Antonio Gramsci (morto em 1937) e Jürgen Habermas, o qual, nascido em 1929, começou a publicar há apenas trinta anos. É, ao mesmo tempo, um produto típico da criativa cultura do primeiro pós-guerra e uma teorização em curso, reconhecível como tal (embora profundamente transformada) na produção da segunda geração da chamada Escola de Frankfurt, agrupada em torno de Habermas, ou, ainda, naquilo que acabou conhecido como marxismo estruturalista francês.

Tal diversidade dificulta a interpretação crítica. Mas pelo menos se sabe, *grosso modo*, quem são os marxistas ocidentais: Lukács, Gramsci, os frankfurtianos, Sartre, Althusser, alguns teóricos da "nova esquerda", e assim por diante. Já quando chega a hora de definir ou, até, de descrever o marxismo ocidental em bloco, tomado como denominador comum entre diversas tendências no marxismo do século XX, o rótulo se revela bem traiçoeiro. Por exemplo, tradicionalmente, denota o pensamento marxista não soviético, ou diferente do pensamento soviético. Entretanto, tomado em sentido por demais literal, esse significado geográfico engana. Diversas tendências marxistas no Ocidente, conquanto apartadas do cânon soviético, estão longe de enquadrar-se no "marxismo ocidental", no seu sentido filosófico. Considerem-se uns poucos exemplos a esmo: um trotskista como o influente economista belga Ernest Mandel; um teórico da revolução como o Régis Debray dos primeiros tempos; ou um dissidente da República Democrática Alemã, como Rudolf Bahro – possivelmente o mais importante caso de heresia comunista desde a *A Nova Classe* (1957), Milovan Djilas. Todos esses, nas suas obras mais notáveis: *Revolução na Revolução* (1969), de Debray; *Capitalismo Tardio* (1972), de Mandel; e *A Alternativa na Europa Oriental* (1977), de Bahro – entraram em choque com o credo soviético. Todavia, nunca se atribuiu ao pensamento de qualquer um deles o rótulo de "marxismo ocidental". Logo, é claro que não basta ser marxista no Ocidente para transformar uma pessoa em "marxista ocidental". Sob esse aspecto, a etiqueta é uma impropriedade.

Todavia, se considerada em perspectiva *histórica*, a expressão se torna muito mais significativa. Pois o "marxismo ocidental" nasceu, no começo da década de 1920, como um desafio doutrinário, vindo do Ocidente, ao marxismo soviético. Seus principais fundadores – Lukács e Ernst Bloch, Karl Korsch e Gramsci – estavam em áspero desacordo com o materialismo histórico determinista da filosofia bolchevique, tal como definida por Lênin ou Bukharin. Tanto Lênin quanto Bukharin, e antes deles Engels e Plekhanov, acreditavam em leis econômicas objetivas como força motriz da história. Também entendiam que a consciência era essencialmente um reflexo da realidade natural e social. Na década de 1920, essas posições-chave foram sustentadas, no campo leninista, em tratados marxistas muito lidos, como a *Teoria do Materialismo Histórico* (1921), de Bukharin; e no campo antibolchevique, em *A Interpretação Materialista da História* (1927), de Kautsky. Mas foram energicamente combatidas por pensadores como Lukács e Gramsci, que discordavam do aberto naturalismo das formas mais deterministas do marxismo.

Apesar de tudo isso, nada seria mais errôneo que pensar nos primeiros marxistas ocidentais como antileninistas. Desde a Segunda Guerra Mundial, a autoimagem do marxismo ocidental tende a pintar o movimento como uma espécie liberal ou libertária de marxismo, infinitamente mais próxima da visão humanista do jovem Marx do que da sombria posição política do "realismo socialista", i.e., dos regimes comunistas implantados sob a bandeira do "marxismo-leninismo". Na verdade, a própria expressão "marxismo ocidental" parece ter sido cunhada, por Maurice Merleau-Ponty, num espírito antileninista. Por volta de 1930, Korsch já descrevia a si mesmo, a Lukács e a outros opositores do Comintern como "comunistas ocidentais". Mesmo antes disso, seguidores do Comintern tinham estigmatizado Korsch & Co. como teóricos "da Europa Ocidental". Mas a voga da frase "marxismo ocidental" não é anterior às controvérsias intestinas do marxismo francês em meados da década de 1950. Apesar disso, a verdade histórica é que os grandes iniciadores do pensamento marxista ocidental, sobretudo Lukács e Gramsci, demonstraram a vida inteira uma lealdade a toda prova ao movimento comunista e – ao contrário dos sociais-democratas alemães – sempre se orgulharam do triunfo bolchevique, na esteira da Revolução de Outubro. A despeito de todos os seus desvios em relação à filosofia de Lênin, tanto Lukács quanto Gramsci permaneceram até o fim impecáveis leninistas em política. Os fundadores que, como Bloch ou Korsch, romperam com o leninismo não tiveram nenhuma influência decisiva na formulação da teoria do marxismo ocidental maduro.

Quem quer que considere as credenciais do leninismo bastante pobres, do ponto de vista libertário, chegará inevitavelmente à mesma conclusão com respeito às fontes do marxismo ocidental. Os marxistas ocidentais começaram como militantes ou simpatizantes das diversas formas de comunismo de esquerda (*viz.* as inclinações sindicalistas de Lukács, o período de comunismo de sovietes de Gramsci, etc.); e depois marcharam firmemente para o modelo ortodoxo de controle partidário vertical. Só mais tarde, com a emergência da Escola de Frankfurt, o marxismo ocidental deixou de ser leninista e, até, de ser comunista. Mas, mesmo então, pelo menos um grupo poderoso, os althusserianos, conservou um nítido desejo de manter estrita fidelidade ao Partido Comunista.

Portanto, heresia política não serve, nem de longe, para caracterizar de maneira global o marxismo ocidental. A fim de captar seu sabor peculiar, cumpre recorrer à dissensão teórica. Aqui, a primeira coisa que salta aos olhos é um interesse absorvente pela cultura. Enquanto o foco do marxismo clássico estava na história econômica e na política da luta de classes, o marxismo ocidental se preocupou em primeiro lugar com cultura e ideologia. Em vez de analisar processos de acumulação de capital, a mecânica da crise ou a reprodução das relações sociais, os marxistas ocidentais, na maior parte, escreveram abundantemente sobre os problemas da alienação e reificação no seio da sociedade capitalista. Naturalmente, nem tudo sob a mirada do marxismo ocidental foi cultura, em oposição à política e à economia. Gramsci, por exemplo, era dado a esmiuçar variedades históricas da luta de classes e alianças de classe. E os althusserianos deram grande atenção a modos de produção e formações sociais. De modo geral, porém, não é inexato descrever o marxismo ocidental como um marxismo de superestrutura, porque, mesmo quando suas análises estão voltadas para a dominação de classe, elas tendem, muita vez, a ser conduzidas (como em Gramsci) sem especificar fatores localizados na infraestrutura tecnoeconômica – o mundo daquilo a que o marxismo clássico chamou forças e relações (sociais) de produção. De regra, nas análises que leva a cabo, o marxismo ocidental exibe pouco senso de condicionamentos sociais, especialmente de natureza econômica ou socioeconômica. Na verdade, o que distingue o marxismo ocidental, além da ênfase na cultura antes que na economia, é a combinação de uma temática cultural com uma quase inexistência de peso infraestrutural na explicação dos fenômenos culturais e ideológicos.

Marx e Engels, Bernstein e Kautsky, Lênin e Bukharin – em outras palavras, os dois fundadores do marxismo, o principal revisionista, o sumo sacerdote da ortodoxia ao tempo da Segunda Internacional, o líder da primeira revolução marxista, e o melhor teórico do regime bolchevista –, todos sustentaram, no interior do marxismo, o ideal de uma ciência soberana. Mas não os marxistas ocidentais. Estes preferem ver no marxismo não uma ciência, mas uma crítica. Decerto o próprio Marx, como Korsch se deu pressa em mostrar, intitulara ou subintitulara assim todas as suas obras principais, desde a juvenil *Crítica da Filosofia do Direito de Hegel* (1844) até a *Contribuição à Crítica da Economia Política* (1859) e, *last, but not least*, o próprio *O Capital* (1867). E todavia tudo o que Marx quis fazer foi uma *sociologização* do que fora até então tratado por disciplinas menos voltadas para o social, como a filosofia política idealista ou a economia política clássica. Essa sociologização marxista constituía, por sua vez, uma tentativa de aprofundar aquela perspectiva histórica generalizada que veio a ser a marca registrada das ciências no século XIX. A crítica da economia política por Marx era uma tentativa de introduzir o determinismo social na explicação dos processos econômicos e da mudança econômica. Mas em Marx "crítica" positivamente não deve ser entendida como uma alternativa para "ciência" – muito pelo contrário. Em Marx, o papel da crítica era limpar o terreno para uma exposição verdadeiramente científica da evolução social e do destino do capitalismo. No marxismo ocidental, ao contrário, "crítica" é entendida como uma arma filosófica contra qualquer busca de regularidades sociais dotadas de poder causal – precisamente aquilo que Marx buscara, em suas obras da maturidade.

O estudioso pode e, na verdade, deve distinguir a abordagem científica em Marx do cientificismo grosseiro de algumas das mais conhecidas fórmulas de Engels. Mas Marx e Engels partilhavam da mesma concepção naturalista do conhecimento, e viam, até certo ponto, o marxismo clássico como uma suplantação irreversível do idealismo – a filosofia, sobretudo alemã, do começo e da primeira metade do século XIX, que insistira na primazia do espírito. Não contentes em acentuar o papel ativo da consciência no conhecimento, os idealistas tinham chegado a igualar a realidade com a mente, buscando explicar todos os fenômenos em termos das operações atribuidoras de sentido da consciência humana. Na prática, portanto, o idealismo era o ponto de vista humano – e, como tal, dificilmente compatível com a disciplina antiantropomórfica exigida pelo pensamento científico.

A simpatia do marxismo ocidental pelos clássicos do idealismo alemão (para com Hegel, sobretudo) é parte fundamental e necessária dessa rejeição do marxismo naturalista de Marx. O marxismo ocidental optou ostensivamente por uma epistemologia "humanística": o verdadeiro conhecimento passou a ser identificado, mais do que nunca, com o ponto de vista humano. Os marxistas ocidentais não se deram quase nunca à busca de causas – mas quase sempre interpretaram o "sentido", o significado do "fator humano". Daí o seu constrangimento ante a rigidez materialista do marxismo clássico. Relutantes em repudiar o materialismo depois do longo descrédito da metafísica idealista, os marxistas ocidentais se viram claramente embaraçados diante de suas implicações epistemológicas, que se contrapunham à sua visão humanista do conhecimento. Por outro lado, como teoria especulativa do ser, o "materialismo dialético" de Engels e Plekhanov não era melhor que a metafísica da mente da tradição idealista. *Matter or mind*, *no matter*; *mind or matter*, *never mind*... O velho jogo de palavras capta o sem-sentido desse vetusto dilema. No entanto, como teoria do conhecimento, o materialismo tinha muito a oferecer. Em última análise, representava uma estratégia naturalista de análise explicativa, francamente causal em sua direção e determinista em sua inclinação. Assim, na prática da análise não é nada fácil harmonizar o materialismo com os preconceitos "humanistas" e o ânimo anticiência do marxismo ocidental.

Em larga medida, o marxismo ocidental importava numa restauração do elemento idealista no marxismo, e pretendo devotar o próximo capítulo a lembrar os contornos desse componente idealista, focalizando a conexão Hegel/Marx. O lugar de nascimento do marxismo ocidental é um ensaio (sobre a consciência de classe) em que o jovem Lukács tinha por objetivo, nas palavras dele mesmo, alcançar "um hegelianismo mais hegeliano que Hegel".[1] Para alguns comentaristas, Neil McInnes sobretudo, a marca de Hegel no marxismo ocidental é tão visível que este, comparado a versões anteriores da doutrina marxista, contrasta com elas pelo pouco desejo de combinar marxismo com outras escolas filosóficas, exceto – precisamente – sua própria fonte hegeliana. Kautsky se deixou embeber de pensamento evolucionista; Plekhanov apaixonou-se por ontologias monistas sintetizadas em Spinoza; e os marxistas austríacos se entusiasmaram por Kant e Mach. Mas o marxismo ocidental permaneceu fiel à fonte: Hegel. Sob muitos aspectos, foi um hegelianismo de esquerda redivivo, mais fiel ao mestre que os hegelianos de esquerda históricos, para não falar no maior de todos eles – o próprio Marx.

No entanto, essa marcada fidelidade à matriz hegeliana não impediu o marxismo ocidental de pedir emprestado importantes conceitos a diversos quadrantes do pensamento contemporâneo. Se a influência de Croce sobre Gramsci pode ser tida como mais um caso de hegelianismo (uma vez que Croce foi, manifestamente, o mais notável hegeliano deste século), muito do que era assimilado pelo marxismo ocidental provinha não só de filósofos independentes, como Simmel e mesmo Nietzsche, mas também da corrente principal do movimento neoidealista encabeçado por Dilthey, que reconstruiu o conceito de conhecimento histórico em estreita afinidade com uma disciplina gerada pelo romantismo: a hermenêutica, ou arte da interpretação. Outros elementos incorporados ao marxismo ocidental eram, originalmente, estranhos à filosofia acadêmica: a sociologia de Weber, a psicanálise, a estética modernista, e isso para nomear apenas uns poucos. Assim, e desde o começo, o marxismo ocidental distanciou-se daquele horror *a priori* da ideologia "burguesa", tão estritamente observado pela vulgata do materialismo dialético entronizada e venerada em Moscou.

[1] Cf. "Class Consciousness", 1920. In: Lukács, 1971b.

Uma descrição, por mais singela, do marxismo ocidental terá de sublinhar pelo menos três características: a) sua temática proeminentemente cultural; b) sua visão firmemente humanista do conhecimento; c) seu amplo ecletismo no que concerne ao equipamento conceitual. Obviamente, então, o marxismo ocidental não é apenas "herético" em face do marxismo soviético: é, mais exatamente, uma heresia de sabor especial. Isso se torna ainda mais patente quando se compara o marxismo ocidental com desvios coletivos anteriores em relação ao marxismo clássico, ou ainda com aquela parte do legado marxista que foi, de maneira esclerosada, transformada em sabedoria oficial por decreto soviético. Por exemplo, o período denominado "crise do marxismo" (1897-1899), dominado pelo surto revisionista; ou o austromarxismo, nascido na primeira década do século XX.

Cada um dos protagonistas do debate sobre a "crise do marxismo" – Antonio Labriola, o jovem Benedetto Croce, Eduard Bernstein, Georges Sorel, e o tcheco Thomăs Masaryk, que cunhou a expressão – era um feroz antideterminista. Vendo em Marx um crente cego no determinismo histórico, Masaryk – *Os Fundamentos Filosóficos e Sociológicos do Marxismo* (1899) – não se dizia marxista. Por outro lado, Labriola – *A Concepção Materialista da História* (1896) – adotou uma visão não determinista do marxismo. Em consequência, rejeitou a noção de Masaryk de uma crise teórica do marxismo. Em *Discorrendo sobre Socialismo e Filosofia* (1898), Labriola insistiu em que o materialismo histórico era uma "filosofia da prática", oposta tanto ao idealismo (o modelo explicativo do pensamento para a vida, e não da vida para o pensamento) quanto ao "materialismo naturalista". Seu discípulo Croce daria uma inflexão radical ao antipositivismo labriolista. Desenvolvendo um "historismo absoluto" ("*absolute historism*"), Croce reduziu a legitimidade do materialismo histórico a "um simples cânon de interpretação histórica". Muito impressionado pela crítica de Croce ao determinismo histórico, Bernstein se concentrou na refutação das profecias de Marx: empobrecimento em massa, polarização de classes, ruína do capitalismo. Finalmente, Sorel inferiu da crise do marxismo que o historicismo de Marx (*Marxian historicism*), como uma teoria das leis históricas (econômicas), não era uma imagem da realidade, mas apenas um mito social útil – um credo ativo para as massas sacrificadas, uma *rationale* para a revolução.

Porém a diferença marcante entre esses pensadores (bem diversos entre si) e a maior parte dos mestres do marxismo ocidental, de Lukács a Adorno e Sartre, é que nenhum deles jamais foi, ou se tornou, "humanista", no sentido de rejeitar o ideal científico ou denunciar os princípios científicos. Masaryk tinha uma mentalidade profundamente religiosa, e atribuiu, desde o princípio, a crise da civilização à decadência da fé cristã. Não obstante, louvou a ciência, e até chegou a afirmar, à maneira de Comte, que a tarefa da filosofia era construir uma nova visão do mundo fundada nas descobertas da ciência. Labriola, um ex-hegeliano, via em Marx um saudável rompimento com o idealismo. Em consequência, não discordava do materialismo *per se*, mas apenas de sua variedade mecanicista. O engenheiro Sorel não rejeitou o determinismo histórico de Marx por considerá-lo científico, mas por achar que não o era suficientemente: o marxismo clássico não proporcionava um relato convincente, causal, de seus próprios pressupostos e profecias. Os argumentos de Croce contra o materialismo histórico *qua* determinismo histórico tinham idêntica motivação. Para Sorel, pareciam ainda mais convincentes por se coadunarem facilmente com as críticas de Cournot contra o determinismo universal, as quais eram, ademais, perfeitamente lógicas e de caráter científico, e haviam contribuído, em não pequena escala, para formar as ideias epistemológicas do próprio Sorel.

A segunda heresia maior a considerar é a do austromarxismo. No seu primeiro surto criativo (1904-1910), os marxistas austríacos fizeram muito para refinar o marxismo clássico ou para passar ao largo dos dogmas crassos do "marxismo vulgar". Assim, enquanto Max Adler, valendo-se do positivismo machiano, salientava que as causas sociais operam normalmente através da mediação da consciência, Karl Renner argumentava que o direito burguês estava longe de ser um simples reflexo do poder econômico. Mais tarde, no primeiro pós-guerra, o austromarxismo ficou ainda mais audacioso. Rudolf Hilferding discorreu sobre "capitalismo organizado" como uma nova fase na história socioeconômica. Enquanto Adler estudava a metamorfose da classe operária, Renner identificava novos estamentos de serviço; e Otto Bauer não hesitou em apontar a emergência, no socialismo soviético, de uma nova classe dominante, a hierarquia bolchevique. Essas análises não eram menos divergentes das crenças do marxismo-leninismo que a sociologia do marxismo ocidental. E todavia a moldura ideológica do austromarxismo parece ainda mais distante do humanismo do comunismo ocidental que os teóricos da crise *fin de siècle*. Adler tentou alicerçar a ciência social marxista na epistemologia kantiana, e Bernstein procurou basear o socialismo na ética de Kant. Como os marxistas ocidentais, os austromarxistas viram sua própria política muito mais democrática que a realidade do poder bolchevique. Mas nenhum se permitiu nada remotamente comparável ao repúdio da ciência, da cultura burguesa e da sociedade industrial.

Chamemos a esse elemento de repúdio pelo seu nome alemão, tão revelador: *Kulturkritik*. Pois o marxismo ocidental não é só o marxismo da superestrutura: foi também, desde o início, uma teoria da crise da cultura, uma condenação formal e apaixonada da civilização burguesa. Aquele reconhecimento generoso (e historicamente acurado) das realizações do capitalismo, que produziu algumas das melhores páginas de Marx e Engels desde *O Manifesto Comunista*, se perdeu quase por completo na filosofia do marxismo ocidental. Este é um exercício teórico cujo berço foi o revolucionarismo requentado no rastro da Revolução de Outubro (1917) – mas seu *habitat* tem sido, sobretudo, e desde aqueles dias, a *intelligentsia* humanista. O marxismo ocidental deriva de uma obstinada rejeição do *ethos* industrial e, mais geralmente, dos valores da cultura social moderna, e com essa rejeição prospera. Tal repúdio, desde o movimento "decadente" e os primeiros vagidos da arte moderna, cem anos atrás, jamais esmoreceu entre os intelectuais humanistas do Ocidente.

É claro que a retórica do marxismo ocidental não condena a modernidade como tal, só a modernidade capitalista. Mas é fácil mostrar que muito do que entrou na sua definição (frequentemente implícita) do capitalismo pertence à condição social do homem moderno, no industrialismo avançado. O marxismo ocidental lançou uma inesperada *reprise*, pela esquerda, de certos *Leitmotiven* da crítica conservadora da sociedade industrial. Renegando as posições de *História e Consciência de Classe* (1923), a bíblia do movimento, Lukács o descreveu como "anticapitalismo romântico". Ora, o que havia de romântico no jovem Lukács (e lembra a crítica do primeiro capitalismo industrial pelo conservadorismo romântico) era a combinação de ataques à sociedade burguesa com a recusa da civilização industrial, baseada na moderna tecnologia e numa crescente divisão do trabalho. Pois bem: grande parte do marxismo ocidental merece a censura que Lukács dirigiu à sua própria visão de mundo, à época em que tanto ajudou a fundá-lo.

Veremos no devido tempo que essa ênfase romântica no *pathos* humanista, além de não fazer justiça a muito do pensamento de Gramsci, tampouco se ajusta à obra de Althusser. Mas veremos também que o althusserianismo constitui, sob esse aspecto, uma espécie de exceção que confirma a regra.

Por enquanto, devemos passar da caracterização geral do marxismo ocidental à evocação das suas bases filosóficas principais: Hegel e Marx. Ao fazê-lo, procurarei, naturalmente, focalizar o que, em Marx ou em Hegel, mais atraiu os marxistas ocidentais. Mas nenhuma tentativa será feita para reexaminar um ou outro com os olhos do marxismo ocidental; porque aqui as diferenças são pelo menos tão eloquentes quanto os pontos de convergência.

2. O legado: Hegel

Do Absoluto devemos dizer que é,
essencialmente, um resultado.
Hegel

Heine escreveu que Kant foi maior que Robespierre, porque, enquanto Robespierre guilhotinou o rei, Kant, proscrevendo as proezas espetaculares da metafísica, havia decapitado o próprio Deus. No entanto, acrescentou Heine, quando Kant viu que essa demolição crítica do conceito da existência de Deus havia lançado seu fiel servidor Lampe em terrível angústia, apiedou-se dele e restaurou o Criador (junto com a imortalidade da alma) como "postulado" da razão prática, na sua memorável *Crítica da Razão Prática*.

A maior parte da filosofia alemã imediatamente posterior a Kant pode ser descrita como altamente animadora para o bom Lampe: na sua grande maioria, os pós-kantianos não tiveram dúvidas em reafirmar e valorizar a metafísica especulativa. Se Kant separou os absolutos do conhecimento, Fichte (1762-1814), Schelling (1775-1854) e Georg Wilhelm Friedrich Hegel (1770-1831) porfiaram por fazer a filosofia de novo íntima do absoluto. Os escrúpulos epistemológicos de Kant foram simplesmente postos de lado. Sustentar que nenhuma compreensão adequada do ser (a famosa "coisa em si") e não só do fenômeno pode ser racionalmente garantida chegou a ser visto como uma atitude intelectual a que faltava a "coragem da verdade, a fé no poder do espírito".

Tais palavras pertencem à aula inaugural de Hegel ao tomar posse de sua cátedra na universidade de Berlim (1818). A ojeriza de Hegel por Kant bem mostra que, desde o começo, sua própria filosofia escolhera caminho inteiramente diverso. A tese central de Hegel aponta para um autodesenvolvimento do Pensamento, em que "Pensamento" denota o Absoluto (com maiúscula). Era uma versão inteiramente amadurecida daquela identificação da realidade com a consciência que jaz no coração do idealismo. Enquanto Kant dera ênfase ao papel ativo da mente no conhecimento, os idealistas pós-kantianos foram mais além: viram na consciência a sede da realidade e não apenas uma força propulsora do conhecimento. Os idealistas alemães diferem dos idealistas anteriores (como Berkeley) precisamente pelo fato de que, em vez de conceberem a mente como um *prius* atuando na raiz do conhecimento, encararam a primazia da mente como um *programa* que se desdobra no tempo (um processo).

O idealismo alemão, portanto, tinha uma natureza fáustica: dava ênfase à luta (*Streben*) e via o espírito como protagonista de um drama de longa duração – o *agon* do espírito que molda o sentido do mundo, ou, melhor, o próprio mundo. E aqui se encontra outro aspecto vital da metafísica pós-kantiana: a majestosa ênfase no espiritual. Não foi em vão que seus próceres, Schelling e Hegel, fizeram estudos teológicos antes de se dedicarem à filosofia. Se idealismo, em geral, importa, como já observamos, num "ponto de vista humano", o idealismo alemão serviu-o em dose dupla. O idealismo metafísico considerava a "experiência humana" (distinta da Revelação) como a fonte onde "pode ser encontrada a chave para a compreensão da natureza da realidade, e essa chave foi revelada através daqueles traços que distinguem o homem como ser espiritual".[2]

A contribuição específica de Hegel a essa filosofia consistiu em encarecer o tema idealista, apresentando o autodesenvolvimento do pensamento menos como uma reflexão (o trabalho romântico e fichtiano da consciência como "experiência") do que como uma posição, i.e., um processo por meio do qual o sujeito do pensamento se torna seu próprio objeto. Podemos chamar a essa autoposição (*Setzens*) o elemento *tético* (do gr. *thesein*,

[2] Mandelbaum, 1971, p. 6.

"pôr"; cf. *thesis*, "tese", o que é proposto para discussão). Foi esse elemento tético que valeu ao sistema de Hegel o nome de "idealismo objetivo", em contraposição ao idealismo enfaticamente subjetivo de Fichte.[3]

No entanto, em certo sentido, a passagem do idealismo subjetivo para o objetivo já começara quando Schelling, antigo colega de Hegel no seminário de Tübingen, projetou o espírito na natureza como autoatividade infinita. Esse lance de Schelling de tal modo interesou a Hegel que ele dedicou seu primeiro ensaio publicado a explicar a diferença entre os sistemas de Fichte e de Schelling (1801). O que é especificamente hegeliano é que o Absoluto, no modelo de idealismo objetivo de Hegel, se torna intrinsecamente histórico. Em primeiro lugar, Hegel acreditava, como ele mesmo disse na introdução à sua *Filosofia do Direito* (1821), que toda filosofia é "o próprio tempo assimilado em pensamentos". E mais: fiel às preocupações espirituais da metafísica idealista, ele construiu o autodesenvolvimento do pensamento como uma caminhada do Espírito através – e no interior – da história.

Ao tempo de Hegel, a cultura alemã já se acostumara a cultivar a filosofia da história como gênero intelectual, e às vezes o fazia numa atitude de renovação religiosa. Tome-se, por exemplo, Lessing, ao lado de Kant um dos maiores nomes da *Aufklärung* (o Iluminismo alemão). Seu testamento literário foi um opúsculo filosófico intitulado

---

[3] Respondendo a uma resenha crítica de José Arthur Giannotti, Merquior manifestou a intenção de reformular, em edição futura, esse parágrafo do livro. Infelizmente o autor não dispôs da oportunidade de fazê-lo, mas reproduzimos, na seção "Arquivo José Guilherme Merquior", o texto em que adianta a retificação. O que ali se esclarece é que o destaque ao componente tético é concedido não apenas por Hegel, mas também (e, aliás, em primeiro lugar) por Fichte. Não obstante, o ponto decisivo já está suficientemente claro no texto publicado: a saber, que o tético em Fichte tem por direção o subjetivo, ao passo que em Hegel está orientado eminentemente ao objetivo (José Guilherme Merquior, "Retórica *Ex Cathedra*. Resposta a José Arthur Giannotti". *Novos Estudos*, nº 19, dezembro 1987, p. 9. Ver, neste livro, p. 304). (N.E.)

Sobre a Educação do Gênero Humano (1780). Nele, a perspectiva cristã, ortodoxa, da salvação cede sutilmente lugar a um conceito de salvação-pela-história. Lessing praticamente identificava o divino com uma série de estádios no aperfeiçoamento ético da humanidade.

Mas, como se vê em outra de suas obras-primas, a peça *Nathan, o Sábio* (1779), a historicização da religião, ditada, como o foi, por uma ética de tolerância, concentrava-se tanto na amplitude da experiência histórica quanto no seu objetivo redentor. Em comparação, nas mãos de Hegel, a nova história se tornou uma *historiosofia*, i.e., uma lógica da história justificada por um princípio social. A história hegeliana era fortemente orientada para um alvo. Uma marcha das idades para o presente, cada idade servindo de degrau para a seguinte. A própria palavra historiosofia foi cunhada em 1838, por um hegeliano messiânico, o conde polonês August Cieszkowski. No ano anterior, a noção, senão o termo, já fornecera o cerne do pensamento altamente escatológico de um dos principais hegelianos de esquerda, Moses Hess (1812-1875), autor de uma *História Sagrada da Humanidade* (1837).

O lugar de Hegel na galeria da metafísica ocidental é determinado pela sua combinação de ontologia (a teoria do ser) com filosofia da história (a justificação da aventura humana, uma espécie de teodiceia profana). Definindo o Absoluto como um Espírito ultra-histórico, Hegel historicizou o ser. Daí por diante, "ser" pôde ser concebido preeminentemente como "tornar-se". Os metafísicos posteriores raras vezes se esqueceram disso. É difícil, por exemplo, encontrar ontologia tão pouco hegeliana quanto a de Heidegger; e, no entanto, Heidegger sempre insistiu na historicidade do seu elusivo Ser.

Como o Deus da antiga teologia, o Espírito histórico de Hegel paira muito acima das limitações da finitude. A seu ver, a suprema tarefa da razão (*Vernunft*) consistia em substituir-se à fé, pois cumpre à razão promover a superação do finito no infinito do Espírito que se expande. Ao contrário da razão, assim definida, o entendimento

(*Verstand*), muito louvado pela *Aufklärung* – e que corresponde, aproximadamente, à razão analítica –, parecia-lhe fadado à "tristeza da finitude" (*Trauer der Endlichkeit*), na bela frase da sua *Lógica*. O problema central da filosofia de Hegel era, precisamente, a unidade de finito e infinito. Donde a suprema importância, no seu sistema, de mediação (*Vermittlung*), categoria crucial por ele desenvolvida nos seus anos em Jena (1801-1807). Hegel sempre foi, desde o princípio, enamorado do absoluto. Ansiava por uma reconciliação (*Versöhnung*), neste mundo, do finito e do divino infinito. Sendo, porém, hostil à mística romântica (e schellingiana) da intuição, sua maneira de superar o deplorável abismo entre parte e todo (uma vez que "só o todo [*das Ganz*] é verdadeiro") requeria a mediação racional de conceitos entrelaçados, em vez do salto numa crença cega ou no êxtase da fantasia poética. Reconciliação por força de uma cadeia sem fim de mediações captadas pela razão – a *Versöhnung* alcançada por uma *Vermittlung* apreendida pela *Vernunft*: tal foi o ideal da metafísica hegeliana. Metafísica passavelmente salvacionista, pois a mediação é uma imitação de Cristo. Debaixo da mediação jaz a imagem do maior de todos os mediadores, o Deus feito homem, com sua magnífica promessa de expiação.[4]

O primeiro mandamento da metafísica idealista era postular, como substância final, algo que participasse da natureza do sujeito. Ou, na formulação do próprio Hegel na sua *Fenomenologia do Espírito* (1807): "O que importa é que a verdade seja pensada e expressa não só como substância mas também como sujeito". Essa substância, Hegel julgava tê-la encontrado no Espírito, que se desdobra na história da humanidade. Mas isso, naturalmente, implicava a ideia de um Absoluto que se manifesta por meio de um não absoluto, a realidade finita. Ora, o conceito de uma autoalienação positiva e enriquecedora do Absoluto era uma encanecida noção da teologia medieval mais antiga, e um princípio

---

[4] Sobre esse ponto, ver Niel, 1945, passim.

recolhido da tradição neoplatônica por um contemporâneo de Carlos Magno, João Escoto Erígena (810-877). Na medida em que as necessárias e temporais encarnações de Deus, nesse modelo neoplatônico cristianizado, ficam aquém da infinita substancialidade do Absoluto, Deus só pode ser conhecido através do que ele *não* é: donde o conceito de "teologia negativa". Como a ideia de uma alienação enriquecedora, a teologia negativa revelou-se um empréstimo decisivo das doutrinas neoplatônicas à moderna dialética. Dando ênfase a um meio *a contrario* de alcançar o Absoluto, com o eterno Espírito retornando a si mesmo depois de uma longa peregrinação pelos domínios das formas transientes e contingentes, a teologia negativa fornece à dialética um modelo. E a dialética era o método principal da filosofia hegeliana (apesar de ser mais do que apenas um método).

Graças a Leszek Kolakowski, estamos hoje familiarizados com a sombra da teologia negativa no *background* metafísico da dialética, tanto em Hegel quanto em Marx.[5] Outros preferiram acentuar, na linhagem da dialética, alguns motivos gnósticos, especialmente o mito de um Deus das Origens, o qual, em vez de manifestar-se no mundo, exila-se para dentro da sua própria interioridade, deixando ao homem o ônus de restaurá-lo à sua prístina glória. Esse tema gnóstico foi sancionado, ao tempo de Erígena, pela teologia bizantina de São Cirilo. Penetrou, depois, na cabala judaica durante o Renascimento e, posteriormente, o misticismo cristão, de Jakob Böhme, no começo do século XVII, ao pietismo, a tendência mais forte da religiosidade alemã durante o Iluminismo. A teosofia pietista de Friedrich Octinger (1702-1782), o "Mago do Sul", foi uma poderosa influência entre os mestres de Hegel, em Tübingen.[6] O próprio Hegel fechou sua *Fenomenologia do Espírito* aludindo à "solidão sem vida" de Deus sem o homem.

[5] Kolakowski, 1978, vol. I, cap. 1.

[6] Cf. Topitsch, "Marxismus und Gnosis". In: Topitsch, 1961.

Tanto a "autoalienação enriquecedora" quanto o resgate gnóstico da autoexilada divindade têm raízes neoplatônicas. À primeira vista, é verdade, essas duas linhas míticas parecem a enorme distância uma da outra. De um lado, Deus é toda uma dinâmica de exterioridade; do outro, Deus, entrando em si, deserta o mundo. O Deus da teologia negativa é um grande extrovertido; o Deus da gnose, um introvertido doentio. No entanto, os dois convergem. No mito do Deus que se exilou, quanto mais Ele se aprofunda em si mesmo, tanto mais forte se torna o mundo que abandonou. No caso, então, somos deixados – igualzinho como no mito da alienação progressiva – com uma situação dominada pelo poder da objetividade. E em ambos os casos a força da realidade objetiva brota da mesma fonte: deriva de um "trabalho do negativo" operando de dentro de uma objetividade *subjetivamente enraizada*, pois ela exibe, a cada passo, a marca do Absoluto-enquanto-sujeito, agindo como um processo histórico, ou, pelo menos, como a marca da consciência do homem, lutando para restaurar o divino entre o mal do mundo.

Para Hegel, o papel estratégico de exteriorização (*Entäußerung*) é tremendamente importante, uma vez que quanto mais alta for uma realidade (*Wirklichkeit*) mais "atualizada" ela é. "A verdade genuína", escreveu ele, "é a prodigiosa transferência do interno para o externo, a construção da razão no mundo real." (*Filosofia do Direito*, parágrafo 270.) Na grande *Lógica* de 1812-1816, que é, a rigor, uma ontologia, a categoria mais alta, a Ideia, é definida precisamente pela sua necessidade de "atualização". A ideia, em Hegel, não é, como em Locke ou Hume, uma simples representação mental. Só é conceito na medida em que o conceito se realiza.

Uma das afirmações mais famosas de Hegel, logo no começo da *Filosofia do Direito*, é a seguinte: "O que é racional é real e o que é real é racional". Tomada como um oráculo de conservadorismo entranhado, como se fora a contrapartida alemã do celebrado dito de Pope "Tudo o que é, é bom", desencadeou um dilúvio de comentários desdenhosos; e Engels ainda achou de agravar as coisas invertendo a sequência das proposições e fazendo Hegel dizer: "Tudo o que é real é racional e tudo o que é racional é real".[7] Entretanto, para os primeiros hegelianos, e.g., Eduard Gans (1797-1839), a tese de Hegel, longe de sacralizar o existente, significava apenas que a razão tinha o poder de realizar-se.[8] Desde os seus primeiros escritos teológicos, Hegel tornara perfeitamente claro que a filosofia não queria conversa com a grosseira legitimação de realidades dadas. Na terceira edição da sua *Enciclopédia das Ciências Sociais* (1817), ele salientou que "realidade" não significa, de maneira nenhuma, a simples existência. Assim, a segunda metade da frase-problema – "o que é real é racional" – não pode significar que todos os modos existentes do mundo são racionalmente justificados. Contudo, Hegel não foi nenhum Platão moderno. Não concebia o ideal como algo inatingível, mas algo, ao contrário, gradualmente corporificado nas instituições do homem histórico.

Desse modo, e sem legitimar tudo o que existe no presente, Hegel quis ver sua própria época como a meta do passado. Daí a diferença entre ele e a *Aufklärung* no tocante ao conceito do presente. Para o Iluminismo, como o progresso significa sempre um estado melhor de coisas, o presente não pode senão libertar o homem da história. Hegel pensava de outro modo. Para ele, o presente *consumava* o passado porque realizava (nos dois sentidos da palavra, o latino e aquele, inglês, equivalente a "tomar consciência") o conteúdo essencial da história: a obra da razão no mundo. Por isso Hegel incriminava tanto revolução quanto restauração. A Revolução, negando o passado, e a Restauração, rejeitando o presente, lhe pareciam ambas erradas, pois que ambas pressupunham uma ruptura irreal entre passado e presente, origem e futuro.[9] Como a Revolução,

[7] Cf. Avineri, 1972, p. 123n.

[8] Cf. Toews, 1985, p. 132.

[9] Ver os comentários de Ritter, 1957, seção III.

cujo memorável significado nunca deixou de sublinhar, Hegel ficava com o presente. Mas exaltava o presente do Ocidente por seu profundo sentido histórico, não por passar uma esponja na história.

Se tivermos o cuidado de ver essa ênfase na atualização histórica no quadro ontoteológico brevemente descrito nos parágrafos anteriores, entenderemos melhor por que Hegel precisava do método dialético. O ponto central, nesse contexto, é o problema, já mencionado, do *status* ontológico do finito. Realçando a necessidade que tem o Espírito de encarnar-se em formas históricas, Hegel quis demonstrar que os seres finitos não são apenas uma realidade contingente, mas sim elementos e estágios num plano dotado de necessidade. A demonstração disso tomou duas largas avenidas, descritas por Charles Taylor como dialética ascendente e dialética descendente.[10] A tarefa da dialética ascendente era mostrar que a realidade finita pode ser explicada apenas por uma rede cada vez mais ampla de relações, de modo que a verdade acaba por ser uma função de abrangência. A crescente inter-relação, porém, não basta, uma vez que, por si, a dialética ascendente, a partir do finito, não pode nunca superar de todo a contingência original do seu ponto de partida. Nessa conjuntura, vem em socorro do dialético uma dialética complementar, descendente, tentando mostrar que o finito, aparentemente contingente, na verdade *emana* de um desenvolvimento necessário do sujeito-substância, i.e., do Espírito.

A ontologia dinâmica de Hegel nos oferece uma escada por assim dizer de mão dupla: enquanto o Espírito desce para o finito (ou, melhor ainda, *como* finito), o finito sobe os degraus da história até alcançar o ponto em que o Espírito, sem suspender sua constante exteriorização, atinge o estádio da mais plena autognose – que é o tempo em que uma terceira grande forma de "espírito

---

[10] Taylor, 1975, cap. 3. [Em edição contemporânea, ver: Charles Taylor, *Hegel – Sistema, Método e Estrutura*. Trad. Nélio Schnider. São Paulo, É Realizações Editora, 2014. (N.E.)]

absoluto", a filosofia, sucede ao papel histórico-espiritual outrora desempenhado pela arte e pela religião.

Da noção do presente como efetivação racional do passado, é fácil inferir que o processo dialético não suprime, simplesmente, o que é deixado para trás. O termo-chave aqui, *Aufhebung*, significa um "levantamento", em que ultrapassar vai de mãos dadas com preservar, superando em vez de suprimir, num curso progressivo. Tais são as proezas operadas pelo "trabalho negativo" quando a negação age sob a magia da reconciliação. Em consequência, a dialética de Hegel está perenemente enamorada da totalidade.

Veremos oportunamente quão crucial foi essa visão holista para os primeiros marxistas ocidentais, principalmente para Lukács, antes de tornar-se um pomo de discórdia com a Escola de Frankfurt. Mas nenhuma discussão, por mais breve que seja, da dialética hegeliana pode evitar a noção de contradição (*Widerspruch*), um verdadeiro conceito-chave na filosofia de Hegel, e um dos seus maiores legados à linguagem marxista. Inúmeras vezes, Hegel se permitiu uma espécie de flerte com o irracionalismo. Assim, ele admitiu, no livro II da *Lógica*, a existência de contradições *in re* (em oposição a contradições lógicas) – possibilidade explícita e lucidamente excluída por Kant na *Crítica da Razão Pura* (1, 2, 1 apêndice); e forneceu alguns desconcertantes exemplos de contradições "reais", como nos seus comentários ao movimento físico (como ele mesmo disse na *Lógica*: para que alguma coisa se mova é preciso que esteja aqui e não esteja aqui ao mesmo tempo). Nada se lucra, porém, em chamar contradição, com obscuros acenos a uma pretensa faculdade supralógica, o que, na verdade, reduzido à expressão mais simples, são meras oposições, como as forças de atração e repulsão na mecânica. Além do mais, muito do que Hegel considera contraditório nada mais é (como Croce percebeu) do que *distinto*. Engels só conseguiu desprestigiar o pensamento dialético ao considerar tolices bombásticas, como "a planta é a negação da semente", admiráveis exemplos de "contradição da natureza".

Mas o caso de Hegel dispõe de uma linha de defesa. Sem querer negar a inconsistência da tese da contradição como âmago da realidade, alguns comentadores têm chamado a atenção para o fato de que Hegel não afirma habitualmente que um objeto *x* tem sempre, ao mesmo tempo, uma determinada qualidade e o seu contrário. De preferência, ele aponta incompatibilidades *no tempo* como aquela que existe, numa celebrada seção da *Fenomenologia*, entre senhor e servo: tendo começado por manter o servo em cativeiro, o senhor acaba dependente do trabalho dele. Senhor e servo são contrários, mas à medida que sua relação progride, a soberania inicial do primeiro se muda em aguda forma de dependência. Em outras palavras, à medida que a lógica da situação se desdobra, a posição do senhor se torna "contraditória". Mais geralmente, Hegel tende a supor tais contradições entre estágios. Acompanhando uma sugestão de H. B. Acton,[11] fica-se tentado a dizer que contradição pode muito bem ter sido em Hegel o nome, talvez impróprio, do antagonismo vital entre ideias competitivas e forças sociais, algo que Hegel, como estudioso de economia política, tinha por positivo tanto na história da civilização quanto na vida econômica. Por outro lado, o trabalho da mediação dificilmente se poderia cumprir se o "trabalho do negativo" fosse apenas uma guerra de todas as coisas contra todas as coisas. E todavia o sistema de Hegel é, tanto quanto a terra das contradições, um paraíso para mediações.

Uma coisa é certa: a contradição hegeliana, como a mediação hegeliana, é um habitante da história. E é por isso que, no mais espetacular e fascinante dos seus tratados, a *Fenomenologia* – a que ele chama sua "viagem de descoberta" –, o Espírito encontra seu ser alternativamente mediante formas de conscientização (e.g., percepção sensorial, consciência de si mesmo) ou posturas filosóficas e práticas intelectuais (estoicismo, ceticismo,

---

[11] No seu verbete sobre Hegel para a *Encyclopedia of Philosophy*. Ed. Paul Edwards. New York, Macmillan, 1967.

erudição) *e* mediante conjuntos históricos (e.g., Grécia Antiga, Roma imperial, cristandade primitiva, era protestante, Revolução Francesa). No último capítulo, o oitavo, Hegel indica que a tarefa da filosofia no seu tempo já não era, como o fora para Spinoza depois de Descartes, explicar a unidade do pensamento e do espaço; mas sim explicar a unidade do pensamento *e do tempo histórico*. O que antes "era expresso como a unidade do pensamento e do espaço deveria ser agora concebido como a unidade do pensamento e do tempo" – porque o Espírito só pode alcançar a perfeita consciência de si mesmo "quando se realiza como *Weltgeist*".

Michael Rosen traçou um arguto contraste entre os pressupostos da "viagem" de Hegel na grande *Fenomenologia* e a ideia kantiana de análise filosófica.[12] Segundo Kant, a experiência – i.e., a matéria ou objeto da análise – se compõe de duas coisas: um conteúdo, que vem de fora, e uma forma, a ele imposta pelas atividades cognitivas da mente. Rosen ressalta o caráter psicológico da empresa filosófica assim concebida: averiguando as estruturas da mente, a filosofia lança luz sobre a estrutura dos fenômenos. Já o conceito de experiência de Hegel é *histórico e não psicológico*. E, por causa disso, não admite a separação kantiana entre forma e conteúdo da experiência.

Visto que a *Fenomenologia* discerne estruturas de consciência subjacentes a conjuntos históricos – por exemplo, a "infeliz consciência" da cristandade (católica) –, é possível dizer que o primitivo projeto de Hegel nessa "Odisseia do Espírito" (Ernst Bloch) se parece ao de Kant. Mas a ideia toda de desenvolvimento do espírito em termos históricos não é, de maneira nenhuma, kantiana; e tampouco o é a tentativa de explicar uma estrutura espiritual da realidade por trás dos fenômenos, empresa naturalmente excluída pela tese de Kant sobre a incognoscibilidade da coisa-em-si.

---

[12] Ver seu verbete sobre Hegel in *Makers of Nineteenth-Century Culture*. Ed. Justin Wintle. London, Routledge and Kaegan Paul, 1982.

O herói da *Fenomenologia* é o Espírito consciente de si mesmo, o "indivíduo universal" – "um eu que é um nós, o nós que é um eu" –, e sua formulação selou o rompimento final de Hegel com Schelling, cujo tipo de "idealismo objetivo" equiparava a natureza, e não a história, com o espírito. Mais tarde, Hegel, que não partilhava da quase unânime preferência dos contemporâneos, na sua obra, pela *Fenomenologia*, descreveu essa densa salada de epistemologia, antropologia, história e filosofia moral como uma propedêutica ao seu sistema plenamente desenvolvido. Seja como for, a doutrina do Espírito, tal como exposta na *Fenomenologia*, historiciza o homem num sentido profundamente comprometido com o princípio cardeal da teoria social de Hegel na sua forma amadurecida: o crescimento da liberdade.

O pensamento social de Hegel, como o de Rousseau, tematiza a liberdade. A pressuposição da liberdade era, para ele, a força da individualidade; e a consecução da individualidade, por sua vez, era vista como façanha nada desprezível, algo que só poderia ocorrer já bem tarde na história. Dentre as passagens mais memoráveis da *Fenomenologia do Espírito* há uma descrição da antiga *polis* como um estágio belo mas subdesenvolvido da história. Como na *polis* não havia ainda real separação entre o indivíduo e o Estado, o Espírito reinava numa jovem imediatez consigo mesmo. Comunidade moralmente *compacta*, a cidade antiga muitas vezes assistiu ao choque entre diferentes princípios de legitimidade. Todavia, não conheceu qualquer drama íntimo, qualquer "cisma na alma" individual. Assim, quando Antígona desafiou Creonte, nem ela nem ele estavam nas garras de um conflito de valores. Ela defendia a divina injunção; ele, o poder humano – mas nenhum deles se debatia entre duas leis, ou era presa de uma luta interior entre o dever e a paixão. Essa ausência de conflito interno traía, porém, um desenvolvimento ainda incompleto da individualidade.

Por outro lado, na "comunidade sem alma" do império romano, indivíduos livres tiveram de viver entre a escravidão e a cidadania propriamente ditas, porque o

Estado se achava totalmente fora do seu alcance. A individualidade era compelida, então, a buscar refúgio na liberdade interior, na liberdade "filosófica", ou a dissolver-se na "consciência infeliz" do além cristão. De modo que o cidadão da *polis* era livre, mas ainda indiferenciado do Estado. O súdito do império vivia na diferenciação, mas também na falta de liberdade. Só no "mundo da cultura" da Cristandade ocidental anterior à Revolução Francesa emergiu um verdadeiro individualismo universal. Assim como pôs o *logos* cristão no cerne da sua metafísica historicista, Hegel fez da Cristandade o berço da ideia de liberdade. "O Oriente sabe", diz sua *Filosofia da História*, "que só *um* único indivíduo (o déspota) era livre; Grécia e Roma, que *alguns* o eram; o mundo germânico (cristão), que *todos* o são."

Esse princípio cristão da liberdade não se materializou antes do feudalismo germânico. Até então, permaneceu encasulado na religião, sem qualquer expressão institucional digna de nota. Entretanto, mesmo ente os povos do Ocidente, a liberdade não alcançou um estágio apropriado e ativo até a Revolução e Napoleão. Só então uma "sociedade civil", composta de indivíduos independentes, recebeu sua completa legitimação jurídica. Só então a ideia da liberdade – a liberdade do Espírito como vontade universal – encontrou forma apropriada. E é essa espécie de ordem social que, no seu princípio, Hegel exaltou na lapidar *Filosofia do Direito* de 1821, seu último pronunciamento completo como teórico social, e, como tal, objeto de reações críticas por parte de Karl Marx e Lorenz von Stein.

Por causa da *Filosofia do Direito*, Hegel é muitas vezes tido – e condenado – como defensor do Estado. De fato o era. Mas é da maior importância ter em mente que, na sua opinião, o Estado, como "atualidade da liberdade concreta", garante o "reconhecimento explícito" da "individualidade pessoal e dos seus interesses particulares"; e que é "por sua livre vontade" que, sob o domínio do Estado, os interesses do indivíduo "se erguem ao nível do interesse universal" (*Filosofia do*

Direito, § 260). O Estado racional consiste na "unidade" da liberdade objetiva (a vontade universal) e da "liberdade subjetiva", i.e., a liberdade que tem cada um de perseguir seus objetivos (§ 258, acréscimo).

O principal artifício institucional imaginado por Hegel para construir tão singular unidade de bem comum e interesse particular foi um mecanismo de representação das classes sociais. Ao contrário de Marx, Hegel via nas classes forças sociais não divisivas, mas sim integradoras. É por isso que subsistem, em Hegel, estamentos (*Stände*), i.e., agrupamentos legítimos de *status* e/ou profissões. A visão hegeliana das classes como pilares da organização política emprestou à sua teoria do Estado um forte sabor corporativo. Nos anos de Jena, Hegel distinguia três tipos de estamento: o campesinato; uma classe mercantil, subdividida em artesãos e homens de negócios; e funcionalismo público, um "estamento público" categorizado, preso ao dever, recrutado e promovido na base do mérito. Antes da *Filosofia do Direito*, o corporativismo de Hegel tinha pouco em comum com o ideal tradicionalista de uma pirâmide social coroada por uma aristocracia hereditária e fundiária. No que é, talvez, a melhor interpretação de *Filosofia do Direito*, *Hegel's Theory of the Modern State* (1972), Shlomo Avineri pretende que a introdução de uma aristocracia como camada superior da "classe dos agricultores" foi claramente "uma vênia à ideologia da Restauração". Mas a zelosa burocracia permanecia, em 1821, tão "universal" como classe quanto antes – um estamento dedicado à busca do conhecimento e ao bem comum, refletindo o *ethos* do funcionamento competente na tradição alemã.

Teóricos sociais posteriores mostraram-se mais céticos em face dessa celebração do serviço público. De Marx a Weber, o pensamento alemão percorreu um longo caminho desidealizando a burocracia. Mas, no caso da "classe universal", pelo menos a noção do seu papel na implantação da universalidade da "liberdade objetiva" parece clara. Pois, como estado "cognitivo", a burocracia estadual vive na vizinhança imediata daquela ideia universalista da liberdade personificada – precisamente – pelo Estado.

O quadro fica muito menos nítido, porém, quando a gente se volta para aquela promissora síntese de vontade universal e interesses individuais particulares adumbrada nos já mencionados parágrafos da *Filosofia do Direito*. Aqui, o esquema corporativo de pouco serve, uma vez que, ao contrário do funcionalismo público, as demais classes não têm relação direta com a Ideia. Como podemos estar seguros, nos termos de Hegel, de que a liberdade individual não será ameaçada ou destruída no processo de tal síntese – principalmente quando sabemos que se trata de uma síntese *von oben*, ou seja, imposta de cima?

Malgrado a ausência de especificação, uma coisa é certa: Hegel não contemplou qualquer redução daquele vasto âmbito de individualidade tão valorizado na saga histórica da *Fenomenologia*. Há prova disso nas passagens da *Filosofia do Direito* (e.g., § 185, 262, 299) em que ele se dá ao trabalho de criticar Platão. Na *República*, diz, "o princípio da particularidade autossubsistente" foi excluído do Estado. Hegel opõe a ênfase burguesa na livre escolha da ocupação (a "*carrière ouverte aux talents*") à utopia autoritária de Platão, onde as pessoas têm de trabalhar em nichos sociais que seus guardiães filosóficos lhes destinariam. Não hesita em comparar a *República*, sob esse aspecto, com o despotismo oriental – algo tão odioso para ele quanto o fora para o seu amado Montesquieu. Fizesse o que fizesse, o Estado "universal" burocrata de Hegel não incluía nada parecido com o poder absoluto dos déspotas, esclarecidos ou não.

Acima de tudo, o respeito de Hegel pela individualidade é corroborado pela sua concepção – essa, pioneira – do significado histórico da sociedade burguesa. As eruditas pesquisas de Manfred Riedel evidenciaram a novidade das ideias de Hegel em dois pontos cruciais: os conceitos de trabalho e prática, e o de sociedade civil. *Grosso modo*, Hegel propõe uma nova visão filosófica da práxis. No pensamento clássico, a práxis (i.e., a ação de homens livres, que era um fim em si mesma) é posta muito acima da *poiésis* (o trabalho manual, cujo fim está além da atividade, em produtos utilitários ou obras de arte). Aí veio Adam Smith e subverteu esse quadro conceitual. Na *Riqueza das Nações* (1776), a práxis de políticos, juristas e soldados é redondamente rebaixada, enquanto se exalta a atividade produtiva. No começo do século XIX, essa dignificação liberal-burguesa do trabalho seria entusiasticamente partilhada pelo socialismo incipiente de Henri de Saint-Simon.

Desde suas preleções de Jena de 1803/1804 e 1805/1806 (a chamada *Realphilosophie*), Hegel deu ao trabalho, ao lado da palavra e da ação (comunicativa), um papel central na constituição do Espírito. Para Riedel, essa nova *poiética* marca uma fusão feliz de economia política (com a qual, como vimos, Hegel estava familiarizado) e idealismo transcendental, com ênfase na produtividade da mente. Em outras palavras, Hegel infundiu no trabalho o alto significado de uma produção espiritual. Ele não concebia o trabalho, como Aristóteles, em termos do seu resultado, e sim em termos da sua origem: o trabalho provém do labor "negativo" (i.e., criativo) da mente, estimulada pela necessidade e pelo desejo. Na dialética de senhor e servo, o primeiro encarna o clássico desdém pela produção; mas por fim é o servo que predomina, o servo que produz, que dá forma aos objetos. Ao mesmo tempo, Hegel não limita seu louvor do sentido subjetivo da produtividade ao trabalho da consciência – projeta-o na longa batalha do homem com a natureza.

Em outros terrenos, o diálogo de Hegel com a filosofia prática tradicional não foi menos subversivo. Principalmente a *Filosofia do Direito* rompeu nitidamente com a maneira clássica de ver a família e a sociedade civil. Hegel separou o conceito de família dos derradeiros remanescentes da ideia do *oikos*, da casa como um sistema de subsistência econômica e alianças de sangue. Também redefiniu "sociedade civil" como uma esfera dinâmica de necessidades e interesses distinta do Estado. Até meados do século XVIII, na filosofia política ocidental, Estado e sociedade caminhavam juntos, como atesta o título do capítulo VII do *Segundo Tratado sobre o Governo Civil* (1690) de Locke, "Sobre a Sociedade Política ou Civil" – uso que perdurou em Kant. Também Adam Ferguson, no Iluminismo escocês, apresentou em sua *História da Sociedade Civil* (1767) – sem dúvida outra fonte principal da teoria social de Hegel – uma discussão de "artes e ciências" sob o rótulo de "sociedade civil". Mas Ferguson ainda identificava o conceito sobretudo com a ordem política. "Sociedade civil", no sentido moderno da expressão, é uma invenção hegeliana que data do período de Jena e alcança forma plenamente desenvolvida na terceira seção da *Filosofia do Direito*.

A rigor, a história dos meandros conceituais pelos quais evoluiu a ideia de sociedade civil é um pouquinho mais complicada. Socorrendo-nos de Norberto Bobbio, cujo primoroso ensaio sobre o assunto foi oportunamente divulgado (e traduzido) entre nós por Carlos Nelson Coutinho, podemos esquematizar os principais lances dessa mudanca semântica, das mais importantes na teoria social ocidental.[13]

A verdade é que em Ferguson, como já antes dele em Rousseau, a expressão "sociedade civil" ganha novo significado, ou pelo menos acrescenta uma nova dimensão ao seu significado tradicional. Assim é que, em Ferguson, "civil" deixa de ser simplesmente o adjetivo de *civitas* (isto é, deixa de corresponder ao adjetivo latino *civilis*) e passa a ser, também ou principalmente, o adjetivo de *civilitas*, ou seja, civilidade ou civilização.

O primeiro a usar o conceito de sociedade civil nesse sentido parece ter sido de fato Rousseau, em seu célebre *Discurso sobre a Origem da Desigualdade* (1754). Mas, ao passo que Rousseau considerava a sociedade civil um estado de corrupção dos costumes, Ferguson, que afinal se propunha escrever uma história do progresso da

[13] Este e os próximos quatro parágrafos foram escritos especialmente para a edição brasileira de *Western Marxism*. (N.E.)

civilização, resgatou a noção dessa aura predominantemente pejorativa. Entre esses dois pensadores, porém, o conceito sofreu significativa mudança. Em sua acepção clássica, ainda preservada nas teorias jusnaturalistas ditas do contrato social, a sociedade civil se contrapõe à família ou sociedade doméstica; já na acepção moderna, negativa (Rousseau) ou positiva (Ferguson), sociedade civil se contrapõe a sociedade primitiva. Sua antítese não é mais o espaço familiar do *oikos*, e sim a selvageria, antônimo da civilização. E, pela mesma razão, sociedade civil passou a designar menos o Estado como associação política do que um *Estado social* equivalente a todo um estágio na história da humanidade.

Em Hegel, por fim, a noção de sociedade civil ocupa uma posição intermediária entre esses significados clássico e moderno. Por um lado, conforme vimos, Hegel, influenciado pela teoria social do Iluminismo escocês, já concebe a sociedade civil como uma esfera "econômica" distinta do Estado. Por outro lado, na obra de Hegel ainda não se separa totalmente do Estado, como o fará Marx. É que Hegel recusa a um só tempo ambos os modelos dicotômicos dentro dos quais fora até então concebida a sociedade civil, o clássico (sociedade civil/sociedade doméstica) e o iluminista (sociedade civil/humanidade primitiva). O modelo hegeliano é, ao contrário, triádico: perante a sociedade doméstica da família, a sociedade civil hegeliana aparece como uma forma incompleta do Estado; dentro, porém, da estrutura estatal, pertence a um nível inferior – o nível jurídico-administrativo, que expressa e organiza os interesses particulares da cidadania –, enquanto só o Estado propriamente dito representa o momento superior: o momento "ético-político", no qual o Estado, encarnação da Ideia, funde misteriosamente o interesse do cidadão como indivíduo com o interesse universal do Espírito. Forma-se assim a tríade: família, sociedade civil, Estado.

Como sugere Bobbio, essa mediação hegeliana entre os dois significados, clássico e moderno, de sociedade civil, fazendo com que para Hegel a sociedade civil não mais seja mero sinônimo do Estado, mas ao mesmo tempo ainda dele seja parte, é um "anacronismo" precioso porque aproxima essa noção bifronte de sociedade civil da situação hoje vivida pelas democracias liberais. Com efeito, estas últimas constituem regimes político-sociais marcados por dois fenômenos: a *estatização da sociedade* (patente no crescimento do direito público e na penetração generalizada da vida social, em todas as suas esferas, pela lei, i.e., por uma ordenação normativa emanada do poder político central) e, em sentido contrário e complementar, a *socialização do Estado* (caracterizada pelo desenvolvimento de várias formas de participação social nos mecanismos de escolha, decisão e representação políticas). Assim, com um pé fora do Estado e outro dentro, a sociedade civil hegeliana se parece bastante com a democracia liberal de massa, na era do planejamento econômico e do Estado assistencial. Nada mau para quem já foi xingado de reacionário da Restauração...

[14]Hegel entendeu muito bem a natureza da sociedade moderna e o papel dos interesses particulares na sua operação. Como o liberal Benjamin Constant (1767-1830), seu contemporâneo, percebeu a diferença entre a liberdade antiga, atrelada à autonomia política, sem grande individualidade, e a multiforme liberdade moderna, que se vale da liberdade política para proteger o livre gozo das liberdades civis, e, sob esse aspecto é, na raiz, mais social que política. Entretanto, isso ainda não resolve todas as nossas apreensões quanto ao destino da liberdade individual no Estado hegeliano. Significativamente, Hegel não foi tão longe quanto Constant no seu adeus aos modelos antigos. Como Judith Shklar mostrou, por sua visão da Grécia antiga, no contexto da apaixonada grecolatria do humanismo alemão por volta de 1800, ele se alinhava com o ideal político e não com o ideal estético clássico – embora, caracteristicamente, não partilhasse do severo republicanismo esposado pela ala "espartana" dos grecófilos políticos. Nem todos os

---

[14] Aqui, o texto retorna ao original em inglês. (N.E.)

que pregavam uma imitação estética da Grécia eram tão politicamente conservadores quanto, por exemplo, Goethe. O helenismo estético podia levar em linha reta ao liberalismo, como no ensaio de Wilhelm von Humboldt sobre *Os Limites da Ação do Estado* (1792).

Diferentemente de Humboldt, Hegel não confiou ao Estado uma função mínima e puramente negativa (manter a ordem, proteger os direitos); nem mesmo, como fariam mais tarde os liberais de inclinações sociais, tarefas suplementares (ajudar a economia, ampliar o acesso a formas mais ricas de liberdade ao dar iguais oportunidade para todos). Na sua opinião, o Estado tinha uma missão positiva do maior significado: era o portador da autoconsciência humana, a mais alta figura entre as diversas encarnações do "espírito objetivo" – entendendo-se por "espírito objetivo" aquele sujeito substancial que, atualizando a sua liberdade essencial, faz não só da lei mas da natureza um objeto *posto* por ele, Espírito (recorde-se o elemento "tético" no idealismo). "Pois a liberdade é ser sua essência em outrem" (*Enciclopédia*, 3. ed., § 24, adendo 2).

O ônus disso é que, no conceito hegeliano de Estado, a liberdade é equiparada a um poder e não, como no liberal, à ausência de coerção externa. É verdade que Hegel censurou asperamente os que, como o arquirreacionário Haller, procuravam colocar um Estado absoluto acima da lei e da doutrina constitucional moderna. Mas tampouco assentou a legitimidade do Estado legal primariamente na cidadania, como o fez a doutrina do contrato social, de Hobbes a Rousseau. Em lugar do cidadão legalmente capaz, agora era o homem como homem que, sob o aspecto de um Espírito audaz e afirmativo, fornecia os alicerces da política moderna.[15] Em consequência, a liberdade se tornou para Hegel uma força criadora, original, irredutível quer à autonomia (liberdade clássica), quer à ausência de coerção nos assuntos privados de cada um (liberdade civil moderna). A liberdade hegeliana era,

[15] Cf. Riedel, 1984, cap. 7

como a de Fichte, um poder mais que uma franquia ou um feixe de liberdades.

O verdadeiro precedente antigo para a liberdade hegeliana encontra-se não na filosofia política grega, mas na *Metafísica* (982b) de Aristóteles, em que se diz que o homem livre é aquele que existe "para si mesmo e não para outro". Hegel retoma esse conceito na sua própria noção de Estado como supersujeito da liberdade, uma vez que chama a esse Estado (*Filosofia do Direito*, § 258) "um fim em si mesmo" (*Selbstzweck*). Mas acrescenta-lhe, de maneira tipicamente idealista, uma dimensão reflexiva: o Estado autotélico é a atualidade da ideia moral "clara para ela mesma" na sua capacidade de "vontade que se pensa e se conhece" (§ 257). Possivelmente, então, a única maneira de escapar ao enigma proposto por essa estranhíssima "unidade" da vontade geral e dos interesses individuais resida no fato de que, em última análise, o verdadeiro sujeito da liberdade de Hegel – a despeito de seu sincero reconhecimento do individualismo moderno – é o homem e não o indivíduo. Em todo caso, seu conceito central da história universal (*Weltgeschichte*) reforça essa impressão: como salienta Joachim Ritter, em Hegel, a história se torna universal na medida em que tem por objeto o homem na sua essência.

Norberto Bobbio traçou interessante contraste entre Kant e Hegel como herdeiros do contrato social de Rousseau, visto como um instrumento para estabelecer a liberdade como autonomia política. Kant, diz Bobbio, aceitou o contrato de Rousseau como um método, mas preferiu um Estado muito mais próximo da ideia liberal de um simples escudo das liberdades civis; Hegel, por seu lado, resistiu firmemente ao contrato social como método político – e no entanto aceitou o conceito de autonomia como o principal objetivo da ordem social.[16]

Todavia, o problema é: autonomia *de quem*? Hegel fez questão de dissociar sua teoria do Estado como portador de uma vontade universal da teoria de Rousseau,

[16] Bobbio, 1981, p. 27.

porque neste a vontade geral "procede da vontade individual", como num contrato (*Filosofia do Direito*, § 258, add.) Poucas linhas antes, ele afirmara, um tanto ominosamente, que o Estado como "fim último" (*Endzweck*) tem "supremo direito contra o indivíduo". O último escrito político de Hegel, um longo comentário crítico da Reforma Eleitoral inglesa de 1832, opunha-se às exigências liberais de uma franquia mais ampla com dois argumentos assaz especiosos: primeiro, que o sufrágio universal conduzia à indiferença política; segundo, que, em todo caso, ele não dava ao eleitorado nenhum papel real, uma vez que os distritos eleitorais não controlavam as decisões dos membros do parlamento. Alguns estudos recentes de Hegel reconhecem que essa crítica à Reforma Eleitoral continha um grande número de sagazes observações sobre a estrutura de classes na Inglaterra dos primeiros anos da Revolução Industrial. Contudo, essas valiosas observações não alteram o fato de que, do ponto de vista da teoria democrática, nem o argumento da apatia nem o argumento da impotência prejudicam seriamente a legitimidade do princípio democrático. A verdade é que, sempre que o conceito de liberdade (prática, não metafísica: liberdade como o oposto de coerção, não de determinismo) deixa de ser principalmente social e político e se torna "antropológico", enfatizando os atributos de humanidade mais do que os atos de indivíduos concretos, elementos não liberais tendem a emergir; e algo nessa linha estava acontecendo com o nível "sintético" de liberdade tal como definido na *Filosofia do Direito*. E o problema, como vamos ver, não desaparece de todo nos sucessores de esquerda de Hegel.

Tentarei agora o impossível, fazendo uma avaliação imediata da contribuição de Hegel. Vimos que, como bom pós-kantiano, ele quis regenerar a metafísica. Enquanto Kant atribuíra o malogro da metafísica aos seus próprios e ambiciosos objetivos, Hegel preferiu acusar a estreiteza do entendimento, não a busca de absolutos *per se*. Hegel teve papel influente na teimosa transgressão pelos idealistas da impugnação criticista de qualquer especulação metafísica mais desenvolta. Como Fichte ou Schelling, Hegel descartou o filtro epistemológico imposto por Kant às empresas filosóficas. Alguns desculpam Hegel argumentando que a sua concepção do conhecimento era muito diferente da concepção de Kant. Hegel separou o conhecimento do pensamento puro, integrando-o no quadro geral da atividade humana. Mesmo que se conceba tal coisa, cabe ainda perguntar: Quanto se ganha com essa perspectiva "antropológica" do pensamento?

Quaisquer que tenham sido os outros efeitos dessa abordagem hegeliana do pensamento, é inegável que ela ajudou a legitimar uma visão histórica do homem – algo que, retórica estruturalista à parte, ninguém parece mais disposto a dispensar. Nem é preciso repisar esse ponto. Mas aqui Hegel tinha mais de um importante precursor: os nomes de Vico, de Montesquieu, de Herder logo vêm à mente. Cada um deles foi um grande historicizador da cultura e da sociedade. O que nenhum deles ofereceu, porém, foi o tema de Hegel, a "razão na história"; sua grande tentativa de justificar o presente como o cumprimento de uma promessa histórica. Assim, a questão muda de novo, para tornar-se: o que podemos salvar – se é que se pode salvar alguma coisa – do historicismo de Hegel?

O Espírito de Hegel era uma providência mundana. Sua progressão não evidenciava qualquer necessidade lógica, mas exibia uma avassaladora necessidade de propósitos. Um influente especialista em Hegel do começo do século, Theodor Haering, observou que qualquer coerência existente entre as figuras do Espírito na *Fenomenologia* é de caráter puramente histórico e não lógico. Outro grande comentarista, Nicolai Hartmann, deu pouco valor à construção de sistema de Hegel, mas tem em grande conta a riqueza de definições do espírito objetivo. Hoje em dia, teorias deterministas da história, mesmo nas versões materialistas, enfrentam generalizado ceticismo. A variante idealista do determinismo histórico de Hegel tem ainda menos sucesso, embora, de certo modo, sua própria carência de pretensões causais (como a de base/superestrutura em Marx) faz com que ela seja menos atormentada por objeções epistemológicas que suas rivais materialistas. No entanto, a teoria da história de Hegel pode ser vista de outro ângulo – não como um relato demonstrativo da necessidade histórica, mas como um convite persuasivo para legitimar um tipo básico de sociedade por meio de comparações históricas.

"*Principium scientiae moralis est reverentia fato habenda*" (o princípio da ciência moral tem de ser a reverência ante o destino). Hegel proferiu esse oráculo na sua aula inaugural de Jena. Mais tarde repetiria seu significado central no seu famoso dito: *Weltgeschichte is Weltgericht* (A história mundial é o tribunal supremo).[17] Mas, se assim for, como podemos ter certeza de que o direito não é apenas força? A filosofia da história de Hegel e sua progênie têm sido invocadas muitas vezes oportunisticamente, como se Hegel não tivesse advertido que, no tribunal de justiça da história, "a história mundial não é o veredicto do simples poder", mas do "desenvolvimento necessário da [...] autoconsciência e da liberdade", de uma mente racional cujo progresso ele equiparava – numa homenagem ao Iluminismo – com a perfectibilidade da raça humana (*Filosofia do Direito*, § 342-343). E, todavia, na mente de Hegel, tanto quanto se possa julgar dos seus escritos em geral, a reverência para com o destino significava algo verdadeiramente pioneiro, vindo como veio logo na esteira das grandes convulsões revolucionárias e das restaurações apressadas da época. Significava uma aceitação amadurecida do espírito da sociedade moderna, com sua crescente divisão do trabalho, a expansão das liberdades individuais e uma nova compreensão da capacidade do homem para moldar a história. Paradoxalmente, a reverência ante o destino podia inspirar tudo menos o quietismo social – o que ajuda a explicar por que Hegel não

[17] "Die Weltgeschichte ist das Weltgericht" é o famoso verso de Friedrich Schiller que consta em seu poema "Resignation", publicado em 1784 na revista *Thalia*. (N. E.)

foi nunca um dos favoritos do pensamento conservador. Em vida, em Berlim, tinha de lutar em duas frentes, contra reacionários desvairados como Haller e contra conservadores sofisticados do tipo de Savigny, fundador da "escola histórica" de filosofia jurídica.

É precisamente esse elemento de confiança na história que falta aos hegelianos do marxismo ocidental. Aliás, hoje em dia, mesmo reavaliações simpáticas de Hegel, como a de Charles Taylor, tendem a reduzir a proporções modestas essa aceitação progressista da sociedade moderna por Hegel. O Hegel do professor Taylor acaba fornecendo principalmente um padrão pelo qual julgar – com desfavor – o nosso mundo liberal e industrial. Argumentando que Hegel desejava uma reconciliação entre utilitarismo e comunhão, entre racionalidade burguesa e "expressivismo" romântico, Taylor encerra seu notável estudo do filósofo com uma conclusão pessimista: a sociedade ocidental contemporânea não alcançou mais que um arremedo de tais ideais, uma vez que nosso universo social combina mal e porcamente uma fachada pública, utilitária, com uma reles vida privada romântica.[18]

Esse juízo provocou uma resposta de Ernest Gellner. Não há nada de errado, sugere Gellner, em ter a expressão da individualidade em casa (livros de bolso, aparelhos de som, etc.) deixando a esfera pública entregue ao pragmatismo "sem alma". Principalmente se a gente se dá conta de que os últimos acessos de expressivismo no Ocidente foram os congressos de Nuremberg e o *Linksfaschismus* fomentado pelo espírito de maio de 1968.[19] No entanto, Gellner concorda com Taylor ao ver Hegel mais como uma resposta à emergência da sociedade moderna do que como uma justificação desse fato. É na sua avaliação que ele diverge de Taylor: Taylor vê com maus olhos a modernidade; Gellner lhe é, no fundo, simpático. Entretanto, há motivo para suspeitar que Hegel fosse muito menos suscetível ao romântico desconforto

[18] Taylor, op. cit., p. 541.

[19] Gellner, 1979, p. 39.

com a modernidade do que Taylor (aprovadoramente) ou Gellner (criticamente) parecem crer.

Para fazer justiça aos dois, Taylor e Gellner, cumpre dizer que eles não estão de modo algum sozinhos quando tomam Hegel como um teórico social com fortes inclinações românticas. Dos modernos ataques a Hegel, talvez o mais conhecido seja a denúncia de Popper, no volume II de *A Sociedade Aberta e seus Inimigos* (1945), não só do seu historicismo mas do seu *holismo*, i.e., do seu ponto de vista supostamente anti-individualista e, portanto, pouco liberal. Os dois arquivilões de Popper, tratados por ele como campeões do holismo, são Platão e Hegel, com Aristóteles e Marx no papel de culpados em menor escala. O que pode parecer irônico em face do que Hegel disse da utopia social de Platão, mas, ainda assim, alimenta grande parte da opinião vulgar sobre Hegel. Contudo, essa maneira de ver as coisas não encontra muito apoio entre os especialistas atuais. H. S. Harris, no segundo volume de sua minuciosa e cuidadosa releitura de Hegel (*Hegel's Development*), observando que, depois da "filosofia do espírito" de 1805-1806, Hegel reconheceu, com aprovação, o caráter "protestante" da sociedade moderna, fundada no direito de cada um ter opinião própria na interpretação e avaliação da lei, mostra que esse reconhecimento implicava uma nítida ruptura com os seus próprios ideais holistas de outrora. De Jena em diante, diz Harris, o modelo "grego" de comunidade holista tornou-se para Hegel "sub-racional", por ser impessoal demais. Não dá, realmente, para pintar Hegel como um Platão moderno: um pensador social anti-individualista.

Pode-se, naturalmente, manter a mesma interpretação básica e, não obstante, continuar louvando Hegel, em vez de condená-lo, por seu holismo. Robert Nisbet, por exemplo, sempre alerta para tudo o que diz respeito à comunidade, saúda Hegel como um dos principais antepassados de uma sábia "tradição sociológica" holista. O último luminar do pensamento político conservador na Grã-Bretanha, Roger Scruton, recentemente arrolou Hegel como um herói do conservadorismo – uma saudável alternativa filosófica à linha empiricista e antifilosófica que vem de Burke até Lorde Hailsham e Sir Ian Gilmor.[20]

Nas suas insinuações anti-individualistas, o conservadorismo comunitário de Nisbet ou Scruton soa muito diferente do conservadorismo neoliberal de Hayek – o sumo sacerdote do partido anti-holista na teoria social contemporânea. Mas, às vezes, o elogio de Hegel fala de comunidade em tom menos conservador. Taylor fala dela como de uma moldura de valor incalculável para a liberdade – uma forma expressivista e culturalmente delimitada de liberdade, muito superior à liberdade abstrata de Marx e de Sartre, precisamente por estar enraizada na comunidade. Muito antes de Taylor, em seu *Hegel e o Estado* (1950)[21] – um livrinho que muito fez para destruir a imagem reacionária de Hegel –, Eric Weil comparou a ideia hegeliana de liberdade ao encômio de Malinowski à harmonia da sociedade primitiva. Uma vez mais encontramos a leitura holista de Hegel usada em direção não conservadora: o que Weil quer é *negar* que a estatolatria de Hegel tivesse por intenção legitimar o *statu quo* da Prússia da Restauração. No entanto, o que Weil implica, em sua analogia com as sociedades malinowskianas – a natureza "tribal" da ordem social de Hegel –, é justamente o que levou Popper a expressar uma viva repugnância por Hegel.

Seja como for, é possível ser um conservador "filosófico" e gostar de Hegel sem comprazer-se em celebrar a comunidade. O mais eminente dos pensadores conservadores da Grã-Bretanha, Michael Oakeshott, fez justamente isso. Em seu livro *On Human Conduct* (1975), refere-se afetuosamente ao conceito hegeliano do Estado. Na sua opinião, *der Staat*, na *Filosofia do*

[20] Cf. Roger Scruton, *The Meaning of Conservatism*. Harmondsworth, Penguin, 1980. [Em edição contemporânea, ver: Roger Scruton, *O que É Conservadorismo*. Trad. Guilherme Ferreira Araújo. São Paulo, É Realizações Editora, 2015. (N.E.)]

[21] Em edição contemporânea, ver: Eric Weil, *Hegel e o Estado – Cinco Conferências seguidas de Marx e a Filosofia do Direito*. Trad. Carlos Nougué. São Paulo, É Realizações Editora, 2011. (N.E.)

Direito, corresponde a um modo de associação regido pelo direito (*das Recht*). A lei, por sua vez, não era para Hegel – segundo Oakeshott – nem uma simples ordem apoiada na força (como no positivismo clássico) nem um conjunto de dispositivos para satisfazer desejos. Mas, fundamentalmente, significava uma coleção de "regras de identificação" a serem observadas pelos indivíduos em suas ações, inspiradas por uma miríade de desejos contingentes. Nesse sentido, o Estado jurídico de Hegel pode ser igualado ao conceito de Oakeshott de "associação civil", a qual, como Oakeshott sempre salientou, é uma noção que remonta às ideias de contrato social de Hobbes – um pensador que *ninguém* ousaria acoimar de holista. Portanto, pode-se fazer uma avaliação muito positiva e conservadora de Hegel, sem por isso cair na mística holista da comunidade.

Nos últimos anos da era vitoriana, Hegel chegou a ser altamente estimado na mais inesperada cidadela da especulação teórica – a economia neoclássica. Os *Princípios da Economia* (1890), de Alfred Marshall, suma da teoria clássica, estão cheios de louvores a Hegel.[22] O louvor, no entanto, não se concentra na apoteose do Estado, mas na noção de desenvolvimento contínuo, tal como ilustrado nas célebres *Lições sobre a Filosofia da História*. Em outras palavras, longe de ser tido como conservador, e muito menos como reacionário, Hegel era estimado como um progressista – exatamente a característica que ninguém preza, entre os admiradores contemporâneos de Hegel, da esquerda ou da direita (nem Taylor, nem Nisbet, nem Scruton).

Darei por encerradas estas observações sobre Hegel sugerindo por que valeria a pena voltar a apreciar essa faceta do seu pensamento. A filosofia alemã de 1700 criou dois gêneros para enfrentar o sentido do mal e da tragédia no mundo. Um foi a teodiceia; o outro, a filosofia da história. O mestre da teodiceia foi Leibniz; e o virtuoso da filosofia da história foi Hegel. A essência

[22] Cf. Collini, Winch e Burrow, 1983, cap. 10.

da sua historiosofia consistiu em incorporar a tragédia histórica numa consciência profunda da legitimidade do progresso, tal como corporificado na jovem sociedade burguesa. Calcando o sistema de Hegel há uma vontade de salvação – mas agora "salvação" vem através da autognose histórica. Hegel chegou, certa vez, a afirmar que escrever história sem compreender a racionalidade do processo era simplesmente "uma divagação idiota". A frase pode parecer injusta para com muitas formas de pesquisa histórica – mas capta admiravelmente a substância da sua própria filosofia.

De todos os modernos intérpretes de Hegel, o que mais francamente acentuou esse ponto foi Alexandre Kojève (1902-1968), um sobrinho de Kandinsky que emigrou para o Ocidente logo depois da Revolução de Outubro, e que, antes de tornar-se um tecnocrata francês, deu um curso seminal sobre a *Fenomenologia do Espírito* na École Pratique des Hautes Études (1933-1939) de Paris, a que assistiram Raymond Queneau, Eric Weil, Maurice Merleau-Ponty, Raymond Aron e Jacques Lacan. Levando muito a sério o historicismo de Hegel, Kojève pensava que a verdade hegeliana fosse filha do processo e, como tal, "absoluta apenas por ser a última".[23] Pois Hegel não havia dito (na história da filosofia) que o presente era "a coisa mais alta?". Dez anos depois da sua morte, discípulos de Hegel como Hess já se perguntavam afinal de contas por que a essência do futuro devia ser considerada inescrutável, uma vez que o sistema de Hegel pusera até mesmo Deus e a liberdade ao alcance da razão. Tal impaciência com o conhecimento absoluto como recapitulação do passado e justificação do presente estava longe de florescer apenas entre hegelianos de esquerda, como Hess. Karl Ludwig Michelet, por exemplo, moderado sob todos os aspectos, e hegeliano de centro, escrevia em 1843: "A filosofia não é só o mocho de Minerva, que voa só ao pôr do sol. É também o canto do galo, que anuncia a alvorada de um novo dia".

---

[23] Kojève, "Hegel, Marx et le Christianisme", *Critique*, I, 1946, p. 360.

Kojève percebeu que, em termos estritamente hegelianos, essa espécie de questionamento (intencionalmente dirigido às "limitações" do "sistema") fazia pouco sentido. Pois em Hegel não existem critérios transcendendo a história; só o próprio processo histórico pode responder a indagações sobre o que está por vir ou sobre o que é melhor. Kojève concedia de bom grado que isso não passava de uma petição de princípio – na verdade, um círculo vicioso dos mais óbvios. Mas não via opção: havia que sofrê-lo. Ou temos padrões extra-históricos demonstráveis para medir a valia da realidade social em qualquer ponto dado no tempo, ou não os temos – e, nesse caso, tudo o que podemos fazer é acompanhar Hegel, consolando-nos com a sabedoria retrospectiva de ver sentido no passado.

Há outro tema fascinante em Hegel que Kojève também tomou a peito: a ideia de um "fim da história". Aqui, sua frase há pouco citada, sobre a natureza "serial" da verdade, com um valor absoluto para o último episódio da série histórica, diz tudo. Kojève acreditava estar sendo inteiramente hegeliano ao absolutizar o presente. Assim, procurou fundar-se em Hegel para vender a ideia de que o nosso tempo, tendo chegado ao ponto em que a razão na história se faz consciente de si mesma, assiste a uma estabilização do movimento histórico. As coisas continuam a acontecer, naturalmente; mas a história, como processo racional, estacou. Para Kojève, as guerras e revoluções do século XX, bem como a rivalidade entre os sistemas socioeconômicos, confirmam a justeza da noção central de Hegel sobre o desdobramento do pensamento-história como estágio supremo da *Weltgeschichte*, i.e., da história do homem *qua* homem.

Kojève poderia ter atribuído maior peso a outro tema de Hegel: a "astúcia da razão", engenhosa ancestral filosófica de muito do que há de lúcido em sociologia, desde Marx, Simmel ou Weber – todos os quais discutiram largamente grandes exemplos das "consequências não intencionais" da ação humana, tanto coletiva quanto individual. Afinal de contas, os resultados do pensamento-história pertencem à mesma classe do *Leitmotiv* do "mocho de Minerva": a salvação-pelo--conhecimento sobrevém apenas ao fim da jornada. E o significado da ideia de um Espírito, o qual, como razão, é o senhor da história, se liga à singularidade dos humanos como seres livres. Como diz o kojeviano George Dennis O'Brien, porque a "estória da história" ("*the story of history*"), descrição que dá do projeto filosófico de Hegel, se refere a "seres livres", ela "não pode ser predita com antecipação. Da mesma forma, não se podem prever novos estilos em arte".[24] A predição é proibida tanto pela tese filosófica da liberdade essencial do eu-nós que é o Espírito quanto pela percepção sociológica da "astúcia da razão" (paradoxo das consequências não intencionais da ação humana). A ingênua e messiânica asserção de Hess de que o futuro deveria ser levado em conta na filosofia da história está certamente em descompasso com a problemática de Hegel. Mas o mesmo acontece, se bem que de maneira menos conspícua, com qualquer interpretação que se incline demasiadamente para a ideia de um fim da história. Pois a apoteose temporal do presente também implica uma certa dose de "predição", descontada, uma vez mais, a intrínseca imprevisibilidade da liberdade embutida na perspectiva da razão-na-história.

Para isso seria avisado descer da *hybris* historiosófica de Kojève e concluir, mais modestamente, com Karl Löwith, que o cerne da visão filosófico-histórica de Hegel tinha raízes na cultura "cristão-burguesa" da sociedade ocidental do começo do século XIX. Resumindo, o que Hegel tinha a oferecer de maior valor era: a) uma explicação racional da direção, senão da necessidade, do movimento histórico (a "estória da história", i.e., o progresso ("*the story of history, that is, progress*"); e b) uma arguta teoria da sociedade burguesa. O modelo hegeliano da sociedade moderna incluía, como sugeriu Z. A. Pelczynski,[25] uma pitada do nosso "social capitalismo" contemporâneo,

[24] O'Brien, 1975, p. 174.

[25] Pelczynski, 1971, p. 230-41.

uma vez que admitia a direção da economia pelo Estado com vista a alcançar o bem-estar social. E mais: vendo as classes como estamentos, abrigava um esboço dos nossos sindicatos, que são "estados do reino" legitimados por lei. Assim, a síntese cristão-burguesa de Hegel fundia a aceitação de uma avançada divisão do trabalho com sérias cláusulas pró-comunidade; procurava equilibrar diretivas racionais e impulsos românticos, dentro de uma estrutura legal atenta à necessidade de respeitar o crescimento utilitário da moderna sociedade civil.

O ponto, todavia, é o seguinte: no fundo, essa agenda de reconciliação sociopolítica e cultural teria sido sentida por Hegel como um sucedâneo à sociedade burguesa do começo do século XIX, ou como um aperfeiçoamento dela, como formação nascida da história ocidental? Carl Schmitt escreveu que o dia em que Hitler se tornou chanceler do *Reich* alemão, em janeiro de 1933, foi o da verdadeira morte de Hegel. Schmitt estava, àquela altura, mais próximo de Hitler que de Hegel; mas seu dito não podia ser mais apropriado. As primeiras vítimas das fúrias fascistas foram precisamente os dois componentes da solda cristão-burguesa de Hegel: o princípio cristão da individualidade, alimentado através de uma longa incubação histórica no Ocidente, e o princípio burguês de uma sociedade civil autônoma, surgida com o crescimento da modernidade na cultura e na economia.

Tirante Marx, a maior influência no pensamento alemão depois de Hegel foi Nietzsche. Em vez de justificar uma época cultural, como a sociedade cristão-burguesa de Hegel, Nietzsche lançou uma apaixonada denúncia da modernidade, agravada por uma devastadora incriminação do cristianismo. E montou uma *Kulturkritik* generalizada em nome dos valores "vitais". O problema é que a essa crítica cultural arrasadora falta justamente o que se encontra em Hegel: uma teoria adequada sobre a base institucional da sociedade moderna e uma explicação aceitável do movimento histórico, com foco especial no advento da modernidade. Como Heidegger, seu discípulo rebelde, que repudiou toda a tradição metafísica desde Platão sob a alegação de que desconhecia a verdadeira natureza do Ser, Nietzsche rejeitou eras inteiras; no entanto, não dispunha de uma teoria das mudanças seculares. Em contraste, a insistência hegeliana no "trabalho do negativo", que operava sempre por meio de negações *determinadas* e pressupunha uma profunda atenção tanto ao *concretum* histórico quanto à rica diferenciação interna da história mundial. E o fato de Hegel jogar o poder do *conceito* contra compactas *intuições* românticas emanava da sua convicção de que a intuição captava, na melhor das hipóteses, identidades a-históricas em lugar de processos diferenciados. Hegel zombou do triunfo da intuição no "sistema de identidade" de Schelling porque neste o pensamento mergulhava na "noite do Absoluto, em que todos os gatos são pardos". Só a "paciência do conceito" pode fazer justiça aos complexos significados do desenvolvimento histórico e acompanhar suas tortuosas veredas.

Na *Kulturkritik*, a filha intelectual de Nietzsche, todos os gatos também são pardos, porque sustentando as denúncias apocalípticas da *Kulturkritik* não há nenhuma visão do processo. Ora, como logo veremos, a corrente principal do marxismo ocidental – seu ramo de expressão alemã, de Lukács à Escola de Frankfurt – esposou o ponto de vista da *Kulturkritik*. Ao mesmo tempo, os marxistas ocidentais, na maior parte, orgulham-se da sua fidelidade às categorias básicas, tais como mediação e negatividade – a tal ponto, que o *élan* do marxismo ocidental pode ser descrito, como Georg Lichtheim compreendeu, como uma guinada "de Marx para Hegel". Em consequência, cabe indagar se, pelo fato de assumir a *Kulturkritik*, esse neo-hegelianismo de esquerda, que é o que a maior parte do marxismo ocidental parece ser, não terá perdido por demais aquele domínio da riqueza histórica que constitui para nós a lição mais duradoura do pensamento de Hegel. Em particular, teremos de responder à pergunta: o marxismo ocidental conseguiu ou não combinar sua *Kulturkritik* com uma nova teoria do "processo"?

3. O legado: o marxismo de Marx

Marx era uma criatura do seu tempo.
Yuri Andropov, 1983

Uma nova teoria do processo histórico foi justamente o que o principal sucessor crítico de Hegel, Karl Marx (1818-1883), deu à teoria social, após o declínio da metafísica idealista. Pouco depois da morte de Hegel, vários dos seus antigos discípulos mostraram crescente insatisfação com o que lhes parecia uma incoerência básica do sistema hegeliano. Tomados em bloco, seus escritos críticos constituem o que é conhecido como "esquerda hegeliana" (1835-1843). Como é que – perguntam eles – uma filosofia que louva o "trabalho negativo" e apresenta cada etapa histórica como a semente da sua própria substituição, dentro da marcha dialética de um Espírito que se autorrealiza, ensina, ao mesmo tempo, a aceitação do *statu quo* social, do *establishment* religioso e, *last but not least*, do próprio sistema hegeliano, como *nec plus ultra* do pensamento?

O leitor estará lembrado (ver página 31) de que, para Hegel, o que é racional é real e o que é real é racional. A cisão entre os hegelianos de meados da década de 1830 foi apontada por Karl Michelet como um desacordo fundamental em torno da famosa frase. A direita hegeliana tendia a pensar que o que *já era real*, i.e., a realidade presente, era racional – e, portanto, santificava a ordem social e o estado do "sistema". A esquerda hegeliana, em contraposição, acreditava que só o racional ainda em estado ideal era verdadeiramente real. Consequentemente, para os hegelianos de esquerda, o *statu quo* político e ideológico não passava de uma vastíssima mistificação, que eles se propuseram desmantelar por meio de severas "críticas".

O primeiro tiro coube a Ludwig Feuerbach (1804-1872), autor de *A Essência do Cristianismo* (1841). Feuerbach compreendeu que o conceito de religião de

Hegel era decididamente imanentista, pois que identificava Deus com um Espírito em última análise inseparável da consciência histórica da humanidade. Concluiu que "o segredo da teologia é a antropologia"; os gloriosos atributos de Deus eram apenas a "imagem no espelho" das necessidades e aspirações humanas. Mas com essa humanização da religião, Feuerbach alterou profundamente uma das categorias centrais de Hegel, a da alienação ou exteriorização. Como já foi visto (ver páginas 29-30), a alienação, em Hegel, era alguma coisa positiva: na verdade, a vida do Espírito era uma autoalienação enriquecedora e incessante. Feuerbach formulou-o às avessas: via a alienação como uma perda. Deus, produto da autoalienação do homem, assinalava uma perda do humano.

Feuerbach agravou sua crítica da alienação com uma posição francamente materialista. Rompendo ruidosamente com a visão espiritual do mundo, peculiar ao idealismo alemão, multiplicou epigramas tais como *Mann ist was er isst* (O homem é o que come) – o que significava uma volta polêmica a certas tendências do Iluminismo francês, claramente dirigida contra a filosofia idealista. Antes de Feuerbach, outro rebelde, Bruno Bauer (1809-1882), tinha exposto a religião como uma queda da consciência – a "alienação" no mau sentido da palavra. Mas o humanismo materialista de Feuerbach deu-lhe um desvio mais radical. Em vez de opor, como Bauer, filosofia (crítica) a religião (alienada), ele chegou a ver a filosofia como tal como alienação – visto que a filosofia significava teoria divorciada de necessidades mais concretas do homem. Nesse sentido, o propósito da antropologia materialista era a ruína da filosofia.

A Essência do Cristianismo não foi a única bomba da esquerda hegeliana a aparecer em letra de fôrma em 1841. Houve também *A Triarquia Europeia*, do pensador messiânico e inconformista Moses Hess, que já encontramos dando mostras de impaciência com a circunspecção da filosofia hegeliana da história ante o futuro. Hess ansiava por converter a filosofia em ação revolucionária – uma proposta muito diferente daquela de Feuerbach.

O materialismo feuerbachiano desejava *abolir* a filosofia. A historiosofia messiânica de Hess queria *cumpri-la*, numa revolução iminente.

Além disso, Hess deu uma contribuição decisiva à teoria da alienação. Reconheceu uma terceira forma de alienação, nem religiosa nem filosófica, mas econômica. Seguindo Proudhon, ele sustentava que o dinheiro podia ser tão alienante quanto a crença em Deus – um ponto que Marx utilizaria no seu ensaio "Sobre a Questão Judaica" (1843). Hess foi também mais longe que Feuerbach ao afirmar que, se o segredo da teologia é, na verdade, a antropologia, então deve ser compreendido que a natureza humana, subjacente à alienação religiosa, é essencialmente *social*. Em consequência, a crítica da religião deve ser completada por uma crítica das instituições socioeconômicas. Teologia significa antropologia, mas antropologia, por sua vez, significa *socialismo*.

Hess foi o homem que converteu Friedrich Engels (1825-1895) ao comunismo. Mas ele concebia o comunismo – para fúria de Marx – como a "lei do amor", estágio final na saga salvacionista de *A Triarquia Europeia*. Desde 1837 Hess raciocinava em termos de uma "história sagrada da humanidade", em que a revolução figurava como um humanismo cristão ativo, para além de todo interesse de classe. Ao mesmo tempo, Hess acreditava que o ideal comunista variava segundo o caráter nacional. Assim, enquanto o comunismo francês se nutria do senso de justiça e o comunismo inglês dos interesses de classe, o comunismo alemão expressava o humanismo da filosofia. Paradoxalmente, a Alemanha, que era, àquela altura, um país atrasado política e economicamente, perante a França ou o Reino Unido, teria, na visão de Hess, a mais profunda de todas as revoluções, com a derrubada da sociedade de classes para o bem da humanidade.

Essa perspectiva filosófica do comunismo não se perdeu em Marx. Numa introdução (1844) ao seu artigo inédito sobre a *Filosofia do Direito*, de Hegel (1843), o jovem Marx descrevia a revolução social alemã como a consumação da filosofia alemã. Vendo o proletariado como uma classe "universal", uma classe "que não era uma classe", porque os seus sofrimentos a faziam apenas humana, Marx acentuava que, se a filosofia não podia ser alcançada sem transcender o proletariado (i.e., sem abolir a sociedade de classes), o proletariado tampouco podia transcender-se sem alcançar a filosofia. "A teoria", escreveu Marx, "tornar-se-á força material assim que se apoderar das massas."

Contudo, em 1844, Marx tinha absorvido igualmente a mensagem materialista do humanismo de Feuerbach. Um ano antes, sua crítica da filosofia política de Hegel empregara o método, puramente feuerbachiano, de pôr a nu uma realidade material "feia", feita de paixões e de interesses, por trás de uma nobre fachada. Assim como Feuerbach mostrara a miséria humana disfarçada como celebração de Deus, Marx apontava a guerra de todos contra todos na sociedade civil como a verdadeira realidade por debaixo da aparência harmoniosa do Estado hegeliano.

Por outro lado, no verão de 1844, quando redigiu seus "Manuscritos Econômicos e Filosóficos" – os chamados *Manuscritos de Paris* –, Marx também criticou Feuerbach por sua posição a-histórica. Materialismo só não bastava: tinha de ser combinado com o precioso reconhecimento hegeliano da ativa autoelaboração da humanidade através da história ou, para usar as próprias palavras de Marx, na "autocriação do homem como um processo". Não era de uma antropologia materialista que se precisava, mas de uma história materialista, como idioma natural do pensamento "radical". E radical era justamente o que Marx desejava que fosse o pensamento crítico.

Assim temos até aqui quatro componentes do pensamento marxista: a) o impulso crítico, que ele partilhava com os outros hegelianos de esquerda; b) a inclinação materialista da sua crítica, aprendida com Feuerbach; c) a ênfase hegeliana (abandonada por Feuerbach) no poder prometeico de negatividade, i.e., na dialética da história como processo de autocriação humana; e d) a insistência, tomada de Hess (embora esse não fosse mencionado), no cumprimento da filosofia através da revolução social e no papel filosófico e humanístico destinado ao proletariado alemão.

No entanto, começamos nossa discussão de Marx lembrando que sua grande contribuição *vis-à-vis* Hegel era uma visão nova do processo histórico. Ora, sozinhos, esses quatro componentes não bastam para chegar a esse resultado. O "elo perdido" é a crítica da economia política. Foi Engels quem, em Paris (setembro de 1844), chamou a atenção de Marx para a economia. Nas pegadas do maior dos economistas burgueses, David Ricardo (1772-1823), Engels fez do trabalho a fonte de valor econômico. Afirmou também que, sob o capitalismo, essa verdade sofre uma inversão, de modo que o valor do trabalho, embora seja a origem última dos preços, torna-se, por sua vez, dependente dos preços. Mais tarde, Marx tentou formular uma explanação complexa dessa inversão na sua famosa teoria da *mais-valia*, chave da sua originalidade em termos de pensamento econômico.

Não precisamos entrar sequer no esboço da análise econômica de Marx. Além de por demais conhecida, nunca foi um conceito central para os marxistas ocidentais. O marxismo ocidental cresceu como um conjunto de escritos filosóficos que raramente incursionam pelo campo sociológico e ainda mais raramente pelo econômico. Mais relevante para nós é o fato de que a economia autodidata de Marx, depois de seus estudos regulares, universitários, de direito e filosofia (hegeliana) em Berlim e Bonn, tenha levado a uma alteração significativa na história das ideias radicais. A alteração foi a relação entre comunismo e socialismo.

Até Marx, o comunismo era economicamente analfabeto. Constituía um velho ideal que remontava a alguns Padres da Igreja e a umas poucas utopias do Renascimento (como a de More). Seu princípio, o igualitarismo, social, tanto quanto econômico, atraiu algumas figuras do Iluminismo francês, como o *abbé* Mably (1709-1785). Durante a Revolução Francesa, Gracchus Babeuf (1760-1797) esforçou-se por fazer da utopia igualitária a base de uma política insurrecional. Daí por diante a tradição comunista tornou-se um revolucionarismo radical.

Por volta de 1840, o cabeça do movimento era um notório golpista, Blanqui (1805-1881).

O socialismo, pelo contrário, é um conceito bem posterior. Representava acima de tudo uma reflexão em torno do industrialismo – e, como tal, um corpo de doutrina eminentemente econômico. Pensadores socialistas, como o inglês Owen ou os saint-simonianos de esquerda na França, preocupavam-se com a "anarquia da produção" sob o capitalismo. Propunham novas formas de organização social e econômica para um mundo industrial igualmente novo. Assim, enquanto os comunismos eram movimentos *políticos*, revolucionários e distributivistas, os socialismos eram credos *econômicos*, reformistas e produtivistas. O que *Marx fez foi, ao mesmo tempo, economicizar o comunismo e politizar o socialismo*. Marx ensinou o comunismo a falar a linguagem da economia e injetou o princípio comunista da política revolucionária na tradição produtivista do socialismo. Ao fazê-lo, abandonou o costume paleossocialista de arquitetar utopias, i.e., sociedades-modelo.

Segundo a argumentação usada no *Manifesto Comunista* (1848), a razão principal para que Marx escolhesse uma posição final comunista, e não socialista, foi uma imperfeição fatal no que ele e Engels chamaram, no final da terceira seção do *Manifesto*, a escola "crítico-utópica" dos socialistas primitivos (Saint-Simon, Fourier, Owen). O primeiro adjetivo era, naturalmente, uma aprovação e um elogio, negados, em especial, a Proudhon, o Proudhon da *Filosofia da Miséria* (1846), a quem Marx criticara, impiedosamente, meses antes, na sua *Miséria da Filosofia* (1847), primeira formulação impressa do "materialismo histórico", pois a anterior, *A Ideologia Alemã*, escrita em 1846 a quatro mãos com Engels, só foi publicada depois da morte de ambos. Mas o segundo adjetivo – utópica – mostrava que os socialistas anteriores não reconheciam nem a necessidade nem a inevitabilidade da revolução social e política; e tampouco reconheciam o papel histórico do proletariado como agente de tais transformações.

Quer dizer, então, que o *Manifesto Comunista* era uma bomba radical? Longe disso. A rigor, na sua *pars construens*, a segunda seção, o *Manifesto* era surpreendentemente moderado, pedindo o que soa aos nossos ouvidos como parte do que o Estado moderno, cônscio das suas responsabilidades sociais, provê: escola pública, leis trabalhistas, imposto de renda... Mesmo as medidas propriamente anticapitalistas – nacionalização da indústria, abolição da herança – figuravam, havia muito, nos velhos ideários socialistas (por exemplo, no saint-simonismo) e não eram vistas como motivo para qualquer terremoto revolucionário. A retórica da revolução já estava, àquela altura, defasada com relação ao programa político – situação que o marxismo político conheceria muito frequentemente no período que medeia entre as diversas revoluções de 1848 e a Revolução de Outubro (1917).

Seja como for, a verdadeira singularidade do pensamento de Marx não residia no seu programa político. Ele acabou não deixando nenhum projeto coerente para a sociedade comunista. O que, de fato, distinguia Marx era um modo especial de encarar a revolução. Mas, a fim de compreender isso, é preciso recordar o que era especificamente marxista na temática dos hegelianos de esquerda. O leitor estará, com certeza, lembrado de que o tema geral da esquerda hegeliana era o conceito de uma alienação má, em oposição ao sentido positivo de alienação em Hegel, de alienação como saudável exteriorização. Todo mundo sabe que a contribuição de Marx, nesse particular, foi sua teoria do trabalho alienado. Mas, naturalmente, Marx não se limitou a repetir, como um papagaio, as insípidas generalidades de Hess sobre a penúria do proletariado como Paixão da Humanidade. Ao contrário: produziu uma visão *dinâmica* da alienação econômica. A descrição do trabalho alienado nos *Manuscritos de Paris* tornou-se um roteiro da exploração de um "exército de reserva" de trabalhadores desde, pelo menos, *Salário, Trabalho e Capital* (1849). Mais tarde ainda, a noção de mais-valia parece ter permitido a Marx explicar a exploração como uma espécie de bomba-relógio, uma máquina infernal, capaz de levar o capital à sua cova.

Nos *Manuscritos de Paris*, o motivo do trabalho alienado se insere numa visão prometeica, em que a indústria é saudada como grande conquista da humanidade, "o livro aberto das faculdades humanas". Marx e Engels sempre se sentiram próximos do *ethos* dos economistas liberais da Escola de Manchester. A utopia industrial de Saint-Simon também lhe era muito cara. O jovem Marx colheu as ideias de Saint-Simon – que estavam no ar àquele tempo – em vários círculos progressistas – do seu próprio pai, do seu principal professor em Berlim, o hegeliano de centro Eduard Gans, do seu sogro, e de Moses Hess. Raymond Aron disse que Marx sonhou uma síntese de Saint-Simon e Rousseau, da indústria com a democracia – um autogoverno de produtores. Poder-se-ia acrescentar que Marx sonhava também com outra síntese, a de Saint-Simon e Hegel: o crescimento industrial como *medium* da história dialética, da história como processo impulsionado pela contradição a patamares mais altos de organização social.

Hegel escreveu, em justificação da sociedade moderna, que ela era, que ela é o objetivo, o fim último da história. De igual modo, Marx via o comunismo – para ele, a futura sociedade moderna – como uma apoteose. Chama-o (nos *Manuscritos*) a "solução do enigma da história". A abolição da propriedade privada "e, assim, da autoalienação humana" significa para ele uma "real apropriação da essência humana pelo homem e para o homem". Um Éden social sobreviria, em que liberdade e igualdade seriam irmãs gêmeas. No entanto, as historiosofias – lógicas da história culminando em bem-aventurança social – eram frequentes entre velhos socialistas e jovens hegelianos como Hess. O que fazia toda a diferença era a capacidade de entender o *eschaton* como fruto do próprio processo histórico, em vez de contrapô-lo simplesmente, como ideal abstrato, ao presente social. Hess, por exemplo, nunca deduziu de maneira apropriada seu "comunismo do amor" do curso atual da história moderna. Marx, ao contrário, parece haver compreendido muito cedo a necessidade de uma narrativa do processo.

Tinha só dezenove anos de idade quando disse ao pai, num balanço do seu primeiro ano de estudos em Berlim, que a leitura de Hegel lhe tinha ensinado a ir além da simples oposição entre o ser e o dever ser.

Na opinião de Hegel, tal oposição – a divisão kantiana entre *sein* e *sollen* – apenas espelhava a impotência do espírito (*die Ohnmacht des Geistes*). Em consequência, convicto, como era, do poder do Espírito, passou a vida mostrando que a divisão *sein/sollen* tinha sido superada na história. Da mesma forma, para Marx o maior erro consistia em conceber a revolução como um dever ou um ideal – quando se trata de uma *tendência*, uma força histórica inevitável. Nas palavras de *A Ideologia Alemã*: "O comunismo não é [...] um ideal ao qual a realidade deva ajustar-se. Chamamos comunismo ao movimento real que abole o atual estado de coisas". Não admira que Marx tenha amadurecido ao esposar de maneira tão natural o determinismo econômico; com a fôrma hegeliana do seu pensamento, tal resultado era previsível. É forçoso concordar com Iring Fetscher: "Em termos filosóficos, Marx não se desviou de Hegel, mas apenas deu uma inflexão pragmática e revolucionária ao seu pensamento".[26] Segundo a feliz observação de Ferdinand Lassalle, Marx foi ao mesmo tempo um Ricardo socialista e um Hegel feito economista (Lassalle a Marx, 12 de maio de 1851).

Como economista hegeliano, Marx levava uma grande vantagem e uma desvantagem muito séria com relação à teoria do processo do próprio Hegel. A vantagem era de caráter cognitivo. Seu nome era materialismo histórico, e sua melhor, mais clássica formulação, o Prefácio à *Contribuição à Crítica da Economia Política* (1859): "Não é a consciência dos homens que determina seu ser, mas, ao contrário, seu ser social que determina a sua consciência". Isso representa um avanço no conhecimento por oferecer, ao contrário da fábula hegeliana do Espírito em expansão, uma hipótese causal de, no mínimo, genuíno poder heurístico. A "estrutura econômica da sociedade" (os "modos

[26] Fetscher, 1971, p. 49.

de produção") como "fundamento real" subjacente a uma "superestrutura legal e política" com "forças de consciência social" correspondentes – para continuar citando a famosa terminologia do aludido Prefácio – fornece ao historiador e ao cientista social um fio condutor para traçar correlações altamente significativas que revelam um conjunto de fatores fadados a ter um papel nas condições, necessárias senão suficientes, para o funcionamento e mudança de sociedades. Não é preciso dizer que nem Marx, nem Engels, nem Plekhanov jamais pensaram no materialismo histórico em termos não seletivos, i.e., nenhum deles jamais sonhou com uma chave pré-fabricada que explicasse tudo na história, em vez de responder apenas pelas grandes alterações da macro-história. Mesmo numa escala mais modesta, porém, o materialismo histórico, como busca fecunda de relações infraestruturais, tornou-se, simplesmente, um procedimento padrão nas interpretações sociológicas em geral.[27] Por isso, Marx deve ser considerado um dos principais fundadores da ciência social.

Nas suas mãos, porém, o materialismo histórico não era apenas uma busca geral de condicionamentos materiais e condições econômicas. Engels e ele o apresentaram como uma teoria causal, no sentido mais forte da expressão, especificando uma sequência de modos de produção que evoluíam por si mesmos: comunismo primitivo, escravidão, modo de produção asiático, feudalismo, capitalismo. Noutras palavras, era ao mesmo tempo um preceito metodológico amplo *e* uma teoria da evolução social. Nesta última capacidade, no entanto, a teoria marxista estava gravemente viciada. Como admitem abertamente até os críticos mais simpáticos, prontos a ver no sistema produtivo um poder decisivo para moldar a macro-história, o simples fato de Marx reconhecer em qualquer formação social concreta apenas uma encarnação imperfeita de um modo de produção (muitas vezes misturando modos diferentes), ou ainda o fato de que ele nunca especificou a sincronização do seu principal mecanismo

[27] Sobre esse ponto, ver Merquior, 1979, cap. 3.

causal, i.e., os necessários ajustes eventuais das *relações* (sociais) de produção a mudanças nas *forças* (técnicas) de produção, reduziam consideravelmente a testabilidade da sua explicação do processo histórico.[28]

Nem é preciso lembrar que o determinismo econômico também não funcionou como esteio das famosas predições de Marx sobre a evolução do capitalismo industrial: empobrecimento, até a penúria, da classe trabalhadora; proletarização da sociedade e concomitante intensificação da luta de classes; surtos revolucionários nos países desenvolvidos; queda da taxa de lucro; colapso do sistema acarretado pela crise provocada pelos próprios capitalistas e pela generalizada revolta das massas exploradas. A fidelidade à sua fé historicista obrigava os fundadores do marxismo a portar-se com frequência como teimosos profetas do Apocalipse. Assim, na esteira das revoluções de 1848, na aurora das duas décadas de ouro do capitalismo *laissez-faire*, as de 1850 e 1860, Marx corretamente percebeu que o novo surto de prosperidade enfraqueceria os movimentos revolucionários. Não obstante, logo que ocorreu a primeira crise de conjuntura, começou a anunciar reiteradamente o advento do Grande Dia Vermelho. Antecipou, com grande convicção, um iminente colapso econômico, em 1851, 1852, 1853 e 1855. Engels passou toda a década de 1850 a esperar pela eclosão da revolução – que se seguiria ao colapso do capitalismo ou forçaria esse mesmo colapso a consumá-lo – para livrá-lo do seu emprego na firma do pai, em Manchester (emprego esse que lhe permitia, como ninguém ignora, sustentar a família Marx[29]). No entanto, a "grande Depressão" não veio antes de 1873, e a agitação social jamais chegou ao nível da que se vira nos *hungry forties* (os anos da fome da década de 1840).[30]

Exemplo ainda mais risível de *hybris* historicista diz respeito à tese da miserabilização. Como observou Bertram Wolfe, na primeira edição do volume I de *O Capital*, escrito

[28] Para um bom exemplo, ver Shaw, 1978, cap. 5.

[29] Cf. Henderson, 1976, cit. in Hutchison, 1981, p. 13.

[30] Este parêntese é um acréscimo à edição brasileira. (N. E.)

em 1866-1867, Marx apresentava diversas estatísticas britânicas recentes, inclusive de 1865 ou 1866 – mas seus dados sobre salários detinham-se, misteriosamente, em 1850. Na segunda edição, atualizou as estatísticas, exceto as relativas aos salários – embora estas, tal como da outra vez, estivessem disponíveis. O fato de que Marx estivesse longe de ser intelectualmente desonesto faz a coisa ainda mais extraordinária. Não admira que se sentisse autorizado a dizer à Primeira Internacional, no começo do seu discurso de abertura, que era "um fato que a miséria das massas trabalhadoras não diminuíra entre 1848 e 1864". Essa determinação de ignorar estatísticas de salário era tanto mais curiosa quanto ele mesmo costumava dizer que a sua teoria da mais-valia significava que o trabalho continuava a ser "um sistema de escravidão independentemente do fato de ser o trabalhador [...] mais bem pago ou menos bem pago".[31] Seja como for, o marxismo teve de esperar até 1892, quando Engels escreveu uma introdução à segunda edição de sua notável obra, *A Condição da Classe Trabalhadora na Inglaterra* (1845), para admitir que, em quase meio século, tinha havido uma substancial melhora no estado material e moral dos trabalhadores britânicos.

Aqui cumpre observar duas coisas da maior relevância. Primeiro, nenhuma das predições de Marx, muito menos sua tola insistência em algumas delas, decorreu, de maneira necessária, do princípio metodológico geral escrito pelo materialismo histórico. Segundo, além de serem ditados por preconceitos ideológicos, tais prognósticos foram possibilitados ou, na verdade, encorajados, menos pelo próprio historicismo do que por uma imoderada aplicação da fôrma mental historicista ao futuro – precisamente o perigo que Hegel evitara. Em resumo: não foi por ter uma teoria do processo – a primeira em grande escala desde a de Hegel e de muito maior interesse cognitivo que a "lei dos três estágios (intelectuais)" de Comte, mais plausível porém mais estreita – que Marx pecou. Pecou, ao contrário, por havê-la levado muito longe.

[31] Da *Crítica do Programa de Gotha*, cf. Marx, 1974, p. 352.

E que dizer do núcleo do historicismo de Hegel – sua aceitação do espírito da sociedade moderna? Vimos como foi calorosa a aprovação de Marx ao industrialismo, e sincero seu apego ao ideal democrático. Quer dizer que ele também, como Hegel, e ao contrário da maior parte dos românticos, alinhava-se com a modernidade? Uma boa resposta exige o exame da imagem marxista do homem.

Thomas Mann disse que o socialismo estaria redimido quando, por assim dizer, Marx tivesse lido Hölderlin.[32] Dito muito espirituoso, mas, de certo modo, supérfluo. Porque Marx, mesmo sem ter lido Hölderlin, tinha uma visão nitidamente romântica e humanística do homem. Desde o início ele adotou o paradigma humanista do homem completo, total; da personalidade plurifacetada não escravizada a ofício ou profissão, senão plasmada pelo modelo heroico do Renascimento, como no *uomo universale* de Leonardo da Vinci. Uma passagem muitas vezes citada de *A Ideologia Alemã* descreve a sociedade comunista como aquele arranjo social que se livrou da divisão do trabalho e onde ninguém tem atividade exclusiva. Tal sociedade torna possível para cada um "fazer uma coisa hoje e outra amanhã, caçar de manhã cedo, pescar à tarde, criar gado à noitinha, fazer crítica depois do jantar, exatamente a seu gosto, sem jamais se tornar para tanto caçador, pescador, criador ou crítico". Ao mesmo tempo, "a sociedade regula a produção geral" – o que é um alívio, depois de tanta farra boêmia, e quase nenhum trabalho no sentido convencional.

Aparentemente, para o jovem Marx, Proteu dava as mãos a Prometeu: o homem comunista devia ser uma espécie de pau para toda obra, brincalhão, mas altamente produtivo. Ideal muito próximo da romântica rejeição da ética do trabalho e da sua ênfase ascética nos estritos deveres da vocação de cada um – um *Leitmotiv* no pensamento moral alemão, de Lutero aos *Anos de Aprendizado de Wilhelm Meister* (1821) de Goethe. Mas não ia nisso menosprezo

[32] Ver seu curto ensaio sobre cultura e socialismo, 1928, reimpresso em *Die Forderung des Tages*. Berlin, Fischer, 1930.

pelo *homo faber* – donde o nosso estranho par, Proteu e Prometeu. No entanto, esse espírito alegre e descuidado não sobreviveu à juventude de Marx. Nos *Grundrisse* (1858-1859), seu longo rascunho do que acabaria entrando em *O Capital*, o "indivíduo universal" é saliente. Mas agora o trabalho já não é um meio de liberdade pessoal. Significativamente, Marx censurou Fourier por sua visão demasiado leviana do trabalho como diversão.[33] O trabalho é essencial à autocriação da humanidade – mas, para o indivíduo, a liberdade começa com a "economia de tempo", prometida pelo progresso da automação.

Os *Grundrisse* são um marco, um momento crucial, do pensamento de Marx. Com eles, o foco da crítica marxista se volta, pela primeira vez, da economia política para a produção. Introduz-se a alegação de que o que é explorado pelo capital é a *força de trabalho* do operário, não apenas seu trabalho. Isto preparou caminho para a teoria da mais-valia. Mas enquanto fazia as análises preparatórias para o que seria, mais tarde, *O Capital*, ainda mais conforme ao velho prometeísmo de Marx, com todo o seu *encomium* do *homo faber*, sob outros aspectos, a sua veia romântica continuava a mesma: por exemplo, na sua perene aversão a dinheiro, mercadoria e divisão do trabalho.

Até o fim Marx foi hostil à "forma-mercadoria". Em *O Capital*, a seção sobre o "fetichismo da mercadoria" (ver 1, cap. 1, 4) contém a obra-prima da sua crítica do capitalismo – e se tornaria a bíblia do marxismo ocidental no seu preito ao fundador. A *Crítica ao Programa de Gotha* (1875) estipulava a supressão da moeda, substituída por "certificados de trabalho", os quais permitiriam a cada um receber, para seu consumo, o equivalente ao que contribuíra para a produção social. Finalmente, os *Grundrisse* mostram até mesmo um grão de nostalgia diante da "beleza e grandeza" da "interconexão espontânea" existente antes da divisão do trabalho.[34]

---

[33] Em *Grundrisse*, cf. Marx, 1973c, p. 611.

[34] *Grundrisse*, ed. alemã, p. 161.

Embora a passagem tivesse sido eliminada, mais tarde, na *Crítica da Economia Política*, presumivelmente para evitar uma impressão passadista,[35] o simples fato de que tenha sido escrita basta para evidenciar o alcance da aversão romântica de Marx no tocante à economia de mercado, fundamento institucional da idade moderna. Joseph Schumpeter viu nele o último dos escolásticos, sempre obcecado com a ideia da mais-valia e com a quimera da "economia natural". Assim, o mesmo pensador que exaltava os benefícios do industrialismo e do progresso tecnológico, e ridicularizava a "idiotice da vida rural", também alimentava sentimentos de antipatia para com a natureza da economia moderna como tal – e isso independentemente de qualquer objeção quanto à estrutura social capitalista. Como disse um dos melhores críticos do marxismo: "Segundo Marx, a fonte de todos os males da humanidade jaz na forma-mercadoria, mais radicalmente do que na propriedade privada, a qual, ao que parece, não é senão a condição social para a existência das mercadorias... Em última análise, é a própria categoria do econômico que deve ser abolida".[36]

Por esse motivo, Marx censurou Proudhon, o antiburguês que, não obstante, queria preservar, na sua utopia anarquista, todos os conceitos e instituições da economia capitalista, desde a troca e a competição até o crédito, os juros, as taxas, os salários, os preços e os lucros. A crítica marxista de Proudhon mostra que Aron estava certo: para Marx, a economia como tal era uma calamidade. Um sem-número de vezes, ele mostrou uma repugnância que recorda o sentimento de Thomas Carlyle pelo *cash nexus*, como se a economia moderna pudesse funcionar sem a agilidade que lhe dão os sistemas abstratos de valor.[37]

---

[35] Segundo Loewenstein, 1980, p. 69.

[36] Aron, "Le marxisme de Marx", resumo de curso, 1976-1977, *Le Débat*, 28 jan. 1984, p. 28.

[37] A expressão *cash nexus* foi cunhada por Thomas Carlyle para designar a redução de todas as relações humanas e especialmente das relações de produção ao aspecto monetário. Karl Marx e Friedrich Engels adotaram e popularizaram a expressão. (N. E.)

Do lado econômico, há portanto motivos para dizer que Marx abominava parte do que constitui a essência da sociedade moderna. Mas que dizer da sua atitude ante a modernidade, do ponto de vista político? Politicamente, o que era "moderno", ao tempo de Marx, era a ascensão da democracia, a expansão dos direitos humanos, o crescimento do nacionalismo. Embora Marx certamente se considerasse um democrata, sua posição no que diz respeito aos direitos humanos e às instituições políticas livres era menos que satisfatória. É verdade que costumava criticar as seitas radicais, desde os proudhonianos e os "comunistas verdadeiros" de Hess até os seguidores de Lassalle e os anarquistas de Bakunin, por sua oposição impenitente aos movimentos liberais, mas apenas por sua convicção, largamente errônea, de que só o liberalismo político permitia a plena expansão do capitalismo, do mesmo modo como só a plenitude do regime capitalista, fazendo total a alienação, engendraria, como reação necessária, a emancipação revolucionária das massas.

Resumindo: a política de Marx evidencia pelo menos três tendências iliberais. Primeiro, no que concerne à economia, incorporava muito do argumento tecnocrático de Saint-Simon. Acresce que, embora supussesse, no volume I de *O Capital*, que produção e distribuição numa sociedade pós-capitalista seriam planejadas, mas espontaneamente reguladas por uma associação de homens livres, nos volumes II e III ele reconheceu que a supervisão da produção por escrituração mercantil seria "ainda mais necessária" que no capitalismo.[38] Engels reforçaria essa maneira de pensar, acentuando que uma indústria eficiente exige um grau quase militar de controle – opinião refletida na admiração de Lênin ou Trótski pelo taylorismo.

Segundo, no campo político propriamente dito, as ideias de Marx conservaram certo número de elementos perturbadoramente autoritários. Como Saint-Simon, Marx acreditava firmemente que, numa sociedade

---

[38] Marx, 1976-1981, v. II, p. 212; para um comentário perspicaz, ver Loewenstein, 1980, p. 83-84.

racional, não haveria necessidade de *governar* as pessoas, mas só de administrar as coisas. Mal se introduz a "organização" (uma típica palavra saint-simoniana), diz a Introdução à *Crítica da Filosofia do Direito de Hegel*, "o socialismo joga fora o seu casco político". A noção de que, sob o comunismo, o Estado perecerá ainda faz com que muita gente pense num parentesco fundamental do marxismo de Marx com o anarquismo. Lênin escreveu, em *Estado e Revolução* (1917), que os comentários de Marx sobre a Comuna de Paris implicavam uma visão do Estado noventa por cento anarquista.

Na verdade, Marx rechaçou o anarquismo em termos nada ambíguos, como comprovam suas polêmicas com Stirner, Proudhon e Bakunin;[39] e certamente não se alinhou com os anarquistas para pedir a supressão completa do Estado. Como Avineri observou, enquanto, para o anarquismo, a abolição do Estado era um ato político violento, para Marx ela era a consequência final de um prolongado processo de transformações sociais e econômicas, "introduzidas e sustentadas pelo poder político".[40] Foi precisamente essa dimensão temporal que ficou sublinhada na celebrada esperança marxista de que o Estado "definhasse". Mas o ponto é que o poder do Estado seria sempre necessário para alcançar fins universais – uma concepção de nítida origem hegeliana e completamente em desarmonia tanto com a opinião liberal quanto com a opinião anarquista. Afinal de contas, foi o próprio Marx quem incluiu (numa carta a Weydemeyer, de 1852) o conceito de ditadura do proletariado entre suas contribuições pessoais ao pensamento radical. A ditadura do proletariado de Marx – será preciso dizê-lo? – constituiria tão só um instrumento temporário. Kautsky tinha provavelmente razão (contra Lênin) ao dizer que seu conteúdo era eminentemente social e não propriamente político. Uns poucos marxólogos, como Maximilien Rubel, insistem em que, enquanto a

[39] Ver a discussão deles in Thomas, 1980, cap. 3-5.

[40] Avineri, 1968, p. 208.

ideia de um Marx partidário do estatismo não passa de uma "lenda" bakunista ou marxista-leninista, o verdadeiro Marx deveria ser visto como um teórico do anarquismo. Ocorre que nenhum anarquista jamais sequer concebeu nada semelhante à ditadura do proletariado. Sem dúvida, Bakunin, que acusou Marx de propor um "comunismo de estado" repressivo, foi suficientemente tolo para imaginar uma sociedade modelo tão drasticamente espartana que deu a Marx a oportunidade de retribuir o cumprimento (nas suas notas sobre *Estatismo e Anarquia*, de Bakunin), atribuindo ao prócer anarquista um futuro, e horripilante, "comunismo de caserna". Todavia, se concedermos que a forma da revolução é, em si mesma, a matriz política da sociedade pós-capitalista, então a acusação de Bakunin não era sem fundamento. Porque existe, de fato, um comunismo de Estado em potencial na malfadada ideia de uma ditadura "proletária".

Em terceiro lugar, Marx definiu a liberdade comunista de modo a fazer vista grossa em relação aos direitos civis e instituições livres sem as quais o mundo moderno não conheceria nenhuma liberdade política. Desde sua crítica da *Filosofia do Direito* de Hegel, Marx rejeitou o princípio da separação dos poderes e a noção de direitos individuais. Essa última ele desmascarou, em *Sobre a Questão Judaica*, como simples folha de parreira ideológica da dominação burguesa. Evidentemente, Marx se permitiu cometer o que Bobbio chamou de "falácia genética": pois mesmo que os direitos do homem e do cidadão tenham sido, originalmente, um interesse burguês, não se segue daí que devessem permanecer úteis apenas à burguesia – como, na verdade, o movimento operário, ainda em vida de Marx, iria confirmar, especialmente depois que a defesa dos interesses dos trabalhadores na Grã-Bretanha recebeu tamanho impulso com a extensão do sufrágio em 1867.

Acima de tudo, Marx não estava filosoficamente preparado para pensar no comunismo como uma superação *moral* do capitalismo, como aquele "individualismo social" que Proudhon almejava, e que não perderia nada das conquistas liberais. Para começo de conversa, sua ideia de liberdade não o ajudava a ver a razão de ser dos direitos individuais. Sua ênfase estava na liberdade concebida como um poder de autorrealização, de autoatualização da essência humana, não como uma série de franquias ou uma busca de *desiderata* individuais, no âmbito de uma ampla esfera de comportamento permissível.[41] Exatamente o mesmo problema aparece em Hegel (ver p. 44-47) e, como vimos, o resultado de semelhante posição não é benéfico para a verdadeira política da liberdade. Mas em Hegel, pelo menos, as ambiguidades do conceito de liberdade não são derrogatórias de um robusto reconhecimento do valor social da individualidade. Seria difícil, porém, dizer algo da mesma natureza no caso de Marx. Hegel – como Marx – não partilhava do profundo respeito kantiano pela pessoa como um fim em si. Mas, ao menos, conforme acentuamos, compreendeu que a história moderna representa um crescimento sem precedentes – e bem-vindo – da individualidade. Em Marx esse último elemento jamais gozou de preeminência comparável. Seu indivíduo livre é mais um exemplar da espécie que uma personalidade singular. Como poderia o espírito, e mesmo a letra, da sua política deixar de refletir essa lacuna? Difícil seria, por isso, discordar de Andrzej Walicki: para Marx, a suprema legitimação de uma ordem política e social vinha da lógica da história, não da vontade do povo.[42] E, ao contrário de Hegel, sua versão da lógica da história não deixava propriamente grande espaço à afirmação individual. Em conjunto, parece difícil evitar a conclusão de que as sugestões de Marx sobre poder, liberdade e controle no comunismo, embora decerto não tivessem a intenção de escorar a tirania, incluíam muita coisa facilmente usável pelos que construíram tiranias em seu nome.

[41] Para uma discussão concisa e magistral desse ponto, ver Andrzej Walicki, "Marx and Freedom", *New York Review of Books*, 24 nov. 1983, p. 50-56.

[42] Ibid., p. 55.

O marxismo clássico – ainda hoje a mais poderosa tentativa de combinar uma teoria não idealista do processo histórico com uma crítica social global – constitui um impressionante corpo de doutrina cujo núcleo contém falhas bastante graves. Como sabemos todos, desde *Karl Marx e o Fechamento do seu Sistema* (1896), de Eugen von Böhm-Bawerk (1851-1914), a ideia de que o lucro capitalista provém de uma mais-valia do trabalho não foi refutada – pois simplesmente *não pode ser refutada*: a teoria é impossível de testar, não tem apoio em fenômenos empíricos, assim como não o têm as inglórias tentativas de Marx de deduzir a estrutura dos preços do nível da mais-valia (o chamado problema da "transformação" em *O Capital*, volume III). Não admira que os marxistas modernos se tenham disposto a deitar fora esse lastro. Piero Sraffa (1898-1983) lhes ensinou a determinar a taxa de lucro e o preço relativo das mercadorias por meio de hipóteses que nada devem a uma troca de mercadorias regida pela quantidade de trabalho nelas incorporado. Joan Robinson (1903-1983) advertiu que a taxa de exploração depende mais do poder de barganha dos trabalhadores que da taxa de lucro e da relação capital/trabalho.[43] Georg Lichtheim, na sua obra *Marxismo – um Estudo Histórico e Crítico* (1961), diz que não é necessária uma tese da mais-valia para explicar a exploração. Essa ocorre sempre que há monopolização dos ganhos decorrentes do emprego do capital – quer o ganho seja atribuível ao trabalho ou a todos os fatores da produção. Marx admitiu outro tanto ao dar lugar de tal relevo à propriedade dos meios de produção. Essa consideração foi examinada com grande rigor analítico por John Roemer em *A General Theory of Exploitation and Class* (1982), em que ele conclui que "a teoria do valor-trabalho é irrelevante como teoria do preço, mas está igualmente ultrapassada no seu papel como teoria da exploração".[44]

---

[43] Joan Robinson, *New Left Review*, 31, 1965.

[44] Roemer, "Exploitation, Class and Property Relations". In: Ball and Farr, 1984, p. 209-10.

Marx moldou sua classe em ascensão, o proletariado, pela burguesia. Assim como a burguesia tinha crescido no ventre da sociedade feudal, da mesma forma o proletariado cresceria no capitalismo. Cada modo de produção a caminho da extinção gerava seu sucessor como um filho de suas próprias contradições. No entanto, em termos históricos mais empíricos, a analogia dificilmente se mantém. A burguesia em ascensão, além de ser uma nova classe, era uma elite econômica, criadora de novas forças e relações de produção. O proletariado, por seu lado, nunca desempenhou um papel similar. Essencial ao industrialismo, como tem sido, não constitui uma elite técnica ou gerencial urdindo uma nova forma de organização econômica. (Elites técnicas na produção moderna podem considerar-se – e se tem considerado – exploradas; mas o ponto é irrelevante, uma vez que, obviamente, elas não correspondem à definição marxista de força de trabalho.) Raymond Aron pensava que a falta de fundamento histórico da noção marxista do papel do proletariado fora o motivo secreto pelo qual o marxismo se vira forçado a conceber um partido revolucionário como um *ersatz* inconfessado do proletariado, que, em teoria, tal partido deveria apenas expressar e representar.

Ao fim e ao cabo, o marxismo clássico equivocou-se quanto ao seu próprio papel histórico. Viu-se como o produto de um contexto revolucionário burguês e proletário – o Ocidente em processo de industrialização dos tempos vitorianos. Historicamente, porém, a classe revolucionária decisiva na "idade da revolução" no Ocidente (para tomar de empréstimo a expressão de Eric Hobsbawn) não foi o proletariado urbano, ainda muito ralo na maior parte da Europa, mas o campesinato, cujos levantes derrubaram a sociedade do *Ancien Régime* na Revolução Francesa e incendiaram a Europa na primavera de 1848. Não há dúvida de que as revoluções foram sempre iniciadas por estratos urbanos – mas só tiveram êxito ou, simplesmente, prosseguiram, quando os camponeses lhes engrossaram as fileiras.[45] Resumindo: quando a Europa

[45] Sobre a importância revolucionária do campesinato, ver Skocpol, 1979.

era, de fato, revolucionária, o proletariado tinha pouca importância; e, quando o proletariado se tornou uma classe poderosa, a Europa deixou de ser revolucionária. Talvez a revolução social que o europeu Karl Marx pôs no futuro próximo pertencesse, na realidade histórica, à infância do capitalismo industrial. A ironia é que tão logo o capitalismo chegou à maioridade, a classe trabalhadora rapidamente ganhou tais vitórias, superando bem depressa a sua primitiva penúria econômica e cultural; e em parte conseguiu fazê-lo exatamente por haver sido equipada, *pelo marxismo*, com uma ideologia que a tornava, como classe, coesa e aguerrida.

Referi-me ao europeu em Marx de caso pensado. Em nosso próprio século, a verdade sociológica do marxismo político desmentiu as crenças do marxismo teórico em mais de um sentido. Como Ernest Gellner observou, o comunismo, longe de ser, como ele próprio acreditava, uma solução para os males do industrialismo, acabou por fornecer um poderoso veículo à industrialização forçada e à acumulação primitiva – o violento processo tão bem descrito por Marx nos capítulos 26 a 28 de *O Capital*, volume I. Quer dizer: o marxismo faz, sob alguns regimes nacionalistas ansiosos por construir uma industrialização imitativa, o que, no passado, a ética protestante e seus equivalentes fizeram por um capitalismo endógeno e espontâneo.

Entretanto, hoje em dia, o marxismo não é apenas um credo reacendido, de tempos em tempos, em países não industriais, pelo sentimento nacionalista de elites ex-coloniais modernizadoras. É também, no seio do mundo industrialmente avançado, o idioma ideológico favorito de uma *intelligentsia* em profundo desacordo com a civilização moderna. E o marxismo ocidental é a forma principal dessa linguagem ideológica. Tratemos agora de descrever seu surgimento na esteira da Revolução Russa e seu impacto entre os intelectuais do Ocidente.

Capítulo II

OS FUNDAMENTOS DO MARXISMO OCIDENTAL

I. Lukács e o "comunismo-cultura"

A política é apenas o meio, a cultura é o objetivo.
Lukács, 1919

Segundo uma das reminiscências de Karl Jaspers, na Heidelberg de antes da guerra, quando se perguntava às pessoas "Quais os nomes dos quatro evangelistas?", a resposta correta era: "Mateus, Marcos, Lukács e Bloch".[1] O jovem Lukács e o jovem Bloch, fundadores do marxismo ocidental, ardiam de febre messiânica por aquele tempo. E, todavia, nenhum dos dois era – ainda – marxista. A história da sua conversão é profundamente reveladora da natureza do marxismo ocidental.

Por que começar com Lukács? Porque se o "retorno a Hegel" e um alto conteúdo "cultural" são, indubitavelmente, traços característicos do marxismo ocidental no seu modelo de origem, então ninguém fez mais pela sua criação que o húngaro György von Lukács (1885-1971), o qual, tendo dito que era impossível filosofar na sua língua nativa, escreveu quase todos os seus livros principais em alemão e chegou a ser conhecido como Georg Lukács.

Nascido em Budapeste, na família de um banqueiro judeu nobilitado pelos Habsburgos, Lukács desenvolveu desde cedo uma relação fria com seu generoso pai, um *self-made man*. Em compensação, seu relacionamento com sua indiferente mãe era positivamente glacial. Ao ir para Berlim (1906), a fim de estudar filosofia, o moço Lukács já mostrava bem pouca simpatia pela cultura húngara oficial. Afastara-se também daquela mentalidade secular e liberal na qual os judeus magiares tinham tido tão grande papel em seu país, desde a revolução de 1848 e o estabelecimento da Monarquia Dual em 1867.[2]

---

[1] Jaspers, *Heidelberger Jahrbücher*, 5, 1961, cit. in Konder, 1980, p. 25. Jaspers atribuía a autoria da pilhéria a E. Lask.

[2] Para o *background* social e ideológico, ver Congdon, 1983, introdução.

Nos anos que levaram à Primeira Guerra Mundial, a *pax liberalis*, alcançada quando o longo reinado de Franz Josef ia em meio, era contestada de maneira crescente, e o antissemitismo vicejou por todo o império. Mas o jovem Lukács pouco se interessava pela sorte do progressivismo burguês com sua cultura "filistina" – inclusive a social-democracia centro-europeia.

Seu primeiro livro, uma volumosa *História do Desenvolvimento do Drama Moderno*[3] (1911), teorizava sobre os personagens solitários de Hebbel e Ibsen, contrastando a natureza atomista da sociedade burguesa com o mundo social orgânico da Grécia Antiga, berço da tragédia clássica. Os dois volumes dessa obra contêm percepções verdadeiramente pioneiras. Por exemplo, Lukács relaciona argutamente o florescimento do drama clássico com o sentimento de decadência histórica por parte das classes sociais, sem, todavia, reduzir a qualidade estética à base social. Assim, atribui a ausência de verdadeira tragédia nas peças, aliás belíssimas, de Goethe ou Schiller, ao fato de seus autores terem vivido num período de ascensão da burguesia.

Como deixou perfeitamente claro nas suas penetrantes "Notas para uma Teoria da História Literária" (1910), Lukács queria seguir as pegadas de *Vivência e Poesia* (1905), de Dilthey, lendo obras individuais contra o pano de fundo do seu *Zeitgeist*. Ao fazê-lo, Lukács procurou concentrar-se mais na forma que no conteúdo. Sendo intrinsecamente histórico, o conteúdo acabaria incompreensível para os leitores de outras idades. Já a forma, expressando padrões gerais da alma humana, gozava de um *status* eterno, intemporal. As tragédias de Eurípedes, dizia Lukács, são menos vivas que *Édipo Rei* ou *Antígona* precisamente porque, em sua própria época, eram mais tópicas, muito mais ricas em conteúdo. O que não significa que, como objeto da história literária,

---

[3] Escrito entre 1906 e 1909, publicado em Budapeste em 1911; parcialmente traduzido em inglês como "The Sociology of Modern Drama". In: Lukács, 1965a.

a forma não esteja aberta a uma interpretação histórico--sociológica. Muito pelo contrário: "Sendo a forma o que é verdadeiramente social em literatura", na comunicação humana através das idades, a análise estética seguramente se enriquece com uma abordagem sociológica.

A abordagem sociológica do próprio Lukács muito deve à *Filosofia do Dinheiro* (1900) de Georg Simmel (1858-1918), sobretudo em sua ênfase na impotência do indivíduo na sociedade moderna, no entanto essencialmente individualista.[4] Em 1909-1910, enquanto assistia às aulas que Simmel dava em sua casa de Berlim (uma vez que, como judeu, a cátedra lhe era vedada), Lukács conheceu Ernst Bloch. Desvairadamente utópico, convenceu-o de que "era ainda possível filosofar à maneira de Aristóteles e de Hegel". Um ano mais tarde, vemos Lukács, juntamente com um crítico modernista, Lajos Fülep (e com a ajuda financeira do filisteu Lukács *père*) fundando um jornal abertamente metafísico. *A Szellem* (Espírito), devotado a questões pertinentes "à essência da cultura".[5] Essa essência, ele a definia, num ensaio de 1910, "Cultura Estética", como o "sentido da vida". Na verdade, a culturologia de Lukács tinha, desde o começo, as mais tensas e intensas conotações existenciais.

Os ensaios por ele reunidos em *A Alma e as Formas* (1910; ed. alemã, 1911) procediam todos, entretanto, de uma revista artística nada filosófica, *Nyugat* (*Oeste*), a cujo tom cosmopolita *A Szellem* se propusera reagir. *A Alma e as Formas* discute alguns grandes autores (Sterne, Novalis, Kierkegaard, Stefan George) em companhia de figuras menores (Theodor Storm, Charles Louis Philippe, Rudolf Kassner, Paul Ernst). O livro inteiro é percorrido por uma resoluta antítese entre a "vida" – equiparada a mil relações contingentes e caracterizada pela falta de autenticidade – e a "alma", fonte de altas

---

[4] Sobre a ligação Simmel/Lukács, ver a judiciosa comparação de David Frisby na introdução à sua tradução de Georg Simmel, *The Philosophy of Money*. London, Routledge and Keagan Paul, 1978, p. 15-21.

[5] Cf. Congdon, op. cit, p. 52-62.

escolhas existenciais, tentando impor sentido à mera faticidade da simples existência. "Forma", por sua vez, significa a marca estética de tais significados enquanto opções existenciais, de modo que as obras literárias se tornam símbolos de gestos morais. A forma junta os fragmentos da vida em estruturas de significação moral (*Sinngebilde*).

A posição de Lukács em matéria de arte estava, então, a considerável distância do naturalismo (espelho de fatos contingentes), do impressionismo (transcrição de superfícies psicológicas ou trepidações interiores sem alvo definido), e do simbolismo (a principal poética do esteticismo "decadente"). Além disso, esse par alma-e--forma estava em total desacordo com o pensamento vitalista (a *Lebensphilosophie* de Dilthey e Simmel); pois a "alma", enquanto experiência vivida (*Erlebnis*), não era absolutamente uma rendição ao fluxo da vida (interior). Na "alma" o eu manifesta uma fibra moral normalmente ausente do conceito principal dos vitalistas. Ausente, por exemplo, daquela "impressionabilidade ilimitada", que Simmel discernia na sensibilidade moderna.

Já em outros pontos, os ensaios de Lukács refletem alguns "motivos" decadentes, na sua fascinação pela morte, por exemplo, tão evocatória da cultura vienense da *belle époque*, de Mahler e Klimt a Schnitzler e Hofmannsthal (de qualquer modo, o mundo de Lukács já era ligeiramente tanatofílico, e disso dá prova a *Estética da Morte* (1907) do seu velho amigo Bela Balázs, outro frequentador do seminário de Simmel sobre a teoria da cultura). Significativamente, Lukács tinha em alta conta um decadente histérico como Otto Weininger (1880-1903), o raivoso e misógino judeu antissemita, que criou tamanha celeuma com a delirante pseudociência do seu *Raça e Caráter* (1903).

O eticismo kierkegaardiano de Lukács unia dois eixos conceituais. O primeiro era a "metafísica da tragédia". Os conflitos trágicos põem a nu o âmago da "alma". Lukács considerava Novalis o maior dos românticos porque, além de expressar tamanho desejo de comunidade, sua arte penetrava e aprofundava a significação da morte.

O ensaio sobre Paul Ernst, antigo socialista que chegou a abraçar uma visão trágica da vida, contém todo o espírito de *A Alma e as Formas* – embora o ensaio sobre Theodor Storm mitigue consideravelmente a rigidez da trágica perspectiva do autor, e o ensaio sobre Sterne, um diálogo cheio de vivacidade, represente uma espécie de beliscão irônico no puritanismo latente da mística alma-e-forma.

O segundo eixo é o conceito do "ensaio como forma", exposto na longa carta a Leo Popper (o amigo mais íntimo de Lukács), que serve de prefácio ao livro. O verdadeiro ensaísmo enfrenta temas existenciais, embora pretenda lidar apenas com obras de arte, i.e., criaturas da nossa imaginação. Numa cultura sem tragédias (e aqui Lukács prenuncia o tema de George Steiner em *A Morte da Tragédia*, 1961), cabe a grandes ensaístas como Schopenhauer, Kierkegaard ou Nietzsche renovar o sentido trágico da vida. Mais geralmente, porém, o ensaio é a arma do crítico. A crítica descobre o "elemento fatal", o conteúdo-alma das formas. Na crítica, a forma se torna a voz com a qual candentes questões existenciais são tratadas, ecoando as vitórias de Pirro da "alma" sobre a "vida".

Poucos meses depois da publicação de *A Alma e as Formas*, o primeiro amor de Lukács, a sensível artista Irma Seidler, suicidou-se saltando de uma ponte sobre o Danúbio. Lukács fora apresentado a Irma por Leo Popper no *salon* de Mme. Polanyi (mãe do economista Karl e do filósofo Michael), em Budapeste, em 1907. Mas ele preferiu ser um Kierkegaard para a sua própria Regine Olsen, e evitou o casamento alegando que a tarefa da "compreensão" era incompatível com uma vida conjugal normal. O suicídio de Irma foi, com toda a probabilidade, provocado pelo fim de um *affaire* com Bela Balázs. Mas o nosso pensador, que nutrira ele também ideias suicidas, ficou profundamente chocado. Dedicou a edição alemã de *A Alma e as Formas* à sua memória. Em seguida, num comovente ensaio, "Sobre a Pobreza do Espírito" (1911), pôs o "dom da bondade" que encontrara em Irma muito acima de todas as éticas do dever. Uma graça acima de todas as formas, a "pobreza de espírito" é o que brilha no príncipe Myshkin ou em Alyosha Karamazov. Sugestivamente, a esse tempo, Lukács andava lendo os textos místicos de Martin Buber em louvor da humildade. O *revival* hassidista de Buber mostrava que os judeus não eram – ao contrário dos clichês do antissemitismo – a corporificação do moderno racionalismo, com seu repugnante *ethos* utilitário.

Em 1912, Lukács foi estudar em Heidelberg com o "culturólogo" neokantiano Heinrich Rickert. Lá ele impressionou o casal Max Weber com seu temperamento místico, em seu desacordo com o culto de *art pour l'art* do "George-Kreis", o sofisticado círculo reunido em torno do carismático poeta simbolista Stefan George. Em Heidelberg, entre 1912 e 1914, Lukács redigiu sua primeira estética, publicada postumamente como *Heidelberger Philosophie der Kunst*,[6] e se entusiasmou por uma russa neurótica, com veleidades de pintora, Ljena Grabenko. Lukács e Ljena se casaram pouco antes de rebentar a guerra. Para Lukács, Ljena que fora membro da Brigada Terrorista do Partido Socialista Revolucionário Russo, e passara algum tempo nas masmorras do czar, encarnava um socialismo furiosamente messiânico, baseado no sacrifício pessoal. Porém, por volta de 1916, o casamento já se tornara em "inferno inimaginável", segundo Balázs. Pois Ljena envolveu-se num *ménage à trois* com um mal-humorado pianista vienense, cujos acessos de violência física forçaram-na a chamar – sem resultado – um psiquiatra – um certo Karl Jaspers. Quanto a Lukács, que tudo suportava com estoicismo, foi aconselhado por Max Weber a completar seu estudo sistemático sobre estética, a fim de habilitar-se como filósofo universitário sob a supervisão de Rickert. De modo que o ensaísta, então com trinta e um anos de idade, voltou à mesa de trabalho, e,

---

[6] Para a sua filosofia da arte (1912-1914) e estética (1916-1918) de Heidelberg, ver os escritos do coeditor dos textos, György Markus, in Heller, ed., 1977, p. 192-240, bem como seu artigo "The Soul and Life: the Young Lukács and the Problems of Culture" in *Telos*, 32, 1977, p. 95-115, agora in Heller, ed. 1983, cap. 1.

em meio a todo o inferno do seu lar, compôs imperturbavelmente um novo e longo texto, a *Heidelberger Ästhetik*.

O livro abre, em implacável estilo neokantiano, investigando problemas de constituição: como são possíveis as obras de arte? – indaga Lukács. E a resposta que dá é muito influenciada pela obra de um amigo e preceptor, na verdade um neokantiano rebelde: um discípulo de Rickert, chamado Emil Lask (1875-1915). Lask insistia no dualismo radical de valor e realidade. Lukács punha a arte numa esfera de valor (*Wertsphäre*) nitidamente "entre parênteses" (ele pedira emprestado o famoso termo de Husserl com relação ao mundo real. A obra de arte era "uma totalidade independente, perfeita e autossuficiente". Em consequência, a teoria da arte deveria ser "imanente", i.e., "orientada para a obra de arte".

Fiel à ideia predileta de Leo Popper, Lukács localizou o cerne do sentido estético na própria obra de arte, não na intenção do artista. No entanto, Popper, um modernista, que fazia questão de pôr Cézanne acima de Monet, e Maillol acima de Rodin, exaltara a "forma" num sentido formalista não muito afastado do hino à "forma significativa" de Clive Bell (*Art,* 1913), a do panegírico da estrutura e da pureza formal de Roger Fry (*Vision and Design*, 1920). Menos enfronhado nas artes visuais, Lukács ficou mais próximo de Lask na sua preocupação obsedante com a necessidade de superar a separação kantiana entre forma e conteúdo, e abraçou o consequente reconhecimento laskiano de irracionalidade fundamental de todos os conteúdos. Poder-se-ia dizer que Lukács traduziu a celebração da forma por Popper numa forma-conteúdo de uma esfera de valor – a arte – completamente divorciada da realidade do mundo. Uma metafísica dualista, de origens kantianas, lhe permitia continuar contrastando "almas e formas" com a "vida" inautêntica. A *Heidelberg Ästhetik* preservou uma concepção da obra de arte como um microcosmo, totalmente utópico, mas exigido pela perene insatisfação humana com a existência alienada. Assim, no seu austero *Habilitationschrift*, Lukács prestou homenagem aos seus irmãos intelectuais desaparecidos:

Popper, seu *alter ego* do tempo de Budapeste, e Lask, o amigo íntimo do período de Heidelberg, morto no campo de batalha em 1915.

Em novembro de 1917, exausto por causa de sua vida com Ljena, Lukács trocou Heidelberg por Budapeste. Mas não concebia sua partida como definitiva, tanto que deixou uma valise cheia de papeis pessoais no Deutsche Bank. A recuperação desse material, um ano depois da sua morte, lançou nova luz sobre a gênese da primeira obra-prima de Lukács – o longo ensaio intitulado *A Teoria do Romance*, publicado em húngaro em 1916 e em alemão em 1920.[7] Cuidadosamente reconstituída por dois discípulos da velhice, Ferenc Fehér e Agnes Heller, as notas encontradas na valise de Heidelberg não deixam dúvida de que o magro volume de 1916 era, na intenção, o primeiro capítulo de um estudo sobre Dostoiévski.

Os colegas terroristas de Ljena não eram niilistas, mas militantes dostoievskianos. Tendo assassinado um dos principais ministros do czar, Vyacheslav von Plehve (1904), e o grão-duque Sergei Alexandrovich (1905), haviam agido com a convicção de que, pela salvação dos irmãos oprimidos, o militante devia estar disposto a sacrificar até a própria virtude. Longe de pensar que o fim justifica os meios, a Brigada Terrorista sentia-se culpada pelos seus atos; na sua ética mística, os terroristas viam-se a si mesmos como camicases morais. Lukács ficou profundamente impressionado. Como disse a Paul Ernst, entendeu tais atitudes como prova de uma "segunda ética", um imperativo da alma, muito superior ao simples dever de respeito às instituições. Afinal, ele próprio havia celebrado o cintilante dom da bondade na "pobreza de espírito". Agora, essa mesma abnegação se fazia social. Para Lukács, ela emprestava ao socialismo um fervor moral lamentavelmente ausente da política parlamentar e da teoria social evolucionista da Segunda Internacional. Para que o socialismo pudesse ser verdadeiramente

---

7 Mas o texto alemão tinha aparecido desde 1962 in Max Dessoir, *Zeitschrift für Ästhetik und Allgemeine Kunstwissenschaft*.

redentor, suas raízes antiutilitárias e anti-individualistas deveriam tornar-se um credo vivo e audacioso.

Que relação tinha tudo isso com *A Teoria do Romance* de Lukács? O elo imediato é o tema da comunidade. *A Alma e as Formas* focalizaram com simpatia o sonho de uma idade de ouro no desejo de Novalis pela comunidade (*Gemeinschaft*); já *A Teoria do Romance* historizou esse desejo. Com a ajuda das ideias de Hegel sobre o contraste entre o antigo *epos* e a moderna ficção, Lukács convertia a história da prosa ocidental na crônica de uma Queda. No estado anterior à Queda – a idade de Homero – a sociedade era um todo orgânico, e a vida, consequentemente, hospitaleira e prenhe de sentido: "O mundo é vasto e, no entanto, é ainda um lar", escreve Lukács. Mas logo depois a alma, tomando consciência de sua própria essência, passa pela experiência da transcendência: com Platão, a ideia vive exilada do mundo social. A história moderna sofre tudo isso intensamente. Porque a modernidade é a cultura na qual a "imanência do sentido na vida tornou-se um problema", a era da alienação ubíqua. Essa idade da "falta transcendental de um lar" é o habitat do romance.

A segunda metade do livro conta a história do romance, uma jornada do "mundo" para a "mente": do foco nos acontecimentos externos para uma obsessão posterior com a consciência. Os heróis do romance exibem diversas espécies de reação à realidade alienada. No "idealismo abstrato", o eu foge ao mundo, como na revolta quixotesca descrita por Cervantes ou por Kleist, no *Michael Kohlhaas*. No "romantismo da desilusão" – uma frase que Lukács empregou pela primeira vez num brilhante ensaio de juventude sobre Ibsen –, o eu despreza o mundo e se aquece ao sol do seu próprio ensimesmamento, como no cínico narcisismo de Frédéric Moreau na *Educação Sentimental* (1869), de Flaubert, ou, de novo, na resistência passiva do jovem Oblomov, de Goncharov. Entre esses dois extremos, o *Bildungsroman* alemão, que culmina no segundo *Wilhelm Meister*, conseguiu um sábio compromisso entre mundo e sentido. Mas as preferências de Lukács estão com os grandes russos. Só eles conseguiram transmitir uma "comunidade de sentimento" entre "simples seres humanos" (daí ser Tolstói o Homero moderno); ou, alternativamente, chamar-nos a novas, místicas, formas de fraternidade (o quiliasmo cristão de Dostoiévski). Embora Dostoiévski não seja citado senão no último parágrafo de *A Teoria do Romance*, Lukács nos convida a ver nele e em Tolstói narradores utópicos, mestres de uma "projeção para além das formas sociais de vida" (título do último capítulo). Essa utopia, Tolstói a persegue em vislumbres de uma reintegração rousseauniana com a natureza e seus sábios ritmos; Dostoiévski, no sentido social do amor cristão pelo próximo.

Enquanto a visão trágica subjacente a *A Alma e as Formas* acentuava os "pontos altos" da existência, que levavam ao insucesso, *A Teoria do Romance* prefere concentrar-se na busca, pelo herói, de valor e sentido num universo alienado – e aqui Lukács pôs o dedo numa estrutura central de grande parte da ficção moderna. Com efeito, se o herói épico tinha uma vida moral confortável, representando papéis tradicionais na sua comunidade, a ficção moderna fervilha de pessoas solitárias em busca de algo, muitas vezes em luta com seu meio social. Lukács foi também perspicaz ao ver o tempo interior como elemento de estruturação nos romances modernos. Sua discussão do sentido lírico do passado e da memória em Flaubert, bem como seus curtos comentários ao aspecto muitas vezes fragmentários dos enredos de ficção, férteis em eventos episódicos e personagens avulsos, frouxamente ligados, provou-se verdadeiramente seminal para análises posteriores do gênero. Descreveu ainda, muito bem, a posição irônica do autor onisciente, tão desligado dos seus heróis quanto da própria sociedade em que vive. Na sua busca tácita dos valores humanos, diz Lukács, os romancistas são os "místicos negativos" de uma idade sem Deus.

Em grande parte, o tom sombrio e trágico de *A Alma e as Formas* cedeu lugar, em *A Teoria do Romance*, a um clarão utópico. Na coleção de 1910, "alma" e "forma" coincidiram propriamente apenas na tragédia (seja em sua forma dramática, seja de outra maneira). No segundo livro há trilhas para além dos arroubos do idealismo e do destino do romantismo amargurado. Uma estreita senda prosaica conduz ao passado alemão: o *Bildungsroman*. Outra se dirige para o país em que, segundo Lukács – pelo simples fato de que o progresso ocidental ainda não destruiu para sempre as raízes da comunidade –, reside uma promessa de redenção humana. Esse país é a Rússia, a pátria de Ljena – e de Dostoiévski.

Voltando a Budapeste, Lukács se viu estabelecido como ensaísta literário. *A Teoria do Romance* tivera grande *succès d'estime* entre os humanistas alemães altamente intelectualizados. Do crescente desespero causado pela carnificina sem fim de uma guerra europeia monstruosa e absurda, Lukács parecia extrair não só o sentido protoexistencialista da futilidade da vida como "algo prosaico", mas também um convite apaixonado para sua completa, utópica, transformação. De maneira geral, a *intelligentsia* húngara acolhera bem a guerra. Para a Hungria, a Tríplice Aliança representava, antes de mais nada, a Rússia imperial – os bárbaros opressores do país de 1849. Em 1914, Balázs, como Thomas Mann, via o conflito como um choque entre a refinada *Kultur* da Europa Central e uma civilização ocidental exausta e estéril. Como o próprio Lukács recordaria mais tarde,[8] a atitude dos intelectuais, mesmo quando hostis em princípio à guerra, resumia-se numa pergunta carregada de angústia: "Quem nos salvará – no caso de uma vitória do Ocidente – da civilização ocidental?". Era, na verdade, uma perspectiva melancólica: "materialismo inglês" mais decadência francesa, industrialismo filisteu e o embuste de uma democracia de direitos humanos... Assim, embora afastados do tradicionalismo dos grupos conservadores, os intelectuais exibiam uma entranhada repugnância pela modernidade no sentido sociológico – o mundo, secular e

[8] Na sua introdução a uma reimpressão de 1962 de *A Teoria do Romance*.

utilitário, da ciência, da indústria e da democracia. Numa palavra: eram muito dados à *Kulturkritik*. E, nesse contexto, havia lugar para o sabor ideológico da anatomia do romance de Lukács – independentemente de seus reais méritos analíticos.

Não há dúvida de que a Hungria, entre o meio da guerra e o interlúdio vermelho de 1919 (o governo Béla Kun), fez grandes contribuições à vaga neoidealista que varreu a alta cultura europeia nos últimos estertores da *belle époque*. Num estudo bem documentado, *O Jovem Lukács*, Lee Congdon fez a crônica desse movimento de "cultura revolucionária", que terminou com a conversão ao marxismo de algumas das suas principais figuras. Ao fim de 1916, alguns meses depois de servir brevemente na censura postal do exército, Lukács e Balázs, desmobilizados, começaram a reunir um "Círculo de Domingo" no apartamento do teatrólogo, em Buda. Entre os *habitués* do círculo estavam cabeças brilhantes como Karl Mannheim, futuro criador da sociologia do conhecimento, e os historiadores da arte, Frederic Antal, Arnold Hauser e Charles de Tolnay; os compositores Zoltan Kodály e Béla Bartók, o filósofo Michael Polanyi e o economista Eugene Varga eram figuras frequentes. Em 1917, formou-se uma Escola Livre de Ciências Humanas, que oferecia seminários e conferências, tudo no intuito declarado de superar o positivismo, o naturalismo e o materialismo em todas as suas formas.

Mas todo esse afã cultural permanecia apolítico. Nas suas primeiras reuniões de 1918, o Círculo de Domingo e a Sociedade Sociológica debateram o parentesco do "idealismo progressista" com a política radical, tal como apresentado por dois filósofos, Béla Fogarasi e Lukács. Uma preocupação central desses idealistas radicais era a ética. Valendo-se da *Metafísica da Moral*, de Kant, para evitar o formalismo ético da *Crítica da Razão Prática*, Lukács acentuava a noção kantiana de virtude como "perfeição interior". Valia-se também da distinção de Kant entre deveres legais "externos", de natureza essencialmente instrumental, e a legislação "interna", de normas impostas pelo próprio eu e ditadas por mais altos motivos, para fundamentar o que Weber (certamente impressionado pelo exemplo de Lukács) logo chamaria "ética da convicção"(*Gesinnungsethik*).[9]

Entre os simpatizantes da Escola Livre estava o diretor da Biblioteca Municipal de Budapeste, Ervin Szabó (1877-1918). Considerado o pai do marxismo húngaro, embora tendesse para o anarcossindicalismo, Szabó encabeçava a ala antiguerra da *intelligentsia*. Foi ele quem familiarizou Lukács com a obra de Sorel. Como ardoroso partidário do socialismo ético, cheio de desprezo pelo Estado e por barganhas políticas, Sorel interessou Lukács, que tinha as mesmas inclinações. E, como muitos sorelianos, Lukács interpretou as ideias do autor de *Reflexões sobre a Violência* (1908) e das *Ilusões do Progresso* (1908) numa veia distintamente irracionalista.[10] Mas por esse motivo a mensagem de Sorel, junto com o *pathos* da *Kulturkritik* e a superestimação da "ética da convicção", deram a Lukács uma mentalidade nada impermeável ao espírito revolucionário quiliástico. Acrescente-se a isso a intensidade da sua ânsia dostoievskiana por epifanias de fraternidade em cenários apocalípticos, e fica fácil entender por que lhe pareceu tão tentadora a "Luz de Outubro" – a imensa esperança moral despertada pela Revolução Russa.

De começo, porém, Lukács ficou confuso. Quando o jornal radical *Livre Pensamento* decidiu abordar a questão do bolchevismo, duas semanas apenas depois da formação do Partido Comunista Húngaro (novembro de 1918), Lukács ofereceu sua contribuição: um artigo intitulado "O Bolchevismo como Problema Moral". O bolchevismo, dizia ele, acreditava que o poder do proletariado poria fim a todas as formas sociais de opressão. Isso, todavia, era um puro ato de fé, pois nada

---

[9] Para essa associação, ver a tese de Eva Karady sobre Weber e Lukács, in Wolfgang Mommsen et al., *Max Weber and his Contemporaries*, Oxford, Blackwell, no prelo.

[10] Os estudos modernos sobre Sorel muito contribuíram para corrigir interpretações anteriores que exageravam o seu irracionalismo. Para comentários a essa evolução, ver meu artigo sobre Sorel in *Rediscoveries*, John Hall, ed., Oxford, OUP, 1986.

podia garantir que o bem saísse do mal, a harmonia da violência, e a bem-aventurança de uma sociedade sem classes do barbarismo do terror revolucionário. Em consequência, e como problema moral, o regime bolchevique propunha um "dilema insolúvel". Não obstante, poucas semanas depois de ter esse artigo impresso, Lukács – em companhia de Ljena, Balázs e Fogarasi – entrou para o PC. Vários outros membros do Círculo de Domingo ficaram simplesmente estupefatos com a notícia.

Vista de perto, porém, a decisão de Lukács não representava uma mudança tão abrupta. Afinal de contas, não tendo sido nunca nem um liberal nem um social-democrata reformista, ele partilhava muito dos pontos de vista dos comunistas. A única objeção que fazia ao bolchevismo dizia respeito a seus métodos violentos, fruto das próprias apreensões sorelianas em face do Estado de partido único. (O próprio Sorel viu equivocadamente no leninismo o domínio dos sovietes e abençoou a Revolução Russa.) Mas, no outono de 1918, Lukács leu a obra-prima de retórica anarquista de Lênin. *O Estado e a Revolução* (uma brilhante jogada tática), e isso pode ter acalmado seus receios quanto à atitude dos bolcheviques com relação ao poder do Estado. Além disso, ele foi apresentado ao chefe do PC, Béla Kun, pelo irmão de Irma Seidler – e, assim, era como se a Beatriz da sua primeira mocidade, a musa da mística da "pobreza de espírito" o estivesse docemente impelindo na direção da causa comunista.

Em Heidelberg, o respeito de Lukács por Kierkegaard se aprofundara. Agora, via-se em face de uns desses angustiantes dilemas para os quais o dinamarquês tanto exigia escolhas nítidas, dramáticas – opções em que toda a existência é engajada. E o momento histórico não favorecia as soluções de compromisso. Com o leninismo empenhado numa luta sem quartel pela sobrevivência, e a recém-nascida República de Weimar recorrendo à efusão de sangue para cortar pela raiz a revolução socialista (*viz.* os assassinatos de Karl Liebknecht, Rosa Luxemburgo e Kurt Eisner), parecia irrelevante condenar a violência: nenhum dos lados tinha as mãos limpas. No seu primeiro ensaio de convertido, "Tática e Ética", Lukács virava de pernas para o ar o argumento do "Bolchevismo como problema moral": se não há meios de preservar a virtude; se recusar apoio ao emprego da força pelos comunistas significa convivência com a repressão burguesa, então a única coisa a fazer é pecar do lado positivo, do lado da esperança – a perspectiva de uma humanidade regenerada, na promessa da Revolução de Outubro.

Foi assim que Lukács votou ao comunismo sua semitrágica, sua semiutópica *Kulturkritik*, sua necessidade mística de absolutos éticos. Já não dissera ele, ao escrever sobre o drama moderno, que por sua natureza religiosa, messiânica, o marxismo era inteiramente diverso de outros tipos, mais naturalistas, de socialismo? De mais a mais, até sua avaliação estritamente *moral* do comunismo tinha sido, já por algum tempo, menos negativa que o artigo para *Livre Pensamento* poderia fazer supor. É verdade que, até 1917, ele ainda achava a ideologia proletária por demais abstrata para oferecer uma moral tão abrangente quanto o *ethos* cristão realimentado por Dostoiévski.[11] Tal opinião, no entanto, não o impedira de ver a Revolução Russa como – nas palavras de Ernst Bloch – um "cumprimento do destino".[12]

"Tática e Ética" também dera ao marxismo recém-adquirido de Lukács um arcabouço hegeliano. Isso o fez ver objetivos revolucionários não como um distante ideal normativo, mas como parte do próprio processo histórico. Ao contrário das suas antigas utopias morais, a revolução era menos um sonho que uma tendência efetiva. O hegelianismo dessa posição não precisa ser sublinhado. Bloch costumava gabar-se de ter, nos seus anos de Heidelberg, persuadido Lukács a melhorar seu conhecimento de Hegel. Agora, finalmente, o resultado disso era visível. Mas pensar em revolução em termos hegelianos significava uma reavaliação dialética do presente – algo

[11] Cf. Andrew Arato, "'Lukács' Path to Marxism", *Telos*, 7, 1971, p. 136.

[12] Bloch, entrevista in *News Forum*, dez. 1967, cit. in Konder, op. cit. p. 30.

dificilmente compatível com o descabelado futurismo da perspectiva superutópica de Bloch, cujo *Espírito da Utopia* foi publicado em 1918. Por muito tempo Lukács tinha pensado o presente como "a idade do pecado absoluto" – uma frase de Fichte muito do seu agrado, como, aliás, todo o *pathos* missionário de Fichte. Daí em diante, ele tentaria reconciliar-se com o presente – não, é claro, como um *statu quo*, mas como uma atualidade prenhe de drásticas mudanças sociais.

A obra que refletia a nova orientação do seu pensamento, e que lançou o marxismo ocidental, foi *História e Consciência de Classe* (1923). Considerada por muitos o mais importante livro marxista do século, compreende oito ensaios escritos (num alemão assaz canhestro) entre março de 1919 e dezembro de 1922. Como Michael Löwy já mostrou, muitos desses ensaios foram repetidamente reescritos – e cada nova redação representou um desvio maior do eticismo primitivo de Lukács, de seu moralismo abstrato, "fichtiano".[13] Mas o novo realismo revolucionário de Lukács vinha combinado com uma postura excessivamente herética *vis-à-vis* do marxismo tal como codificado por e Engels e Lênin.

Para começar, Lukács rejeita brutalmente a noção de dialética da natureza de Engels – e isso num livro cujo subtítulo é "estudos da dialética marxista"! Depois, refuta tacitamente a teoria da consciência-reflexo de Lênin. Além disso, sugere que o determinismo econômico só vale para a sociedade capitalista, não para a história em seu conjunto. Interpretado de forma determinista, diz ele, o materialismo histórico simplesmente cessa de ser verdadeiramente histórico. Daí se depreende que duas épocas históricas não possam ser jamais explicadas pelos mesmos critérios sócio-históricos. Ora, Marx e Engels tinham concedido que em sociedades primitivas, sem classes, os sistemas de parentesco podiam ser tão determinantes quanto qualquer fator econômico – desde que fossem pré-capitalistas. E para coroar tudo isso, Lukács tinha o

[13] Cf. Löwy, 1976, cap. 4.

topete de contestar nada menos que o próprio princípio do materialismo. Chegou mesmo a citar, a propósito, seu mestre em Heidelberg, Rickert, para dizer que o materialismo não passava de um "platonismo invertido"!

O marxismo genuíno, escreveu Lukács, não consiste em princípios específicos, e sim num método: a dialética. Noutras palavras: o marxismo tem de ser interpretado segundo as suas raízes hegelianas; e, naturalmente, a restauração da tradição idealista significava uma nova compreensão do papel da consciência. Os sucessores de Marx, filisteus filosóficos, tinham "transformado o desenvolvimento histórico num processo totalmente automático, não só independente, mas, até, qualitativamente diferente da consciência". No entanto, o próprio Marx, em sua primeira tese sobre Feuerbach, advertira sobre o perigo de deixar que o "lado ativo" fosse desenvolvido "abstratamente pelo idealismo". O que havia de errado no materialismo de Feuerbach era precisamente sua concepção da realidade em termos estranhos à atividade. Lukács acredita que o mesmo velho erro fora repetido, dessa vez dentro do marxismo, nas doutrinas positivistas, mecanicistas e deterministas de Engels e Kautsky – os evangelhistas da Segunda Internacional. O pensamento deles louvava a dialética da boca para fora – mas, no fundo, era adialético.

Para Lukács, a dialética como método em vez de dogma era muito mais que um simples conjunto de regras. Significava, na verdade, toda uma maneira de pensar, baseada na percepção de que o verdadeiro pensamento não só apreende o mundo mas o transforma. Hegel mostrou que o conhecimento está profundamente envolvido na realidade como processo. O pensamento é, simultaneamente, a consciência que o mundo tem de si mesmo e a natureza última do mundo. Portanto, o pensamento contribui em grande parte na feitura do processo em si. O cognitivo e o normativo não podem ser separados um do outro: são as duas faces, por assim dizer, da moeda dialética. O pensamento é ontologicamente, e não apenas epistemologicamente, produtivo. *Ergo, a teoria não é só conhecimento – é práxis*. E, inversamente, práxis é consciência.

Agora a questão era: consciência (principalmente) de quê? A resposta de Lukács era clara e direta: da alienação. Mais de quarenta anos após a publicação de *História e Consciência de Classe*, ele diria, orgulhosamente, que, nessa obra, "pela primeira vez desde Marx", a alienação foi "tratada como a questão central da crítica revolucionária do capitalismo".[14] A alienação foi assunto do mais longo ensaio de todo o livro "A Reificação e a Consciência do Proletariado", escrito especialmente para o volume. Lukács começa por descrever a alienação como equivalente à *reificação* (*Verdinglichung*), um conceito de Simmel ligado por Lukács à análise marxista do "fetichismo da mercadoria". A reificação converte mentalmente as pessoas, as relações humanas, os conceitos abstratos, em coisas. O regime da mercadoria "materializa" o homem, disfarçando a história como natureza. O universo humano se torna impessoal. O homem deixa de se reconhecer nas suas próprias obras e se aliena dos seus semelhantes.

A segunda parte do ensaio sobre a reificação pretende mostrar a alienação como ideologia. Para Lukács a ideologia é menos um preconceito ditado pelo interesse de classe que uma limitação estrutural da mente, imposta pela posição de classe. Assim, o pensamento burguês não pode impedir-se de ser reificante. E está fadado a ver-se presa de "antinomias" insolúveis, como a célebre distinção de Kant entre os fenômenos e o inescrutável número ou coisa-em-si; ou, de novo, da ética formal, abstrata, de Kant, que Lukács censura por deixar intacto o mundo real, impermeável à iniciativa humana. Mesmo quando um pensador burguês é capaz de superar essas antinomias, como o fez Hegel, restam outras barreiras ideológicas. Assim, Hegel trouxe a história para dentro da teoria do ser e do conhecimento, mas mistificou o verdadeiro tema da história, falando de Espírito em vez de falar em homens de carne e osso.

[14] Introdução à reimpressão de 1967 de *Geschichte und Klassenbewusstsein*.

Tudo isso apenas demonstrava que a burguesia estava condenada. E a nova forma superior de consciência histórica, que o pensamento burguês nunca logrou alcançar, era "o ponto de vista da totalidade". Nas palavras de Lukács:

> Não é predomínio de temas econômicos na explanação da história que separa decisivamente o marxismo da ciência burguesa. É o ponto de vista da totalidade. A categoria da totalidade, a dominação universal e determinante do todo sobre a parte, constitui a essência do método que Marx tomou emprestado a Hegel [...]. Para o marxismo não há, em última análise, nenhuma ciência autônoma do direito, da economia política, da história, etc.; só há uma ciência, histórica e dialética, peculiar e unitária, do desenvolvimento da sociedade como um todo.[15]

A totalidade concreta como práxis consciente é, para Lukács, a categoria fundamental da realidade; e a totalidade como práxis é autoativada: é um *sujeito*. Se a função do ponto de vista da totalidade é dar sentido global à história e à vida, a totalidade-práxis não pode ser de nenhum modo ateorética. Tem de ser um conhecimento vivo, uma compreensão ao mesmo tempo que um curso de acontecimentos. Por outro lado, tal percepção não pode ter um indivíduo por sujeito. Já que o conhecimento da totalidade é práxis histórica, e que cabe às classes e não aos indivíduos o ônus de moldar a história, o verdadeiro sujeito da totalidade tem de ser uma classe. O ponto de vista da totalidade como sujeito pertence à consciência de classe.

Mas por que é um privilégio do proletariado? Aqui Lukács retoma o velho argumento de Marx sobre "a classe que não é uma classe", capaz de falar pelo conjunto da humanidade. Só os trabalhadores, compreendendo que o seu trabalho é uma mercadoria e, ao mesmo tempo, a sua própria vida, podem experimentar a realidade

---

[15] Passagem que se encontra na abertura do ensaio "O Marxismo de Rosa Luxemburgo". (N. E.)

objetiva como algo derivado de uma atividade humana, degradada e alienante. O proletariado é a única classe que, sendo um sujeito, como toda classe o é, é capaz de conhecer-se como tal: pois na sua miséria percebe diretamente a essência do processo desumanizante, reificante, que é a sociedade moderna em ação. Seu autoconhecimento como trabalho alienado aponta para a fonte mesma – embora involuntária – da reificação universal sob a influência da mercadoria. Por esse motivo, a Paixão do Proletariado redime, cognitiva tanto quanto ativamente, toda a humanidade; em virtude mesmo de sua miséria, o proletariado se torna a única classe a captar a natureza real, global, do processo – o significado da totalidade. E como a totalidade é, ao mesmo tempo, um sujeito e um conjunto direcional dinâmico, o autoconhecimento do proletariado significa simultaneamente uma verdadeira imagem do mundo e a práxis pela qual ele será transformado.

Toda essa estonteante dialética sujeito/objeto enxertada na luta de classes era apresentada mais por asserção do que por qualquer lógica demonstrativa. Inúmeras petições de princípio jazem esmagadas sob a marcha de sentenças peremptórias. Tome-se, por exemplo, o começo da primeira seção do primeiro ensaio, "O que é o Marxismo Ortodoxo?":

> Só quando surge uma situação histórica na qual uma classe tem de compreender a sociedade, a fim de se afirmar; só quando o fato de que uma classe compreende a si mesma significa que ela compreende a sociedade como um todo, e quando, em consequência, a classe se faz tanto sujeito quanto objeto do conhecimento; em suma, só quando essas condições estão, todas, satisfeitas, a unidade da teoria e da prática, precondição da função revolucionária da teoria, se torna possível. Tal situação, de fato, surgiu com a entrada do proletariado na história.[16]

[16] Lukács, 1971b, p. 2-3.

Lukács admitiu sem hesitações que a consciência *atual* do proletariado pode muito bem estar longe da sabedoria revolucionária do sujeito-totalidade. Mas tentou contornar esse problema. Marx Weber sugerira que o conceito de "possibilidade objetiva" era um instrumento útil, e na verdade necessário, à metodologia de ciência social, como um conjunto de experimentos mentais conducentes à compreensão de conexões causais relevantes, capazes de permitir o ajustamento entre sínteses ideal-típicas e dados empíricos.[17] Apropriando-se, audaciosamente, dessa ideia, Lukács postulou uma consciência de classe "imputada" ao proletariado. Se a classe trabalhadora se mostrar revolucionária, tanto melhor. Senão, haverá sempre um significado histórico na sua situação – um significado que, como uma função da totalidade, não poderia ser senão revolucionário. E tal significado, como uma consciência *atribuída ao proletariado mais do que vivenciada por ele*, será sentido por uma elite insurrecional – a vanguarda marxista, revolucionária, intérprete da verdadeira mentalidade do proletariado.

A equação lukacsiana de sujeito com classe exigia muito da consciência individual. Lukács usou da maior franqueza: seu sujeito-totalidade como práxis revolucionária requeria uma "subordinação consciente do eu àquela vontade coletiva que se destina a fazer nascer a verdadeira liberdade [...]. Essa vontade coletiva e consciente é o Partido Comunista".[18] Na verdade, em *História e Consciência de Classe*, a apoteose da totalidade acaba sendo uma ruidosa hipóstase do partido leninista. Em 1922, quando Lukács vivia exilado em Viena, após a queda de Béla Kun (agosto de 1919), sua política era um pouco mais complexa que o culto do partido bolchevique imposto por Moscou aos comunistas ocidentais. De um

---

[17] Cf. Weber, "Objective Possibility and Adequate Causation in Historical Explanation", parte II de "Critical Studies in the Logic of the Cultural Sciences", 1906. In: Weber, 1949, p. 164-88.

[18] Lukács, 1971b, p. 315. [Trata-se do último ensaio do livro, "Por uma Metodologia do Problema da Organização". (N. E.)]

lado, sua posição implicava um substitucionismo extremo: não só ele substituía classe por partido (como fonte do poder revolucionário), como substituía o partido pela sua vanguarda. Por outro lado, Lukács parecia ansioso por combinar esse ultraelitismo para o bem da revolução com uma preferência luxemburguiana pela "espontaneidade" acima da "organização".

Desde os primeiros albores do século, o movimento socialista na Europa Central estivera dividido, politicamente, em três correntes. Alguns, como Rosa Luxemburgo (1871-1919), acreditavam na ação revolucionária. Outros não tinham a mesma fé. Estes ou bem concluíam, com Bernstein, que a revolução de massas, além de improvável, era também desnecessária e que, portanto, o socialismo deveria evoluir abertamente para um reformismo social pelos meios políticos institucionais; ou então, como Lênin, aferravam-se à ideia de uma revolução necessária, a qual, dada a inércia das massas, tinha de ser provocada no seu seio e conduzida por uma vanguarda insurrecional – o Partido Comunista. O atrativo da posição de Rosa Luxemburgo estava na sua tentativa de evitar tanto a renúncia à guerra de classes acarretada pelo reformismo quanto os perigos do autoritarismo inerente na teoria da vanguarda – uma teoria acoplada, desde *Que Fazer?* (1902) de Lênin, com uma rígida estrutura centralista dentro do partido revolucionário. Luxemburgo era inflexível: os partidos comunistas podiam acelerar, mas nunca iniciar as revoluções. A revolução é um direito inalienável das massas – uma crença, diga-se de passagem, perfeitamente alinhada com o marxismo clássico.

No período de 1919-1922, Lukács começou, politicamente falando, como luxemburguiano. Como tal (e, naturalmente, como soreliano, que também era), apreciava os conselhos de trabalhadores, mas não partidos "fortes". Mas com o malogro da chamada Ação de Março, que tentara repetir na Alemanha, em 1921, o levante espartaquista liderado por Rosa Luxemburgo e Liebknecht dois anos antes, ele se afastou do espontaneísmo ortodoxo. No último dos ensaios de *História e Consciência de*

Classe, defendeu o papel do partido leninista. Mas quão moderada foi essa defesa? Alguns pensam que mesmo então Lukács ainda tentava um compromisso entre a posição de Kautsky-Lênin – a "organização" como preliminar à luta revolucionária – e a ideia luxemburguiana da organização como simples produto da revolução. Outros ensaios políticos de Lukács, contemporâneos aos do livro, desde "Partido e Classe" (1919) até "Organização e Iniciativa Revolucionária" (1921), censuravam as organizações partidárias como reféns da sociedade capitalista (por serem fadadas a se tornarem instituições reificadoras). O próprio Lênin escolheu um desses ensaios, "A Questão do Parlamentarismo" (1920) como amostra de "esquerdismo" – a "doença infantil" do comunismo, por ele rotundamente condenado no seu famoso opúsculo de abril de 1920. Significativamente, no ensaio sobre organização, Lukács, embora aceitando a organização, acentua que não se trata, de nenhum modo, de uma questão técnica relacionada com meios burocráticos, e sim da "suprema questão espiritual da revolução".

Tudo bem pensado, fica-se com a impressão de que a posição de Lukács era tão "vanguardista" quanto a de Lênin. Ele dá tal peso à vanguarda gnóstica como verdadeiro motor da história (em nome, naturalmente, do proletariado, cuja "consciência imputada" representa) que a classe acaba fornecendo pouco mais que uma inerte precondição à ação da vanguarda.[19] O que distingue Lukács de Lênin é sua ênfase na ideologia e não na organização, no grau de crença mais do que na realidade das relações de força. Basta dizer que, na opinião de Lukács, a revolução é impedida pela confusão ideológica mais do que pela força da burguesia. Tipicamente, ele se recusou a admitir que a Ação de Março tivesse fracassado por estar isolada das massas. A "maturidade das massas" era pura tolice. Tudo o que conta é a determinação da vanguarda. Das

[19] Cf. os judiciosos comentários de Rudolf Schlesinger no seu ensaio sobre a moldura histórica de *História e Consciência de Classe*. In: Mészáros, 1971.

"condições objetivas", às quais Lênin dava tanta atenção, Lukács praticamente nem cuidava.

Há uma nota de clara obstinação em *História e Consciência de Classe*. Seu objetivo ostensivo era fornecer uma legitimação filosófica à revolução bolchevique. Lukács recorreu a Hegel para justificar Lênin em face dos escrúpulos da social-democracia. E, todavia, tudo foi feito com uma motivação ética e "cultural" quase obsessiva. A adesão total de Lukács ao marxismo foi precedida de uma disposição de ânimo do mais exaltado "culturalismo revolucionário", na frase de David Kettler.[20] E culturalismo, com todas as suas implicações idealistas, era de fato a força motriz no pensamento de Lukács. Veja-se, por exemplo, seu importante ensaio de junho de 1919, "A Velha Cultura e a Nova".[21] Sustenta que a tarefa do proletariado é a recriação da comunidade ("*the re-creation of community*"). Mas a "comunidade", por sua vez, é vista, principalmente, como um fenômeno cultural e não social: uma questão de sentido espiritual e não um dado padrão de relações sociais. Estamos bem mais longe de qualquer foco em relações sociais do que, por exemplo, no conceito seminal de *Gemeinschaft* (comunidade) de Tönnies, cunhado como antítese dos encontros frios, atomísticos, que são a regra na *Gesellschaft*, ou "sociedade". No fundo, a política revolucionária era para Lukács pouco mais que um meio para a restauração de uma harmonia cultural há muito perdida.

Acresce que o cultural equivalia ao espiritual; cultura como alta cultura era um substituto laico da espiritualidade. Lukács explicitamente evitou o materialismo do conceito antropológico de cultura e, ao invés, adotou a influente antítese de Alfred Weber entre "cultura" (espiritual) e "civilização" (técnica). Para Lukács, cultura era "o conjunto de produtos valiosos e de qualificações dispensáveis em relação à manutenção imediata

---

[20] Kettler, "Culture and Revolution: Lukács in the Hungarian Revolution", *Telos*, 7, primavera 1971.

[21] Tradução inglesa in Lukács, 1973.

da vida". Enquanto a práxis libertadora do proletariado era vista, precipuamente, como uma consciência de alta cultura, a humilde materialidade das necessidades na prosa pragmática da vida cotidiana vinha considerada como apenas obstáculo e um inconveniente, pois, escreve Lukács, "males e misérias imediatos bloqueiam as questões fundamentais da consciência". "Questões fundamentais" alimentam a cultura, da mesma forma que a *imago Dei* e os problemas da salvação e teodiceia costumavam alimentar a espiritualidade em outros tempos. E mais: Lukács faz questão de pôr o objetivo cultural do proletariado tão longe quanto possível do econômico: "Libertação do capitalismo significa libertação do domínio da economia". Cultura, assim concebida, é tudo menos uma superestrutura. Sem dúvida, durante o capitalismo as ideologias eram apenas a superestrutura do processo histórico que conduzia ao colapso do capital. Na ditadura do proletariado, porém, "essa relação se inverte", segundo Lukács: o pensamento, portador da cultura, assume o comando. Indiscutivelmente, o que Lukács oferece como filosofia da revolução bolchevique merece ser chamado *comunismo-cultura*.

Como foi recebida *História e Consciência de Classe*? Do seu exílio vienense, Lukács podia ver o impacto da sua mensagem sobre os radicais da esquerda. Seu velho amigo de Berlim e Heidelberg, Ernst Bloch (1875-1977), escreveu uma longa e apreciativa crítica do livro, louvando a reavaliação lukacsiana do "legado filosófico" do marxismo. O leninismo fazia filosofia como Monsieur Jourdain falava: os russos, dizia Bloch, "agiam filosoficamente", mas pensavam como "cães deseducados". Louvou também a teoria da reificação e a ênfase na totalidade, "o tema total, metafísico, da história".[22]

Na primavera de 1922, na Turíngia, e no verão de 1923, na Floresta Negra, Lukács encontrou, entre outros

[22] Para a substância da crítica de Bloch intitulada "Aktualität und Utopie", 1923, reimpressa in volume X das suas obras completas, Frankfurt, 1969, ver Howard, 1977, p. 69-72.

fundadores da Escola de Frankfurt, Karl Korsch (1886-1961). *Marxismo e Filosofia* (1923), de Korsch, foi saudado por muitos como uma espécie de *pendant* do volume, muito mais extenso, de Lukács. Não afirmava ele que o marxismo era a realização, e não a negação, do pensamento de Hegel? Não respirava o mesmo entusiasmo pela "Luz de Outubro", acentuando que o marxismo era, acima de tudo, uma teoria da revolução social? Que poderia estar mais de acordo com Lukács que o entusiasmo pela filosofia idealista e a impaciência com o determinismo da Segunda Internacional?

Tornou-se quase corrente ver Lukács, Korsch e Bloch como os três reis magos do marxismo ocidental, que, rompendo com o quietismo pouco filosófico da Segunda Internacional, restituíram ao marxismo a riqueza humanística das suas fontes idealistas. Certamente todos os três partilharam, na década de 1920, um espírito messiânico e uma mentalidade hegeliana. O primeiro elemento é por demais visível, mas o elemento hegeliano requer comentário. Em "Tática e Ética", e mais enfaticamente em *História e Consciência de Classe*, Lukács insistia em que a consciência não era apenas qualquer conhecimento, mas um tipo de conhecimento no qual o simples fato de conhecer "produz uma modificação essencial no objeto conhecido".[23] Noutras palavras, a consciência-conhecimento é capaz de moldar o mundo – uma posição centralmente hegeliana. Korsch também se esforçou por acentuar, especialmente contra os marxistas austríacos, que a dialética proíbe conceber a teoria como algo exterior e estranho à realidade social: a verdadeira teoria *é* realidade social em formação. E a ontologia da utopia de Bloch seguiu a mesma direção: postulou o conhecimento como uma esperança ativa, capaz de moldar o mundo, e que é, simultaneamente, poder cognitivo e força cósmica – cósmica e, naturalmente, social. É claro que a ciência e o materialismo histórico *qua* intenção científica dificilmente se fundem

[23] Lukács, 1972, p. 15 (de "Tactics and Ethics").

nessa forma – mas Bloch pouco se importou com isso. O materialismo histórico era apenas parte essencial da "corrente fria" do marxismo; a "corrente quente", que ele tentou reanimar, era humanista, utópica, e desinibidamente religiosa. Além disso, como Lukács, só que mais intensamente, a preocupação maior de Bloch era com a cultura; também ele não tinha tempo para a prosaica materialidade da economia e da sociedade.

Apesar disso, a verdade é que as diferenças entre três verdadeiros fundadores *filosóficos* do marxismo ocidental (Gramsci, o quarto fundador, era essencialmente muito diverso) são tão importantes quanto as vastas áreas de convergência. Bloch, para começo de conversa, foi sempre muito pouco marxista, ocidental ou de qualquer outra espécie. Em *Espírito da Utopia*, ele, na verdade, criticou Marx por reduzir a história à sua dimensão socioeconômica. Isso era bem diferente das polêmicas de Lukács ou de Korsch com o determinismo econômico marxista: enquanto eles se louvavam em Marx (certa ou erradamente) a fim de combater o marxismo de Engels, Plekhanov, Kautsky, ou dos austríacos, Bloch questionava o Mestre em pessoa. Na década de 1920, Lukács e Korsch, que tinham entrado para o PC, se consideravam fundamentalistas; Bloch, não – dificilmente, aliás poderia fazê-lo. Acresce que, embora tenha vivido cerca de noventa anos, ele jamais se tornou um comunista registrado. É verdade que, até a sua defecção para o Ocidente em 1961, defendeu resolutamente o regime bolchevique, mesmo durante o terror de Stálin. Korsch, por seu lado, romperia com o bolchevismo ainda nos anos 20. Assim, Bloch configurava um estranho caso de simpatia política sem compromisso filosófico. Seu *background*, bem como sua área de influência, dão testemunho dessa posição herética: Bloch começou nas fileiras do movimento expressionista (e toda a vida defendeu – contra Lukács – a arte moderna) só para tornar-se, depois, um dos padrinhos da teologia da libertação. Nos dois casos, ele sempre ficou bastante longe do cânon marxista.

Graças ao competente estudo de Wayne Hudson sobre a formação e a obra de Bloch, podemos ver quão impregnado ele estava de ideologia neorromântica da *belle époque*. A ambição de Bloch era construir uma metafísica marxista. Mas, de fato, como observa Hudson, muitas das suas ideias básicas foram formuladas antes do fim da Segunda Guerra, logo, bem antes que ele se tornasse marxista. Como se sabe, pouco chegado a uma argumentação sustentada, Bloch encheu livro sobre livro de noções altamente alusivas e metafóricas. A melhor maneira de considerar sua prosa sem exasperação é vê-la como uma composição musical, um *pot-pourri* de motivos brilhantemente colhidos aqui e ali, nos ricos mananciais da tradição idealista.

Bloch partilhava com Nietzsche a convicção de que a "morte de Deus" requeria uma atitude positiva, audaz e heroica em face da vida e dos valores. Mas ele também abraçava outro tipo de reação contra a suposta decadência do Ocidente burguês: o culto dostoievskiano, messiânico, do Oriente místico. E estava igualmente convencido de que, para assegurar a renovação cultural, era necessário reconstruir a metafísica. Com essa motivação Bloch combinou inúmeros empréstimos da teologia mística moderna, da literatura romântica e expressionista, e da filosofia do século XIX com modernas especulações sobre o ocultismo – fabricando uma poção inebriante de marxismo utópico.

Com os místicos e os românticos alemães ele aprendeu a dar ênfase ao sujeito utópico, a "alma", por ele chamada (em *Espírito da Utopia*) "o ego moral, místico e paraclético". O inimigo natural da alma é a "oclusão do sujeito", imposta pelo capitalismo. Mas, ao mesmo tempo, Bloch desejava ir além do subjetivismo. De Eduard von Hartmann (1842-1906), que foi um elo entre Schopenhauer e Freud, ele tomou a ideia de uma apreensão inconsciente do mundo exterior. Esforçou-se, ademais, para descrever o polo objetivo em termos vigorosamente antipositivistas. Partilhava inteiramente da preocupação dos neokantianos de Heidelberg com "valores" colocados muito acima dos fatos, entronizando uma razão prática "criativa"; e de outro neokantiano, Hans Vaihinger, autor da surpreendente *A Filosofia do Como Se* (1911), adotou a ideia da necessidade de postulados que transcendem os fatos. O conceito central de Bloch – o "ainda não" (*noch nicht*) pode ser considerado uma versão robusta, ontológica, do como se (*als ob*) de Vaihinger.

Finalmente, Bloch escreveu em constante diálogo com toda uma tradição de "filosofias do processo", i.e., de ontologias "dinâmicas". Do seu bem-amado Schelling, cujas páginas sobre a fecundidade dos obscuros recessos da subjetividade tanto marcariam a teoria blochiana do sujeito, ele adotou o tema crucial da força e sabedoria de uma Natureza que evolui por si; de Schopenhauer tomou o tema da vontade cósmica; de Bergson, o motivo da realidade emergente, em estreita associação com a "vivência" do tempo interior. Mas a vontade de Schopenhauer lhe parecia por demais cega, e o tempo bergsoniano, por demais sem rumo. Em consequência, Bloch se voltou para o finalismo da natureza de Schelling e da história de Hegel. Julgou a concepção da realidade de Hegel uma permanente interação de sujeito e objeto, admiravelmente estratégica para a nova metafísica – Hegel era o autêntico (*echt*) pensador do processo por excelência. Todavia, até mesmo ele negligenciara o "ainda não". Bloch acusou-o de "anamnese", termo platônico que ele redefiniu para significar o conhecimento restrito àquilo que já existe. O verdadeiro marxismo seria, segundo Bloch, uma reformulação futurista do jogo hegeliano do sujeito-objeto. Quanto ao marxismo "científico" da Segunda Internacional, era pura recaída na anamnese.

Tudo isso convergiu para uma extática exaltação do homem. Bloch se interessou pela "antroposofia" de Rudolf Steiner (1861-1925), uma carismática doutrina do oculto que pretendia ser uma teoria não confessional do divino, espécie de teosofia sem deus. O sistema sincrético de Bloch propunha a utopia como uma mistura de cosmogonia e *eschaton* social, dentro de uma antropolatria apocalíptica. Seu *opus magnum*, *O Princípio Esperança* (1949), lembra um pouco a obra visionária do jesuíta paleontólogo Teilhard de Chardin (1881-1955) – sobretudo em vista do fato de que a "cosmogênese" do padre Teilhard, ao contrário do *élan vital* de Bergson, é, como o ser-esperança de Bloch, uma força evolucionária convergente e não divergente – convergente no que diz respeito ao triunfo do homem sobre a imperfeição. Compreensivelmente, Bloch tentou reestruturar, antes que rejeitar, a dialética da natureza marxista – espúrio dogma aos olhos de todos os marxistas ocidentais, de Lukács a Sartre. Como um "Schelling marxista" (no dizer de Habermas),[24] Bloch tinha uma opinião profundamente pejorativa da tecnologia. Ora, a primeira é irrelevante para o marxismo clássico; e a segunda, incompatível com ele.

No jovem Korsch, por contraste, não havia sinal da romântica *Kulturkritik*. *Marxismo e Filosofia* era tão messiânico, de ponta a ponta, quanto *Espírito da Utopia* ou *História e Consciência de Classe*. E Kautsky, numa crítica, censurou Korsch por desprezar o fato de que as revoluções dependem de um conjunto de condições específicas, em vez de serem sempre possíveis em toda parte.[25] Entretanto, ao contrário de Lukács ou Bloch, Korsch não tencionava atrelar o *pedigree* filosófico do marxismo à revolta neorromântica contra a civilização moderna. E a despeito de sua veneração a Hegel, ele não construiu nada semelhante à totalidade lukacsiana como sujeito e senhor da história, pairando majestosamente sobre os mesquinhos fatos da consciência de classe empírica. Muito pelo contrário: como antigo simpatizante da Sociedade Fabiana, Korsch conservou uma abordagem pragmática da questão social e construiu a unidade de teoria e prática, reafirmada pelo marxismo ocidental, como um primado da *prática* proletária sobre o historicismo abstrato. Só isso já evidencia uma brecha

---

24 Habermas, 1971, cap. 6.

25 Para citações da crítica de Kautsky, 1924, ver Rusconi, 1968, p. 121.

entre o seu tipo de retorno à filosofia e a maneira lukacsiana. Não admira que Korsch, no fim da década de 1930 (*Karl Marx*, 1938), viesse a reconhecer o marxismo como ciência social empírica, despida de qualquer gnose especulativa. Em resumo: se Bloch, teólogo leigo, não pode ser considerado um verdadeiro fundador do marxismo ocidental, por nunca ter sido senão marxista pela metade, Korsch, o revolucionário Fabiano, tampouco pode sê-lo – porque deixou bem cedo de ser um marxista "filosófico" e nunca foi um marxista *ocidental* completo e acabado, i.e., um porta-bandeira da filosofia como *Kulturkritik* humanista. Como resultado, em vez dos três magos, ficamos com um só: Georg Lukács.

Repreendido por Lênin, Lukács (com Korsch) foi solenemente excomungado, do ponto de vista ideológico, por Gregory Zinoviev, guardião da fé depois da morte de Lênin, durante o V Congresso do Comintern (1924). Mas enquanto Lukács se retratou e, mais tarde (1933), chegou a repudiar *História e Consciência de Classe*, Korsch se recusou a fazê-lo, e foi expulso do Partido Comunista logo depois. Entretanto, no começo da década de 1960, o incômodo livro de Lukács encetou uma segunda vida pública. Com *Crítica da Razão Dialética* (1960), de Sartre, alimentou o renascimento da filosofia marxista; e antes mesmo a obra fornecera os principais fundamentos teóricos para a Escola de Frankfurt. Daí nenhum outro livro ocupar posição tão central no marxismo ocidental, em cada uma das suas três gerações: a do próprio Lukács, a de Adorno e Sartre e, atualmente, a de Habermas. Nem devemos pensar apenas em figuras famosas; pois foi também *História e Consciência de Classe*, mais que qualquer outra obra de Lukács, que inspirou diversas escolas lukacsianas, de Budapeste (o grupo de Agnes Heller), da Itália (e.g., Cesare Cases) e da América Latina (Leandro Konder, Carlos Nelson Coutinho) até a Califórnia dos anos 1970 (o grupo Telos, encabeçado por Paul Piccone).

Vale notar que Merleau-Ponty, o maior renegado da segunda geração do marxismo ocidental, partilhava do respeito geral por *História e Consciência de Classe* como *fons et origo*. Para Merleau-Ponty, o significado inestimável do livro estava no seu corajoso rompimento com o marxismo-leninismo. Mas o que Merleau realçou foi, principalmente, a epistemologia e a dialética do jovem Lukács. Viu nelas uma saudável rejeição da crua teoria do conhecimento de Lênin e da grosseria dialética da natureza de Engels. Já em matéria de política, Lukács aparece muito menos herético. É difícil discordar dos que julgam a mensagem de *História e Consciência de Classe* nitidamente leninista.[26] Se a teoria da vanguarda organizada no poder em nome da revolução proletária é leninismo, então, convenhamos, o jovem Lukács foi sem dúvida alguma leninista.

Seu verdadeiro papel foi destilar o leninismo em "comunismo-cultura" – ou, dito de outro modo: foi preparar uma versão do leninismo aceitável (altamente aceitável) pela mentalidade característica da *intelligentsia* humanística do nosso tempo.

Como já se observou muitas vezes, o leninismo cultural de Lukács tem um *pathos* inequívoco: um mesmo impulso extremista o percorre, da visão trágica de *A Alma e as Formas* à cega fidelidade ao partido reclamada em *História e Consciência de Classe*. Antes de sua conversão ao marxismo, o entranhado eticismo de Lukács fizera-o protestar contra a natureza amorfa da vida moral. Propondo perguntas fundamentais esboçadas pela literatura, o ensaísmo crítico tentava, a seu ver, evitar o "niilismo psicológico" do nosso conhecimento das pessoas, que se dispersa numa profusão de relações sem que jamais se capte um sentido verdadeiro.[27] Uma vez marxista, Lukács continuou a demonstrar aquela paixão neoclássica pela ordem (moral) que Bloch via arder no seu amigo dos tempos de Heidelberg.[28] Seu antigo anti-individualismo

---

[26] Por exemplo, Morris Watnick in "Georg Lukács: An Intelectual Biography", *Survey*, 23-27, 1958-1959; e Löwy, op. cit., p. 221-23.

[27] Lukács, 1974a, p. 87.

[28] Cf. Bloch, entrevista de 1974 a Michael Löwy in apêndice a Löwy, op. cit.

prestava-se a uma rejeição sectária da dissensão. Assim, os amotinados de Kronstadt, essas vítimas inaugurais da ditadura leninista, foram tratados em *História e Consciência de Classe* como constituindo "uma tendência corrosiva a serviço da burguesia".[29]

Há quem se impressione com a largueza de vistas da resposta de Lukács à pergunta "Que é marxismo ortodoxo?" (o primeiro ensaio do livro) – a saber, que a verdadeira ortodoxia está no método. Mas seria bom lembrar o contexto em que foi dada essa resposta. Na verdade, Lukács combatia o sábio preceito dos austro-marxistas: é preciso distinguir, no marxismo, entre ciência social e ética socialista. E sustentou a ortodoxia do método como uma estratégia de imunização contra refutações "ecléticas" das profecias de Marx sobre o futuro do capitalismo. Mesmo que cada uma das conclusões a que chegamos através do método dialético fosse provadamente falsa – disse ele –, o método ainda seria válido. Afirmando que a ortodoxia "não implica aceitação não crítica" das teses de Marx, ela apenas aparenta um liberalismo intelectual, pois na verdade logo confessa sua "convicção científica" de que a dialética é "o caminho da verdade", cujos métodos só se desenvolvem e aprofundam "segundo as linhas traçadas pelos seus fundadores".[30] Mais: Lukács faz questão de desacreditar "todas as tentativas de superar ou aperfeiçoar" tal método. Fica-se imaginando como se pode dizer "científico" um método declaradamente inalterável e que, misteriosamente, sobrevive a cada simples refutação das suas passadas e futuras aplicações.

A ironia é que, com todas as heresias em face do materialismo dialético do marxismo oficial, Lukács proclamasse ainda assim, em alto e bom som, tamanha preocupação com a ortodoxia. Mas alimentando o dogmatismo havia um anseio imoderado por certezas morais absolutas, deixando pouco espaço para a imparcialidade cognitiva.

---

[29] Lukács, 1971b, p. 293.

[30] Ibid, p. 1.

O *pathos* extremista do eticismo lukacsiano parece ter gerado um autoritarismo tenso e fechado, no fundo incompatível com o novo realismo hegeliano oficialmente exibido por Lukács desde 1919. Uma longa linhagem de intérpretes, desde o memorável exame crítico de Jozef Revai, em 1924, até Michael Lowy e Lee Congdon em nossos dias, tem acentuado que *História e Consciência de Classe* representa um resoluto desvio da utopia para a dialética. Certamente a letra do livro justifica essa interpretação. Mas seu espírito caminha em direção contrária. Se realismo dialético significa hegelianismo, então é instrutivo que, com todo o seu louvor a Hegel, Lukács discrepe dele em pontos cruciais. Há pelo menos duas instâncias vitais em que *História e Consciência de Classe* acaba sendo um livro anti-hegeliano.

Primeiro, a *teoria do sujeito*. Em *A Teoria do Romance*, os pendores hegelianos de Lukács já eram bem relativos. A noção fortemente historicizada do romance tinha, sem dúvida, raízes na *Estética* de Hegel. Mas o conteúdo do romance como exílio espiritual numa "idade sem Deus" deriva claramente não de Hegel, mas da obsessão schilleriana e romântica com a arte "sentimental": com formas de arte divorciadas da cultura social ambiente. Da mesma forma, muita coisa em *História e Consciência de Classe* fala de um sujeito aguerrido muito mais próximo do ego de Fichte, com todo o seu ativismo moralista, que das objetificações da razão realista de Hegel.

Na sua *Dialética Negativa*, Adorno criticou Lukács por supor que a reificação brota dos atos de um sujeito social unificado, como se uma simples alteração na consciência social bastasse para transformar o mundo.[31] E, em seu recente estudo sobre Lukács, Andrew Arato e Paul Breines concluíram que a descoberta da dialética não revogou as características fichtianas do seu conceito de sujeito.[32] Nem se esqueça que, em *A Alma e as*

---

[31] Cf. Adorno, 1973c, p. 189-97.

[32] Arato & Breines, 1979, p. 128; Jay, 1984a, p. 106-11.

Formas, Lukács ainda adotava uma perspectiva análoga à "tragédia da cultura" de Simmel, ressaltando o abismo entre as intenções do sujeito e o destino das suas obras. No entanto, em 1923, Lukács, tendo adquirido o gosto por Fichte em Heidelberg, substituiu essa perspectiva pela noção arqui-idealista de que as objetificações espelham fielmente os atos do sujeito. Assim, uma má objetificação (reificação) espelha o mau sujeito (capitalista); uma boa objetificação, ao contrário, refletirá o bom sujeito, assim que a consciência revolucionária do proletariado atingir a maioridade. Nos dois casos, ato e produto do social se tornam transparentemente leais às próprias intenções do sujeito – e isso é Fichte, e não Hegel.

Uma segunda área, igualmente reveladora, que mostra Lukács como um não hegeliano *malgré lui* é a sua *teoria do processo*. Sua reificação é descrita como a história de uma Queda mais do que um movimento progressivo, embora juncado de contradições, como em Hegel ou em Marx. Assim, a idade presente – o capitalismo – permanece, afinal de contas, indiciada, à moda de Fichte, como uma época de absoluta pecaminosidade. Compreensivelmente, o marxismo do jovem Lukács teria um grande atrativo para a intransigente *Kulturkritik* da Escola de Frankfurt.[33] Ora, na medida em que a visão do mundo da *Kulturkritik* é, como sugeri, essencialmente refratária a uma teoria adequada do processo, pode-se dizer que faltava ao jovem Lukács uma explicação razoável do processo histórico, uma teoria da evolução histórica *diferenciada*. Tal acusação é válida, ou não, independentemente do conteúdo, positivo ou negativo, do processo. Em todo caso, poucas coisas poderiam ser menos hegelianas que ser pilhado em falta sob esse aspecto.

A injeção – feita por Bloch – da *Kulturkritik* na historiosofia marxista era tão idiossincraticamente religiosa que não podia dar certo. Não é de surpreender que no fim das contas ela atraísse mais teólogos que marxistas.

---

[33] Para uma reflexão sobre um ponto de vista frankfurtiano na douta discussão em torno de Lukács, ver Perlini, 1968.

O caso Lukács é muito mais sutil. Em *História e Consciência de Classe* ele conseguiu pôr uma ossatura hegeliana, feita de consciência, dialética e totalidade, a serviço do que era, essencialmente, uma posição fichtiana – e, como tal, alheia às melhores virtudes do idealismo objetivo de Hegel, sobretudo naquilo que diz respeito à profundeza do discernimento histórico. Se Bloch foi longe demais na sua leitura religiosa do marxismo, Lukács propôs uma romantização vigorosa mas altamente arbitrária. Ele mesmo o reconheceu quando, na sua última avaliação da juventude marxista, identificou seu maior pecado como "anticapitalismo romântico".

Como notou um dos seus primeiros críticos, Siegfried Marck, a mistura de marxismo e crítica cultural romântica de Lukács funcionou em detrimento do marxismo como heurística sociológica. Em troca, o marxismo foi transmudado numa "visão do mundo" carregada de dogmatismo e girando em torno de uma mitologia da consciência de classe.[34] Os críticos modernos não ignoraram o romantismo exacerbado que escora esse tipo de marxismo. Para Lucio Colletti (*Marxismo e Hegel*, 1969), o tema central de *História e Consciência de Classe* é a identificação da ciência e da indústria com a reificação capitalista. Lukács, na sua opinião, era um ludita do espírito. Mas enquanto Colletti, àquele tempo, estava ainda ansioso por ressaltar a brecha entre essa *Kulturkritik* neorromântica e o marxismo, para Leszek Kolakowski os mesmos elementos deram à obra do jovem Lukács o poder de desvendar a medula da mitologia marxista. O ponto de vista hegeliano de Lukács sobre a unidade de pensamento e práxis põe a nu a natureza profundamente utópica e profética do marxismo, minimizada pelas inclinações científicas da Segunda Internacional.[35]

---

[34] Marck, "Neukritizistische und Neuhegelsche Auffassung der Marxistischen Dialektik", *Die Gesellschaft*, 1924, reproduzido in Marck et al., 1971.

[35] Kolakowski, 1978, v. III, cap. 7.

Falando francamente: Colletti pensava que Lukács contrabandeou um certo romantismo para dentro do marxismo; Kolakowski, que Lukács revelou o romantismo oculto do próprio marxismo. O que Colletti chama "romântico" é o *ethos* anti-industrial e antimoderno, enquanto o que Kolakowski intitula "mítico" é a raiz gnóstica da utopia marxista – o mito da alienação como Queda e da revolução como Redenção. Talvez haja um elo potencial entre essas duas posições na concepção de Raymond Aron, segundo a qual o alvo final de Marx requeria a abolição, e não apenas a transformação, da economia. Pois se o objetivo da revolução redentora é a supressão da economia, então a essência do marxismo golpearia o próprio coração da modernidade – integrando desse modo a *Kulturkritik* de Lukács na verdade mais íntima e secreta do marxismo, tanto clássico quanto ocidental.

Reduzidas ao essencial, as duas principais interpretações intelectuais do marxismo em vigor no final da década de 1950, isto é, imediatamente antes da renascença do impacto de *História e Consciência de Classe*, eram as seguintes: uma, sustentada por Joseph Schumpeter, via no marxismo uma economia ricardiana unilateral; a outra, promovida por Karl Löwith, via nele uma *Heilgeschichte*, uma história da salvação em linguagem econômica.[36] Porém, desde que o jovem Lukács voltou à moda, já não é possível descurar a natureza filosófica do marxismo em favor da sua natureza econômica. Por outro lado, ao reconhecer o feitio profético e utópico do marxismo, já não é mais costumeiro acentuar a sua linguagem econômica. A lição é clara: o resultado final da refundição filosófica do marxismo por Lukács foi o estabelecimento do marxismo como doutrina humanista. E por isso é que o "comunismo cultural" tinha tanto em comum com a mentalidade da *Kulturkritik*.

Lukács é tido, corretamente, como o fundador do marxismo ocidental. Mas posteriormente o próprio Lukács teve pouca influência no movimento que

---

[36] Cf. Schumpeter, 1954; e Löwith, 1949.

inspirou. Depois de *História e Consciência de Classe*, ele deixou, em grande parte, de ser um marxista ocidental. Conservou, naturalmente, inúmeros traços idealistas: um apego duradouro à totalidade e uma epistemologia dualista. Seu velho desprezo pela ciência e pela razão analítica também sobreviveu, embora atenuado. Mas ele abandonou a posição da *Kulturkritik* exacerbada – tanto assim que descobriu diversas virtudes no passado capitalista, distinguindo, em matéria de arte e cultura burguesas, boas e más tradições, tradições progressistas e tradições reacionárias. Embora constitua flagrante injustiça sugerir que o melhor de sua obra entre 1923 e, digamos, 1963 (data da publicação da sua admirável *Estética*) pactua com os crassos dogmas do marxismo-leninismo, a verdade é que Lukács se aproximou cada vez mais do que o marxismo-leninismo conservou do marxismo clássico. E foi então que ele acabou trocando o messianismo utópico dos seus primeiros tempos por uma visão dialética da história – a visão, por exemplo, que informa essa obra-prima de crítica literária que é *O Romance Histórico* (1938; publicado em 1955). Mas, em conjunto, sua vigorosa luta contra as tendências irracionalistas, combinada com sua firme rejeição da arte de vanguarda, deixou-o a léguas de distância da segunda e terceira gerações do marxismo ocidental.

Já foi *de rigueur* diminuir a intensidade polêmica de *A Destruição da Razão* (1954), de Lukács, como uma peça de sectarismo stalinista. Adorno sugeriu que, igualando irracionalismo e decadência, Lukács simplesmente dera as mãos aos ideólogos fascistas. Essa rejeição, no entanto, talvez seja precipitada. Culpa por associação não é critério aceitável para descartar teorias, pouco importando sua natureza. Os fascistas também foram notoriamente enamorados de Nietzsche. Devemos, então, condenar Nietzsche apenas por causa disso? O certo é que existe um *problema do irracionalismo*, dentro e fora do pensamento "burguês". E a relutância do marxismo ocidental em enfrentá-lo diz muito sobre o próprio marxismo ocidental.

2. Gramsci e o historismo marxista

> [...] *As cinzas de Gramsci* [...] *Entre a esperança e velhas suspeitas, eu me aproximo de ti, e chego, por acaso, a esta magra estufa, diante de teu túmulo, de teu espírito, que ficou aqui embaixo, entre os livres.*

O poema *As Cinzas de Gramsci*, de Pasolini, foi publicado em livro em 1957, exatamente vinte anos depois da morte – após uma década de prisão – de Antonio Gramsci. Mas o grosso dos seus *Cadernos do Cárcere* – sua notável e decisiva, embora fragmentária, contribuição ao pensamento marxista – só foi publicado entre 1948 e 1951, quando Pasolini (1922-1975) estava ainda em seus anos de formação. Tanto como escritor quanto como cineasta, com seu primitivismo pagão e seu esquerdismo "selvagem", representava o espírito da contracultura na sua forma mais radical. A homenagem do poeta reflete o *status* singular da imagem de Gramsci no mundo da esquerda. Enquanto o retrato mais conhecido de Lukács, o outro principal iniciador do marxismo ocidental, é um fascinante mas pouco simpático personagem da *Montanha Mágica* (1924), de Thomas Mann – Naphta, o jesuíta de esquerda, um intelectual agudo e sequioso de autoridade –, Gramsci se tornou o "santo" do marxismo ocidental: uma figura calorosa, humana, aureolada pelo martírio – como Rosa Luxemburgo – nas mãos da Reação.

Nascido nas camadas mais baixas da pequena burguesia sarda em 1891, Gramsci pôde estudar filosofia em Turim graças a uma bolsa. Com um terço de sua população composta de operários, a Turim do término da Primeira Guerra Mundial era o coração do socialismo italiano. O jovem Gramsci entrou para o Partido, e, com Palmiro Togliatti, um velho amigo da Sardenha, lançou um semanário radical, *L'Ordine Nuovo*, muito lido no curso das greves frequentes do *biennio rosso* de 1919-1920.

Em 1921, indignado com a timidez dos socialistas em face do movimento grevista, ele ajudaria a criar o PCI (Partido Comunista Italiano). Achava-se em Moscou, a serviço do Comintern, quando os fascistas tomaram o poder (1922). Dois anos depois, foi feito líder do PCI e, em 1926, foi condenado pelo regime de Mussolini a vinte anos de reclusão, por ações políticas por ele assumidas. Sempre doente, cumpriu grande parte da sentença no hospital.

A principal contribuição teórica de Gramsci encontra-se nos seus *Cadernos do Cárcere* – os famosos *Quaderni del Carcere*. Há trinta e três deles, cobrindo bem mais de duas mil páginas. A cunhada de Gramsci conseguiu tirá-los secretamente da clínica em que ele morreu e enviá-los para Moscou. Os cadernos foram começados em 1929. Em 1935, a doença forçou Gramsci a deixar de escrever. As notas mais antigas são, primordialmente, uma reação à vitória do fascismo. No começo da década de 1930, elas se tornam mais teóricas, menos imediatamente políticas. Finalmente, aí pelos últimos dois anos, o foco recai na cultura italiana e em questões linguísticas. A própria natureza dos cadernos, para não falar das circunstâncias em que foram escritos, fazem-nos, às vezes, fragmentários e repetitivos. E, no entanto, quão proveitosa é sua leitura, se comparada à dos tratados acadêmicos do marxismo ocidental!

De início, Gramsci partilhava da impaciência messiânica de outros marxistas ocidentais precoces. No mais conhecido dos seus artigos, "A Revolução contra O *Capital*" (1917), ele saudava a conquista do poder por Lênin como vingança da vontade revolucionária contra o credo econômico-determinista da Segunda Internacional. Mas também desacreditava as afirmações historicistas associadas ao marxismo clássico. "Sabe-se o que foi e o que é, não o que será", escreveu sem rebuços. E devotou muitos parágrafos dos seus cadernos a combater a "superstição" do "economismo histórico",[37] versão barata do historicismo

[37] Para a crítica do economismo histórico, ver Gramsci, 1971, p. 158-68. A frase sobre a impossibilidade de predição está na p. 438.

marxista popularizada por Achille Loria (1857-1943). Gramsci jamais se cansou de fulminar "a férrea convicção de que existem leis objetivas de desenvolvimento histórico da mesma espécie que as leis naturais juntamente com a crença numa teleologia predeterminada como a da religião" – uma ilusão que, a seu ver, levava sempre as forças revolucionárias à inação fatalista.

Como Lukács ou Bloch, Gramsci era uma figura sofisticada, um amigo da revolução que não se mostrava avesso à alta cultura e às tendências modernistas em arte ou literatura. Sua perene preocupação com a educação política era também, como o já fora para o santo padroeiro do progressismo italiano, Giuseppe Mazzini (1805-1872), uma questão de elevar a política a um patamar cultural mais alto, a um humanismo universalista e esclarecido.

O que Gramsci, tanto para burlar a censura como para honrar uma tradição do marxismo italiano estabelecida por Labriola (ver p. 21), chamou práxis" foi concebido – assim como o conceito de Lukács de consciência totalizante de classe – como uma visão de mundo bem abrangente. "A Filosofia da Práxis", escreveu, "contém em si mesma todos os elementos fundamentais necessários à construção de uma concepção total e integral do mundo, uma filosofia total, uma teoria da ciência natural, e [...] tudo aquilo que é necessário para dar vida a uma organização prática, integral, da sociedade, i.e., para que ela se torne uma civilização total, integral".[38] Ele partilhava também com o marxismo ocidental centro-europeu a má vontade com o materialismo. Na expressão "materialismo histórico", era o segundo termo que tinha de ser acentuado, não o primeiro, que para Gramsci cheirava a "metafísica". A filosofia da práxis, insistia, era enfaticamente um humanismo histórico.[39] Opunha-se vigorosamente, não menos que Lukács e Korsch, ao determinismo tecnoeconômico de Bukharin, discutido em profundidade nos *Cadernos do Cárcere*, e citava com prazer a crítica

---

[38] Ibid., p. 462.

[39] Ibid., p. 465.

de Croce ao teórico russo. Esse humanismo intransigente refletia-se na sua estranha maneira de sustentar a dialética da natureza: pois Gramsci afirmava que, uma vez que o sentido da natureza e sua história eram, em virtude da verdade do historismo absoluto, uma função da história *humana*, não havia razão – *pace* Lukács – pela qual a dialética não se devesse aplicar também à natureza.[40]

E, no entanto, dentro dessa visão *genericamente* idealista, Gramsci mostrava pouca inclinação a preferir – como o jovem Lukács tantas vezes o fizera – explicações idealistas a materialistas na teoria social. Um bom exemplo disso surgiu da controvérsia entre Trótski e Masaryk *à propos* do curso não europeu da evolução social russa. Quando, em *Rússia e Europa* (1913), Masaryk fez remontar a fragilidade da sociedade civil russa à ausência histórica de uma Reforma religiosa, Trótski retorquiu que essa falta se devia, por sua vez, à inexistência na Rússia de uma economia urbana vigorosa, no começo do período moderno. Significativamente, Gramsci concordou com a réplica de Trótski, que chegou a traduzir (1918). Além do mais, a ideologia – o tema idealista – podia ser útil sem ser, nem de longe, verdadeira. Assim, Gramsci apontava o paralelo entre a crença na Providência e, mais especialmente, na predestinação, no início dos tempos modernos, e a espécie fatalista de socialismo, em certa fase na história do industrialismo, como racionalização no sentido da vida.

Embora sem rebaixar a ideologia a mero reflexo de uma posição econômica ou arma da falsa consciência de uma classe, Gramsci (ao contrário de Lukács) não explicou o papel autônomo das ideias por meio da metafísica da história. Em vez da grande ópera do sujeito-totalidade de *História e Consciência de Classe*, seus fragmentos do cárcere esboçavam análises de desenvolvimentos concretos políticos e ideológicos. James Joll apontou o contraste

[40] Ver o comentário de Cesare Luporini, "Appunti su alcuni nessi interni del pensiero di Gramsci", 1958, reproduzido em Luporini, 1974, p. 43-51.

entre a riqueza de estudo histórico embutida nos *Cadernos do Cárcere* com os abstrusos exercícios epistemológicos do comunismo ocidental (e.g., a Escola de Frankfurt). Na verdade, Gramsci, embora muitas vezes se mostrasse pensador original e sagaz, não era um filósofo profissional. Seu equipamento intelectual era mais empírico: histórico e filológico. Não foi em vão que seu principal mentor linguístico, Matteo Bartoli, ensinou-lhe a ressaltar o contexto *social* da linguagem, em face da ortodoxia dos "neogramáticos".[41]

Todavia, Gramsci sofreu uma influência filosófica considerável: a de Benedetto Croce (1866-1952). Uma grande porção dos *Cadernos do Cárcere* consiste num debate com as posições de Croce em matéria de dialética e historismo. O idealismo crociano agradava a Gramsci por três motivos: seu feitio secular, seu antipositivismo, e sua vigorosa perspectiva histórica. Croce, era, no fundo, um *historista* em vez de um *historicista*. Dava ênfase a contextos históricos e desenvolvimentos históricos, mas recusava-se a considerar a história como uma Longa Marcha rumo a um objetivo final. Mesmo assim, a interpretação da história moderna por Croce parecia a Gramsci demasiado idealista. Gramsci censurava o filósofo napolitano por começar com a Restauração dos Bourbon sua *História da Europa no Século XIX* (1932), fazendo vista grossa ao *background* representado pelos tumultos econômicos e militares da Revolução Francesa e das guerras napoleônicas, e sua *História da Itália* em 1871, sem discutir as lutas do *Risorgimento*.[42] As duas críticas são, basicamente, fundadas. As obras históricas de Croce coincidiram com sua opção pelo liberalismo na Itália fascista. No entanto, ao tornar-se liberal, em meados da década de 1920, ele substituiu sua anterior "filosofia da prática" por um foco muito menos material no "ético-político" – as manifestações históricas da

[41] Este ponto na formação filológica de Gramsci foi ressaltado por Lo Piparo, 1979.

[42] Cf. Gramsci, 1971, p.118-20; e Gramsci, 1965, 619-20 (carta de maio 1932).

liberdade. Logo, e em certo sentido, o Croce posterior foi, na verdade, muito mais "metafísico" que o jovem Croce.

As análises do próprio Gramsci nos *Cadernos do Cárcere* podem ser consideradas uma brava tentativa de marxizar o ético-político, correlacionando-o com infraestruturas socioeconômicas dominadas por classes. Essas análises, por sua vez, foram empreendidas com um senso tão agudo do contexto nacional que a teoria histórico-política de Gramsci parece derivar tanto da problemática italiana quanto dos problemas clássicos da revolução proletária. Por exemplo, uma das preocupações maiores de Gramsci era a necessidade de uma revolução do tipo jacobino na Itália. Sonhava com um movimento capaz de utilizar o Estado para levar a cabo a transformação nacional que a burguesia não tinha promovido. E por causa da sua problemática italiana, a atenção de Gramsci se viu atraída para duas questões em particular: o papel das elites e a função das alianças de classe.

Gramsci acreditava que as classes governantes podiam ser dirigentes ou, simplesmente, dominantes. No *Risorgimento*, a nova classe governante do Piemonte, quase que por prestidigitação, assumiu o controle de uma Itália unificada sem buscar um verdadeiro consenso nacional. Em consequência, a elite política do reino, ainda mais dominante que dirigente, absorveu as alas mazzinianas e garibaldinas à força de "transformismo" – uma política de compromisso destinada principalmente a privar os partidos extremistas da sua liderança pelo recurso de atraí-los para o "sistema". O transformismo, por sua vez, não será senão uma forma de um complexo processo sociopolítico, a "revolução passiva", que Gramsci identificou em pelo menos duas formas. *Ou* ela significava apenas revolução, sem participação de massas, como no *Risorgimento*, *ou* correspondia também a um progresso dissimulado de classes sociais impedidas de avançar abertamente, como a burguesia na França da Restauração (donde o rótulo alternativo de Gramsci, "revolução-restauração"). Sua convicção de que o fascismo era uma forma de transição para um governo burguês, uma espécie de Segundo Império Italiano, levou-o a aplicar exploratoriamente o conceito ao regime de Mussolini. Mas nisso, como ele mesmo foi o primeiro a admitir, havia mais perguntas que respostas. Gramsci discerniu uma "função de tipo Piemonte" nas revoluções passivas, as quais, segundo ele, significavam mudanças políticas e sociais conduzidas pelo Estado na ausência de classes capacitadas a mobilizar o apoio popular. Em tais casos, havia governo, e mesmo forte; mas não havia liderança.[43]

Toda essa teorização ia muito além até mesmo das famosas tentativas anômalas do marxismo clássico (na teoria do bonapartismo) para enfrentar o fenômeno poder estatal autônomo, i.e., do Estado como algo mais que um "comitê executivo da burguesia". Em grande parte, as opiniões de Gramsci podem ser consideradas um desafio marxista ao tema central do pensamento político italiano, tal como desenvolvido por Mosca e Pareto, os pais da teoria da elite. Enquanto Mosca e Pareto se aferram ao eixo governante/governado, Gramsci procura combinar esse ângulo com uma sociologia (política) das classes. Por outro lado, como sugeriu Walter Adamson,[44] a visão marxista normal, derivativa do Estado, e a visão às vezes "politista" do fenômeno classe em Gramsci podem ser vistas como perspectivas complementares e não mutuamente excludentes. Para Marx, analisando (como em *O Capital*) sociedades ou regimes *constituídos*, a política reflete normalmente a manipulação de interesses de classe, na superfície de uma dada estrutura social. Já para Gramsci, cujo tema era a *mudança* sociopolítica, o jogo da superestrutura tinha, naturalmente, muito mais peso. A prova é que, quando Marx focalizava grandes mudanças políticas, como, por exemplo, em *O 18 Brumário de Luís Bonaparte*, sua visão da política se torna claramente menos epifenomenalista. Seja como for, uma coisa é certa: para Gramsci, a política não era, em última análise, um epifenômeno, tampouco um primeiro motor onipotente.[45]

---

[43] Ibid., p. 104-06.

[44] Adamson, 1980, p. 216.

[45] Sobre esse ponto, ver Boggs, 1976, p. 116.

As alianças de classe, que Gramsci denominava "blocos históricos", entravam no quadro porque classes dirigentes costumam aliciar o apoio de "classes subalternas". Assim, enquanto, na França revolucionária, os jacobinos urbanos conquistaram os camponeses para a sua causa, os mazzinianos, no *Risorgimento*, não conseguiram levantar o campesinato, enfraquecendo assim a revolução democrática burguesa na Itália. O tema dos blocos modernizadores era, de qualquer maneira, corrente no pensamento político progressista na Itália, desde a ala avançada do *Risorgimento* (Pisacane) até os reformistas liberais que queriam fomentar o industrialismo do norte com a ajuda dos camponeses do sul (Gobetti). Mas, em Gramsci, o apoio popular é uma rua de mão dupla. Ocasionalmente, em processos revolucionários abertos, ele se refere à mobilização do consentimento das massas. De regra, todavia, constrói todo um conjunto de valores em torno de um amplo consenso, costumes e práticas maquinados pela hegemonia de uma classe dirigente.

O conceito de hegemonia teve larga circulação no marxismo russo. Denotava a primazia política do proletariado no seio das classes mais baixas. Enquanto a "ditadura do proletariado" se dirigia, supostamente, contra a burguesia, a "hegemonia" proletária se exerceria sobre o campesinato. O uso do termo por Gramsci introduziu três alterações no sentido de hegemonia: a) a expressão passou a designar um relacionamento *inter* classes e não, como no marxismo russo, *intra* blocos – pois Gramsci se refere livremente à hegemonia *burguesa* sobre as massas; b) a hegemonia gramsciana é enfaticamente estendida à esfera cultural; c) e ela é geralmente colocada dentro da órbita da sociedade civil, em contraposição ao Estado.[46] Acresce que, embora Gramsci advertisse que a hegemonia precisava ter raízes na atividade econômica, habitualmente lhe atribuía uma natureza essencialmente

[46] Sobre essa mudança semântica, ver o fino artigo de Perry Anderson, "The Antinomies of Antonio Gramsci", *New Left Review*, 100, nov. 1976/jan. 1977.

"ético-política". A hegemonia seria para o ético-político o que a força é na arena dos interesses econômicos.

Os Cadernos do Cárcere também mostram outra correlação; a hegemonia, já se disse, é o esteio do governo no Ocidente, onde uma robusta sociedade civil não fica amesquinhada pelo poder estatal. Gramsci dá mais de um sentido à expressão "sociedade civil". Mas o sentido dominante está claramente ligado a instituições privadas, como a Igreja, as escolas, os sindicatos; ao passo que por Estado ele entende instituições públicas, como o governo, os tribunais, o exército, e a polícia. No Ocidente, escreveu Gramsci, o Estado era apenas uma "trincheira avançada" numa formidável rede de fortalezas – o mundo social, econômico e cultural de uma forte sociedade civil. Na Rússia imperial, ao contrário, o Estado era todo-poderoso, e a sociedade civil, uma "gelatina" sem substância. Por conseguinte, no Ocidente, a luta revolucionária não poderia adotar a mesma estratégia. Se Lênin teve êxito num ataque frontal, numa rápida "guerra de movimentos" na sociedade russa, o socialismo revolucionário no Ocidente teria de travar uma "guerra de posição", complexa e sutil. A classe trabalhadora e seus aliados precisavam conquistar primeiro a hegemonia. O predomínio social deve preceder a dominação política. A tomada do poder poderia sobrevir então como a culminância de um processo revolucionário prolongado. Inteirado da repressão draconiana que se seguiu ao aventurismo revolucionário da Ação de Março Alemã – uma infeliz tentativa de "guerra de movimento" (ver p. 103) –, Gramsci queria evitar o aventureirismo revolucionário, tirando a lição do próprio passado recente: entre 1921 e 1924 ele resistira à tímida frente unida de vanguarda do Comintern de Lênin – apenas para ver a vitória do fascismo. Agora, fazia firme oposição aos que, como seu rival no seio do PCI, o antigo líder partidário Amadeo Bordiga, se agarravam teimosamente às táticas divisionistas do "comunismo de esquerda", condenado por Lênin.

O conceito gramsciano de hegemonia como um fenômeno sobretudo da sociedade civil foi criticado por Perry

Anderson. "Se a hegemonia é coisa da sociedade civil, e se a sociedade civil prevalece sobre o Estado (no Ocidente), então é a ascendência cultural da classe dominante que, essencialmente, assegura a estabilidade da ordem capitalista."[47] Anderson também observa que, se Gramsci estava perfeitamente correto ao acentuar o papel do consenso na sobrevivência do capitalismo, estava enganado ao localizá-lo dentro da esfera da sociedade civil. Justificando sua crítica, mostra que há dois componentes no consentimento das massas na sociedade burguesa: um, *material*, alimentado pela melhora do nível de vida e pelo chamado "estado do bem-estar social"; outro, *jurídico-político*, correspondente ao "código democrático", i.e., à ideia de que o Estado liberal representa a totalidade da população, independentemente de divisões de classes. Mas o consentimento material, segundo ele, é muito menos estável e decisivo que o consentimento político. A crença na inexistência de classes no Estado é o eixo do poder ideológico nas ordens capitalistas, e a influência dos mídia e outras agências culturais apenas arremata esse efeito ideológico.

Para Anderson, inferir da eficácia dessa visão ideológica do Estado que ele não é, nas democracias burguesas, uma máquina repressiva, cuja principal função seria assegurar a reprodução da exploração de classe, é uma ilusão social-democrata que Gramsci, ao colocar a hegemonia burguesa no âmbito da sociedade civil, esteve prestes a partilhar. Como lembra Anderson, Kautsky, na sua polêmica de 1910 com Rosa Luxemburgo, empregou conceitos (tomados à teoria estratégica) surpreendentemente similares aos de Gramsci. Fala, por exemplo, numa "estratégia de atrito" (cf. "guerra de posição") condizente com a revolução no Ocidente, e em "estratégia de derrubada" (cf. "guerra de movimento") como algo apropriado à situação russa. No entanto, à diferença de Gramsci, Kautsky pensava que o Estado russo fosse mais fraco que sua contraparte ocidental, ressaltando que, quando mais

[47] Anderson, op. cit., p. 26 (parêntese acrescentado).

não fosse, o exército e a burocracia alemães eram bem mais fortes que o arsenal do czar.[48]

Não é preciso endossar a premissa marxista de que o Estado é, fundamentalmente, um instrumento repressivo de domínio de classe para admitir o ponto levantado por Anderson: o Estado, tanto quanto a sociedade civil, é o pivô do consentimento e do consenso no capitalismo liberal. Mas a análise de Gramsci foi realmente inovadora: revelou a riqueza de determinações pertinentes à sociedade civil no Ocidente burguês. O conceito weberiano de Estado patrimonial, em oposição ao Estado nascido de revoluções burguesas, contém uma problemática convergente. Além disso, a análise de Gramsci admite um interessante grau de variação no seu modelo ocidental, pois ele via a própria sociedade civil italiana como largamente "gelatinosa", embora, obviamente, não tanto quanto a russa. A seus olhos, a síndrome italiana traía uma conjunção da sociedade civil fraca e Estado fraco,[49] pelo fato de não haver ocorrido nenhuma liderança jacobina, ligando o país a um poder central dominante. Citando *Parlamento e Governo* (1920), de Weber, Gramsci dá grande importância ao peso dos partidos socialmente representativos como correias de transmissões entre Estado e sociedade. Logo, seu diagnóstico do caso italiano prova que a hegemonia gramsciana envolve tanto o Estado quanto a sociedade civil.

Há uma página curiosa nos *Cadernos do Cárcere* em que Gramsci, comparando explicitamente a Europa do primeiro pós-guerra à Restauração pós-napoleônica, pergunta: "Existirá uma identidade absoluta entre guerra de posição e revolução passiva?".[50] Isso parece aludir, senão diretamente ao reformismo, pelo menos a um crescimento institucional de um bloco liderado pela classe trabalhadora, que poderia, finalmente, prescindir de uma revolução violenta. A tomada gradual do poder cultural e jurídico tinha, na verdade, a aprovação de marxistas heréticos,

---

[48] Ibid., p. 61-64.

[49] Cf. Gramsci, 1971, p. 227.

[50] Ibid., p. 108.

como Sorel. E vale a pena notar que Gramsci descreveu Sorel como estando para a revolução passiva depois da Comuna assim como o mestre de Sorel, Proudhon, tinha estado para a época pós-revolucionária na primeira metade do século XIX.[51] Sorel, no entanto, estava preparado para privar-se da revolução (embora apegado à retórica da revolução como mito funcional de rejuvenescimento social) porque, como bom discípulo de Proudhon, desprezava a política e abominava partidos jacobinos. Gramsci, não. Ele partilhava da preocupação soreliana com o socialismo ético, mas era profundamente interessado em partidos e sonhava com uma política jacobina. O que só confere maior sedução às suas crípticas observações sobre "guerra da posição" e "revolução passiva".

Gramsci achava a crítica leninista do "economismo" sindical um convite soreliano para edificar o socialismo como uma nova moralidade nutrida por uma nova visão do mundo. Mas isso só se podia fazer por meio de "um aparato de hegemonia",[52] no qual o papel dos intelectuais teria importância estratégica. Gramsci não acreditava na existência de uma categoria social independente constituída de intelectuais. Mais exatamente, os intelectuais são sempre presos à classe, mas presos à classe de duas maneiras distintas: ou são "orgânicos", i.e., uma força ativa, organizadora, numa classe determinada; ou são "tradicionais", profissionais da mente, gozando de uma posição aparentemente acima das classes mas que de fato deriva, a rigor, do passado da estrutura social: pois houve um tempo em que eles também agiram como porta-vozes e ideólogos para a burguesia em ascensão. De modo que intelectuais "orgânicos" são, antes de mais nada, organizadores da hegemonia *in fieri*.

A posição de Gramsci fica a meio caminho entre a noção kautskiana dos intelectuais como indispensáveis portadores da ideologia revolucionária em nome de uma classe à qual não pertencem necessariamente – mas que

---

[51] Ibid., p. 108.

[52] Ibid., p. 365.

não ascende à consciência revolucionária por si mesma – e o anti-intelectualismo de Sorel, do qual, aliás, partilhava Bordiga. Muita importância tem sido dada à originalidade das posições gramscianas nesse ponto.[53] Para alguns, a teoria dos intelectuais constitui a "maior realização" de Gramsci como pensador marxista.[54] Para mim, trata-se de uma área relativamente desinteressante do seu pensamento. Pois, ao contrário do que acontece com a sua teoria do Estado e da sociedade, aqui, o foco de Gramsci é com frequência menos crítico e sociológico que normativo – um *wishful thinking* voltado para a construção da hegemonia proletária. Gostaríamos de ler mais sobre a possibilidade intrínseca de que "intelectuais orgânicos" como ideólogos e *apparatchki* possam comportar-se como um grupo de interesse e, eventualmente, como uma elite de poder – como as *intelligentsias de serviço* descritas por Konrad e Szeleny em *Os Intelectuais a Caminho do Poder de Classe* (1974). Naturalmente, Gramsci não tinha em mente essa espécie de animal. Mas tampouco o tinham diante dos olhos outros radicais do tempo (por exemplo, o anarquista polonês Waclaw Machajski), que no entanto foram bem menos líricos, ou utópicos, quanto ao poder dos "organizadores".

Croce chamou Marx de "Maquiavel do proletariado". Uma parte substancial dos *Cadernos do Cárcere* traz o título "Notas sobre Maquiavel"; e sabemos que Gramsci planejava escrever um "Príncipe moderno". Para ele, esse príncipe moderno, o "príncipe-mito", tinha de ser coletivo. Seria, de fato, o Partido Comunista, órgão da vontade de classe. Gramsci via no pensamento político de Maquiavel uma resposta criativa ao fracasso da Renascença (em contraposição à Reforma) em empolgar as massas a fim de construir os Estados modernos. O mito maquiavélico do Príncipe visava a fornecer um *pendant* italiano do que, à época, as monarquias estavam fazendo

[53] Ver, por exemplo, a discussão dos intelectuais como organizadores da hegemonia in Sassoon, 1980.

[54] Anderson, op. cit., p. 44.

na Europa ocidental: uma aliança entre a Coroa e o Terceiro Estado. Reencontramos assim os motivos entrelaçados da liderança – hegemonia – e dos blocos históricos. Finalmente, o grande florentino também legou a Gramsci a imagem do centauro: como o centauro de Maquiavel, o Partido, Príncipe moderno, combina a força com a astúcia, o bastão com a cenoura. Criticando tanto a ênfase do liberal Croce no consentimento quanto o fetichismo da força na doutrina fascista de Gentile, Gramsci parecia lembrar suas rixas no PCI, onde o esquerdista Bordiga corporificava a violência e o direitista Angelo Tasca representava a persuasão e a negociação.

Meditando sobre Maquiavel, Gramsci remontou à fonte clássica da constante preocupação italiana com edificação do Estado e da liderança. Quatro fases assinalam a evolução da sua teoria da liderança e das elites:[55] a) uma primeira teoria das elites, de modelo padrão, partilhada por Mussolini (que ainda era socialista por esse tempo), na mocidade; b) um período em que os conselhos de trabalhadores fazem as vezes de elites, de 1916 ao *biennio rosso*; c) uma virada, em 1921, para o conceito leninista de vanguarda revolucionária; e d) a ênfase final na função educacional do partido como elite, não muito diversa das famosas dúvidas do próprio Lênin, no fim da vida, quanto ao potencial intrinsecamente repressivo do "centralismo democrático".

É justo dizer que Gramsci superou Lênin, em escala bem significativa, nesse tipo de preocupação. Em suas críticas à burocracia, chegou a rejeitar a *substituição* do partido por classe, inerente ao leninismo, e aceita sem discriminação por Lukács. As análises de Gramsci deságuam nitidamente numa reestruturação do conceito de partido revolucionário num sentido da seita para a Igreja; na sua opinião, o partido devia ser uma elite, mas tinha, ao mesmo tempo, de estar profundamente permeado pela sociedade ambiente. Como a Igreja, o partido de Gramsci tinha uma índole eminentemente católica. Na expressão

[55] Por G. Galli, in "Gramsci e le Teorie delle Elites" in Rossi, ed. 1975.

de Kolakowski, Gramsci era um "comunista revisionista" que rejeitava a ideia – comum a Lênin, Kautsky e Lukács – do "socialismo científico" como justificativa para um papel manipulatório do partido marxista.[56]

Os neogramscianos pensam que a recusa de Gramsci de fundir Estado e partido sob o regime socialista, bem como sua insistência na necessidade de fortalecer a sociedade civil depois da conquista do poder, colocam-no "além de Lênin".[57] Alguns chegam a pintar Gramsci, em termos fortemente afastados do leninismo, como o proponente de um caminho constitucional para o socialismo – um "caminho ocidental", no qual hegemonia significa uma aquisição gradativa e pacífica do poder.[58] Outros são mais céticos. Joseph Femia sugere uma distinção entre o intelectual Gramsci, espírito aberto e inquisitivo, e o político Gramsci, ainda preso a um revolucionarismo dogmático. Como político, ele permaneceu comprometido com a abordagem antiparlamentar e insurrecional abandonada só bem mais tarde (muitas vezes em seu nome) pelo "eurocomunismo" do PCI. E nunca dissentiu das esperanças marxistas quanto ao crescimento da classe operária e à sua progressiva homogeneidade – profecias que, naturalmente, não se cumpriram.

Hoje se tende a reconhecer – numa avaliação sóbria e simpática – que sua modificação do leninismo foi "ampla, mas, certamente, não pluralista".[59] Todos parecem con-

---

[56] Kolakowski, op. cit., p. 250-51.

[57] Coutinho, 1981, p. 126 e 66.

[58] Cf. Tamburrano, 1963. Giuseppe Tamburrano era um intelectual socialista moderado. Nem todo social-democrata italiano concordava com sua benévola opinião sobre Gramsci. Por exemplo, o velho Rudolf Mondolfo, muitas vezes considerado a figura central do marxismo italiano entre a morte de Labriola (1904) e a publicação dos *Quaderni* de Gramsci, escreveu rudemente que pôr o príncipe do partido "no trono da veneração popular" só poderia conduzir "ao totalitarismo" (Mondolfo, "Le Antinomie di Gramsci", *Critica Sociale*, 23 [15 dez. 1963]).

[59] Carl Levy, "Max Weber and Antonio Gramsci". In: *Max Weber and his Contemporaries* (ver nota 9).

cordar pelo menos num ponto: Gramsci não formulou nenhuma concepção explicitamente pluralista do poder socialista. Nem chegou a encarar a partilha do poder com outros partidos. Na observação de Lucio Colletti, se, para Gramsci, não devia haver ditadura do proletariado sem hegemonia, tampouco devia haver qualquer hegemonia comunista sem ditadura do proletariado.[60] Afinal de contas, se muita coisa de fato põe Gramsci "além de Lênin", ele ainda fica bastante à direita de Rosa Luxemburgo.

Seja como for, a preocupação de Gramsci com a ampliação do "eleitorado" comunista granjeou-lhe a estima dos líderes da liberalização comunista através do mundo. Tanto a onda, hoje em declínio, do eurocomunismo, quanto as ideias de "democracia da massa", defendidas, na ala esquerda do PCI, por Pietro Ingrao, têm raízes no seu pensamento. Também o tem, na América Latina contemporânea, a voga dos blocos "nacional-populares", que substituiu a ideia de desenvolvimento conduzido por burguesias nacionais aliadas a Estados "bismarquianos" modernizadores. Com o descrédito dos regimes burocráticos autoritários, muitos olhares se voltaram para o conceito de "sociedade civil". As análises de Gramsci, juntamente com a "teoria da dependência", dominam o cenário intelectual. Jamais um mestre do marxismo ocidental gozou de prestígio político comparável ao seu.

Entretanto, Gramsci era um marxista ocidental *sui generis*. Falta visivelmente a seu pensamento um dos principais ingredientes do marxismo ocidental: o elemento *Kulturkritik*. Seu gosto pelo futurismo e pelo americanismo trai uma óptica produtivista e tecnológica próxima à visão de Sorel, porém profundamente alheia às fobias neorromânticas de Lukács e Bloch, e, mais tarde, da Escola de Frankfurt. Típica é sua enfática percepção de que não existe nos Estados Unidos uma camada pré-capitalista improdutiva de amplas proporções, nenhum corpo de "pensionistas da história". Numa importante seção dos *Cadernos do Cárcere*, intitulada "Americanismo e

---

[60] Colletti, 1979, p. 181.

fordismo", ele examina as ideias de Frederick Taylor sobre "gerência científica", que tanto interessam a Lênin e Trótski. A mecanização do trabalho, diz Gramsci, permite ao trabalhador alcançar "um estado de completa liberdade" – pois que a própria rotina das suas tarefas lhe dá maiores oportunidades de pensar, e sua percepção de que os capitalistas gostariam que ele se comportasse exatamente como um robô faz dele, na melhor das hipóteses, um conformista relutante.[61] Haverá coisa que soe menos Marcuse do que isso?

Também em vão se procurará nos *Cadernos* aquela difamação da ciência tão monótona em Bloch e Lukács, Adorno e Marcuse. Gramsci acreditava que a lógica formal não devia ser desprezada – como soía ser – pelos filósofos idealistas, uma vez que, como a gramática, ela é "uma condição necessária para o desenvolvimento da ciência". Tais afirmações são simplesmente inconcebíveis nas páginas de qualquer outro clássico do marxismo ocidental com raízes hegelianas. Acima de tudo, sente-se que, em Gramsci (como em Sorel), não existe nenhuma teoria da alienação, e a teoria da alienação é o esteio da *Kulturkritik* de esquerda.

Por ambíguas e até errôneas que sejam suas opiniões políticas, não resta dúvida de que, na tradição marxista, Gramsci teve um efeito profundamente libertador. Ele fez com que o tema da luta de classes pesasse em análises destituídas de todas as insuficiências impostas pelos dogmas do materialismo histórico. Melhor ainda, como quer Chantal Mouffe, Gramsci proclamou o fim do reducionismo de classe. Com ele, "classe" se torna uma

[61] Aqui as opiniões de Gramsci não parecem muito diferentes das ideias de Alexander Bogdanov (1873-1928), comunista russo de esquerda, hoje esquecido, cuja epistemologia machiana Lênin fustigou (sem, no entanto, refutá-la) in *Materialism and Empirio-Criticism* (1908). A *Tectologia* de Bogdanov (1922), uma teoria geral da "organização", pretendia que a maquinaria automática daria ao trabalhador, que desempenhava antes tarefas alienantes, um grau decisivo de "controle e intervenção consciente". Sobre Bogdanov, ver o ensaio de S. V. Utechin in Labedz, 1962, p. 117-25.

poderosa perspectiva heurística, e *magna pars* em sugestivas tentativas de explicação; mas não se atravessa no caminho da descrição de contextos históricos. É verdade que seu tributo ao historismo pode ter-lhe custado, paradoxalmente, uma compreensão melhor de algumas tendências históricas. Como observa Femia, a ausência em Gramsci de qualquer análise econômica mais desenvolvida cegou-o para o potencial adaptativo do capitalismo. Ele tomou, erroneamente, a economia do *laissez faire* pelo próprio capitalismo. A exemplo dos outros "fiéis", Gramsci não tinha a menor suspeita da sua iminente metamorfose keynesiana.[62] No entanto, nenhum pensador marxista de estatura comparável à sua exibiu "mentalidade tão empírica".[63]

Rompendo com o historismo, o marxismo italiano posterior a Gramsci separou-se da sua histórica sociologia política. Isso é de lamentar, pois, no principal desenvolvimento pós-gramsciano – a escola anti-idealista de Galvano della Volpe (1895-1968), na qual Lucio Colletti (1924) foi filosoficamente educado[64] –, as preocupações epistemológicas (sem dúvida várias vezes fecundas) não foram substanciadas por nenhuma investigação histórica. O próprio Colletti se especializou na desmistificação da historiosofia marxista, terminando por rejeitar totalmente a ideia de que o marxismo deva ser uma visão do mundo.[65] Mas Colletti é, hoje, um ex-marxista ou, no mínimo, um pensador posto, de certo modo, e inconfortavelmente, entre marxismo e não marxismo, para citar o título de um de seus livros mais recentes. A despeito da rica diversidade da cultura marxista na Itália, ainda é muito cedo para dizer se o país dará ou não um pensador capaz de superar o idealismo de Gramsci e, ao mesmo tempo, equiparar-se a ele como analista histórico.

---

62 Femia, 1981, p. 232.

63 Ibid., p. 243-44.

64 Sobre Della Volpe e sua escola, ver Fraser, 1977.

65 Cf. seu ensaio "Il Raporto Hegel-Marx". In: Cassano, ed. 1973, p. 164-70.

Capítulo III

O PÓS-GUERRA

Vamos resumir a história do marxismo ocidental. Seu herói conceitual foi o fruto da imaginação de Hegel, a *teoria do processo*. Ao dizer que Hegel possuía uma teoria do processo enquanto outros pensadores, como Nietzsche principalmente, não a tinham, quisemos significar basicamente duas coisas: a) que em Hegel a filosofia tinha em vista dar sentido à história em seu conjunto, b) ao fazê-lo, ele se esforçou para apresentar uma justificação racional da sociedade moderna, não como simples defesa do *statu quo*, mas porque tal sociedade lhe parecia encarnar uma tendência geral para maiores graus de liberdade.

Vimos também que Marx, ao contrário de outros hegelianos de esquerda, tentou preservar a teoria social como exposição do processo histórico. Mas sua tentativa foi prejudicada por umas tantas reivindicações injustificadas e também por sua tíbia aceitação do princípio dinâmico da modernidade (embora sem rejeitar o industrialismo *per se*, ele opunha várias reservas às instituições econômicas como tais, e não só a sua forma capitalista na época). Quanto ao marxismo ocidental, nasceu, sobretudo na Europa Central, do inequívoco abandono daqueles dois aspectos centrais do pensamento de Hegel. O jovem Lukács não exibia nenhuma verdadeira teoria do processo e, certamente, jamais sonhou em escrever para justificar a sociedade moderna, nem mesmo no sentido limitado, embora importante, em que Marx o fizera. Em consequência, o marxismo ocidental, embora reacendendo o ânimo revolucionário do pensamento de Marx, desprezou a clássica vinculação marxista entre revolução e processo histórico. Só Gramsci, dentre os fundadores do marxismo ocidental, mostrou inclinação para a sociologia histórica – mas a própria natureza das suas análises aproximou-o mais da tradição *historista* de Weber ou Croce que das preocupações *historicistas* de Hegel e Marx. Por isso, ele estava muito mais interessado em configurações históricas específicas que na lógica da história como um todo.

Na evolução ulterior do marxismo ocidental, pelo menos até Habermas, esse afastamento progressivo de uma teoria do processo somente se acentuou. Tal evolução data da década de 1930 e é geralmente conhecida como a "teoria crítica" da Escola de Frankfurt – o idioma principal do marxismo ocidental desde a Segunda Guerra Mundial.

1. A escola de Frankfurt em sua fase clássica

Filosofia é a tentativa de considerar tudo do ponto de vista da redenção.
Adorno, *Minima Moralia*

Herr Professor Doktor Theodor Wiesengrund Adorno era um homenzinho careca e rechonchudo. Ex-alunos contam que, durante as aulas, em Frankfurt, sempre que julgava ter chegado a um ponto crucial da sua exposição, ele se punha na ponta dos pés e pedia a atenção geral, dizendo em voz alta: *"Meine Damen und Herren: das ist sehr dialektisch!"*. A dialética era, com efeito, o cerne da linguagem filosófica dos frankfurtianos. Tanto assim que eles são por vezes chamados, como em meu livro de 1969,[1] "a Escola Neo-Hegeliana de Frankfurt". Quanto ao ponto de vista da redenção acima mencionado, é ele que dita a maneira de ser de todos os grandes dialéticos de Frankfurt, desde o primeiro até o último – Horkheimer, Adorno, Marcuse. Com eles, o pensamento era "crítico" porque, embora não tivessem a oferecer nenhuma imagem positiva de uma sociedade redimida, aferraram-se à ideia de que o mundo tal como está necessita radicalmente de redenção.

O berço da "teoria crítica" foi o Institut für Sozialforschung (Instituto de Pesquisa Social), aberto oficialmente

[1] Aposto incluído na edição brasileira e que faz menção a *Arte e Sociedade em Marcuse, Adorno e Benjamin. Ensaio Crítico sobre a Escola Neo-Hegeliana de Frankfurt* (São Paulo, É Realizações Editora, 2017). (N. E.)

em Frankfurt graças à generosidade do abastado pai de Felix Weil em junho de 1924. Seus iniciadores foram intelectuais marxistas como Weil e os economistas Friedrich Pollock e Karl August Wittfogel. Seu primeiro diretor, Carl Grünberg, o "pai do marxismo austríaco", fora, por muitos anos, o único professor marxista da Europa além de Labriola, e, como tal, o mestre dos austromarxistas Karl Renner, Rudolf Hilferding e Max Adler.[2]

Na década de 1930, porém, sob a direção de Max Horkheimer (1895-1973), os principais membros do Instituto e principais colaboradores de seu periódico, o *Zeitschrift für Sozialforschung*, tinham um perfil teórico muito diverso do austromarxismo. Para começar, esses intelectuais trabalhavam numa área diferente: as Humanidades. Os cavaleiros da teoria crítica eram sociólogos da literatura, como Leo Lowenthal e Hans Mayer; filósofos, como o musicólogo Theodor W. Adorno e o hegeliano de esquerda Herbert Marcuse; e até psicanalistas, como Erich Fromm. Não admira que tivessem reorientado os estudos do Instituto, desviando-o da sua intenção original de fazer pesquisas sobre o movimento trabalhista alemão, rumo a uma "crítica cultural" generalizada. Significativamente, cientistas políticos com *background* jurídico, como Franz Neumann ou Otto Kirschheimer, acabaram em desarmonia com a nova orientação da teoria frankfurtiana. O foco institucional desses juristas politicólogos discrepava das generalizações psicológicas com as quais os teóricos críticos construíram sua sombria visão da cultura de massa, encarada como meio de repressão e dominação.

Os cavaleiros da teoria crítica estavam mesmerizados pelo humanismo de esquerda de *História e Consciência de Classe*, e particularmente pelo conceito de reificação. Mais tarde, Adorno definiria a dialética como a "intransigência em face de qualquer reificação".[3] Mas, como viu um colaborador pouco ortodoxo do Instituto, Franz

---

[2] Cf. Tom Bottomore, introdução a Bottomore e Goode, 1978, p. 9-10.

[3] Adorno, 1967, p. 31

Borkenau, a "teoria pura do comunismo" de Lukács era violentamente elitista, sob dois aspectos. Em primeiro lugar, Lukács inferia do vanguardismo de Lênin a conclusão lógica de que, faltando ao proletariado uma consciência de classe adequada, ele tinha de obtê-la dos fazedores de teorias, i.e., dos intelectuais, os quais, encarando a totalidade, ensinariam aos operários qual deveria ser a "sua" consciência de classe. Em segundo lugar, Lukács produziu uma teoria que, ao contrário da vulgata moscovita, era uma espécie de "marxismo em código", dificilmente inteligível fora do pequeno círculo das pessoas filosoficamente educadas em, digamos, Heidelberg.[4] Como Lukács e Korsch, mas não como Bloch ou Gramsci, esses radicais de Frankfurt eram, na maioria, nascidos e educados no seio da alta classe média (judia); e muito da sua produção e visão refletia uma atitude altamente intelectualizada, cheia de maldisfarçado desprezo pela cultura popular de qualquer espécie.

Para o messiânico Lukács não havia contradição possível entre o seu vanguardismo ultraleninista e a convicção de que qualquer ruptura revolucionária só se efetuaria como produto da ação livre do proletariado. Mas os frankfurtianos eram muito menos otimistas nas suas expectativas. Acabaram falando da "histórica obsolescência da teoria do potencial revolucionário do proletariado".[5] E, já por volta de 1930, não vendo sinal de agitação social, a despeito do tremendo *crash* financeiro, tinham perdido toda fé no proletariado como força revolucionária. Podiam – como o fizeram Horkheimer e Marcuse nas suas análises de *Ideologia e Utopia* (1929) de Karl Mannheim – criticar o pensamento burguês por separar a consciência de classe de uma perspectiva *revolucionária* totalizante. Mas sua própria adesão ao tema da luta de classes era, na melhor das hipóteses, só da boca para fora, dada a "impotência dos trabalhadores". Como advertia Horkheimer: "A verdade buscará refúgio entre

---

4 Borkenau, 1938.

5 L. Lowenthal, cit. in Roberts, 1982, p. 173.

pequenos grupos de homens admiráveis"[6] – admiráveis e, sem dúvida, admiradores uns dos outros; mas estritamente dentro do pequeno âmbito de um círculo inteiramente desprovido de ligações sociais, políticas ou culturais com as massas trabalhadoras. Se esses teóricos sofisticados tivessem podido ler o que Gramsci ia anotando no cárcere, perceberiam que não tinham a menor chance de se tornarem "intelectuais orgânicos" da quiescente classe trabalhadora, naquele crepúsculo da República de Weimar.

O programa traçado em 1931 por Horkheimer para o Instituto era "filosofia social". Ora, a filosofia social, ao contrário da filosofia *tout court*, se via como uma empresa empírica. Mas também se orgulhava do seu compromisso de "ver o conjunto" – nítida marca do culto lukacsiano da totalidade. Empenhado em ser tão materialista quanto hegeliano, Horkheimer prescindia do sujeito demiúrgico, o grande desdobramento da Ideia, e preconizava um foco na interação humana concreta, historicamente dada. Logo, no entanto, a filosofia social como "teoria crítica" encontrou seu alvo: visava destruir o conceito de progresso. "Dialética", escreveu Horkheimer, "não é a mesma coisa que desenvolvimento. [...] o fim da exploração [...] não é mais uma aceleração do progresso, mas um salto qualitativo para fora da dimensão do progresso."[7] Em 1940, desencadeada a guerra de Hitler, muitos frankfurtianos concordaram com Pollock em que o mecanismo histórico que levava ao colapso do capitalismo já não funcionava. Em seu lugar, emergira um "capitalismo de Estado" aparentemente capaz de impedir que as contradições tecnoeconômicas explodissem o sistema. Em vão Neumann,

---

[6] Horkheimer, 1972, p. 237-38 (de *Teoria Tradicional e Crítica*, 1937). Mesmo aqueles que lutam para ressaltar o radicalismo da teoria crítica mais antiga são compelidos, no fim, a reconhecer que, depois da década de 1930, ela possuía apenas "relacionamento tênue" e ambivalente com o marxismo (cf. Douglas Kellner, "The Frankfurt School Revisited", uma crítica de Jay, 1973), *New German Critique*, 4, inverno 1975, p. 148-52.

[7] Horkheimer, "The Authoritarian State". In: Arato e Gebhardt, 1978, p. 107.

numa esmerada anatomia do nazismo, *Behemoth* (1942), afirmou enfaticamente que a noção de capitalismo de Estado era contraditória e que a realidade empírica da economia alemã, onde a cartelização, e não a estatização, continuava a regra, desmentia a interpretação estatística oferecida por Pollock, extrapolando suas análises anteriores sobre a via stalinista para o industrialismo.[8] Os frankfurtianos, na maior parte, alinharam-se com a tese do capitalismo de Estado, não por ser mais acurada, mas por conter uma inferência profundamente pessimista sobre o curso da história, homóloga às suas próprias conclusões sobre a ubiquidade do autoritarismo no mundo moderno. Autoritarismo que, por sua vez, tinha raízes numa "dominação tecnológica" alimentada pela repressão psicológica generalizada (como no caráter sadomasoquista da mentalidade nazista, segundo Fromm).

Numa perspectiva dessas, não havia lugar, naturalmente, para a ideia de um progresso social baseado na inevitável substituição da economia da propriedade. O progresso técnico e econômico já não era um veículo de libertação – muito pelo contrário.

Essa demolição do mito do progresso era um grande exemplo daquela usurpação da análise do processo histórico pela *Kulturkritik*, tão típica de uma grande parte do marxismo ocidental. A tese do capitalismo de Estado adotada pela Escola de Frankfurt serviu quase de pretexto para uma postura de *Kulturpessimismus*, tão enfaticamente sustentada que fez com que os profetas clássicos da decadência cultural, como Burckhardt ou Spengler, parecessem, em comparação, espíritos positivamente otimistas... Buscando apoio para essa perspectiva lúgubre, os frankfurtianos utilizaram o tema weberiano da racionalização crescente, i.e., do crescimento da racionalidade instrumental, que eles interpretaram como fator de dominação do homem sobre o homem e não só de alienação na "gaiola de ferro" das burocracias desenfreadas; e a denúncia de Husserl, na *Crise*

---

[8] O choque entre as posições de Pollock e Neumann está bem exposto in Jay, 1973, cap. 5. Ver também Held, 1980, p. 52-65.

das Ciências Europeias e a Fenomenologia Transcendental (1936), de que a razão ocidental perdeu-se numa infinidade de disciplinas cognitivas inadequadas e, de maneira geral, insuficientes. Em Frankfurt, a perda da unidade da razão se torna sua *perversão*. O clássico da escola, a *Dialética do Esclarecimento* (1947), escrito conjuntamente por Horkheimer e Adorno durante os anos da guerra, equiparava a razão – o verdadeiro princípio do Iluminismo – e a repressão. Husserl havia esperado que um novo método filosófico, a fenomenologia, realizasse a latente racionalidade do logos ocidental, pondo fim, desse modo, à desorientação do presente. Mas, para os frankfurtianos, a racionalidade já se realizara – só que o seu verdadeiro significado era uma longa tradição de traição. Para eles, a racionalidade presidira ao crescimento da divisão do trabalho – mas todo o progresso material concomitante estava viciado pela coerção do instinto e da natureza. Pois os frankfurtianos, a despeito da sua firme posição antinaturalista *vis-à-vis* do conhecimento, eram resolutos *naturalistas* em matéria de moral – e viam a tecnologia como a própria negação da natureza.

Com o progresso a favorecer a repressão e com um proletariado não revolucionário, a totalidade histórica não poderia significar senão desastre. Na verdade, o caráter nada sociológico das suas noções ultragenéricas e holísticas sobre a dominação tecnológica manteve os frankfurtianos presos a um fútil exorcismo de supostas totalidades maléficas ainda bem depois da derrota da barbárie nazista, ou do fim do terror stalinista. Sua demonização da razão e da tecnologia, bem como sua depreciação de toda cultura de massa (inclusive do *jazz* e dos filmes de Chaplin), os autorizaram a incluir as democracias liberais na mesma categoria das tiranias fascistas de 1922-1945. Não admira que se sentissem compelidos a descartar a famosa undécima tese de Marx sobre Feuerbach (a filosofia deve mudar o mundo em vez de só interpretá-lo), regressando a uma visão puramente contemplativa da teoria como crítica. A deusa Práxis, no sentido de ação social libertadora, tornara-se, aos seus olhos, terrivelmente preguiçosa.

Mas essa convicção impôs-se gradualmente. Em 1935, a verdade era para Horkheimer "um momento de práxis correta".[9] No seu mais importante ensaio da década de 1930, "Teoria Tradicional e Crítica" (1937), ele ressalta que, enquanto a primeira, de Descartes a Husserl, visava sempre a uma descrição da realidade, e considerava a atividade, como em Bacon, no máximo, um controle tecnológico, a última, i.e., a teoria crítica, resistia a qualquer tentativa de pôr o conhecimento acima da ação. Dez anos depois, contudo, em *Eclipse da Razão*, ele já pensava de modo bem diverso. O livro é uma séria advertência contra combinar pensamento crítico com ativismo social – sobretudo quando político. Muito logicamente, Horkheimer devotou grande parte das suas últimas reflexões a exaltar a renúncia de Schopenhauer em detrimento do engajamento revolucionário de Marx.

Se a evolução de Horkheimer exibe as características da Escola de Frankfurt em sua evolução clássica – *Kulturkritik* numa veia pessimista –, seu método e sabor seriam mais bem exemplificados na obra de Theodor Adorno (1903-1969), o virtuoso da dialética abstrusa como língua da redenção frustrada. Embora só tivesse entrado para o instituto em 1938, às vésperas do exílio, sua influência pesou decididamente para desviar os esforços da entidade no sentido de uma perspectiva culturalista, ditada por uma problemática de alta cultura afim à arte de vanguarda, mas claramente alheia ao marxismo clássico, tanto como teoria política quanto como ciência social. Quando Adorno se aproximou do marxismo, lá pelo fim da década de 1920, evitou a abordagem base/superestrutura, a exemplo do que fizera Lukács em *História e Consciência de Classe*. Diferentemente de Lukács, porém, Adorno era muito pouco dado a visões abrangentes de conjuntos culturais. Ao contrário, por meio de seu mentor, Siegfried Kracauer (mais tarde autor do ensaio *De Caligari a Hitler*), ele aprendeu

[9] Horkheimer, "Zum Problem der Wahrheit". In: Horkheimer, 1968, vol. I, p. 256 (ver Horkheimer, 1972).

a dissecar fenômenos culturais menores, e mesmo diminutos, com a precisão microscópica apresentada pioneiramente pela sociologia impressionista de Simmel, o modelo confesso de Kracauer.

Foi também Kracauer quem apresentou Adorno ao mestre das microscopias culturais críticas, Walter Benjamin. Como já foi demonstrado,[10] a aula inaugural de Adorno na Universidade de Frankfurt, "A Atualidade da Filosofia" (1931), era uma tradução em termos marxistas da epistemologia esboçada por Benjamin no primeiro capítulo do seu livro passivelmente hermético sobre o drama barroco alemão, o chamado *Trauerspielbuch*, de 1928. Em *Dialética Negativa* (1966), sua principal obra filosófica, Adorno definiu a dialética como "o sentido de não identidade"; e Benjamin sugerira, nos primeiros parágrafos do *Trauerspielbuch*, a primazia da "experiência filosófica" (*Erfahrung*) sobre a "possessividade" do conhecimento (*Erkenntnis*) como subsunção conceitual de particulares num dado conceito. Confiando a maior parte do marxismo de Frankfurt a um hiperculturalismo cujo paradigma era a utopia da arte moderna, Adorno concebeu um *organon* filosófico derivado basicamente de Benjamin. Por isso mesmo convém fazermos uma pausa para examinar a obra do próprio Benjamin – um produto do entreguerras cujo impacto só ocorreria muito mais tarde.

A obra solitária de Walter Benjamin

A construção da vida está, atualmente, muito mais em poder dos fatos que em poder de convicções, e de fatos que quase nunca serviram como base de convicções.
Benjamin, *Rua de Mão Única*

Walter Benjamin (1892-1940) é a figura romântica dentre os marxistas ocidentais. Seu empobrecimento, seu

[10] Ver Buck-Morss, 1977, p. 90-99 e 102-03.

exílio e, por fim, seu suicídio, a fim de escapar à Gestapo, na fronteira espanhola da França derrotada, fizeram dele um mártir da cultura radical na idade das tiranias modernas, tanto quanto Gramsci no cárcere. Acresce que ele foi, toda a vida, um solitário, um desajustado entre os eruditos e um rebelde entre os radicais – uma espécie de *poète maudit* do pensamento, cuja prosa lúcida e sedutora brilha como uma joia rara em meio à prolixa papelada do marxismo ocidental.

Ele foi um dos maiores críticos, e sem dúvida o maior ensaísta alemão do século XX. Judeu, nascido em Berlim, numa família abastada e filisteia, envolveu-se na contracultura do tempo – o impetuoso movimento estudantil do Reich Guilhermino. Aos vinte e cinco anos, escreveu um ensaio como presente de aniversário para Gershom Sholem (1897-1982), destinado a tornar-se um amigo de toda a vida e um notável historiador da Cabala e que se empenharia em vão para que Benjamin abraçasse o sionismo. O ensaio, "Sobre o Programa da Filosofia por Vir", confiava à filosofia a fundação de "um conceito mais alto de experiência" – "mais alto" no sentido de mais compreensivo que o de Kant, que ele considerava limitado à percepção. A experiência kantiana, embora girando decisivamente em torno da experiência e não ingenuamente atrelada a uma impossível apreensão da natureza da realidade, parecia a Benjamin confinada tanto pela lógica quanto pela percepção. No já mencionado "prólogo epistemológico e crítico" de *A Origem do Drama Barroco Alemão* (1928), ele opôs o valor cognitivo de "mosaicos" ensaísticos, compostos por "imersão" em "diminutos pormenores do tema", ao "universalismo raso" da filosofia científica. Queria uma "arte da interrupção, em contraste com a cadeia da dedução".[11] Os filósofos estavam de há muito em estreito contato com os cientistas. A presente tarefa do pensamento, protestava Benjamin, era mostrar suas afinidades com os artistas – esses grandes peritos em particularidades.

[11] Benjamin, 1977, p. 29 e 32.

O *Trauerspielbuch* redefinia "ideia" ao arrepio do jargão filosófico. Para Benjamin, ideia não é nem forma pura, como em Platão, nem uma sombra mental, como em Locke, nem um princípio regulador, como em Kant. No símile de Benjamin, "as ideias são para a realidade o que as constelações são para as estrelas": estranhas mônadas, representações de particularidades, as quais, uma vez que não são momentos num devir, não são nem mesmo universais concretos, à la Hegel.

Essa fugidia associação de conteúdo veritativo com pormenores ocultos tornou-se a chave da crítica de Benjamin. Seu modelo estético de epistemologia forneceu o tema da sua dissertação de 1919, *O Conceito de Crítica de Arte no Romantismo Alemão*. Comentando os fragmentos teóricos de Friedrich Schlegel e Novalis, ele acentuou que, para os românticos, crítica era menos a avaliação, por critérios externos, de uma obra de arte "que o método do seu acabamento": a verdadeira crítica era a interpretação "imanente", descobrindo as "disposições secretas" da obra em causa. A reflexão crítica completa e consuma o sentido literário.

Os românticos, como bons idealistas, combinavam essa perspectiva imanente com o tema do sujeito, a soberania da consciência criadora e irônica. A arte era para eles tanto um *organon* de conhecimento como a sede da subjetividade triunfante. Aqui, todavia, Benjamin se afastou da teoria romântica. Indo nas águas de Ludwig Klages (1872-1956), um membro do George-Kreis (ver p. 87), ele, ao invés, dá o lugar de relevo à espontaneidade do objeto – uma doutrina simbolista em marcado contraste com a ênfase kantiana e pós-kantiana na atividade do sujeito.

Klages era um pensador "telúrico" que se insurgiu contra a tradição "platônica" de buscar a verdade para além da matéria. Costumava falar sobre temas ocultos, como a grafologia, para o movimento estudantil de Berlim, e advogava um *insight* direto na materialidade do objeto, sem mediação conceitual. Momentos privilegiados, epifanias de "imagens primordiais" refletiam um "nimbo" – a radiância do objeto ativo, luzindo sem qualquer conceito em toda a sua densa significação.[12]

A mesma nota simbolista, órfica, inspirou a teoria mística da linguagem de Benjamin, formulada a partir de 1916. Ele via a essência da palavra como uma mimese prístina do sentido, muito além da mera comunicação. Para ele, o sentido era conferido "*na* linguagem, e não apenas através dela". Mas, em Benjamin, tal visão *à la* Mallarmé sobre mimeses verbais órficas vinha envolta em mitos judaicos, sobretudo nas suas ideias sobre tradução. Cada tradução genuína reacendia um código primevo, ecoando os nomes que Adão apôs num mundo virgem.

No George-Kreis, essas crenças simbolistas combinavam-se numa espécie de esteticismo cósmico. Mas Benjamin as colocou numa firme moldura ética. Seu *affaire* com Jula Cohn, uma amiga de Georg Gundolf, aproximou-o dos membros do George-Kreis, onde Gundolf reinava como crítico literário. E, no entanto, seu primeiro grande ensaio de crítica (1925), um longo comentário ao romance de Goethe, *As Afinidades Eletivas*, seria uma polêmica contra o esteticismo naturista da poética do George-Kreis. Benjamin não era surdo à ênfase de Kierkegaard no plano ético. Acima de tudo, porém, como observou Julian Roberts,[13] deixara-se impressionar vivamente pela filosofia da religião, altamente moralista, do principal neokantiano de Marburg, Hermann Cohen (1842-1918).

Cohen defendia um judaísmo esclarecido, equivalente aos mandamentos universalistas da ética kantiana. Queria a total emancipação dos judeus, mas não via grande diferença entre o judaísmo como "religião da razão" (para citar o título de um dos seus livros) e um protestantismo ético, baseado num acesso espiritual estritamente individual e eminentemente responsável a Deus, sem lugar nem para o ritual nem para hierarquias da Igreja. Liturgia e hierarquia carregavam a seus olhos

---

[12] Para uma discussão perceptiva da influência de Klages sobre Benjamin, ver Roberts, 1982, p. 104-09.

[13] Roberts, op. cit., p. 126-32.

o estigma de um criptopoliteísmo "cúltico", um ressaibo de idolatria católica. Como Adolf von Harnack, o grande historiador e teólogo luterano, Cohen tendia a ver o catolicismo como "gentio" e, em consequência, apoiou a *Kulturkampf* de Bismarck. Fé, para ele, era a crença numa total e absoluta transcendência, alimentada por uma fervorosa esperança – a confiança profética no poder da humanidade para libertar-se através de Deus. Indo mais longe que Kant, Cohen concebia a liberdade como algo mais que uma hipótese para a ética. Queria que fosse uma força produtiva para o mundo, "uma verdadeira força para homens vivos".[14]

No livro de Benjamin, sobre o drama barroco, com a passagem da tragédia grega para o *Trauerspielbuch* protestante, o despontar da moralidade no mito dá lugar à plena eticidade da consciência cristã, que opõe a pura transcendência de um céu vazio à babel do pecado mundano. Assim, o judaísmo ético de Cohen emprestou uma nova luz àquela "crítica redentora",[15] que Benjamin aprendera com os românticos. Fundia-se também com um elemento central em Klages: a glorificação de epifanias a expensas do tempo linear. O *pathos* messiânico de Benjamin sempre aponta para instantes de grande brilho, nunca para o desdobrar de uma temporalidade cumulativa. Quando se volta para o passado, recusa-se a ver a origem como uma gênese. Contemplando o futuro, nega toda evolução. Como tal, essa mentalidade anti-historicista é aparentada à rejeição contra historiosofias hegelianas, expressa por Franz Rosenzweig (1886-1929) em *A Estrela da Redenção* (1921), notável obra de filosofia judaica, que deixou sua marca nos escritos de Benjamin da década de 1920. Para Rosenzweig, a amarga verdade do historicismo de Hegel era uma corrida cheia de violência, a marcha do Estado-nação para a Segunda Guerra. Enquanto a Cristandade esperava a salvação pela história, a piedade

---

[14] Sobre Cohen, ver Willey, 1978, p. 105-16.

[15] Um empréstimo de Wolin, 1982, p. 44.

judaica vivia a redenção como vigília messiânica, sem nada a ver com o progresso e sua legião de vítimas.

Benjamin foi o Rosenzweig da cultura. Usava a crítica soteriológica como estratégia para a recuperação da humanidade. O sentido tinha de ser resgatado, pois que o anelo humano, sobretudo como busca de liberdade e felicidade, jaz enterrado sob camadas superpostas de repressão. Não é a obra da civilização, como Freud percebeu tão bem, apenas um imenso esforço repressivo? Se assim for, a verdade pode apenas ser, como diz o prólogo do *Trauerspielbuch*, "a morte da intenção". No mesmo livro, ele cunhou seu principal conceito estético: *alegoria*, a cifra da obscura verdade do reprimido. "As alegorias estão entre as ideias como as ruínas estão entre as coisas." Ao contrário do "símbolo", que une sujeito e objeto numa feliz harmonia, tanto na criação quanto na contemplação, as alegorias prosperam na escura distância que separa forma e sentido, sentido e intenção. No alegórico, o tempo é sentido como Paixão. A violência do olvido devasta os efeitos da expressão. "A pureza e a beleza de um malogro." Essa frase de Benjamin, escrita a propósito de Kafka, bem poderia ser generalizada como própria substância da sua poética alegórica.

Benjamin teceu uma singular mistura de crítica social e nostalgia histórica. Como ele mesmo disse em suas *Teses sobre a Filosofia da História*, escritas em 1939-1940: "O passado carrega consigo um índice temporal pelo qual ele se refere à redenção. Há um acordo secreto entre a geração passada e o presente. Nossa vinda era esperada na terra".[16] Isso soa como um Edmund Burke messiânico: um contrato social foi feito com os mortos, mas dessa vez em nome da redenção, pois que o passado foi vitimado e traído. A crítica histórica, diz Benjamin, deve saber como reanimar "as fagulhas de esperança do passado".[17] Os aforismos finais de *Rua de Mão Única* (1928), coleção

[16] Benjamin, 1973a, p. 256.

[17] Também das *Teses*. Para um excelente comentário, ver Peter Szondi, "Hope in the Past: on Walter Benjamin". Trad. Harvey Mendelsohn.

de fragmentos escritos quase imediatamente depois do *Trauerspielbuch*, identificavam os principais culpados da traição histórica: "Pela primeira vez se cortejava assim o cosmos em escala planetária, i.e., no espírito da tecnologia. Mas porque a sede de lucro da classe dominante buscou satisfação através dela, a tecnologia traiu o homem e transformou o leito nupcial num banho de sangue".[18] Temos aqui, servido à moda de Frankfurt, um prato algo requentado: o anticapitalismo romântico da esquerda. Como o jovem Lukács, a luta de classes é acusada; mas, ao mesmo tempo, salienta-se o protesto contra a tecnologia *qua* domínio da natureza. Pois, ao contrário de Lukács, os frankfurtianos exibem ainda outro veio romântico – uma verdadeira mística da mãe natureza. A reificação, em Lukács, é ruim por ser desumana. Mas a dominação tecnológica em Benjamin, Adorno ou Marcuse é hedionda porque trabalha "contra a natureza".

A nostalgia cultural colore alguns dos ensaios melhores e mais convincentes de Benjamin. Em "O Narrador" (1936), por exemplo, a narrativa oral é descrita como uma forma altamente pessoal de passatempo verbal, no qual o narrador deixa a marca de sua experiência no relato, da mesma forma pela qual o oleiro a deixa em sua cerâmica. A imprensa e a dispersão dos sentimentos na moderna sociedade urbana – no que constitui para Benjamin uma crescente incapacidade de trocar experiências – mataram essas formas de arte verbal ao mesmo tempo exemplares e autênticas, pessoais e autorizadas. Conforme notaram inúmeros comentadores, o empobrecimento moral subentendido na ideia benjaminiana de uma perda do "lado épico da verdade" apresenta marcantes semelhanças com o contraste entre a "civilização integrada" de outrora e o "desenraizamento transcendental" do mundo moderno, traçado por Lukács em *A Teoria do Romance* (ver p. 89) – obra, aliás, citada por Benjamin. Mesmo o romance

---

In: *Critical Inquiry*, 4, primavera, 1978, p. 491-506. Ensaio de 1961 reproduzido em Szondi, 1964.

[18] Benjamin, 1979b, p. 104.

moderno é interpretado contra esse pano de fundo eivado de nostalgia. Em "O Narrador", o verdadeiro foco da análise não é o seu sujeito declarado, Nikolai Leskov, um escritor russo menor, mas Proust. E Proust (que Benjamin traduziu) é visto ao mesmo tempo como o ponto terminal na dissolução de enredos objetivos e como uma tentativa apaixonada de restaurar, por meio da memória, a autoridade daquele "rosto do narrador" sempre presente nas formas tradicionais de narrativa.

Como vimos, a *alegoria* era a peça central da estética de Benjamin. Com a ajuda desses elementos de *Kulturkritik*, vê-se que Benjamin discernia dois tipos históricos de alegoria: enquanto o tipo cristão, exemplificado pelo drama barroco, se referia, basicamente, ao sentimento de finitude da criatura, ao senso da falta de sentido do mundo, a mensagem essencial transmitida pela alegoria moderna desde Baudelaire é *alienação*. A moderna alegoria se compraz no enigmático porque o seu verdadeiro significado participa da natureza dos impulsos reprimidos. As alegorias modernas contam obscuras epifanias, gritos de revolta e desespero sufocados. De certo modo, substituem outro padrão de experiência estética: a *aura*.

O termo "aura" foi tomado de empréstimo a Klages. Em Klages, significava determinada espécie de nimbo (cf. p. 150). Benjamin definiu a aura como "o aparecimento único de uma distância, por mais próxima que possa ser".[19] Por muito tempo nossa experiência da arte espelhava a prática do culto religioso. Uma das razões disso, e não a menor, é que, as mais das vezes, as principais obras de arte eram imagens religiosas. Essa função de culto, explica Benjamin, emprestou à contemplação um *status* de ritual, cercando a obra consagrada de uma aura de autoridade especial em virtude da singularidade da sua localização e da sua própria experiência – exatamente a espécie de atributo perdido quando as técnicas de reprodução fizeram das imagens, cada vez com maior

[19] Benjamin, 1973a, p. 224.

frequência, o objeto de sacrílegas manipulações visuais. O "museu imaginário" mata a aura.[20]

Dada a rememoração romântica da tradição e da cultura oral em "O narrador", seria de esperar que Benjamin mergulhasse em nostalgia ao falar da "decadência da aura". Mas isso foi exatamente o que ele não fez. O conceito de aura foi lançado num ensaio escrito pouco antes da sua miniteoria do romance, *A Obra de Arte na Época de Sua Reprodutibilidade Técnica* (1935), publicado em francês, por motivos de propaganda, no *Zeitschrift für Sozialforschung*, então sediado em Paris. O que estava em jogo, do ponto de vista ideológico, não deixava dúvida: a arte de culto, aurática, fora exaltada pelos ritos do *l'art pour l'art*, tendência que procurava restaurar a aura a golpes de esteticismo *à outrance*. O fascismo, por outro lado, visava a transformar a política num espetáculo "artístico". Saudando mais do que lamentando o desaparecimento da aura, Benjamin quis revidar à estetização fascista da política com uma vigorosa politização da arte. A estética de choque do filme, que rompia com o tempo lento da contemplação ou da leitura, bem como com a privacidade da experiência tradicional da arte secular, abriu um caminho novo e revolucionário na comunicação estética. O cinema tornou possível estender os "efeitos de alienação" de Brecht a toda uma estrutura perceptual. A arte mecânica podia assim tornar-se uma arma de libertação social.

A principal obra de Benjamin ao longo dos anos de 1930, a chamada *Passagenwerk*, está permeada de suas ideias sobre aura e alegoria. O título se refere às arcadas (*Passagen* em alemão) de Paris, "capital do século XIX", e sede da história originária (*Urgeschichte*) de nossa própria modernidade. Obra inacabada, a *Passagenwerk*[21]

---

[20] Esta última frase foi adicionada na edição brasileira. (N. E.)

[21] O texto em alemão, na íntegra, foi publicado por Rolf Tiedemann há três anos. Fragmentos dele foram traduzidos em Benjamin 1973b. Para uma excelente análise da *Passagenwerk* como um todo, ver Sérgio Paulo Rouanet, "As Passagens de Paris". In: *Tempo Brasileiro*. Rio

reúne mais de mil páginas de fragmentos em grande parte desconexos sobre arquitetura urbana, moda e prostituição, vida boêmia, tipos humanos como o dândi ou o *flâneur*, e escritores como Fourier, Hugo e, acima de todos, Baudelaire. O método nela utilizado, tão caro a Benjamin, era o da montagem literária: nada é dito, tudo é "mostrado" por meio de citações (Benjamin era, ao lado de Karl Kraus, a quem ele criticava com simpatia, um mestre da citação insólita). O propósito deliberado era dissecar as *fantasmagorias* da ideologia vitoriana "vivida": as ilusões da mente burguesa sob o império do fetichismo da mercadoria – com as "arcadas" regurgitantes de máscaras desse fetichismo.

Apontando a possibilidade de uma arte revolucionária transparente, a *Obra de Arte* esboça uma inversão utópica dessas alegorias de alienação burguesa. Mas a própria alegoria podia ser usada numa perspectiva libertadora. Assim, Benjamin saudava as "iluminações profanas" do surrealismo por seu pretenso poder de resgatar objetos do estado de mercadoria pelo simples fato de descontextualizá-los. No seu ensaio crucial sobre o surrealismo (1929), o movimento de Breton é elogiado por seu "niilismo revolucionário". Talvez Benjamin sentisse que a própria revolução estava em via de ser tomada pelo niilismo de bárbaros cínicos – um prognóstico já feito por Hermann Rauschning no seu retrato do regime nazista, *A Revolução do Niilismo* (1938). Revolucionar o temperamento niilista da vanguarda alegórica parecia a Benjamin um meio de prevenir a aniquilação moral do revolucionarismo político.

Todavia, a posição dominante na estética de Benjamin do último período da era "brechtiana", embora para Brecht o ensaio *Obra de Arte* fosse "todo misticismo, malgrado a sua natureza de um ataque ao misticismo". Em meados da década de 1920, Benjamin, que desde sua participação no Movimento da Juventude Livre Alemã

---

de Janeiro, Tempo Brasileiro, 1982, n. 68, jan./mar., p. 43-79; e n. 69, abr./jun., p. 13-39.

guardara distância do socialismo político, aproximou-se do marxismo de *História e Consciência de Classe*. Em 1928, conheceu Brecht, que lhe foi apresentado pela letã Asja Lacis, assistente do dramaturgo e amante de Benjamin. Conquanto tivesse algumas vezes escrito como soreliano (prova disso o ensaio "Crítica da Violência"), não era comunista. Mas depois de uma viagem a Moscou, no fim da década, engajou-se como intelectual "vermelho". Seu comunismo se expressou principalmente num desenvolvimento teórico criativo da estética utópica e *engagée* de Brecht. Em vez de ver a obra de arte como um fim em si, como no culto da arte pela arte, ele desejava que ela desencadeasse mudanças sociais: "O objeto rígido, isolado (ensaio, romance, etc.) não serve para nada, tem de inserir-se no contexto de relações sociais vivas".[22] Impressionado por efêmeras experiências russas como as oficinas do "trabalhador-escritor", de Sergei Tretjakov, Benjamin chegaria a falar em termos líricos do "artista como produtor",[23] dedicado a práticas coletivistas, numa espécie de comunismo da escrita: "A autoridade para escrever já não se baseia num treinamento especializado mas politécnico, e assim se torna propriedade comum".[24]

Em resposta às críticas "dialéticas" que lhe foram feitas por Adorno, Benjamin terminou em 1939 um segundo ensaio sobre Baudelaire, para substituir a parte central de uma seção do rascunho da *Passagenwerk* intitulada "A Paris do Segundo Império em Baudelaire". Retomando o otimismo de *A Obra de Arte*, ele embarcou numa distinção entre a experiência de culto, subliminal (*Erfahrung*) da arte aurática e da narração tradicional, e as formas de experiência vigilante, pragmática (*Erlebnis*), desenvolvidas em reação ao choque do meio urbano moderno. "A tecnologia", escreveu ele, "submeteu o *sensorium*

---

[22] Benjamin, 1973c, p. 87.

[23] Ver ensaio com esse título (1934) – o mais extremo brechtianismo de Benjamin – reunido in Benjamin, 1973c. Em meados da década de 1930, houve uma nutrida correspondência entre Tretjakov e Brecht.

[24] Benjamin, 1973c, p. 90.

humano a um treinamento complexo."[25] Boa parte da poética de Baudelaire foi lida como técnica de "esgrima", como armadura para enfrentar as colisões nervosas da vida numa cidade grande. E, uma vez colocada a serviço da arte libertadora, a tecnologia poria fim ao reino individualista da subjetividade, ao aconchegante mundo de privacidade dentro da propriedade.

O preito de Benjamin, nos últimos anos de sua vida, a uma arte "tecnológica" representava uma estratégia contra o esteticismo "de culto"; mas também pode ser visto como uma reprise do eticismo de sua juventude marcada pela teologia altamente moral do neokantismo de Hermann Cohen. Certa vez ele chamou seu ideal de uma nova cultura tecnológica de "novo barbarismo" – uma etiqueta perigosa, já que a ideia do bárbaro tecnizado não era estranha ao pensamento názi e protonázi (como em Ernst Jünger). Com mais frequência, contudo, Benjamin teve o bom senso de separar sua utopia tecnológica dos cansativos oráculos da "renovação cultural". Preferia subscrever a opinião de Brecht, "o comunismo não é radical"; a construção do socialismo não deve ser confundida com uma portentosa mutação cultural, nascida do iconoclasmo irresponsável ante o capital da cultura. Em Paris, em 1926, familiarizou-se com a obra de Alexander Bogdanov, o comunista de esquerda que teorizara o *Proletkult*. Como Bogdanov, Benjamin sabia ver na máquina um aliado e não um inimigo do trabalhador; e, como a *Proletkult* (rapidamente sufocada pelo leninismo), encarou o espírito da arte de vanguarda como capaz de superar a cultura burguesa, muito mais que uma tardia revolta romântica contra a modernidade.

Entretanto, a análise do itinerário de Benjamin sob essa luz enfrenta um sério problema; afinal, seu testamento ideológico, as dezoito *Teses sobre a Filosofia da História*, fervilha de afirmações difíceis de conciliar com a linha bogdanoviana e brechtiana de alguns de seus últimos escritos. Para começar, as *Teses* reiteram a animosidade do

[25] Benjamin, 1973b, p. 132.

Benjamin dos anos 1920 no tocante ao progresso. Ademais, as *Teses* clamam pela urgente necessidade de puxar os freios da locomotiva histórica – uma imagem explicitamente empregada como réplica à famosa frase de Marx sobre as revoluções como locomotivas da história universal. É preciso puxar os freios da história, bradava Benjamin, enfurecido pelo pacto názi-soviético de 1939. A imagem preponderante das *Teses* é um "anjo da história" (tirado de um desenho de Klee comprado por Benjamin) que faz uma visita messiânica à cena da catástrofe. O anjo está voltado para o passado, por consideração pelas vítimas da história; mas "a tempestade do progresso" o empurra energicamente para o futuro (Tese IX). A história é, portanto, um remoinho anunciando desastre, onde a esperança só é concedida em meio ao desespero.

Contra o complacente credo evolucionista do marxismo da Segunda Internacional, Benjamin adotou logo o moto de Kraus, "a origem é a meta", para depois fundir esse velho motivo, "a esperança no passado", com uma preocupação candente com os imperativos do presente. O vigoroso ataque "presentista" de Nietzsche contra a história antiquária mereceu-lhe corajosa evocação (na Tese XII): "Precisamos da história, mas não da maneira com que um errante mimado passeando pelo jardim do conhecimento costuma necessitá-la." No presente, Benjamin só encontra os perigos mais sinistros. Franz Rosenzweig culpara o culto hegeliano do estado pela tragédia da Primeira Guerra Mundial; Benjamin vituperou "o bordel do historicismo" pela aparente capitulação do comunismo ante o nazismo. Mas o resultado final de sua indignação foi uma recusa total: "Não há nenhum documento de cultura que não seja, ao mesmo tempo, um documento de barbárie" (Tese VII). A cultura transmitida – a tradição – era apenas os despojos carregados pelos vitoriosos. A verdadeira humanidade repousa, se é que repousa, em outro lugar, isto é, fora da história como tradição.

Hoje, que a contracultura e a difamação do historicismo são passatempos prediletos entre a *intelligentsia* humanística, não causa espanto verificar que as teses são frequentemente louvadas como epítome da sabedoria acerca da natureza do tempo histórico. Há, no entanto, pelo menos igual razão para vê-las como um lamentável retrocesso no pensamento benjaminiano. Se, no rastro de algumas interpretações recentes, admitirmos que o Benjamin inaugural sintetizou coisas tão diferentes quanto a poética simbolista de Klages e o utopismo ingênuo, não é difícil reconhecer nas *Teses* de 1939 uma capitulação frente ao irracionalismo. A crítica da temporalidade sucessiva, isto é, "homogênea e vazia", assemelha-se à própria teoria da historicidade de Heidegger. Em *Ser e Tempo* (1927), Heidegger fundira a mística do êxtase e do "momento", proposta por Klages, com a ênfase kierkegaardiana na "decisão". A noção benjaminiana de *Jetztzeit* – o tempo da "agoridade", a vital "presentidade" de um passado a ser redimido por um corte extático na história – evoca irresistivelmente o *Augenblick* de Klages, tal como apropriado por Heidegger. O paralelo enfurecia Benjamin – mas o fato de ele ter sido feito na época estava longe de ser gratuito.

Alguns intérpretes modernos, notadamente Julian Roberts, argumentaram com habilidade que as *Teses* não deveriam prevalecer, em nossa leitura da visão do mundo benjaminiana, em detrimento dos ensaios mais ensolarados de seus últimos anos. Todavia, vários dos principais temas das *Teses* foram incorporados por Benjamin no seu resumo da *Passagenwerk* de 1939; além do mais, graças às reminiscências de Adorno, sabemos que as próprias *Teses* deveriam fornecer uma introdução epistemológica às *Passagenwerk*, do mesmo modo que os parágrafos sobre as ideias como "constelações" introduziram o *Trauerspielbuch* (*A Origem do Drama Barroco Alemão*, trad. S. P. Rouanet) de 1928. Por isso, o irracionalismo de esquerda das *Teses* dificilmente pode ser minimizado como algo periférico no pensamento benjaminiano em sua encarnação final (ainda que inacabada). Por outro lado, sua identidade brechtiana tampouco pode ser negligenciada, deixando-se todo o espaço ao crítico desgostoso com a "regressão da sociedade" (Tese XI).

Então, como avaliar Benjamin? Como escritor, ele abrangeu um incrível âmbito de expressão, da infinita delicadeza à mais arguta inteligência. Duas ou três citações extraídas de *Uma Infância Berlinense por volta de 1900*, publicado dez anos após sua morte, ou de *Rua de Mão Única*, seriam suficientes para prová-lo: "Como a mãe que segura o recém-nascido no seu colo sem acordá-lo, a vida prossegue por longo tempo com a meiga, imóvel memória da infância". "Livros e prostitutas podem ambos ser levados para a cama." "As citações em minha obra são como bandoleiros que pulam armados e aliviam o transeunte de sua convicção." Poucos ensaístas modernos, em qualquer língua, podem igualar a prosa alígera e o toque humano de "Desempacotando minha biblioteca".[26] Se bem que aqui não seja o lugar de considerar o tesouro de sua crítica literária, convém assinalar que sua obra sobressai como um convite à profunda renovação da história literária, perspicazmente anunciando, entre outras coisas, as melhores manobras da estética da recepção, atualmente a maneira mais proveitosa de sair da escolástica estruturalista e desconstrucionista.

De modo geral, a estatura literária de Benjamin é praticamente sem paralelo. Mais ainda, ele ocupa uma posição-chave na teoria contemporânea, porque em sua obra convergem as três principais tradições da contracultura: modernismo, marxismo e freudianismo. Seu conceito de alegoria deu à arte moderna sua melhor legitimação até o presente – a ideia, ou mito, de que a obscuridade modernista não é o resultado final de um obstinado subjetivismo, o incansável efeito de uma "tirania da imaginação" há muito tempo dedicada a guerrear contra as categorias morais e perspectivas da cultura social, mas, ao contrário, o inexorável emblema de outra humanidade, mais genuína, ainda que (ou porque) reprimida. Alegoria, no sentido benjaminiano, significa que toda a arte moderna pode ser lida como um surrealismo em grande escala: o reino do significado enigmático, ditado pelo desejo censurado.

[26] Cf. Benjamin, 1973a.

Outra originalidade de Benjamin, não menos poderosa, reside na fusão de *Kulturpessimismus* e otimismo estético, na superposição de uma visão melancólica da história com uma crença robusta no progresso artístico. Com isso Benjamin legou ao *establishment* pós-moderno, à indústria contracultural, um dos seus estados de ânimo mais típicos – embora se deva acrescentar com justiça que, neste ponto, seu pensamento era bem mais sutil, ou mais complexo, que os preconceitos vulgares contra a civilização moderna, e que o ingênuo e supersticioso progressismo do culto "experimental", exibido pela epigonia ideológica das vanguardas contemporâneas. Pois ao passo que, em Benjamin, o *odium historiae* ao menos pode ser entendido como uma resposta à violência da época em que viveu, na sabedoria convencional dos "humanismos" de agora, a mesma rejeição da história moderna e da maioria de seus valores sociais não possui essa desculpa. Com as fúrias do nazismo à solta, ou os expurgos de Stálin em curso, os excessos da *Kulturkritik* eram compreensíveis, senão justificáveis. Nos nossos dias, porém, eles se tornam apenas um realejo ritual, tocado e retocado por um clero ideológico que se diz tanto mais "crítico" quanto menos exerce a verdadeira disciplina do pensamento crítico.[27]

O espírito da dialética negativa

Esquematicamente, então, poder-se-ia dizer que, em suas fases finais, o pensamento de Benjamin continha uma dupla mensagem: por um lado, havia nele um comunista de esquerda, bogdanoviano, que, em vez de exorcizar *die Technik* da alma da cultura moderna, promovia o uso de meios mecânicos e artifícios brechtianos para suplantar os últimos resíduos da aura e do culto. Por outro lado, havia o melancólico teórico da alegoria, inclinado a uma visão bem mais sombria da história. Acontece que o mais sofisticado pensador do neomarxismo de Frankfurt

---

[27] As duas últimas frases foram adicionadas especialmente para a edição brasileira. (N. E.)

em sua forma clássica, Theodor Adorno, houve por bem acentuar esse traço pessimista em detrimento do lado ensolarado, "futurista", tecnológico e brechtiano de Benjamin. Ao longo de toda uma crucial correspondência, de 1935 a 1938 (quando Benjamin dependia financeiramente de subvenções e comissões do Instituto, àquela altura protegido do nazismo nos Estados Unidos), Adorno rejeita o coletivismo tecnológico da estética brechtiana de Benjamin. Essa maneira de ver as coisas, escreveu, implicava o perigo de uma "identificação com o agressor", pois a tecnologia era parte essencial – e na verdade, a principal encarnação – da repressão.

É fácil discernir, aqui, o *Leitmotiv* da *Dialética do Esclarecimento*. O mal é a razão instrumental em si; portanto, nenhuma apropriação social, progressiva, de tecnologia servirá de remédio. O entusiasmo de Benjamin pela técnica poderia, afinal de contas, salvar o processo histórico. Mas Adorno fez com que, por um pretenso colapso num masoquismo inconsciente ("identificação com o agressor"), essa linha de pensamento fosse exorcizada, deixando o campo livre para uma *Kulturkritik* sem jaça. E a *Kulturkritik* via o progresso tecnológico como nada mais que o avanço da barbárie.

No entanto, num ponto, a antipatia de Adorno para com o coletivismo brechtiano de Benjamin parece em parte justificada. Adorno queria, a todo custo, preservar a *individualidade* na arte e na cultura. O professor de filosofia de Horkheimer e Adorno em Frankfurt, Hans Cornelius, ensinara-lhes a ter em alta conta o sujeito empírico. Neokantiano com vigorosas inclinações austríacas, isto é, machianas (e, por isso mesmo, criticado por Lênin em *Materialismo e Empiriocriticismo*), Cornelius, além de desconfiar de toda espécie de "filosofia primeira", insistia na necessidade de substituir por individualidades empíricas os grandiosos sujeitos transcendentais da tradição idealista alemã. Essa ênfase no individual não deixou de influenciar os neomarxistas frankfurtianos. Na verdade, preparou o terreno tanto para seu recurso à psicanálise, quanto para o desinteresse que mostraram por grandes

Sujeitos coletivos, como o proletariado de Lukács, intoxicado de totalidade. Como ele sustentou vigorosamente no prefácio da *Dialética Negativa*, Adorno tentou a vida inteira usar o sujeito contra a metafísica do Sujeito.

Em estética, essa bagagem filosófica lança muita luz sobre a diferença entre as preferências estilísticas básicas de Benjamin e Adorno: enquanto o primeiro apreciava, como vimos, as poéticas impessoais do simbolismo e do surrealismo, Adorno defendia o expressionismo, a arte altamente subjetivista da solidão e da angústia.[28] Estava, é claro, extremamente cônscio de que, na cultura racionalizada da moderna sociedade de massa, a ação individual em qualquer sentido mais forte simplesmente caducara. Com a economia "operada pela própria sociedade", seus sujeitos eram "psicologicamente expropriados", simples parafusos numa engrenagem social na qual as massas são "dirigidas sem nenhuma intervenção da individuação".[29] Adorno pensava que cada indivíduo levava, então, uma "vida danificada" (subtítulo de *Minima Moralia*, 1951) – mas, quanto maior o prejuízo, mais o indivíduo, ferido e obsoleto, se tornava "depositário da fé, como o condenado contra o vitorioso".[30] Daí ver ele com desconfiança toda apologia modernista ou protomodernista sobre a aniquilação individual, de Baudelaire a Stravinsky, como um ardil reacionário, o reverso da dissolução da tonalidade em nome da expressão no primeiro Schoenberg. Quanto ao surrealismo, era rotundamente condenado, precisamente por renunciar à subjetividade personalizada.

O Benjamin tardio tendia a ver a individualidade como um atributo burguês, como Adorno vira a espiritualidade introvertida em seu primeiro livro, *Kierkegaard: A Construção do Estético* (1933). Mas para Adorno as raízes disso remontavam a um tempo anterior à burguesia.

---

[28] O ponto é convincentemente discutido por Eugene Lunn, 1982, p. 201-07.

[29] Horkheimer e Adorno, 1972, p. 203-04.

[30] Adorno, 1974, p. 129.

Contrastando a esmagadora dominação do valor de troca nos Estados Unidos com o pudor europeu ante o dinheiro, ele especulou sobre uma aliança entre vestígios "feudais" e protesto cultural da arte: "Os remanescentes do velho eram, na consciência da Europa, fermentos do novo".[31] Noutro texto, louvou a cultura e a educação alemãs por serem, de há muito, protegidas do mercado. Numa paradoxal vantagem da falência da democracia no Reich,[32] essa defasagem "arcaica" permitiu à cultura alemã resistir à identificação de modernidade e reificação e ao consequente desaparecimento da autonomia individual.

Em vista de todo esse acento na psicologia da individualidade, seria de esperar que os esforços mais constantes de Adorno como filósofo visassem, principalmente, à alienação e reificação. No entanto, a *Dialética Negativa* representa um recuo com relação a esses temas. Percebendo que o marxismo da alienação se tornava cada vez mais idealista, Adorno afirma a necessidade de atribuir maior importância às condições objetivas dos processos de reificação. Por um momento parecia que o marxismo ocidental finalmente se afastaria das insossas generalidades para tentar apreender estruturas sociais mais tangíveis. Infelizmente, porém, tudo nesse ponto era mais retórica do que substância.

A *Dialética Negativa* encara toda tentativa de entender conjuntos sociais e históricos como mistificação. Não obstante, o antídoto não é, como na teoria social "positivista", deixar a teoria social simplesmente dispersa em várias disciplinas separadas, e, em geral, desconexas. A teoria crítica deveria, ao contrário, funcionar como uma sombra negadora do bom conjunto inacessível – negadora, é claro, em relação à sociedade existente. Isso roubava à dialética toda síntese, para não falar numa etapa final, um remate da história. Negatividade e identidade, que viviam numa tensão de alta voltagem em Hegel, tornavam-se assim inimigas mortais.

---

[31] Ibid., p. 195.

[32] Horkheimer e Adorno, op. cit., p. 132-33.

Joia na coroa do idealismo, a dialética de Hegel era a marcha da Ideia expressa pelo conceito, em contraposição à intuição romântica. Em contraste, a dialética de Adorno estava engrenada no objeto e mantinha uma relação das mais estranhas com o pensamento conceitual. O âmago do problema era a obsessão adorniana com "o concreto". Como Gillian Rose apontou, ele dava mais de um sentido à expressão. Três acepções, pelo menos, merecem menção: a) primeiro, sobretudo na introdução, a *Dialética Negativa* fala do concreto como algo inefável e, por natureza, não conceitual – um sentido obviamente mais próximo de Bergson que de Hegel; b) segundo, há passagens nas quais "concreto" designa a "negação determinada", o ser objetivo como a soma de muitas determinações – um sentido claramente hegeliano, que se refere, como em Marx, a processos sociais; c) finalmente, "concreto" é também usado no sentido das "ideias" de Benjamin (ver p. 150), para denotar uma utopia epistemológica, isto é, conceitos capazes de esposar a realidade da experiência, sem "estilizá-la".

Obviamente (c) e (a) têm em comum uma grande dose de irracionalismo – o que não é de surpreender quando se recorda que a *Dialética do Esclarecimento* definiria a lógica como "dominação na esfera conceitual"[33] e descrevera a ciência, principal portadora da razão analítica, como uma recriação do "mito", na medida em que implicava uma "superstição primitiva em face da brutalidade do fato".[34] Que isso constitua uma flagrante incompreensão da natureza da ciência, principalmente tal como apresentada pela epistemologia moderna, nunca preocupou aqueles que festejaram o livro de Adorno e Horkheimer como bíblia do humanismo de esquerda. Na verdade, subjacente ao ideal adorniano de uma dialética negativa estava a sombra de Nietzsche, o mestre da misologia, i.e., do ataque contra a lógica e a razão. Na *Genealogia da Moral* (1887), Nietzsche sustentara que "só é definível o que não tem

[33] Ibid., p. 14.

[34] Ibid., p. 93.

história". Já se disse[35] que Adorno pensava o mesmo da sociedade, *medium* da história. Consequentemente, sacrificou a estabilidade de uma apreensão conceitual da estrutura social e do processo cultural. Por isso mesmo, à sua dialética negativa faltava não só direção, mas até mesmo conteúdo, na arguta expressão de Kracauer.[36] Conduzida em nome do mais alto respeito cognitivo pelo objeto, a fúria contra a identidade terminou praticamente sem objeto – uma dialética convertida em arte abstrata.

Adorno criticara a tentativa de Benjamin de pôr a montagem a serviço do materialismo histórico por causa da falta de mediações apropriadas. Mas que dizer de suas próprias mediações? Adorno alternava habitualmente microscopias de detalhe musical com vastas denúncias caricaturais do conjunto social, sem nada, virtualmente, no meio. A forma musical – em Wagner, Mahler, Schoenberg, Webern e Berg[37] – é analisada com muita perspicácia; mas a correlação dos resultados dessa análise com tendências históricas exibe frequentemente uma qualidade arbitrária, quase fantástica. Assim, na *Filosofia da Música Moderna* muitas são as observações pertinentes sobre o destino estilístico das dimensões da música tonal (melodia, harmonia, contraponto, instrumentação, etc.); e, todavia, a tentativa de Adorno de correlacionar a evolução das formas musicais desde os clássicos e Beethoven até Brahms e Schoenberg com uma pretensa "maldição" histórica pesando sobre a individualidade e sua voz artística soa por demais fantasiosa e forçada – especialmente quando categorias marxistas pré-fabricadas são introduzidas na discussão. Pouca gente, para dar um exemplo, se convenceria de que a harmonia clássica era um símbolo

---

[35] Por Rose, 1978, p. 22 e 24.

[36] Kracauer, 1969, p. 201. Sobre Kracauer a respeito de Adorno, ver Martin Jay, "The Extraterritorial Life of Siegfried Kracauer", *Salmagundi*, 31-32, outono 1975/inverno 1976, e "Adorno e Kracauer: Notes on a Troubled Friendship", *Salmagundi*, p. 40, inverno 1978.

[37] Para os três últimos compositores, ver Adorno, 1973a; para Wagner, Adorno, 1981; e para Mahler, Adorno, 1960. Adorno, com efeito, foi para Viena em 1925 a fim de estudar Alban Berg.

sonoro de reificação apenas porque Adorno solenemente afirma que em *Wozzeck*, a ópera de Berg, ouve-se um acorde de dó maior sempre que se fala em dinheiro...

Nem se julgue Adorno incapaz de torcer a interpretação para servir suas conveniências. Por exemplo, ele postulou um parentesco entre o barbarismo da música de Stravinsky e a bestialidade nazista. Porém, quando confrontado com o fato de que os nazistas tinham banido as obras de Stravinsky do repertório alemão, explicou tranquilamente que, ao fazê-lo, eles só mostravam que não queriam reconhecer a sua própria barbárie... Ou leia-se o seu ensaio sobre Wagner. Aqui, Adorno diz coisas muito inteligentes sobre a relação entre a música de Wagner, sua forma e orquestração, e a aspiração schopenhaueriana ao nirvana. No entanto, conforme lembra Michael Tanner (*The Times Literary Supplement*, 3 jul. 1981), Adorno compara "a glorificada irmandade de sangue de *Parsifal*" com as sociedades secretas do nazismo – como se os cavaleiros do Santo Graal estivessem ligados por laços raciais, fossem glorificados e não sutilmente criticados por Wagner, e fossem uma sociedade secreta e não uma ordem monástica. Sarastro e seus maçons, em *A Flauta Mágica*, de Mozart, teriam servido muito melhor para uma comparação tola desse tipo!

A mais gritante contradição de Adorno envolve, porém, o verdadeiro cerne da visão do mundo da Escola de Frankfurt: a demolição da ideia de progresso. "Nenhuma história universal conduz da selvageria para o humanitarismo, mas há uma que leva em linha reta da atiradeira para a bomba de megatons."[38] Em outras palavras, não há progresso – a não ser para pior. E, no entanto, somos advertidos, a "inverdade" do Iluminismo consiste em que, para a razão iluminista, "o processo é sempre pré-decidido".[39] Mas não seria esse também o caso, quando somos informados de que nada conta em matéria de acumulação histórica, exceto o crescimento nos meios de

[38] Adorno, 1973c, p. 320.

[39] Horkheimer e Adorno, op. cit., p. 24.

violência? Por que critério objetivo está dito que devemos lançar fora todo o resto como inútil?

A *Kulturkritik* fala invariavelmente com a voz da asserção, não do debate. Na *Kulturkritik* adorniana, onde, mais ainda que na obra do jovem Lukács, o marxismo ocidental fica reduzido a acusações obstinadas, e muita vez estúpidas, à sociedade industrial "reificada", o abuso arrogante da asserção dogmática parece esconder, como disse Kolakowski, uma real "pobreza de pensamento".[40] Não admira que esse tom teórico tenha entrado em choque com a pesquisa empírica. Embora contribuísse para a formulação de questionários (inclusive a famosa "escala F") nos *Estudos sobre Preconceito* (1945-1950), patrocinados pelo Instituto, pela universidade da Califórnia e pelo American Jewish Committee, no intuito de identificar os determinantes sociais de antissemitismo, Adorno acabou por chegar a conclusões forçadas sobre a relação entre preconceito e estrutura da personalidade. Ironicamente, sua própria descrição da personalidade autoritária seria desmentida pela extensa investigação empreendida, por Bruno Bettelheim e Morris Janowitz, no quinto e último volume dos mesmos *Estudos sobre Preconceito*. Uma vez de volta à Alemanha, Adorno e Horkheimer pouco fizeram para encorajar investigações empíricas em matéria de ciência social. Malgrado sua convicção preliminar de que à filosofia social incumbia o domínio do "empírico", eles rejeitariam sem cerimônia o valioso aperfeiçoamento das técnicas de pesquisa conseguido em Princeton por outro exilado, o sociólogo austríaco Paul Lazarsfeld.

Um veredicto de esterilidade parece quase inevitável. Nas mãos de Adorno, a dialética se torna, a despeito dela mesma, um jogo formal, rendendo muito poucos resultados analíticos – especialmente no tocante à teoria social. Adorno deixou um jargão filosófico que lembra, no vazio das suas acrobacias, o desconstrucionismo. No entanto, ao contrário do desconstrucionismo e de todos os outros principais pós-estruturalismos, de Foucault e Deleuze a

---

[40] Kolakowski, 1978, v. III, p. 368.

Baudrillard e Lyotard, a dialética negativa não abraçou uma negação niilista da verdade e da objetividade.

A negação absoluta é privilégio da arte, da arte verdadeira, a qual, em nosso tempo, Adorno acreditava consistir em "mensagens postas em garrafas no mar da barbárie".[41] Enquanto na *Estética* schilleriana do Lukács maduro a arte refletia a totalidade do homem, a *Teoria Estética* (1970) de Adorno rompe drasticamente com esse ideal do classicismo de Weimar e exalta a "participação nas trevas" (*Methexis am Finsteren*) da arte moderna.[42] Num ensaio de 1962, "Sobre o Engajamento", Adorno tomou partido contra o engajamento. Toda verdadeira arte crítica é para ele hermética, como em Kafka ou Samuel Beckett, herói da *Teoria Estética.* Se "escrever poesia depois de Auschwitz é bárbaro",[43] então cumpre esconjurar o fantasma de Schiller: a arte já não pode ter, *pace* Marcuse,[44] um caráter "afirmativo". O único humanismo que resta compele a arte a descrever, em formas torturadas, "nossa idade satânica".

Tirante o estilo enviesado do fragmento como imagem do reprimido, tudo o que se pretende artístico se enquadra na classificação de "culinário", termo pejorativo predileto de Adorno. Culinários eram os prazeres digestivos, alienantes, da "indústria cultural" – a máquina dominada pelo mercado da cultura de massa, tratada por ele com o maior desprezo. Elitista intelectual da cabeça aos pés, Adorno jamais se cansou de descompor o espírito comercial, vulgar e materialista, de qualquer arte capaz de agradar ao público. Embora, em sua moral, os frankfurtianos pendessem para o hedonismo, nas mãos de Adorno a estética da escola exibia um ascetismo melancólico: só o martírio da forma poderia refletir, se não espelhar, a miséria do homem moderno.

---

[41] Adorno 1974, p. 134.

[42] Adorno 1970, p. 179-205.

[43] Adorno 1967, p. 34.

[44] Marcuse, "The Affirmative Character in Culture", 1936. In Marcuse, 1968.

Em 1962 Lukács se referia sarcasticamente aos representantes do *Kulturpessimismus* de Frankfurt como residentes do "Grande Hotel Abismo".[45] A pilhéria era tudo menos tola: uma visão apocalíptica da história foi realmente o denominador comum de todas as estrelas da Escola de Frankfurt em sua base clássica. A arte do compositor Leverkuhn, no *Doutor Fausto*, de Thomas Mann, é geralmente considerada uma consumada metáfora do *pathos* demoníaco embutido no apocalipse do estetismo moderno. Pois bem: talvez convenha recordar que Adorno contribuiu para a descrição da música de vanguarda de Leverkuhn, que deveria assumir a forma de uma brilhante paródia do sistema dodecafônico de Schoenberg. Adorno o fez, é claro, inadvertidamente – e não ficou nada satisfeito quando viu como Mann acabou usando a sua ajuda.

O certo é que o pensamento de Adorno ilustra à perfeição a nossa tese: quanto mais alguém mergulha na *Kulturkritik*, tanto menos será capaz de recolher uma teoria satisfatória do processo histórico. Nesse ponto, os neo-hegelianos de Frankfurt foram tudo menos fiéis ao espírito de Hegel, o primeiro grande teórico do processo. Susan Buck-Morss exumou uma frase do manuscrito de Adorno sobre Husserl, escrito em Oxford em meados da década de 1930: "A história está na verdade; a verdade não está na história".[46] Em resumo: como Hegel e Nietzsche, Adorno gostava de historicizar a cultura; mas, como "a verdade não está na história", ele se abstinha deliberadamente de oferecer uma reconstrução da história,[47] o que significa que, na sua geração, Frankfurt não teve, nem sequer tentou ter, o que Hegel genialmente inaugurara: uma genuína teoria do processo.[48]

---

[45] No seu prefácio à reimpressão de 1962 da *A Teoria do Romance*.

[46] Buck-Morss, op. cit., p. 46.

[47] Sobre esse ponto, ver o comentário (aprovador) de Held, 1980, p. 149.

[48] No original, o autor se limitou a afirmar: "[...] in his generation Frankfurt had no Hegel-like figure". Em mais de uma ocasião, ao revisar a tradução, José Guilherme Merquior adicionava esclarecimentos. (N. E.)

Como a principal contribição da Escola de Frankfurt era a teoria social, tal ausência é deplorável. Pois uma sólida teoria social requer uma visão correta do processo a longo termo. Acresce que Adorno abandonou o melhor de Hegel – o sentido de processo – sem descartar, longe disso, o pior: o descaso pelo rigor analítico e pela clareza da argumentação. Trocada em miúdos, a "teoria crítica" só permanece "crítica" porque pretende sustentar uma "crítica" e não porque tentasse, jamais, desenvolver um pensamento analiticamente organizado. De fato, durante a chamada "querela do positivismo" na República Federal da Alemanha, no começo da década de 1960 – uma disputa entre Popper e Adorno, principalmente –, ficou claro que, para o mestre de Frankfurt, a crítica social era muito mais importante que o cuidado rigoroso com seus próprios instrumentos de crítica. Ironicamente, aquela teorização que, no campo marxista, mais advertiu contra os perigos de um colapso do pensamento em pura práxis tirava muito do seu atrativo de uma postura prática – o anátema contra a sociedade industrial – apresentada num baixo nível de rigor teórico.

2. De Sartre a Althusser

Diante da notícia da morte de Jean-Paul Sartre (1905-1980), Louis Althusser chamou-o "nosso Jean-Jacques".[49] Queria dizer que Sartre representou, em nosso tempo, o que Rousseau representou para o seu: um contestador inflexível e intransigente da sociedade. Essa homenagem foi prestada pelo menos sartriano dos pensadores à figura que, mais do que qualquer outra, personificou o intelectual *qua* rebelde na cultura europeia desde a guerra. E como sua história e sua carreira de escritor *engagé* são tão conhecidas quanto a sua obra de ficção e suas peças de teatro, para não falar na sua brilhante autobiografia,

[49] Althusser, 1976, p. 59.

Les Mots (1963), podemos tratar aqui apenas do seu marxismo – e da via altamente peculiar pela qual ele chegou ao marxismo.

Muito antes de tornar-se comunista, Sartre já pertencia plenamente àquela feroz tradição de "fobia à burguesia" (a expressão é de Flaubert) que permeara a literatura francesa, de Baudelaire aos surrealistas. Como André Gide antes, e Roland Barthes depois dele, Sartre parecia ter remontado às suas origens huguenotes para escrever em aberto desafio tanto à moral católica quanto à moral burguesa e republicana. Mas em vez de louvar o ato gratuito, credo de Gide, ou então, como os surrealistas, o poder libertador da consciência espontânea, Sartre escreveu em louvor do "engajamento", uma ética de escolha total e total responsabilidade. Embora formado em filosofia, sua contribuição pessoal à teoria do ser e à análise da consciência está na aguda preocupação moral com a qual ele aborda esses clássicos problemas da filosofia acadêmica.

Em seu primeiro romance, *A Náusea* (1938), o herói, Roquentin, sofre devido a sua pungente percepção da incoerência do mundo objetivo e, dentro dele, da absoluta contingência da sua própria existência individual. Porém, ao mesmo tempo, um sentimento de absoluta liberdade embriaga o homem sartriano, ao compreender que tudo no mundo poderia ser diferente. Sua suma existencialista, *O Ser e o Nada* (1943), dá um grande relevo ao *insight* básico da teoria hermenêutica alemã: a fim de entender (*verstehen*) o comportamento humano, temos, normalmente, de compreender sentidos, levando em conta todo um complexo jogo de valores, objetivos e intenções. Só que, em Sartre, o jogo do sentido vira, por assim dizer, a própria estrutura da existência. O homem é a sua liberdade, e a sua liberdade está sempre atualizando "projetos". No homem, a existência (i.e., a escolha) precede a essência.

Como na fenomenologia de Husserl (que ele estudou, em Berlim, no primeiro ano da Alemanha de Hitler), Sartre acentua a relação de intencionalidade. Não existe *cogito* sem um *cogitatum*, não há sujeito sem objeto. Todavia, no sujeito sartriano – o *pour-soi* –, tal correlação deveria sofrer uma surpreendente dramatização. O *pour-soi* é pura negatividade: sua essência consiste numa interminável aniquilação de cada um dos seus objetos (os *en-soi*). Cada demora num *en-soi* revela um feio pecado ("má-fé") da parte do sujeito. Pois a honra do *pour-soi* é sua perpétua busca de autotranscendência.

Nem mesmo ao ego, visto como substância, se permite atrair o sujeito para que se demore na realidade do que é dado. "O homem é livre porque não é ego e sim autopresença". A consciência está sempre impondo o nada ao ser. O sentido jaz eternamente para além do que é dado. O próprio uso que Sartre faz de uma terminologia hegeliana (*pour-soi*: *für sich*; *en-soi*: *an sich*) dá testemunho do fato de que ele quis projetar o problema da alienação no fenômeno da intencionalidade, pondo assim a atividade normal da consciência debaixo de uma formidável carga moral. Daí ser a liberdade sartriana real, mas patentemente absurda: "O homem é uma paixão inútil", pois nenhum objeto poderá jamais estancar a sua sede de autenticidade.

Lendo *Ser e Tempo*, de Heidegger, quando prisioneiro de guerra (1940), Sartre descobriu a angústia como atributo essencial da existência humana. Mas, enquanto para Heidegger o existente angustiado (*Dasein*) pode levar a um sentimento consolador do Ser (*Sein*) de há muito esquecido pela metafísica do sujeito, para Sartre não existe tal saída. A seu ver, a realidade humana era "por natureza uma infeliz consciência sem possibilidade de superar seu estado de infelicidade".[50] Assim, a ontologia niilista de Sartre ensombreia o apelo que faz ao engajamento moral. Apesar da veemência de sua crítica da frouxidão moral, sua apoteose da liberdade como tomada de decisões terminou numa espécie de *art pour l'art* do eticismo.

Seria difícil imaginar linguagem conceitual mais imprópria para habitar a casa de Marx. E, todavia, foi esse

[50] Sartre, 1957, p. 110.

o destino do pensamento de Sartre: do existencialismo ao revolucionarismo comunista, depois de um longo período como companheiro de viagem durante a Guerra Fria. Como testemunha sua celebrada conferência *O Existencialismo É um Humanismo* (1945), Sartre já então dava ênfase ao seu conceito de "situação": a liberdade está sempre situada no tempo e no lugar social, de modo que engajamento implica envolvimento. Consequentemente, as escolhas existenciais nunca podem ser meros caprichos; seguem, pelo contrário, lógicas de motivação, como acontece com os gestos da criação estética. A liberdade é uma obra de arte moral. Do envolvimento em abstrato à opção comunista a distância logo pareceu menor. Não tardou que Sartre declarasse o marxismo "a inevitável filosofia" do nosso tempo. Mas nem por isso aceitou a pedra angular da fé comunista na salvação coletiva: o historicismo. Na "Questão de Método" (1957), introdução epistemológica à volumosa *Crítica da Razão Dialética* (1960) – que ficaria inacabada, como ficaram *O Ser e o Nada* ou a sua biografia de Flaubert –, Sartre advertia que a ideia de progresso era mais cartesiana que dialética. O marxismo deveria descartar o ingênuo progressismo das suas origens. Além disso, seu tratado marxista tinha outras posições-chave em comum com o marxismo ocidental alemão. Publicada no mesmo ano da reedição de *História e Consciência de Classe*, de Lukács, a *Crítica* também rejeitava tanto a dialética de Hegel quanto a teoria do conhecimento de Lênin.

Os comentaristas costumam apontar grande continuidade entre a metafísica da liberdade de *O Ser e o Nada* e os temas centrais da *Crítica*. O Sartre marxista definia práxis como "atividade humana intencional", uma tradução social do "projeto"; e, deitando fora quase todas as amarras objetivas da história social (as "condições objetivas" de Marx), fazia o "projeto" triunfar sobre o "processo". A práxis sartriana é inimiga jurada do "prático-inerte", de todas as objetivações alienantes da ação humana. Como tal, soa como o velho *pour-soi* às turras como todo e qualquer *en-soi*. Aqui, também, embora oficialmente proletária, a práxis de Sartre não está, como a de Lukács, atada à totalidade. Quando muito, implica "totalizações", i.e., horizontes de totalidade, indefinidos e precários. O motivo é obvio: a liberdade individual continua a fornecer o modelo. Não admira que a melhor análise de "Questão de Método", a seção menos descosida e repetitiva da *Crítica*, tenha por foco a dialética da escolha e circunstância, com ênfase na irredutibilidade do indivíduo. Por exemplo: aceita a premissa de que a Revolução Francesa, na sua fase termidoriana, necessitava uma ditadura militar, por que exatamente o general Bonaparte, e não um outro general qualquer? A resposta, diz Sartre, só pode ser encontrada através de um método "progressivo-regressivo", usando o materialismo histórico, mas também a psicologia individual.

Na espécie de existencialismo de Sartre não há lugar para a autenticidade coletiva. Tendo abandonado um conceito assaz vago de Heidegger, o de *Mitsein*, que é a coisa mais aproximada de uma comunidade existencial, Sartre chegou a ver a interação social como um mundo hobbesiano de consciências rivais que ninguém descreveu melhor que ele mesmo na famosa tirada de sua peça *Huis-clos* (1944): *l'enfer, c'est les autres*. Ele fundamentou o eticismo existencialista num solipsismo moral inflexível. O mais longo texto dos seus anos de namoro com a política comunista, *Saint Genet, Ator e Mártir* (1952), é uma rapsódia sobre um rebelde arquissolitário e, na verdade, irresgatavelmente associal. A *Crítica*, todavia, descobriu sentido e salvação em formas intensas de solidariedade. Tudo depende da espécie de grupo a que se pertença. Todo o louvor de Sartre vai para o "grupo em fusão", um *pour-soi* coletivo, entusiástico, que contrasta inteiramente com as míseras rotinas da "série". O epítome do grupo serial é a fila; o modelo do "grupo em fusão", o movimento revolucionário.

A abundância de filas no regime soviético, que Sartre tão obstinadamente defendeu, até o esmagamento do levante húngaro de 1956, devia tê-lo acautelado contra o perigo de ignorar a possibilidade de uma estrutura social serial nascer da alta temperatura dos grupos em fusão revolucionários. Apesar disso, seu pessimismo habitual estava preparado para aceitar um resultado desses. Como a rebelião, a violência era coisa a experimentar sem ligar às consequências – até mesmo a despeito da traição fatal das esperanças revolucionárias. A violência é um concomitante social inevitável enquanto exista "escassez" – categoria que ele não se deu ao trabalho de explorar suficientemente. Acima de tudo, porém, a violência revolucionária significava uma catarse ético-ontológica. Libertava a história, por meio de totalizações transitórias, da banalidade do prático-inerte. Pela sociedade, no seu dia a dia, pela prosa da rotina institucional, Sartre tinha apenas desprezo. Sempre que a sua consciência caía na armadilha dos seus objetos, Roquentin costumava resmungar contra a "porca bagunça" do mundo das coisas. Da mesma forma, o Sartre marxista parece abominar a "coisidade" social.

Pois Sartre permaneceu em grande parte "cartesiano" debaixo do seu manto dialético. Sua práxis ansiava por uma autotranscendência imaculada, refratária a imiscuir-se em coisas e instituições. Em *As Aventuras da Dialética* (1955), Maurice Merleau-Ponty (1908-1961) põe o dedo na ferida: Sartre se esqueceu de que não existe só um mundo dualista de homens e coisas, mas também um "intermundo" de história e simbolismo mediando entre eles. E, todavia, o verdadeiro terreno das críticas de Merleau-Ponty era tão político quanto filosófico. Sartre dera seus primeiros passos para o comunismo e Merleau-Ponty já escrevera os ensaios de *Humanismo e Terror* (1947). Resposta à clássica condenação da violência totalitária por Arthur Koestler, em *O Zero e o Infinito* (1940), o livro não hesita em defender o terror vermelho. Pensador de raízes católicas, originalmente influenciado pelo existencialismo cristão de Gabriel Marcel (1889-1973), Merleau-Ponty começou por "existencializar" Hegel sob o fascínio de Kojève, para depois embarcar numa versão altamente sensorial da teoria do *Lebenswelt* de Husserl, na seminal *Fenomenologia da Percepção* (1945) – manancial do marxismo fenomenológico em lugares tão diversos quanto a Itália e o Canadá. Em meados da década de 1950, ao tempo de *Les Aventures de la Dialectique*, ele tentaria usar Weber para expurgar o marxismo do jovem Lukács do seu conteúdo leninista. Aos olhos do incerto neoliberalismo de Merleau-Ponty, o panegírico sartriano de totalizações revolucionárias só podia ser ominosamente totalitário – Sartre soava como um "ultra-bolchevique" dogmático, escreveu Merleau-Ponty.

Sérias objeções têm sido levantadas contra a *Crítica* de Sartre. Um crítico italiano, Pietro Chiodi, observou que o livro era, no fundo, uma volta a Hegel, uma vez que equiparava alienação com objetivação. A grande diferença era que faltava ao hegelianismo de Sartre o otimismo de Hegel. A *Crítica* não permitia uma eventual reabsorção do objeto no sujeito.[51] Assim, um hegelianismo truncado, a escorar o permanente *pathos* sartriano do fracasso, solapava a autenticidade da sua conversão marxista. Seja como for, a *Crítica* não foi bem recebida. Falou-se, mesmo, em "stalinismo metafísico".[52] Com o estruturalismo prestes a se consolidar, Lévi-Strauss censurou Sartre por legislar, em seu prefácio, sobre uma "antropologia histórica". Ignorando em grande parte as próprias dúvidas e apreensões de Sartre com respeito ao historicismo, ele atacou a *Crítica* em *O Pensamento Selvagem* (1962) como um teimoso exemplo de eurocentrismo.[53]

Negando a existência de leis históricas e rejeitando o determinismo econômico, enquanto exaltava a suprema sabedoria do marxismo, Sartre aceitou responsabilidades que lhe comprometiam o futuro. Raymond Aron fez, a propósito, uma observação irônica: a *Crítica* mostra que, ao contrário do que Popper acreditava, aferrar-se alguém ao individualismo metodológico (como Sartre fez, uma vez que sua ontologia, por mais marxista que fosse, reconhecia apenas, em última análise, a ação individual) não

---

[51] Chiodi, 1976, passim e principalmente p. 100.

[52] Ver a crítica de Lionel Abel in *Dissent*, primavera 1961, p. 137-52.

[53] Para um comentário ao seu choque com Sartre em torno do conceito de história, ver meu *From Prague to Paris*, cap. 3, XI.

representa nenhuma garantia contra uma superstição historicista.[54] Acresce que a longa insistência "socrática" de Sartre nas virtudes de uma consciência transparente, que se manteve inalterada até o seu *Flaubert*, estava, naturalmente, em desacordo com o advento de Jacques Lacan e sua tomada de posição em favor de uma fissão do inconsciente. Nem estava inteiramente esquecida a hostilidade de Sartre à psicanálise.

Como ponte entre o existencialismo e o marxismo, a *Crítica* não teve grande êxito. Apesar disso, exerceu considerável influência ideológica. Escrita durante a guerra de independência da Argélia e da revolução cubana (movimentos que Sartre apoiou), a obra alimentou os fogos do revolucionarismo durante uma década. No entanto, o impacto intelectual mais sério do radicalismo de Sartre foi sobre os hereges da psiquiatria, como o anticolonialista Frantz Fanon, de *Os Condenados da Terra* (1961), e R. D. Laing, o criador da antipsiquiatria. Quanto a levantes sociais, sobretudo as revoltas de estudantes de meados e fim da década de 1960, os participantes claramente preferiam Marcuse. Afinal de contas, eles desejavam uma romantização do marxismo, e não a marxização de um romantismo moderno como a filosofia da existência. Mas a verdadeira fraqueza do marxismo sartriano pouco tinha a ver com a sua aceitação ou rejeição do espírito de 68. A verdade nua e crua é que ele tinha apenas um reduzido valor analítico – e, ainda uma vez, nenhuma teoria do processo. Como o *Kulturkommunismus* de Lukács e da sua progênie de Frankfurt, o marxismo eticista de Sartre era feito de poses e atitudes muito mais que de penetração imaginativa – para não falar em análise sistemática da história.

A dúbia, porém badaladíssima, automarxização de Sartre emprestou o prestígio internacional do seu nome a uma modesta tradição: o marxismo humanista francês. Tanto quanto a *História e Consciência de Classe*, a *Crítica da Razão Dialética* dava lugar de relevo à "consciência".

---

[54] Aron, 1975, cap. 6.

Era, assim, um sério reforço para os marxistas heréticos, antipositivistas, reunidos em torno de *Arguments*, jornal fundado em 1956. Sua principal figura, Henri Lefebvre (1901-1991), descobrira Marx através de Hegel, e, por sua vez, Hegel a conselho de André Breton. Os surrealistas gostavam muito da dialética e quanto mais "báquica" melhor. Lefebvre devotou duas décadas a uma "crítica do cotidiano", centrada na pretensa ubiquidade da alienação no capitalismo moderno. Como em Sartre e no marxismo ocidental alemão, seu tipo de abordagem marxista tinha pouca coisa em comum com uma crítica da economia política. Em *Métaphilosophie* (1965), Lefebvre questionou o conceito marxista de práxis. Julgando-o por demais utilitário, defendeu como contrapeso a ideia de "poiésis".

Outros pensadores do *Arguments*, como Pierre Fougeyrollas (*O Marxismo em Debate*, 1959) ou Kostas Axelos (*Marx, Pensador da Técnica*, 1961), tentaram corrigir Marx completando-o com Heidegger. Suas obras puseram a escola francesa em pé de igualdade, em metas senão em realizações, com o marxismo dissidente da Europa Oriental, onde pensadores como o tcheco Karel Kosik (*A Dialética do Concreto*, 1963) reformulavam empréstimos sugestivos da fenomenologia ou do existencialismo. Entrementes, o marxismo teórico, ainda raro em França àquele tempo, também se inclinava para o paradigma conceitual do marxismo ocidental, como no caso de Lucien Goldmann (1913-1970), autor de *Pesquisas Dialéticas* (1959), que se propunha combinar a categoria central de totalidade de Lukács com os conceitos genéticos da psicologia cognitiva de Piaget. Finalmente, até o filósofo oficial do Partido Comunista Francês desde a defecção de Lefebvre, Roger Garaudy (1913-2012), procurou alicerçar a política de desestalinização numa ampla reabilitação das fontes idealistas do marxismo.[55]

De maneira geral, o marxismo francês era então esmagadoramente *humanista*. Era, também, fortemente

---

[55] Sobre o marxismo francês desde a guerra, ver Poster, 1975; Hirsch, 1981; Michael Kelly, 1982, cap. 3-5; e Jay, 1984a, cap. 9-12.

anti-historicista, porque o historicismo marxista implicava leis econômicas, noção que cheirava demais a "positivismo", ou, mais geralmente, aceitação de "contradições" mais ou menos automáticas – de novo algo execessivamente objetivo e impessoal para satisfazer a preocupação dos humanistas radicais com a liberdade da consciência ativa.

No seio de uma cultura marxista desse tipo, a originalidade de Louis Althusser (1918-1990) era dupla. Primeiro, ao contrário de muitos filósofos marxistas na França, Althusser não era, de modo nenhum, um comunista rebelde. Longe disso: levou sua lealdade ao partido, através de maio de 1968 e do esmagamento da Primavera de Praga, até bem metade da década seguinte.[56] Nem sequer se tratava de um humanista. Embora partilhasse da rejeição generalizada das crenças historicistas, Althusser sustentava um franco anti-humanismo, altamente polêmico. O marxismo, dizia, era estritamente científico. Não tinha nada a ver com nebulosos humanismos.

Nascido na Argélia, como Albert Camus e Jacques Derrida, Althusser tinha origens intelectuais católicas, semelhantes às de Merleau-Ponty. Como Sartre e Aron, ele era um *normalien*, i.e., colara grau na École Normale Supérieure de Paris, onde mais tarde teria por aluno Michel Foucault. Com ele, o marxismo francês tomou uma direção resolutamente escolástica e escoliasta: tornou-se objeto de um ritual acadêmico de *comentário* aos clássicos da doutrina. Com algumas poucas exceções qualificadas, e.g., a obra de Nicos Poulantzas (1936-1979) em sociologia política, os althusserianos desprezavam o marxismo aplicado, perseverando em infindáveis exegeses dos textos principais – considerando-se como tais tanto os trabalhos do Mestre, Marx, como os do sumo sacerdote da sua hermenêutica, o próprio Althusser.

---

56 Em 1976 ele divergiu, mas da decisão do partido de abandonar o princípio de uma ditadura do proletariado! Só dois anos mais tarde, depois do colapso da Union de la Gauche, condenaria o regime soviético pelo Gulag (cf. *New Left Review*, 109 [maio-jun. 1978]).

Entretanto, o ponto de partida de Althusser fora uma saudável reação contra a sobre-estimação do jovem Marx pela esquerda humanista, com todo o seu palavrório sobre "alienação". Era refrescante voltar a ouvir falar em modos de produção depois de tanto texto de segunda ordem sobre a desumanização da vida na sociedade moderna. Com o marxismo ocidental cada vez mais voltado para um moralismo oco, era um alívio ouvir alguém tratar o "homem" como uma sonora falácia, levando a quase nenhum conhecimento. Infelizmente, porém, o alívio deu lugar ao desapontamento. Althusser se livrou da retórica humanista apenas para inserir o marxismo em fobias estruturalistas. Pois vários fetiches estruturalistas foram prontamente adotados. A fúria indiscriminada contra o sujeito, a alergia ao empírico, a repulsa arbitrária às continuidades – o credo da "cesura", como diz Hermínio Martins. Para Althusser, a ciência se tornou, antes de mais nada, um nítido rompimento com a ideologia e o bom senso. O valor cognitivo vinha em segundo plano. Segundo a solene doutrina de *Por Marx* (1965) e da obra coletiva que faz parelha com ele, *Ler o Capital* (1965), o conhecimento científico não é um apreender realidades – a rigor, o avanço é feito através de brechas puramente conceituais. Toda ciência é formada por um conjunto implícito de questões – uma "problemática". Mas cada problemática surge de uma "ruptura epistemológica" com a confusa situação conceitual anterior. Nenhum lugar, em tudo isso, para o ajustamento conceitual à realidade "exterior". Ambas as noções, "ruptura" e "problemática", pertencem à epistemologia antiempirista de Gaston Bachelard (1884-1962). E Althusser estava também familiarizado com as suas ramificações na "lógica do conceito" de Jean Cavaillès e nos ensaios de história da ciência de Georges Canguilhem. Todavia, Althusser converteria seu antiempirismo numa campanha tão vigorosa quanto mal justificada contra a própria ideia de referenciais empíricos na ciência. A ciência althusseriana tece conceitos perfeitamente indiferentes ao mundo que eles devem explicar. O pensamento se torna um bicho da seda, que só de si mesmo puxa o fio.

O antirrealismo de Althusser, aliás, pouco argumentado, bem como a sua atroz ignorância da maior parte da moderna filosofia da ciência (nem uma palavra sobre Popper ou Quine, Reichenbach, Nagel, Hempel, Lakatos ou Putnam) poderiam ser postos de lado como meras idiossincrasias, não fora o fato de Althusser insistir em atribuí-los a Marx. Na verdade, seu verdadeiro tema, excetuado um obscuro curso sobre "a filosofia espontânea dos cientistas",[57] não foi nunca epistemologia *per se*, mas epistemologia como justificação teórica de uma ciência específica: o marxismo, ciência da história. *Ler O Capital* declarava que o problema clássico do conhecimento era simplesmente irreal. Toda filosofia que tenha por enigmática a relação entre conhecimento e realidade é vista por Althusser como pura ideologia. Uma vez que "a prática teórica é [...] seu próprio critério", ela confirma seus produtos sem necessidade de auxílio. O conhecimento é um "efeito" da capacidade das ciências para legitimar seus resultados por meio de "formas de prova" que não reconhecem outra autoridade senão a das suas próprias regras internas.[58]

Ora, Althusser atribuía opinião semelhante a Marx, na introdução à *Contribuição à Crítica da Economia Política*[59] – um dos poucos textos, juntamente com os *Cadernos Filosóficos* de Lênin, escritos durante a guerra, e o curto ensaio "Sobre a Contradição" (1937), de Mao Zedong, que ele aceitava como parte do cânon metodológico marxista. Não obstante, na citada introdução de 1857, Marx absolutamente não apresenta o conhecimento como simples produto "concreto" da mente. Longe disso: o que ele faz é afirmar, explicitamente, que o concreto é "o ponto de partida *na realidade*". E acrescenta mesmo

---

[57] Althusser, 1974.

[58] Althusser, 1970, p. 52-59.

[59] Cf. a terceira seção do ensaio sobre a dialética materialista, 1963, in Althusser, 1969.

que "o verdadeiro sujeito retém sua existência autônoma fora de sua mente".[60] O comentário de Althusser é, assim, uma interpretação escandalosamente incorreta, exemplo típico de "marxismo ventríloquo", segundo a excelente expressão de André Glucksmann.[61]

Ao contrário dos marxistas humanistas ecléticos, Althusser se ufanou do seu *fundamentalismo*. Descrevia a sua teoria como uma explicação das concepções do próprio Marx, exatamente como Jacques Lacan (1901-1981) fez com as de Freud. (Althusser foi, aliás, por certo tempo, paciente de Lacan – o que não o impediu de estrangular Mme Althusser em 1981. Em 1964 ele escreveu um artigo, "Freud e Lacan",[62] que marcou um momento crucial no relacionamento entre o marxismo e a psicanálise na França.) Althusser procurou explicar "o Marx das lacunas": "leituras sintomáticas", análogas às interpretações psicanalíticas, revelariam o sentido profundo da doutrina do fundador. Sobretudo ele tentou, nas páginas mais conhecidas de *Por Marx*, mostrar como e quando o marxismo se tornou "ciência da história" – e, ao mesmo tempo, como o materialismo dialético, a base da "teoria da prática teorética"; da "Teoria, com T maiúsculo, ou epistemologia".

Por Marx localizava o rompimento epistemológico na obra de Marx em 1845, depois dos *Manuscritos de Paris*, ainda extremamente carregados de humanismo, historicismo e, naturalmente, marcados pela *bête noire* de Althusser, Hegel. Mas os críticos não levaram muito tempo para apontar numerosos temas humanistas em Marx; e mais de um motivo hegeliano, bem além dos seus trabalhos da mocidade, notadamente no *Grundrisse* e no próprio *O Capital*. Em consequência disso, em *Lênin e a Filosofia* (1969), Althusser, reconhecendo que o famoso prefácio de 1859 à *Crítica da Economia Política*

---

[60] Para essa crítica, ver Michael Kelly, op. cit., p. 133; para o texto de Marx, ver Marx, 1973c, p. 81-111.

[61] Glucksmann, "A Ventriloquist Marxism". In: *New Left Review* (ed.), 1977. originalmente in *Les Temps Modernes*, 250, mar. 1967.

[62] Agora in Althusser, 1971.

era ainda "profundamente evolucionista e hegeliano", limitou o Marx autenticamente marxista à *Crítica do Programa Gotha* (1875) e às notas periféricas que Marx escrevinhou sobre o economista Adolf Wagner (1882). No comentário sarcástico de François George, se as opiniões do jovem Marx persistiram por tanto tempo, até as vésperas da sua morte (1883), então Marx deve ter conseguido permanecer jovem toda a vida.[63] Mas talvez a melhor glosa do fato seja a que se deve à pena do próprio Althusser. Na "Réplica a John Lewis" (1973), ele confessou que sua noção de uma "ruptura epistemológica" continha só dois enganos: não era epistemológica nem uma ruptura.[64] A grotesca história do demorado parto do verdadeiro Marx tornou-se um exemplo memorável de quão fútil e até tola pode ser a moderna escolástica marxista.

Uma vez constituído como disciplina científica, sustentava Althusser, o marxismo encarou a história como um "processo sem sujeito".[65] "O verdadeiro 'sujeito' são [...] as relações de produção (e as relações sociais, políticas e ideológicas). Mas por serem 'relações' elas não podem ser incluídas na categoria sujeito."[66] Ao que parece, isso quer dizer que, por terem os agentes econômicos, i.e., os operadores da produção e da distribuição, papéis definidos, e portanto serem eles, na medida desses papéis, titulares de funções sociais definidas num modelo dado de produção, não cabe falar da categoria sujeito. A ser assim, contudo, patenteia-se um *non sequitur*. Do fato de que a análise econômica veja os indivíduos nesses papéis não se depreende, absolutamente, que a noção de agente humano se torna inútil. Na verdade, como seria possível explicar as ações que constituem o "processo" senão por uma busca empírica do que pretendem, nos seus vários

[63] F. George, "Lire Althusser", *Les Temps Modernes*, 24: 275, maio 1969.

[64] Althusser, 1976, p. 71.

[65] Althusser, 1971, p. 201.

[66] Althusser, 1970, p. 180.

papéis, sujeitos individuais (produtor, consumidor, trabalhador, proprietário, etc.)?

Considere-se, por exemplo, o que Marx faz no terceiro volume de *O Capital*. Ele descreve a tendência à queda da taxa de lucro como uma consequência não intencional dos cálculos racionais dos capitalistas. Estes, investindo cada vez mais em maquinaria, reduzem sem querer a proporção daquela parte do capital extraída do trabalho como mais-valia. Deixando de lado a verdade ou inverdade empíricas da queda da taxa de lucro, vamos ater-nos exclusivamente à estrutura conceitual dessa famosa análise. Claramente, o que Marx faz é explicar um processo econômico, fatal, segundo alega, ao capitalismo, *pelas ações de pessoas encarregadas de um dos principais papéis do enredo social em tela* – o papel de empresário. E enquanto um sensato epistemológico da ciência social como Raymond Boudon dá grande valor a esse tipo de explicação, baseado, como é, na atuação do homem e na dialética entre intenção e resultado,[67] Althusser desejaria que a desprezássemos, só por estar fundada, obviamente, na "categoria do sujeito".

Pisamos em terreno mais firme quando chegamos às observações de Althusser sobre *causalidade*. Ele insiste em que o verdadeiro marxismo esposa um conceito *estrutural* de causação, distinto, ao mesmo tempo, tanto da ideia de uma relação causal, transitiva, linear, entre eventos separados, quanto da ideia (hegeliana) de causalidade "expressiva", i.e., de efeitos reveladores de uma essência oculta das coisas. E mais: essa "causalidade estrutural" é, em geral, "sobredeterminada" – uma noção tomada de empréstimo à psicanálise para indicar a multiplicidade de variáveis envolvidas em qualquer progresso social significativo.

Mas Althusser insiste em que a sobredeterminação social não significa apenas pluralidade de causas. Há sempre uma "estrutura em dominância". Na prática, ele e seus discípulos associaram-se com a tradicional primazia dos fatores econômicos na teoria marxista, embora tenha havido

[67] Boudon, 1982, cap. 7.

nesse ponto uma longa cavilação, principalmente em torno das célebres qualificações de Engels sobre determinação econômica "em última análise". Assim, Balibar disse que o econômico é determinante "por determinar qual das instâncias da estrutura social ocupa o lugar determinante"[68], de modo que, por exemplo, sob o feudalismo, a ordem política era autônoma porque isso é que era permitido pela própria natureza da economia feudal. O próprio Althusser seria bem mais sibilino, chegando a ponto de sustentar que "a hora solitária da 'última instância' jamais chega...".[69] De qualquer maneira, para aqueles que, como os autores ingleses de *Marx's Capital and Capitalism Today* (1977), se sentiram estimulados pelo ponto de vista de Althusser sobre a "causalidade estrutural" sem partilhar da sua ambivalência em matéria de determinação econômica, o resultado foi simplesmente lançar o determinismo econômico na lata de lixo da história intelectual.[70]

Uma segunda contribuição teórica de Althusser, de igual influência, é bem mais duvidosa: sua reconceitualização da doutrina marxista da ideologia. Em síntese, ele redefiniu de tal maneira a ideologia que, de ilusão e suporte de luta de classes, ela passou a poderoso cimento social, sem deixar de servir a interesses de classe. Althusser sustentou que toda sociedade, inclusive o paraíso comunista, alimenta-se de ideologia para funcionar, pois "o homem é, por natureza, um animal ideológico".[71] A ideologia sempre funciona através do sujeito, explica ele; seu modelo funcional é a interpretação cristã do indivíduo, chamado a agir de acordo com injunções religiosas. Finalmente, inspirado por Gramsci, mas acrescentando mais do que uma pitada holística às sugestões de Gramsci, ele introduziu (1977) o conceito de aparelhos ideológicos do Estado. Igreja e escola foram representadas como meios de tácita doutrinação no

[68] Althusser, 1970, p. 224.

[69] Althusser, 1969, p. 113.

[70] Cf. Cutler, 1977.

[71] Althusser, 1977, p. 171.

interesse da coesão social dominada por classes. Para que uma classe possa assegurar seu domínio, o sistema social tal como existe tem de ser reproduzido. E a reprodução das relações de produção é assegurada pela "hegemonia" de classe sobre o aparelho ideológico do Estado.[72] Assim, o althusserianismo rapidamente se fez o esteio principal daquela "teoria da ideologia dominante" tão criticamente examinada pela análise sociológica mais recente.[73]

Inevitavelmente, o althusserianismo incorreu na censura de tornar a teoria social marxista algo estranhamente semelhante à visão "sistêmica" do funcionalismo estrutural de Talcott Parsons, então a quinta-essência da sociologia "burguesa".[74] A ideologia como uma cola necessária e universal era conceito tão funcionalista quanto qualquer outro. Para fazer justiça a Althusser, o mais que se pode dizer é que houve alguma coisa que ele isentou, em parte – juntamente com a "teoria" – das garras do ideológico: a arte. Um capítulo em *Por Marx* louva o "teatro materialista de Brecht, e um texto em *Lénine et la Philosophie* afirma que a recepção estética – não confundir com conhecimento – faz-nos ver "a ideologia da qual [a arte] procede, na qual se banha, e da qual, como arte, se destancia".[75] A começar com a *Teoria da Produção Literária* (1966), de Pierre Macherey, essa linha de reflexão estética deveria gerar apreciável volume de crítica literária, sob os auspícios do marxismo estruturalista.

Por algum tempo, o marxismo estruturalista de Althusser passou por uma espécie de poderosa sofisticação do marxismo sob a forma de uma epistemologia da ciência social. Que tal impressão pudesse ter sido causada mostra o grau de educação filosófica de muitos círculos marxistas, na França e alhures. Pois na realidade toda

---

[72] Ibid., p. 139.

[73] Para uma crítica clássica, ver Abercrombie et al., 1980.

[74] Essa crítica é repetidamente lançada contra ele, como, por exemplo, pelos diversos coautores de *Contre Althusser* (cf. Vincent et al., 1974.)

[75] Althusser, 1977, p. 222.

a demonstração "científica" de Althusser não era exatamente sofisticada: talvez fosse mais uma sofística, uma pseudoepistemologia que nunca enfrentou uma crua contradição. Aspecto, aliás, logo descoberto por seus primeiros críticos: a contradição entre a sua teimosa recusa de critérios gerais de cientificidade (sua decisão de simplesmente ignorar o chamado problema da demarcação), e sua reivindicação do marxismo como Teoria da prática teorética, como tal capaz de julgar a ciência como um todo.[76] Não é de admirar que não tenham sido os althusserianos, mas seus rivais no Partido Comunista francês, liderados por Lucien Sève (o qual chegaria a reabilitar Hegel), que, a partir da década de 1970, desenvolveu um interessante diálogo entre o marxismo francês e a ciência.[77] É verdade que Althusser abandonou, mais tarde, seu antigo "teoricismo". Mas, infelizmente, a emenda foi pior que o soneto: tudo o que conseguiu foi reanimar alguns sovados *slogans*. Exemplo, a sua definição do marxismo (em *Lénine et la Philosophie*) como apenas "a luta de classes no campo da teoria".

E, contudo, Althusser começara precisamente lutando contra o esquerdismo especulativo, i.e., a tendência a reduzir a teoria marxista a mera práxis política. Nesse ponto, pelo menos originalmente, o marxismo estruturalista era tão fervente quanto Adorno, e mais tarde Habermas, em Frankfurt. E. P. Thompson, seu feroz crítico inglês, chegou a falar da "miséria da teoria" divorciada dos deveres empíricos da pesquisa historiográfica – o que não chega a ser uma generalização injusta com relação à escola althusseriana. Acresce que a mística da teoria em Althusser tinha uma forte motivação: visava, como viu Mark Poster, assegurar a autonomia dos intelectuais do partido contra os seus políticos.[78] Longe de representar uma posição política mais flexível, essa nova espécie de

[76] Cf., entre muitos, Callinicos, 1976, principalmente p. 59-60, 72 e 88.

[77] Para um bom estudo, ver Michael Kelly, op. cit., p. 200-06. Sobre Séve, cf. ibid., principalmente p. 169-72 e 191-98.

[78] Poster, op. cit., p. 342.

marxismo intelectualizados se revelou purista e sectária. Na década de 1960, Althusser fulminou a reaproximação de Garaudy com os cristãos, qualificando-a de revisionismo oportunista. Na década de 1970, condenou redondamente o eurocomunismo e as políticas de aliança com os socialistas (o "Programa Comum" de François Mitterrand e Georges Marchais).

Significativamente para Althusser os pecados de Stálin tinham pouco a ver com o regime totalitário e a implacável ideocracia. Como ele disse na "Réplica a John Lewis", o stalinismo foi antes um triste caso de economismo agravado por humanismo. Stálin errou por estar obcecado com o crescimento industrial (economismo), e preferiu ignorar a luta de classes (humanismo)... Do tirano de mão de ferro, que pôs o mercado russo sob uma rígida antieconomia ideocrática, eliminando, no curso do processo, camadas inteiras da população, como os *kulaks*, nem uma palavra. E até mesmo a insistência althusseriana nas nítidas rupturas entre modos de produção parecia condizente com a crença na necessidade da revolução violenta.[79]

Dado o implacável anti-hegelianismo de Althusser, esse último ponto não deixa de ser irônico. Ao tempo da Segunda Internacional, o mais conhecido anti-hegeliano entre os marxistas da velha guarda, Bernstein, afirmava que a crença supersticiosa na necessidade de transições explosivas era algo que Marx herdara da sua formação hegeliana. O fato de que Hegel preferisse mudanças qualitativas abruptas à evolução passo a passo deu a Marx uma disposição de espírito não imune – pelo menos na opinião de Bernstein – ao culto blanquista da violência. As heranças associadas de Hegel e Blanqui fizeram de Marx um revolucionário em vez de um evolucionista. Deram-lhe uma visão "plutônica" e não "netuniana" de mudança, mais favorável às explosões sociais que às graduais conquistas institucionais. A ironia reside no

[79] Como não escapou à atenção de um ex-althusseriano, Jacques Rancière, 1974, p. 95.

fato de que Althusser, com toda a sua ojeriza a Hegel, tivesse conservado o mesmo ponto de vista "plutoniano". Ele queria desafiar o gradualismo do partido com uma teoria da história como uma sucessão de bruscas cesuras – um modelo de mudança tão vulcânico quanto o da dialética idealista clássica. Aparentemente, o fantasma de Hegel não era assim tão fácil de exorcizar.

Contudo, todas essas façanhas de purismo doutrinário em política não prejudicam Althusser em seu papel de satisfazer o delicado gosto intelectual da crescente *intelligentsia* de sofisticados humanistas de esquerda. Como Raymond Aron[80] percebeu, o marxismo estruturalista, preservando embora palavras-chave como produção, práxis (habilmente pluralizada) e determinação econômica, tornou seu conteúdo muito mais flexível e, portanto, muito mais aceitável por um público de intelectuais com inclinação marxista e familiarizado com Weber e Freud, Saussure e Lévi-Strauss, Barthes e Braudel. Althusser acenava com um marxismo "fino", digno da cultura dos *agrégés de philo*. Acima de tudo: sua teoria insistia na rejeição do capitalismo e defendia a revolução sem nem por um momento depreciar o papel das superestruturas. Na verdade, ele ressaltava expressamente a sua importância. Que poderia ser mais lisonjeiro para os servos do Intelecto, a confraria dos acadêmicos?

Entende-se sem dificuldade que uma mescla tão insólita de sectarismo político e heterodoxia teórica parecia, muitas vezes, insuportavelmente enigmática. Aos olhos dos ferozes *gauchistes* do começo da década de 1970, as bizantinices da escola althusseriana apenas refletiam as crises do stalinismo e do revisionismo.[81] As notórias simpatias maoístas do Mestre e dos seus discípulos confirmavam o elemento stalinista (muitos marxistas humanistas, ao contrário, eram simpáticos à "linha italiana"). Os desvios da vulgata, inclusive uma concordância secreta com o ataque de Sartre à dialética da natureza e, *ça va*

---

[80] Aron, 1969.

[81] Cf. Jean-Marie Brohm in Vincent, op. cit., p. 16.

sans dire, à teoria do reflexo, como teoria marxista do conhecimento, deram ao althusserianismo uma fachada revisionista. Dessa vez, no entanto, o revisionismo servia mais para reforçar que para demolir mito e dogma na política marxista e na sua errônea interpretação da história moderna. A única razão pela qual isso era menos que evidente é o fato de que a contemplação do umbigo pelos althusserianos poucas vezes levou a "teoria" a engajar-se com a história concreta, seja ela passada ou presente. Ao fim e ao cabo, sua teoria da história como ciência não produziu nem uma coisa nem outra.

3. De Marcuse a Habermas

Enquanto o marxismo estrutural fazia tamanha sensação entre a nova esquerda britânica, a recepção era glacial do outro lado do Reno. O motivo não é difícil de identificar. Com uma sólida, multiforme tradição de *Historismus*, os marxistas alemães não poderiam acolher com alegria a exigência althusseriana de separar teoria e história. A Escola de Frankfurt exprobou a Althusser justamente esse rompimento numa crítica especial, *História e Estrutura* (1971), devida a Alfred Schmidt. Além disso, lançou contra o marxismo estrutural a grave pecha de "regressão ontológica", em razão de seu descaso pela historicidade fundamental do homem.[82] Afinal de contas, desde o princípio, a Escola de Frankfurt tinha lutado para historicizar em profundidade as categorias marxistas.

Herbert Marcuse (1898-1979) é um exemplo. Começara sua carreira filosófica tentando historicizar a ontologia de Hegel com a ajuda de Heidegger (*A Ontologia de Hegel e os Fundamentos de uma Teoria da Historicidade*, 1932). No auge da fama de Althusser, o professor Marcuse se tornara um teórico social cujos livros tinham tiragens de *best-sellers* e cujo renome

[82] Schmidt, 1983, p. 66 e passim.

ultrapassava e muito os muros da universidade. Foi o principal guru da década de 1960, com todos os seus desvarios, o profeta do revolucionismo dos *campi*, de Berkeley a Berlim e a Paris. Rudi Dutschke e Daniel Cohn-Bendit, os líderes da revolta dos estudantes, jamais se importaram com Althusser – mas passavam por bons marcusianos. E, cumpre admiti-lo, Marcuse, mais que qualquer outro astro maduro do marxismo ocidental, sabia como agradar aos impacientes ouvidos dos radicais. "Todo pensamento que não se mostra consciente da radical falsidade das formas de vida vigentes [...] não é apenas imoral, é falso"[83] – essa espécie de rejeicionismo intransigente soava como o melhor prelúdio possível à insurreição. O autor, ademais, tinha um *pedigree* quase impecável. Judeu de Berlim, nascido em berço de ouro, como Benjamin, Marcuse fora um socialista de esquerda no primeiro pós-guerra. Mais tarde trocaria seu fascínio por Heidegger por uma precoce matrícula no então bem vermelho Instituto de Pesquisa Social (1932). Mais tarde ainda, viraria a coqueluche da esquerda californiana e da Freie Universität de Berlim. E em todo esse trajeto jamais se comprometera com o stalinismo.

Além disso, nos seus anos de Frankfurt, Marcuse demonstrara uma visão muito diversa da progressiva desilusão, o desalentado *Kulturpessimismus* de Adorno e Horkheimer. Seus principais ensaios da década de 1930, parcialmente coligidos em *Cultura e Sociedade* (1968), eram altamente simpáticos ao elemento utópico na arte e na cultura da burguesia. Enquanto a corrente principal do pensamento de Frankfurt se concentrava nos estigmas da repressão, Marcuse preferia o lado "afirmativo" do passado cultural. Não admira que, por volta de 1933, escrevendo sobre os *Manuscritos de Paris*, de Marx, recentemente descobertos (e para os quais foi dos primeiros a chamar a atenção), Marcuse via ainda o trabalho, mesmo o trabalho de domesticação da natureza, como um atributo da essência humana. Nada menos adorniano.

[83] Para o seu prefácio à edição de 1960 de *Razão e Revolução*.

Trata-se, no entanto, e apenas, do jovem Marcuse. Na sua obra da maturidade, não existe nada nem remotamente prometeico. E, todavia, é típico dele que tivesse emergido da década de 1940, quando seus companheiros de exílio da Escola de Frankfurt viviam mergulhados num profundo desespero histórico-mundial, com seu otimismo inato. Só que, ao contrário do marxismo clássico, Marcuse já não via alternativa para a miséria humana no desenvolvimento histórico, nas contradições de uma ordem social moribunda. Em vez disso, *voltou-se para a psique*. Essa é, pelo menos, a mensagem de *Eros e Civilização* (1955). No prefácio, aprendemos que, em nosso tempo, as categorias psicológicas se tornaram conceitos *políticos*. Caso a história descarrilasse, e a perspectiva marxista de uma revolução proletária se visse cancelada, Freud viria resgatar o homem da alienação capitalista. O que a sociedade, durante a indolência da práxis, teimosamente negara às necessidades humanas, o *instinto* concederia. E foi por isso que Marcuse tanto se enfureceu com outro ex-frankfurtiano, Erich Fromm (1900-1980): pois Fromm, ponta-de-lança da "escola cultural" em psicanálise, tentou libertar a teoria freudiana do instinto, substituindo a explicação em termos de impulsos libidinais por interpretações em termos de condições culturais, lançando fora, concomitantemente, o determinismo de Freud. Marcuse, ao contrário, não se interessava pela psicanálise como terapêutica. Tudo o que ele queria era sublinhar a luta entre a libido e a sociedade. Com a maior veemência, tomou a psicologia individual num nível baixo, elementar: "A psicologia individual é, [...] em si, psicologia de grupo, na medida em que o próprio indivíduo ainda se encontra numa identidade arcaica com a espécie".[84] Desse modo, tentou conformar a velha preocupação frankfurtiana quanto ao individual empírico com os fantasiosos conceitos filogênicos do Freud dos últimos anos, o Freud de *Para Além do Princípio do Prazer* (1920) e de *O Mal-Estar na Cultura* (1930).

---

[84] Marcuse, 1955, p. 51.

Engenhosa, senão convincentemente, Marcuse "historicizou" a sombria visão de Freud das incompatíveis pulsões de vida e de morte, apresentando o trabalho e a ordem na civilização industrial moderna como escravos de um princípio de realidade hostil ao desejo e à satisfação. A repressão tradicional, dizia ele, ainda funciona através de mecanismos de coerção objetivos, externos; por exemplo, as ameaças ao emprego e ao *status* de cada um. Na sociedade industrial adiantada, ao contrário, a repressão opera através da psique: é a própria vida subjetiva que se torna objeto de controle e manipulação.[85] Mas *Eros e Civilização* aponta para uma transformação. A idade da afluência, em que a sociedade de consumo estava prestes a entrar, permitiria à cultura operar debaixo de um diferente princípio de realidade, mais humano e menos inclinado a pregar a renúncia que até o primeiro grande pensador a favorecer o instinto vital, Nietzsche, ainda aceitava a dor como parte do seu ideal humano. Agora, alegava Marcuse, já não havia motivo para resistir aos impulsos hedonistas. Posta sob a égide de Orfeu e Narciso, uma nova civilização libidinal poderia "criar sua própria divisão de trabalho, suas próprias prioridades, sua própria hierarquia", longe das restrições e coerções da organização vigente.

O ousado utopismo de *Eros e Civilização* combinava temas de Fourier (redivisão do trabalho para ajustar-se à libido de cada indivíduo), Saint-Simon (administração de coisas para substituir o governo de homens) e Schiller (a humanidade lúdica num "estado estético"). Marcuse proclamava, especialmente, um paraíso erótico (mas não genital) e lúdico, livre da monótona ética do desempenho em que nós, coitados, vivemos ou sobrevivemos. Harmonia social e ventura pessoal, num éden desse tipo, andam de mãos dadas. Quando muito, Marcuse advertiu um companheiro de sonhos, Norman Brown, de que poderia haver algumas tensões no terreno do eros – mas nada

---

[85] Cf. "Agressiveness in Advanced Industrial Society". In Marcuse, 1968, p. 248-68.

de desagradável, apressou-se em acrescentar; pois essas tensões seriam "não antagonísticas". Tomou nota, inclusive, de uma ideia extravagante de Hans Sachs: a ausência de progresso tecnológico na Grécia antiga se deveria ao "fato" de os gregos amarem tanto o corpo. Para Narciso, Prometeu era um ser desprezível.

Infelizmente, essa visão rósea do mundo não durou muito. Menos de uma década depois, em *O Homem Unidimensional: Estudos sobre a Ideologia da Sociedade Industrial Avançada* (1964), a exaltação libidinal do seu tratado sobre Eros e cultura cedeu lugar a uma paisagem melancólica: a humanidade reprimida num cárcere tecnológico. Dessa vez, Freud foi deixado em paz. Em vez da psicanálise, Marcuse retomou sua interpretação peculiar de Hegel, originalmente exposta em *Razão e Revolução* (1941), que transmudou o grande realista num paladino do "pensamento negativo", quer dizer, do pensamento que sustenta ideais utópicos a despeito de realidades históricas, complacentes ou não. A "segunda dimensão" perdida pelo homem ocidental era, precisamente, tudo quanto fosse capaz de corporificar a substituição crítica da moderna cultura industrial. Quanto ao "novo Hegel", Marcuse, desfraldava a bandeira de uma "Grande Recusa" à "repressão extra" e às "dessublimações repressivas" (cap. 3) da nossa falecida ordem capitalista. *O Homem Unidimensional* nos via algemados a um bem armado estado do bem-estar social (*welfare-warfare society*); circunstância profunda e terrivelmente desumanizante, desde o "contágio" do nazismo. O centro desse inferno social eram, naturalmente, os Estados Unidos, que Marcuse julgava perfeitamente totalitários, "pois totalitarismo não é só uma coordenação política de natureza terrorista da sociedade, mas também uma coordenação econômica técnica não terrorista, que funciona através da manipulação das necessidades pelos interesses estabelecidos".[86] Por quê? Porque uma sociedade assim manipulada consegue também impossibilitar "a oposição

[86] Marcuse, 1964, p. 3.

ao conjunto social". Naturalmente, o professor Marcuse julgava abaixo da sua dignidade intelectual indagar das pessoas de carne e osso se estavam ou não felizes com o "conjunto", senão com cada uma das suas partes. Também, nem precisava fazê-lo. "Sabia" que as pessoas não passavam de zumbis manipulados que o consumismo tornara cegos e dóceis.

A obra de Marcuse é percorrida por uma desconfiança apaixonada da ciência e da tecnologia:

> O conceito mesmo de razão técnica pode ser ideológico. Não só a aplicação da tecnologia, mas a tecnologia em si é dominação (da natureza e dos homens) [...] propósitos específicos e interesses de dominação não são impingidos à tecnologia *a posteriori*, de fora; mas entram na própria construção do aparato técnico [...]. Tal propósito de dominação é "substantivo" e nessa medida pertence à própria forma de razão técnica.[87]

Todo o capítulo 5 de *O Homem Unidimensional* é uma curiosa peça de misologia, uma surrada defesa da dialética fundada na ideia de que, uma vez que a lógica opera através da subsunção do particular no geral, a "lógica do pensamento" é uma "lógica de dominação". No fim do livro, Marcuse entretém a visão de uma ciência essencialmente "diferente" numa sociedade "pacificada".[88] Mas, se a ciência tem de mudar tanto, segue-se que a ciência tal como hoje existe é intrinsecamente perversa. Que um sub-romantismo tão crasso pudesse jamais posar de neomarxismo mostra até que ponto o marxismo ocidental se rendeu aos piores clichês da *Kulturkritik*.

Há, no entanto, uma continuidade subjacente entre *Eros e Civilização* e *O Homem Unidimensional*, os dois livros que mais fizeram pelo renome de Marcuse no seio da esquerda contracultural. Em nenhum dos dois a história é vista como veículo de redenção social. A práxis não é um dos convidados ao banquete de Eros; nunca

---

87 Marcuse, 1968, p. 223-24.

88 Marcuse, 1964, p. 166-67.

permite realizar a "segunda dimensão". A sociologia histórica esquemática de *O Homem Unidimensional*, que constitui a primeira das suas três partes, não hesita em reconhecer a irrelevância da concepção de Marx sobre as classes na sociedade contemporânea. Onde está a classe trabalhadora que serviu de base à teoria da mais-valia? pergunta Marcuse. O número de "homens de macacão" diminui constantemente. A "dimensão psicológica" do trabalho explorado desaparece em face dos progressos da automação. A luta de classes definha. Embora Marcuse não se sentisse capaz de conceder a Serge Mallet, o teórico revisionista das novas classes trabalhadoras do grupo de *Arguments*, que os trabalhadores se estão integrando voluntariamente no capitalismo tecnológico, não padece dúvida de que, para ele como para Mallet, a tendência da economia contemporânea era no sentido da determinação da produtividade por máquinas e não por uma produção individual impossível de aferir.[89] Destruía-se assim a própria base do conceito de mais-valia, esteio da "crítica da economia política" de Marx. Numa sociedade dessas, "sem oposição", a tecnologia reifica a tudo e a todos, desimpedidamente.

Para além do alcance da tecnologia, no entanto, e "por baixo da base conservadora" das nossas sociedades industriais liberais, existe um número apreciável de "despossuídos e marginalizados". É com esses que Marcuse fecha. A Grande Recusa se dá em favor das minorias raciais oprimidas e do lumpemproletariado. Mais tarde, Marcuse aliciou estudantes rebeldes e camponeses explorados do Terceiro Mundo para os exércitos da sua revolução cultural. Mas no final do seu livro de 1964, sem rebelião à vista, limitou-se a reconhecer que "a teoria crítica da sociedade não tem conceitos que possam transpor o abismo entre o presente e o futuro. Sem promessas a fazer ou resultados a exibir, ela permanece negativa".[90] Sua melancólica investida contra a cultura moderna termina

---

[89] Ibid., p. 24-32.

[90] Ibid., p. 256-57.

com o *motto* de Benjamin sobre a "esperança em nome dos que não têm esperança". Talvez valha a pena lembrar que Marcuse tirou a ideia melodramática de uma recusa absoluta de Maurice Blanchot, o sutil ensaísta que, depois de um demorado flerte com o fascismo, fundiu a poética de Mallarmé e a ontologia de Heidegger num apocalipse literário perturbadoramente irracionalista.

O extático aplauso da contracultura na esteira das rebeliões estudantis deliciou Marcuse. Sem se fazer de rogado, ele correspondeu prontamente ao oferecer sua visão sombria da marcha da história. Em *Um Ensaio sobre a Libertação* (1969), continuou a não contar com os dóceis trabalhadores, perdidos para o capitalismo. No entanto, depositou grandes esperanças nos estudantes e nos negros. Marcuse retornou ao biologismo libertário de *Eros e Civilização*: o impulso instintual, uma vez mais, supera o pseudo-hegelianismo do "pensamento negativo". Mas assim que a contracultura ameaçou tornar-se uma anticultura generalizada, o filósofo começou a temer suas alas mais militantes. Seu último livro, *A Dimensão Estética* (1978), se distancia do novo vandalismo – a violência estridente daquilo a que Habermas ousou chamar de "fascismo de esquerda".

Marcuse apadrinhava muito desse neofascimo vermelho em sua tola, perigosa investida contra as liberdades institucionais e as práticas civilizadas. Pois não havia ele defendido, em "Tolerância Repressiva" (1965), a substituição da tolerância liberal por uma atitude sistematicamente tendenciosa, em favor do libertarismo "esclarecido"? Não tinha ele escarnecido do respeito à lei, comparado a polícia americana à SS e formulado um argumento extremamente especioso no sentido de que, enquanto no passado muitos avanços sociais haviam sido conseguidos pela violência revolucionária, a aplicação conscienciosa da tolerância democrática permitira a Hitler tomar o poder?[91] Marcuse

[91] Marcuse, "Repressive Tolerance". In: Marcuse, Wolff e Moore, 1969, p. 81-117.

se esquecia apenas de que a questão não era mostrar que a violência é benéfica ou, até, inevitável, em contextos pré-democráticos, mas sim que ela permanece necessária e valiosa – e superior aos meios democráticos – nos sistemas liberais-democráticos dos nossos dias. Mas acontece que o autoritarismo como tal jamais assustou Marcuse. "De Platão a Rousseau", escreveu ele, "a única solução é a ideia de uma ditadura pedagógica"[92] – frase que, seguramente, fez o autor do *Contrato Social* dar voltas na sepultura.[93] Talvez tenha sido essa a razão pela qual, em *O Marxismo Soviético* (1958), malgrado todas as suas críticas à ordem leninista, ele conseguiu negar que a elite do poder comunista tivesse interesses de classe próprios: pois não eram os herdeiros de Lênin apenas um bando de déspotas "pedagogos", temporariamente desgarrados?

Desde o começo, Marcuse foi o mais político dos frankfurtianos. Que o seu marxismo fosse sem história nem proletariado, e que à sua disposição para uma revolução sem dia D faltasse credibilidade, pouco importava aos novos militantes radicais. O que eles queriam era uma racionalização para sua revolta ritual, não uma análise convincente de males largamente imaginários. O essencial era ligar de novo o marxismo ocidental às emoções do protesto de rua e do ódio ativo ao *establishment*. E isso Marcuse tinha, e muito: quer por meio de uma utopia libidinal e eufórica (ainda no prefácio à sua *A Dimensão Estética*, ele continuava a louvar o veio escatológico em Marx), quer por meio da Grande Recusa. Essas duas disposições de ânimo combinavam com o revolucionarismo da sociedade afluente, fadado a ser mais "cultural" e simbólico que social e real. O mito da *repressão* psicocultural generalizada vinha de fato a calhar. Economizava a incômoda obrigação de reconhecer a diminuição da *opressão*

---

[92] Marcuse, 1955, p. 206.

[93] Para uma discussão crítica dessa espécie de *nonsense* tradicional sobre Rousseau, ver Merquior, 1980, p. 35-76.

propriamente dita no nosso meio social, liberal e permissivo. O "pensamento negativo" de Marcuse e sua glorificação da Recusa tornaram-se parte predileta do jargão do ataque compulsivo à repressão. Assim, a extinta chama do fervor de Lukács foi reanimada, juntamente com o falso hegelianismo do espírito de *História e Consciência de Classe* e o virulento antipositivismo de Lukács. Se jamais houve um clássico da *Kulturkritik* vulgar mascarado de neomarxista, seu nome foi Herbert Marcuse. Naturalmente, não há meio de extrair uma teoria do processo histórico de semelhante material. Na verdade, a história foi sacrificada duas vezes: primeiro, no instintivismo cru de *Eros e Civilização*; depois, na teoria social uniforme de *O Homem Unidimensional*, um retrato da sociedade moderna tão estático quanto monolítico. Em sem um mínimo de processo, como se poderia ter uma teoria do processo?

Jürgen Habermas e o santo graal do diálogo

O paradigma já não é a observação mas o diálogo.
Habermas

A obra de Jürgen Habermas é descrita, algumas vezes, como uma atenuação de qualquer resíduo radical porventura deixado na "teoria crítica" da Escola de Frankfurt. Nascido na Renânia em 1929, Habermas passou seus anos de formação num contexto social e político muito diferente daquele que cercou a juventude de Benjamin, Adorno ou Marcuse. Enquanto eles foram testemunhas dos tumultos da República de Weimar, Habermas chegou à meia-idade na Alemanha Ocidental "sem esquerda" da Guerra Fria. Nietzsche costumava zombar do fato de serem tantos os pensadores alemães, como ele mesmo, filhos de clérigos. Isso – escreveu ele – os predispunha à docilidade e à aquiescência na sua visão do mundo. Habermas, filho de burocrata, e neto de ministro luterano, não seria exceção à regra: muitas vezes é tido como o erudito pensador que extraiu o veneno da subversão da teoria crítica.

No entanto, a fagulha que acendeu o pensamento de Habermas foi uma conferência sobre Freud feita pelo radical Marcuse em Frankfurt, em 1956 – ano do centenário de Freud e da admissão de Habermas ao Institut für Sozialforschung. Aos olhos do jovem calouro, Marcuse deu vida nova à velha chama política da Escola de Frankfurt.[94] A esplêndida profecia de Eros parecia varrer o opressivo *Kulturpessimismus* de Horkheimer e Adorno.

Não que Habermas tenha sido jamais um marcusiano. Pouco se importava ele com a base instintual da natureza humana – tema de *Eros e Civilização*. O que lhe interessava era o desenvolvimento sem limites do homem, um verdadeiro motivo hegeliano. E ele não queria nada com aquele outro veio neorromântico dos frankfurtianos, o anelo de uma ressurreição da natureza. Muito pelo contrário: tal mito, declarou com rude franqueza, era incompatível com o materialismo.[95] Habermas fizera sua tese de doutorado sobre Schelling (1954) e assim estava bem familiarizado com o pensamento romântico. Mas sua posição equivalia, quase que de começo, a um "retorno ao Iluminismo". Representava um nítido rompimento com a lúgubre visão apocalíptica da "dialética negativa". A meio de sua carreira, não hesitaria em qualificar a obra de Adorno de "exercício vazio de autorreflexão".[96] Em seu lugar, Habermas quis promover um retorno à análise socioeconômica concreta. Nisso, pelo menos, mostrava-se fiel ao programa original de Frankfurt, que valorizava uma "filosofia social" (ver acima, p. 144). Alinhava-se resolutamente com os que viam no marxismo uma "crítica" global, em vez de reduzi-lo – como Schumpeter – a um conjunto de teorias separáveis, algumas das quais

[94] Ver seu próprio testemunho em "Psychic Thermidor and the Rebirth of Rebellious Subjectivity", *Berkeley Journal of Sociology* 25, 1980.

[95] Habermas, 1972, p. 33.

[96] Cf. Habermas, "Why More Philosophy", *Social Research*, 38: 4, inverno 1971.

dotadas de valor científico.[97] E outra vigorosa linha de continuidade com a Escola de Frankfurt clássica era sua preocupação com os males da "repressão" e com o poder redentor do pensamento reflexivo.

O primeiro livro importante de Habermas, *Transformação Estrutural da Esfera Pública* (1962), respirava um *ethos* muito diverso do ressentido hedonismo dos críticos culturais de Frankfurt. Inspirava-se na "nostalgia helênica" de Hannah Arendt,[98] a exaltação de um "espaço público de fala e de ação" como meio próprio para a liberdade e dignidade humanas. Estudando a disseminação da privacidade nos costumes modernos, Habermas via a esfera pública como um primeiro campo burguês de emancipação, ligado, de início, à ascensão da opinião pública e aos primeiros vagidos da democracia moderna, mas hoje ameaçado pela síndrome contemporânea de tecnocratismo e alienação. No mundo da grande empresa, da grande ciência e do Estado tentacular, a opinião pública autêntica se reduz à impotência ou desimportância, porque as decisões maiores são fruto de acordos e barganhas negociados por poderosos grupos de interesse em vez de refletirem processos demorados de debate livre e racional. E a imprensa, dada à publicidade e ao divertimento, também se esquiva à função de informar e de debater. Assim, o livro conbinava ecos da tese da "indústria cultural", ponto de vista tradicional de Frankfurt, com a problemática "cívica" de Arendt.

O projeto habermasiano de restaurar o marxismo como crítica global deixava-o "entre filosofia e ciência". Observe-se a diferença em relação à visão althusseriana do marxismo como ciência: do materialismo histórico como ciência da história, e do materialismo dialético como teoria da ciência. Mas a restauração por Habermas

---

[97] Ver seu conhecido ensaio "Between Philosophy and Science: Marxism as Critique", 1960, mais tarde reimpresso como cap. 6 de Habermas, 1974.

[98] Se é que posso tomar esse adequado rótulo de empréstimo ao ensaio de Noel Sullivan sobre Arendt in Crespigny e Minogue, 1975.

de uma crítica global implicava, por sua vez, uma completa reconstrução do marxismo ocidental. Para Habermas, a base de tal empresa tinha de ser epistemológica. Deixando de lado as fantasias marcusianas em torno de "outra espécie de ciência", Habermas explicitamente justificou a preocupação de Kant com o rigor do conhecimento contra o desdém hegeliano pelos escrúpulos epistemológicos.[99] Daí sua louvável reserva diante da caricatura maniqueísta da ciência traçada por Adorno e Marcuse. Significativa, para Habermas, "positivismo" significava menos uma legitimação do dado que uma recusa, por parte do conhecimento, de refletir no homem como sujeito do processo cognitivo.

Na sua epistemologia da ciência social, Habermas procedeu em cinco etapas, cada qual representando uma superação teórica de uma escola conhecida. Na etapa 1, jogou o princípio da análise reflexiva contra o funcionalismo estrutural parsoniano, àquela altura dominante na sociologia americana. Do ponto de vista da escola alemã de ciências culturais (*Geisteswissenschaften*), dizia Habermas, o postulado de Parsons de uma harmonia básica entre os motivos da ação social e os valores institucionais do sistema social importa numa perda teórica, pois ele não admitia espaço para o complexo papel de intersubjetividade na tradição e na sociedade. Donde a etapa 2: Habermas voltou-se para a teoria social fenomenológica de Alfred Schütz. Mas Schütz, por sua vez, tinha fechado os olhos à dimensão linguística da comunicação social. Em vista disso (etapa 3), Habermas sentiu-se forçado a complementar a sociologia fenomenológica com a filosofia linguística do Wittgenstein da maturidade. Mas os jogos linguísticos de Wittgenstein constituem formas de vida fechadas em si mesmas. Ora, um sentido completo de intersubjetividade *in actu* implica contatos constantes entre universos linguísticos diferentes, e além disso,

---

[99] Para a crítica das ideias de Marcuse sobre ciência alternativa, ver Habermas, 1968; para a defesa de Kant contra a epistemologia de Hegel, ver o começo de Habermas, 1972.

abertos. *Ergo* (etapa 4), a hermenêutica de Gadamer, com sua ênfase na *tradição* como tradução viva de diferentes horizontes socioculturais, complementa a teorização de Wittgenstein. No entanto, também a hermenêutica exige retificação: pois a teoria da "tradução" transcultural tende a esquecer que linguagem e cultura também podem servir de instrumentos de repressão. Consequentemente (etapa 5), Gadamer deve ser completado com o auxílio de Freud e da crítica marxista da ideologia. A abordagem habermasiana de Freud não era, por sua vez, nada marcusiana: o que interessa Habermas, na psicanálise, é precisamente o projeto terapêutico, não a metapsicologia que inspirara *Eros e Civilização*. O que atrai Habermas é o potencial emancipatório do ideal de autorreflexão, muito mais que a descrição freudiana de forças psíquicas.

Tal é, em resumo sumaríssimo, o esquema de *Sobre a Lógica da Ciência Social* (1967). Mas o objetivo da epistemologia habermasiana não ficaria restrito à teoria social. Um ano depois da sua *Lógica*, Habermas publicou uma obra mais geral, *Conhecimento e Interesse* (1968). Nessa obra, criticando Kant por sustentar o princípio da cognição desinteressada, ele se lança ao desenvolvimento da conexão, prevista por Fichte, entre interesse e conhecimento. Segundo Habermas, há três tipos de ciência, cada um dos quais baseado num conhecimento-interesse principal. Interesses *técnicos* dão origem a ciências empíricas analíticas; interesses *práticos*, a ciências históricas interpretativas; e interesses *emancipatórios*, a ciência de ação, criticamente orientada, como a economia, a sociologia e a teoria política. Só essas ciências da ação têm na *autorreflexão* o seu método.

A autorreflexão, naturalmente, é apresentada como produto da repressão. Na verdade, a repressão é a própria *raison d'être* do pensamento reflexivo critico. É a profundidade e a escala do "sofrimento inequivocamente identificável", oriundo da repressão, explica Habermas, que gera a necessidade de uma ciência social crítica. Acresce que o conceito de repressão, eminentemente psicológico como é (na melhor tradição da psicossociologia de Frankfurt), está conforme a convicção "socrática" de Habermas de que a razão pela qual as relações de poder em nossa sociedade conservam a sua ascendência sobre nós é que "elas não foram ainda desmascaradas". Em resumo, o poder nos mantém sob a sua férula por causa da nossa falsa consciência – um clássico tema marxista.

Vamos agora voltar aos três maiores interesses do conhecimento – técnico, prático e emancipatório. Habermas acredita que estão, respectivamente, ligados a três meios de organização social: trabalho, linguagem, poder. Daí três domínios cognitivos: a *informação*, que visa ao controle técnico na esfera do trabalho; a *interpretação*, que assegura a orientação da ação através da linguagem, dentro das tradições comuns; enfim, a *análise*, que liberta a consciência do poder disfarçado em ideologia. *Conhecimento e Interesse* adjudica um modelo epistemológico predominante a cada domínio. A lógica da descoberta científica de Popper cobre a informação; a hermenêutica de Gadamer, a interpretação; a psicologia profunda de Freud, a análise.

Enquanto constitutivos de domínios científicos objetivos, os três interesses cognitivos desfrutam de um estatuto *transcendental* no sentido kantiano: denotam condições, ou formas *a priori*, do saber. Mas Habermas acrescenta que eles são também *empíricos* por derivarem da história natural da humanidade. De qualquer maneira, como "constantes", i.e., tendências fundamente arraigadas na história da espécie, os interesses cognitivos são assunto mais apropriado para uma antropologia filosófica que para uma mera sociologia do conhecimento relativista.[100]

Já mencionamos trabalho, linguagem e poder como práticas ligadas aos interesses-conhecimento. Todavia, quase toda a obra de Habermas é, na verdade, construída em torno da polaridade de *trabalho* e *interação*, que ele tomou emprestada ao jovem Hegel. Como indicou Martin Jay,[101] no curso da sua participação na

[100] Cf. Habermas, 1974, p. 21 e 8.

[101] Jay, 1984a., p. 473-74.

chamada querela sobre o positivismo de meados da década de 1960 (essencialmente uma guerra epistemológica entre popperianos e adornianos), Habermas chegou a substituir o antigo conceito de totalidade do marxismo ocidental por uma nova ênfase no conceito idealista de espírito. Agora, o espírito reaparecia como campo de diálogo, em vez de ser um ego unificado. Tal conceito fora prefigurado na primeira *Fenomenologia do Espírito*, de Hegel, obra escrita em 1805, em Jena. O texto-chave de Habermas a esse respeito é um ensaio, "Trabalho e Interação", escrito em 1967 para um *Festschrift* em honra de Karl Löwith.[102] Habermas sustenta que enquanto o "trabalho" é governado por *normas técnicas* manifestas, evidentes por si mesmas, a "interação" obedece a *normas sociais*, autorizadas por consenso – ao qual se chega depois de algum grau de diálogo e persuasão.

No segundo capítulo de *Conhecimento e Interesse*, a antítese trabalho/interação estimula uma interessante crítica de Marx. Habermas elogia Marx como historiador social pela sua atenção à dimensão interativa do esforço humano. Mas condena Marx como teórico social por desprezá-la, concebendo a emancipação humana como fruto de um processo fundado apenas no trabalho e na capacidade técnica. Em suma, Karl Marx é acusado de reduzir a ação autogenerativa da espécie (que ele tanto louvara em Hegel) a uma síntese (naturalista) efetuada pelo trabalho social, esquecendo-se da complexa dialética da interação e da comunicação simbólica.

Mas o afastamento de Habermas em relação a Marx não se limita a isso. No ensaio que dá título à coleção *Técnica e Ciência como Ideologia* (1968), ele argumenta que, sob o capitalismo mais recente, diversas afirmações-chave do materialismo histórico, na sua forma clássica, precisam ser substituídas. Uma vez que: a) a própria ciência se tornou, da "segunda Revolução Industrial" em diante, uma força de produção; b) a

---

[102] Reproduzido em Habermas, 1968, e, em inglês, em Habermas, 1974, cap. 4.

economia obedece agora a todo um conjunto de regulamentos estatais; e c) a luta de classes foi desarmada pelo gerenciamento keynesiano, a teoria crítica da sociedade não pode mais atuar, como em Marx, mediante a crítica da economia política. Desde 1960, Habermas advertia que "devido à introdução de elementos da superestrutura na própria base, a clássica relação de dependência da política para com a economia se rompeu".[103]

O alcance e o grau das preocupações epistemológicas de Habermas não têm precedente na Escola de Frankfurt. No entanto, seria ilusório pensar que ele as usa em lugar da velha ênfase na "crítica" e do *ethos* humanista de *Kulturkritik*. O conceito de linguagem e comunicação como instrumento de autorreflexão – a principal contribuição tanto de *Lógica e Ciência Social* quanto de *Conhecimento e Interesse* – aponta para uma "situação ideal de fala" como estrela guia de todo contexto interativo entre humanos. A verdade se torna, até esse ponto, uma função do diálogo entre interlocutores verazes, pessoas de boa vontade. "A verdade do que é dito está ligada, em última análise, à intenção da vida correta."[104]

Uma frase da importante introdução à quarta edição alemã (1971) da *Teoria e Práxis* condensa a substância desse projeto: "o paradigma já não é a observação, mas o diálogo".[105] Assim, a sóbria mística do diálogo, espécie de versão epistemológica do espaço público de discurso e ação de Arendt, substitui, em Habermas, as imagens tradicionais da vida correta. A linguagem está pejada de virtude soteriológica, de um poder de salvação a que a dialética torcida de Adorno só poderia aludir de modo indireto e intermitente. Não obstante, o espírito da *Kulturkritik*, embora atenuado, ainda calça essa ética

[103] Habermas, 1974, p. 237 (do ensaio mencionado na nota 97). Ele acompanha, nesse ponto, a tese de Claus Offe sobre a emergência de "instrumentalidades políticas" largamente independentes de interesses econômicos na sociedade capitalista adiantada. V. Offe, 1972, passim.

[104] Habermas, 1972, p. 314.

[105] Habermas, 1974, p. 11.

da comunhão pela comunicação. Isso fica patente na diagnose do capitalismo tardio feita por Habermas em *A Crise de Legitimação no Capitalismo Tardio* (1980) – para muitos, o mais acessível dos seus livros.

A Crise de Legitimação usa as categorias de trabalho e interação para apoiar a distinção entre "crise do sistema" e crise de identidade. O propósito de tal distinção é ressaltar que os problemas da condução de um sistema social só chegam a um ponto crítico quando a *Lebenswelt* dos seus *socii* passa por tal crise que eles sentem a própria identidade cultural como profundamente problemática. O livro termina com uma ampla discussão da teoria dos sistemas de Niklas Luhmann, um teórico com o qual Habermas vem mantendo uma sofisticada polêmica desde 1971.[106] Espécie de Parsons alemão, voltado para a cibernética em vez da teoria sociológica clássica, Luhmann vê a integração de sistemas de um ponto de vista funcionalista. Para ele, a coesão do sistema é largamente independente da integração social nutrida em mundividências.[107] Obviamente, essa abordagem deixava pouca margem para questões de identidade cultural.

A teoria dos sistemas não é, todavia, a única linha teórica, quando se quer fazer vista grossa a crises de identidade. O próprio Marx se concentrara numa única espécie de crise de sistema: os engarrafamentos econômicos criados pela nêmese da competição. Habermas não se aprofunda nas complexidades da "literatura do colapso", i.e., do debate, hoje famoso, sobre se: a) teria Marx (ou não) sustentado a teoria do colapso do capitalismo; e b) se o fez, qual a natureza do processo de desintegração. Tugan-Baranovsky, Hilferding e Luxemburgo, os primeiros grandes nomes da literatura do colpaso do capitalismo, não são mencionados em *A Crise de Legitimação*. Mas o que preocupa Habermas é a obsolescência da teoria dos valores de Marx na idade da alta tecnologia e da economia keynesiana.

---

[106] Ver Habermas e Luhmann, 1971.

[107] Habermas, 1976, p. 131.

Sua alegação é que a crítica da economia política apreendeu o sentido da sociedade do século XIX porque, no capitalismo liberal, a integração (tanto *social* como *sistêmica*) se fundava na economia. Com a separação de Estado e sociedade civil, as relações de classe foram institucionalizadas pelo mercado. E o mesmo mercado impessoal – e não o Estado – assumiu o encargo de satisfazer as necessidades sociais. Em consequência, as crises econômicas se traduziam diretamente em crises de legitimação. Qualquer pequena dificuldade do sistema repercutia na integração social. Porém nas sociedades modernas, dirigidas pelo Estado, acontece o contrário: a integração social e a sistêmica tornaram-se desacopladas. A ideologia econômica, o princípio de intercâmbio, já não é, em nosso meio, a norma diretora da integração social. Acresce que o Estado intervém regularmente na economia (daí, também na integração sistêmica), e a consequente politização das relações de classe apaga os antigos contornos, nitidamente contrastantes, da estrutura de classe. Em tais circunstâncias, a teoria crítica não pode mais assumir a forma de uma crítica do pensamento econômico.

O novo papel do Estado na vida econômica desloca as categorias de Marx. Por isso mesmo, Habermas desvia a análise para o sistema político. Aqui, os principais problemas do sistema tendem a surgir, como uma "crise da racionalidade", da "crise fiscal do Estado", que ocorre sempre que o Estado moderno, keynesiano, já não encontra recursos para financiar o crescimento econômico e a estrutura de serviços sociais. Habermas reconhece a possibilidade disso; mas, ao contrário de James O'Connor e outros teóricos da crise fiscal, não a exagera. Prefere acentuar a questão da *legitimidade* como dimensão crucial de possíveis crises na esfera política. Enquanto o povo confia no Estado, as crises de racionalidade, por si mesmas, não causam grande dano. "Déficits de legitimação", por outro lado, causam. Para Habermas, o Estado moderno procura subornar os focos sociais dos déficits de legitimação administrando significações partilhadas e garantindo o bem-estar graças ao crescimento econômico. Mas enquanto a comunhão de sentido pode enfrentar problemas derivados da incongruência entre a ideologia da "comunidade" ou dos "interesses nacionais", advogadas pelo Estado, e as realidades da estrutrua de classe, as tentativas de preencher os vazios da legitimidade através do crescimento ficam ameaçadas por um perigo ainda maior: a cultura moderna é capaz de gerar demandas sociais de natureza impossível de satisfazer em termos econômicos e tecnocráticos. Em tal conjuntura, o déficit de legitimação, que constitui a crise de identidade do sistema político do capitalismo tardio, se desdobra numa profunda "crise de motivação", minando a identidade do conjunto da cultura contemporânea. Habermas acredita que mudanças nos valores da sociedade ocidental, de que dão testemunho os movimentos de juventude, e a extensão à cultura social da postura de *Kulturkritik* mantida há tantos anos pela maior parte da arte moderna mais avançada, estão minando a motivação em sentido adverso ao sistema capitalista. Críticos como John Hall[108] não perderam tempo em apontar um paralelo entre Habermas e o discurso de Daniel Bell sobre as "contradições culturais do capitalismo", com a ênfase no fato de que a ideologia modernista se vem tornando, como credo contracultural, uma força social crescente.

Assim, Habermas concordou, até certo ponto, com o lema de maio de 1968: "mudar a vida". Mas sua aprovação da *Kulturkritik* estava longe de estender-se à política violenta muitas vezes associada às revoltas de estudantes da época. Deu sua bênção ao movimento Juso, a ala jovem da esquerda socialista entre os social-democratas. Mas, diferentemente de Marcuse, absteve-se de encorajar os protestos nos *campi*. Pareceu, ao contrário, preferir uma velha utopia do progressismo germânico: *Bildung*, como alternativa à revolução. A seu ver, "em face das diversas iniciativas sectárias, poder-se-ia hoje dizer que, no capitalismo avançado, mudar a estrutura do sistema geral de educação pode ser mais importante para a

[108] Hall, 1981, p. 81.

organização do pensamento emancipatório do que o treinamento ineficaz de quadros, ou a construção de partidos impotentes".[109] Não admira, então, que o "reformismo radical"[110] de Habermas fosse, durante alguns anos, um dos alvos do ativismo *gauchiste*.

Dois aspectos pelo menos de *A Crise de Legitimação* merecem comentário. O primeiro é uma ironia histórica que pode ser rapidamente tratada. O livro reflete o impacto, embora não a estridência nem o espírito, das rebeliões estudantis da década de 1960. Mais precisamente: a teoria da crise de Habermas, indo, como ia, do bloqueio econômico e impasses de administração para lacunas de legitimidade e retração cultural, curvou-se à noção de que os dias da racionalidade instrumental estavam contados. No entanto, por volta de 1973, a maré da "revolução cultural" já entrara na vazante. E mais: a recessão mundial estava prestes a desencadear uma década de crises econômicas que prejudicaram seriamente a sabedoria keynesiana que Habermas tinha por intocável. Se o pêndulo da história se moveu, foi em sentido contrário: para longe da insatisfação cultural, e no sentido de um regresso às aflições econômicas.

Em segundo lugar, a marca do dualismo trabalho/interação é conspícua em *A Crise de Legitimação*. Segundo Habermas, enquanto a interação, sob o disfarce de motivação cultural, é, ao mesmo tempo, o que pode arruinar e o que pode salvar a nossa sociedade industrial avançada, os fatos do "trabalho", i.e., do crescimento, da tecnologia, da tecnocracia, não podem preservá-la, uma vez que não existe maneira pela qual eles possam satisfazer a sede de legitimidade experimentada pela cultura, cada vez mais desajustada, do capitalismo adiantado. Assim, o conceito de interação confirma a ideia de que um estado constante de crise de identidade emergiu na sociedade moderna, em vez das crises econômicas, violentas mas

---

109 Habermas, 1974, p. 31-32.

110 Ele usa a expressão na sua introdução a Habermas, 1971b (tradução resumida da introdução (*Einleitung*) ao livro original em alemão, de 1969.

episódicas, do capitalismo pregresso. Mas, a essa altura, cumpre indagar: onde termina a sociologia da modernidade e onde começa a velha melodia da *Kulturkritik*? Qual é o grau de apoio empírico reunido por Habermas no seu retrato de um capitalismo desmotivado? E, mais importante ainda: que tal se a ordem capitalista funcionar melhor sem muita "fé" cultural, alimentando-se apenas da aquiescência ou condescendência geral, baseada a) em expectativas utilitárias fornecidas pelo crescimento econômico em contextos democráticos; e b) na percepção popular de que as alternativas existentes em termos de sistema social são piores, em matéria de fornecer bem-estar e, ainda por cima mais opressivas? A obra de alguns sociólogos recentes, notadamente Frank Parkin e Michael Mann, contém agudas reflexões justamente sobre essa possibilidade.

Nos últimos quinze anos Habermas tem se concentrado em defender seu sistema contra um mar de críticas. Por exemplo: Habermas tem sido atormentado por alegações de que o seu conceito de conhecimento-interesse constitui uma redução do conhecimento a imperativos técnicos e necessidades sociais. Dando ênfase aos interesses, essa espécie de espistemologia, argumenta-se, condena-se ao relativismo do pragmatismo. Na introdução de *Teoria e Práxis*, Habermas procura safar-se, distinguindo "entre a comunicação, que permanece presa ao contexto da ação, e os discursos, que transcendem as coerções da ação". Discurso é um nível metacomunicativo em que asserções da verdade (discurso teórico) ou normas (discurso prático) são examinadas.

Outro grande problema na obra de Habermas até *Conhecimento e Interesse* era o lado prático da sua confiança nos maravilhosos poderes da reflexão. Como até o seu competente e simpático intérprete, Thomas McCarthy, reconhece, na teoria dos conhecimentos-interesses emancipatórios havia uma identidade não demonstrada de razão e vontade.[111] Mais especificamente, postulava-se uma

---

[111] MacCarthy, 1978, p. 95ff.

vontade-para-a-razão, pressupondo uma universalidade de autorreflexão difícil de reconciliar com a situação dos pretensos beneficiários da emancipação esclarecida. Inicialmente, cumpre objetar, como o fez Richard Bernstein, à suposição de um *motivo* para a autorreflexão. Mesmo aceitando que o *telos* de todo discurso seja, na verdade, a comunicação não deformada, ainda assim se gostaria de saber o que é que verdadeiramente impele o homem a buscar tais formas ideais de interação[112] – e disso os textos de Habermas pouco tratam, e de maneira pouco precisa. É óbvio que a teoria dos interesses cognitivos é genérica demais para valer como explicação. O diabo com os conhecimentos-interesses de Habermas, diz Nikolaus Lobkowicz, é que são interesses em que ninguém está habitualmente interessado, em nenhum sentido empiricamente demonstrável.[113] Ademais, o modelo psicanalítico de autorreflexão dificilmente poderia aplicar-se à sociedade em geral.

Habermas tentou escapar a essas acusações distinguindo entre "autorreflexão" e "reconstrução". Um pós-escrito a *Conhecimento e Interesse* de 1973 afirma que, enquanto a autorreflexão traz à consciência as particularidades de um indivíduo, a *Bildung*, pessoal, autoformativa, "a reconstrução racional se ocupa de sistemas de normas" que "não abrangem a subjetividade".[114] Parece que, para Habermas, as reconstruções se referem a uma *Bildung* da espécie e, como tal, fornecem "estruturas" convenientes para os necessários atos individuais de reflexão dentro da interação.

Esse ponto de vista antropológico ditou a maior parte do argumento central de *Para a Reconstrução do Materialismo Histórico* (1976). O propósito fundamental

[112] Bernstein, 1976, p. 223-24.

[113] Lobkövicz, "Interests and Objectivity", *Philosophy of the Social Sciences* 2, 1972, p. 201.

[114] Publicado in *Philosophy of the Social Sciences* 3, 1973. Ideias da mesma espécie ocorrem na introdução à *Teoria e Práxis* citada na nota 206.

de Habermas é dar ao seu ideal dialógico um mecanismo operativo no homem *qua* homem – uma "competência comunicativa"[115] que faria pela interação linguística o que a gramática de Noam Chomsky supostamente faz pela capacidade linguística individual. Habermas tenciona mostrar que "a espécie aprende não só na dimensão do conhecimento tecnicamente útil, decisivo para o desenvolvimento de forças produtivas, mas também na dimensão da consciência prático-moral, decisiva para as estruturas de interação".[116] O centro do exercício era uma teoria da "pragmática universal", distinta de uma sociolinguística meramente empírica.[117] "Pragmática universal" é apenas um novo nome para "competência comunicativa", a abstrusa gramática interativa que alicerça sua concepção de um diálogo livre como arma principal da emancipação.

Habermas enriqueceu a ética universal do discurso louvando-se nas teorias do filósofo californiano John Searle sobre os atos da fala (*speech acts*), as quais, por sua vez, foram largamente baseadas no conceito "performativo" desenvolvido pelo primeiro mentor de Searle, o filósofo de Oxford J. L. Austin (1911-1960). Austin e Searle deram maior importância àqueles aspectos de uma afirmação que denotam ou conotam as intenções da pessoa que fala do que aos aspectos que transmitem informação sobre o mundo em geral. A teoria dos *speech acts* estabeleceu a noção de que falar é um modo de agir. Mas, enquanto Austin e Searle distinguem as diversas espécies de atos que alguém pode executar com diferentes enunciados, a preocupação de Habermas era com alguns pressupostos gerais, subjacentes às nossas enunciações e às respostas a elas. Cada vez que executamos um ato de fala orientado para a compreensão, em oposição aos que

---

[115] Cf. Habermas, "Toward a Theory of Communicative Competence", *Recent Sociology*, 2 (Hans Peter Dreitzel, ed.), London, 1970.

[116] Habermas, 1979, p. 148.

[117] Habermas, "What is Universal Pragmatics", 1976, cap. I. In: Habermas, 1979.

servem a um alvo egoísta, jogamos com postulados de validade, fundados em razões, de modo que quem fala pode, em princípio, "motivar racionalmente" os ouvintes a aceitar esses postulados – estes são, por natureza, "resgatáveis" por meio de argumentação. Assim, Habermas procura chamar atenção não só para as intenções de quem fala, mas também para o contexto das expectativas que ele partilha com seus ouvintes – a estrutura comunicativa, implícita ou explicitamente dialógica, de atos de fala que visam a uma compreensão dos postulados de validade. Além disso, pretende Habermas, esses atos discursivos sempre antecipam uma situação ideal de discurso, livre de compulsão ou fraude, em que cada pronunciamento preenche quatro condições: compreensibilidade, verdade, veracidade e correção, no sentido de ser apropriado a um contexto normativo reconhecido tanto por quem fala quanto pelo ouvinte. Naturalmente, as declarações podem ser mentirosas; mesmo essas, porém, na opinião de Habermas, pressupõem, mesmo *a contrario*, as quatro obrigações acima arroladas. Embutida no falso discurso estaria a homenagem que o vício presta à virtude. Searle mais do que Chomsky fornece a Habermas os fundamentos conceituais da pragmática universal – e isso porque Habermas acha a teoria de Chomsky por demais monológica; e também deseja substituir o inatismo de Chomsky por uma visão "desenvolvimental" das habilidades comunicativas, moldada, com alguma liberdade, na psicologia cognitiva genética de Piaget e na obra de outros psicólogos do desenvolvimento, como Lawrence Kohlberg e Jane Loewinger.

Junto com sua ênfase na espécie, a adoção de uma postura desenvolvimental deu a Habermas uma concepção "diferencial" de *progresso* – muito longe da primitiva e dogmática repulsa frankfurtiana pelas ideias evolucionistas. Todavia, na evolução habermasiana, a primazia da "interação" sobre o "trabalho", com todas as suas implicações antinaturalistas, não perde terreno. O diálogo continua a ter precedência sobre a produção, a linguagem sobre a tecnologia. Enquanto se rejeita o tema marxista dos determinantes infraestruturais, o desenvolvimento de estruturas normativas é apresentado outra vez como "o marca-passo da evolução social".[118] "Os grandes avanços endógenos, evolutivos, que levaram às primeiras civilizações ou ao advento do capitalismo europeu não foram condicionados, mas seguidos, pelo significativo desenvolvimento de forças produtivas."[119]

A recente suma de Habermas, *Teoria da Ação Comunicativa* (1981), em dois volumes, com 1167 páginas no original alemão, começou a ser escrita em 1977. Mantém, corajosamente, o ponto de vista evolucionista. Essa vasta, laboriosa e muitas vezes opaca *Teoria*[120] marca a culminação do que se poderia chamar, no interesse da brevidade, Habermas II. Habermas I girava, conforme vimos, em torno dos conceitos de conhecimento-interesse e autorreflexão. Habermas II faz, principalmente, duas coisas: a) dá posição privilegiada ao conceito de ação comunicativa – uma tradução linguístico-antropológica da sua velha preocupação arendtiana pela sobrevivência de uma "esfera pública" como nobre esfera de livre interação humana; e b) reforça o ponto de vista "reconstrutivo", i.e., evolucionista, por ele adotado em meados da década de 1970.

Demoremo-nos por um instante na evolução social tal como vem descrita na sua *Teoria da Ação Comunicativa*. Na interação de todo dia, postulados de validade relativos a enunciados são tidos como coisa certa, uma vez que partilhamos com aqueles com os quais interagimos no mundo de vida (*Lebenswelt*), i.e., todo um conjunto de valores e crenças. A *Lebenswelt* de determinada sociedade assegura essa transmissão de uma geração a outra – a reprodução simbólica da sociedade, que é distinta dos

---

118 Isso está explícito no cap. 3 de Habermas, 1979, "The Development of Normative Structures", ensaio que, no original alemão, apareceu como introdução a *Zur Rekonstruktion des Historischen Materialismus.*

119 Habermas, 1979, p. 146.

120 Para um excelente sumário, ver John B. Thompson, crítica da *Theorie*, TLS, 8 abr. 1983, p. 357.

processos de produção e reprodução de bens e serviços – o que Habermas chama "sistemas funcionais".

Com base na força dessa distinção entre sistema e *Lebenswelt* como modelos de reprodução social, da ligação da *Lebenswelt* com a ação comunicativa, envolvendo postulados de validade e sua virtual justificação, Habermas se põe a corrigir a celebrada explicação weberiana da evolução cultural em termos de uma racionalização progressiva. Caracteristicamente, Habermas diz que Weber errou ao igualar o crescimento da diferenciação institucional com racionalização crescente. Mas isso é porque Habermas sustenta (como Weber também sustentou[121] – mas deixemos isso de lado) um conceito de racionalidade como algo mais que meramente instrumental, i.e., racionalidade de meios e fins. O que ele pede é o deslocamento de um conceito prodominantemente *teleológico* da ação para um foco no *comunicativo*.

Habermas alega que, através da evolução cultural da humanidade, da sociedade do clã para o mundo moderno, os dois mecanismos reprodutivos, "sistema" e *Lebenswelt*, ficaram cada vez mais às turras um com o outro. Por outro lado, a "reprodução simbólica" assistiu a uma racionalização da *Lebenswelt* que, de maneira progressiva, solapou as teorias e crenças tradicionais, fazendo a ação comunicativa mais e mais dependente da análise racional. Por outro lado, o crescimento e a complexidade de "sistemas" têm colidido com a *Lebenswelt*, ameaçando, com sua lógica muito diferente, asfixiar aquele mesmo potencial de racionalidade comunicativa. É a isso que Habermas chama "colonização" da *Lebenswelt* pela racionalidade instrumental e técnica. Na sua opinião, aí jaz a raiz do problema da cultura moderna. A *Teoria* também resume o diagnóstico de

[121] Grande parte da melhor literatura recente sobre Weber é, com efeito, uma brava tentativa de provar que Weber *não* estava enamorado da racionalidade instrumental: para um exemplo convincente, ver Stephen Kalberg, "Max Weber's Types of Rationality – Cornerstones for the Analysis of Rationalization Processes in History", *American Journal of Sociology*, 85, n. 5, 1980, p. 1145-79.

A Crise de Legitimação, salientando que, enquanto a luta de classes retrocedeu no capitalismo avançado, os níveis mais profundos de fricção e tensão localizam-se hoje em áreas em que a economia e o estado gerencial agem como veículos da supracitada colonização da *Lebenswelt* – provocando, assim, reações como o movimento ecológico e a campanha pela desnuclearização.

Um ponto crucial na discussão do Estado da civilização ocidental na *Teoria da Ação Comunicativa* é a ideia de um "projeto de modernidade" inconcluso. O argumento foi resumido pelo próprio Habermas ao receber, em setembro de 1980, o Prêmio Adorno, da cidade de Frankfurt.[122] Seu ponto de partida lembra as posições de Weber sobre a racionalização como diferenciação funcional progressiva de esferas sociais de ação. "O projeto da modernidade", disse, "formulado no século XVIII pelos filósofos do Iluminismo, consistia em seus esforços para desenvolver a ciência objetiva, a moralidade universal e o direito, e uma arte autônoma, segundo a lógica interior de cada uma dessas coisas." Tudo na esperança de que as artes e as ciências promoveriam o controle da natureza, favorecendo nossa compreensão do mundo e de nós mesmos, e introduzindo no mundo moderno justiça e felicidade. O problema é que, em nosso tempo, essas esperanças se frustraram. A diferenciação de ciência, moral e arte resultou em segmentos desvinculados da *Lebenswelt* da comunicação habitual – a própria matéria-prima do cotidiano. Daí todas as tentativas de negar a cultura moderna, desde as vanguardas heroicas do primeiro modernismo até os movimentos pós-modernos do nosso tempo. Sabiamente, Habermas se recusa a responder à acusação de "razão terrorista" levantada contra a tradição do Iluminismo pela postura ferozmente antimoderna de pensadores pós-estruturalistas como Foucault e Derrida. Em vez disso, pergunta com sincera angústia: "Devemos permanecer fiéis às *intenções* do Iluminismo, por débeis que sejam – ou devemos

---

[122] Cf. a tradução inglesa de Habermas, "Modernity versus Postmodernity", *New German Critique*, 22, inverno, 1981.

dar todo o projeto da modernidade como perdido?".[123] O próprio fato de que ele chama ideólogos como Foucault e Derrida[124] "jovens conservadores", que muitas vezes se veem, objetiva ainda que não intencionalmente, aliados aos velhos preconceitos conservadores contra as ofensivas emancipadoras que ainda surgem da fonte iluminista, indica para que lado se inclina a sua resposta.

A corajosa resistência de Habermas à voga do pós-estruturalismo merece nosso respeito. Ele é, entre os filósofos europeus de maior influência, o pensador que defende os valores universalistas contra uma tempestade de relativismos desvairados e cínicos, de mal fundamentados niilismos. Significativamente, Habermas nao deu nenhum sinal de conivência com o culto de Nietzsche, o principal rito pós-estruturalista de simulação de *pedigree* filosófico. Mas devemos começar qualquer avaliação da sua obra impressionante fazendo notar, antes de mais nada – em obediência à nossa problemática –, como ele ainda deixa de captar, ou recobrar, um verdadeiro sentido do processo histórico, de maneira digna de Hegel ou de Marx. Pois embora Habermas concorde com as intenções do Iluminismo, parece despreparado para aceitar seus resultados históricos. Sua versão da "tragédia do Iluminismo", para empregar a frase de Paul Connerton, é muito mais razoável, muito menos apocalíptica e, pensando bem, muito menos tola e melodramática que as versões de Adorno e Marcuse – mas, em última análise, também ele toma o partido da *Kulturkritik*, em vez de aceitar de coração aberto a modernidade cultural. Até certo ponto, sua postura é um paradoxo, pois chega a reconhecer o progresso sem de fato aceitar a direção do processo.

A preocupação de Habermas com a imunização da *Lebenswelt* contra a razão instrumental é um exemplo revelador dessa posição de meio-termo. E nesse passo tenho de concordar com um dos mais perspicazes dos

---

[123] Ibid., p. 9.

[124] Para uma crítica da ideologia de Foucault, ver Merquior, 1985; e de Derrida, ver meu *From Prague to Paris*, cap. 5, V e VI (1986).

seus críticos, John Hall: a busca da salvação ("emancipação") por meio do conhecimento-como-diálogo evoca o desejo de "reencantar" o mundo[125] – e é por isso um ponto de vista neorromântico. Habermas reconhece que a ciência natural tem de proceder objetivamente. Mas, na sua hierarquia do conhecimento, o ápice é dado a uma verdade "consensual", na qual o peso da correspondência entre discurso e realidade exterior é quase nulo. Como observa Mary Hesse, sua justificação dos *truth claims* permanece pouco clara e insatisfatória – e o próprio Habermas já o reconheceu.[126]

Ademais, temos o problema da *racionalização unificada* como alvo de uma interação reflexiva fundada na competência comunicativa do homem. "*Können komplexe Gesellschaften eine vernünftige Identität ausbilden*?" (Podem sociedades complexas construir uma identidade racional?) Habermas fez dessa pergunta o título mesmo de sua alocução quando a cidade de Stuttgart lhe concedeu o prêmio Hegel, no começo de 1974.[127] Habermas, o teórico da filosofia social, acredita que sim. Os cientistas sociais são mais céticos. Assim, Steven Lukes não encontrou nada na vasta obra habermasiana que demonstrasse cabalmente a possibilidade de uma base racional unificada para a teoria crítica. Mas se não nos exibem tal base, então não há como prescindirmos do papel de *decisão* em matéria de moral e de pensamento político; e, por consequência, voltamos ao pluralismo axiológico de Weber, a eterna guerra dos deuses sociais, contra o consenso, mesmo processual e dialógico como é o de Habermas.[128]

Essa crítica pode ser estendida igualmente ao nível epistemológico. Como muito bem percebeu Gerard

---

[125] Hall, op. cit., p. 54 e 65-66.

[126] Cf. sua crítica in Thompson e Held, 1982, cap. 5, principalmente p. 114. Em sua resposta no fim do mesmo volume, p. 274. Habermas reconhece haver descuidado da "dimensão evidencial da verdade".

[127] Cf. McCarthy, op. cit., p. 459. Para uma tradução resumida em inglês, ver Habermas, "On Social Identity", *Telos*, 19, primavera 1974.

[128] Lukes, cap. 7, in Thompson e Held, op. cit., principalmente p. 145.

Radnitzky, o núcleo da argumentação de Habermas é que nunca existe, falando propriamente, uma opção pela razão em assuntos cognitivos. Pelo contrário, sempre nos vemos "em" razão, porque entrar em ação dialógica e comunicativa já significa reconhecer a razão crítica como o alvo imanente da verdadeira comunicação.[129] Desde *Teoria e Práxis*, Habermas ofereceu, na verdade, essa perspectiva como alternativa ao decisionismo de Popper, quando se trata de justificar a opção última pelo conhecimento crítico. Mas nem todo mundo acha convincente a alternativaa seus pontos de vista.

A rigor, a noção de que exista um impulso de racionalidade "inevitável" em qualquer discurso, prático ou teórico, no que concerne a sua substância, muitas vezes acarreta, necessariamente, um *non sequitur*. Habermas insiste em que nossa reação a postulados de validade implicados em atos discursivos comunicativos compromete tantos oradores quanto ouvintes na busca de uma racionalidade padrão não menos constringente que aquelas que a lógica ou a ciência costumam empregar. W. G. Runciman, porém, discorda. Uma coisa, diz ele, é concordar com Kant, que, quando dizemos que algo é belo, queremos dizer que todo mundo deveria gostar desse algo; outra, muito diferente, é sustentar (como Kant jamais o fez) que o apelo à universalidade latente em nossos juízos estéticos é tão obrigatório quanto a racionalidade da lógica e da ciência regida pela lógica. Ora, a afirmação de Habermas de que: a) existem padrões de racionalidade entranhados em cada diálogo veraz e correto sobre qualquer coisa pode ser tida como um equivalente lógico da famosa observação de Kant sobre a vocação universal dos juízos estéticos. No entanto, sua pretensão de que: b) esses padrões sejam tão obrigatórios quanto a razão lógica é injustificada ou, na melhor das hipóteses, indemonstrada. O passo de *a* a *b* não é um passo, diz Runciman – é um salto.[130]

---

[129] Radnitzky, 1970, v. II, p. 179-80.

[130] Cf. W. G. Runciman, crítica à *Teoria da Ação Comunicativa*, v. I. In: *London Review of Books*, 4 out. 1984, p. 19.

O salto parece, de algum modo, ligado ao que Perry Anderson chamou o "angelismo" da visão da linguagem, diálogo e discurso em Habermas. Em contraste com os pós-estruturalistas franceses, que demonizaram a linguagem, esvaziando-a de sentido e verdade, nosso *Auflkärer* linguístico transformou o discurso num suporte verdadeiro e confiável da cultura, garantindo a moralidade e a harmonia social – e funcionando, ainda por cima, como a força motriz da história.[131] De um ângulo diferente, Anthony Giddens também protestou contra a idealização habermasiana da "interação". A seu ver, Habermas reduziu interação a comunicação espontânea, esquecendo irrealisticamente as imbricações entre interação e poder.[132]

O projeto de Habermas consistia em restaurar a força ofensiva da teoria crítica sem recair na ingenuidade do revolucionarismo padrão.[133] E, todavia, seu tipo paralinguístico de teoria crítica acabou impotente no nível de organização. As situações especiais de discurso eram criaturas apenas um pouco menos desencarnadas que o etéreo pensamento negativo de Adorno. Sua própria honestidade ao recusar, em Marcuse, a busca fácil de *ersatzs* para um proletariado refratário e a autoindulgência elitista das "ditaduras educacionais" deixou Habermas sem nenhum vínculo social para a sua utopia comunicativa. Um dos seus críticos alemães, Bernard Willms, chega até a ver a lacuna institucional na teoria social de Habermas como inata, uma vez que toda instituição implica muita ação instrumental e técnica, e isso pertence ao reino vil do "trabalho" e não da nobre "interação".[134] Mas esse é o juízo da esquerda radical, ansiosa por cobrar resultados políticos à obra de Habermas. Um veredicto menos parcial ou apaixonado poderia mostrar que, com ele, a

---

131 Anderson, 1983, p. 64.

132 Cf. Cap. 8 in Thompson e Held op. cit., principalmente p. 159-60.

133 Sobre esse ponto, ver o artigo de Axel Honneth, "Communication and Reconciliation – Habermas" critique of Adorno", *Telos*, 39, primavera 1979, p. 46.

134 Cf. Willms, 1973, passim.

Kulturkritik – elemento medular no marxismo ocidental – tornou-se infinitamente menos virulenta. Cumpre, no entanto, reconhecer que, apesar de toda a ambiciosa recuperação de perspectivas evolucionistas, Habermas foi incapaz de nos dar não um lamento contracultural, mas uma verdadeira teoria do processo histórico.

A teoria crítica de Habermas poderia, a rigor, falhar como remédio e como exposição histórica e, mesmo assim, vingar como uma epistemologia nova, no seu próprio nível "reflexivo" (num nível mais geral, que inclui o problema da verdade, já vimos que ela também falha). Afinal de contas, o cerne da taxonomia habermasiana do conhecimento é o nível das ciências "reflexivas", em cujo domínio ele pretende haver proposto e justificado um novo tipo de cognição: o conhecimento crítico, inspirado em Marx e também em Freud. Nem isso é tudo. Habermas faz questão de demonstrar que, a fim de serem verdadeiramente válidas, nossas convicções normativas têm de constituir conhecimento genuíno – afirmação muito discutível. A rigor, ela nada mais é que imagem especular da pretensão positivista de que as crenças não cientificamente fundadas são apenas preferências arbitrárias.[135]

Agora: independentemente do imenso problema, acima referido, de supor uma motivação social generalizada para a participação no discurso livre como meio para a emancipação, Habermas soa implausível quando se trata de aferir qual seria o consenso das suas situações ideais de discurso. Para um dos seus críticos mais insuspeitos e cuidadosos, Raymond Geuss, o altruísmo consensual de Habermas é de todo absurdo e irrealizável. Pois é muito mais natural supor que os participantes de um diálogo espontâneo venham munidos de suas próprias (e, com frequência, discordantes) concepções de valores, morais e de outras espécies. Seja como for, Geuss conclui que o conhecimento emancipatório de

---

[135] Esse ponto foi brilhantemente estabelecido por Quentin Skinner in "Habermas Reformation", *New York Review of Books*, 7 out. 1982, p. 38.

Habermas não satisfaz os critérios públicos, aceitáveis, para uma ação bem-sucedida – condição que o próprio Habermas reivindica. A exigência de publicidade ou intersubjetividade não pode, de maneira nenhuma, significar que os participantes da comunicação emancipatória tenham de chegar a um consenso – deve referir-se a algo muito mais independente e neutro, entre prováveis candidatos a um acordo consensual.[136] Resumindo: mesmo em nível "reflexivo", o "diálogo" não funciona sem, pelo menos, algum básico equivalente da "observação".

> Ler Habermas [diz Quentin Skinner] é como ler Lutero, só que este último escrevia uma prosa admirável. Ambos insistem em que a nossa vontade está escravizada pela nossa maneira pecaminosa de viver. [...] Ambos prometem que uma conversão nos libertará da atual servidão e nos levará a um estado de liberdade perfeita. Acima de tudo, ambos põem sua confiança no "poder redentor da reflexão" (frase de Habermas), daí nossa capacidade de nos salvarmos através das propriedades redentoras da Palavra ou Verbo (que Habermas prefere chamar discurso). Mas [...] seguramente, temos direito a esperar dos nossos filósofos sociais algo mais que uma continuação do protestantismo por outros meios.[137]

Dificilmente se poderia fazer apreciação melhor que essa. O Parsifal da teoria crítica, tão puro de coração quanto valente nos seus feitos de armas, Habermas conquistou o Santo Graal do diálogo e da interação para curar as amargas feridas deixadas pelo *Kulturpessimismus* no corpo do marxismo ocidental. A salvação que, para Lukács, deveria vir da revolução como apreensão da totalidade é agora redefinida de modo que derive de formas mais altas, mais humanas, de conhecimento. A epistemologia se tornou soteriologia, enquanto a teoria política ficou discretamente reformista. Porém nisso

---

[136] Geuss, 1981, p. 88-91.

[137] Skinner, ver nota 138.

a primeira perdeu bastante de sua racionalidade e a última, de sua eficácia.

Se a reconstrução da teoria crítica por Habermas não é exitosa, tanto como epistemologia quanto como teoria social, suas consequências para o marxismo ocidental como um todo são muito graves. Hoje em dia, a corrente principal do marxismo ocidental é o marxismo alemão. Dentro dele, depois do cometa lukacsiano, a proeminência da Escola de Frankfurt é indiscutível. Mas o tipo frankfurtiano de marxismo como "crítica" de há muito labora em dois equívocos principais. Primeiro, tendia a fundir capitalismo e sociedade industrial, demonizando, em consequência, a difusão da racionalidade instrumental.[138] A ambivalência da sociologia alemã clássica, de Toennies a Simmel e Weber, em face do crescimento da racionalização se converteu em aberto repúdio à tendência da cultura europeia.

O segundo equívoco era um exorcismo correlativo praticado no intelecto científico. Nas palavras de Lucio Colletti, "o marxismo, nascido como análise científica do capitalismo, descobriu que a ciência era [...] filha legítima do capital".[139] Quando essa convicção neorromântica, decadente, ficou ainda mais sombria em razão do colapso da esperança no revolucionarismo proletário, a "teoria crítica" recolheu-se a um mal disfarçado irracionalismo. Ficava muito bem para Adorno ser mordaz com os irracionalismos "oficiais", como o solene *pathos* e os mistificantes jogos de palavra da "ontologia fundamental" de Heidegger; mas a pura verdade é que ele também conduziu a sua dialética negativa num beco sem saída de tal ordem que a única – e débil – luz do pensamento como redenção limitava-se à estética.[140] Só

---

[138] Como foi notado, entre outros, por Connerton, 1980, p. 134.

[139] Colletti, 1981, p. 61.

[140] Essa tendência de Adorno de sobrecarregar a arte com a tarefa de resolver os impasses da filosofia e da teoria social começa a ser questionada abertamente. Ver, por exemplo, Rüdiger Bubner, "Über einige Bedingungen Gegenwärtiger Ästhetik". In: *Neue Heft für Philosophie*, 5, Göttingen, 1973, p. 38-73.

a mimese artística se mantinha em contato com a natureza e com a humanidade, longe da difusão perniciosa da razão instrumental. Todo o valor de Habermas consiste na sua determinação de combater essa trajetória rumo à irracionalidade. Porém, se de fato se conclui que seu renovado marxismo ocidental é por demais precário, então será difícil resistir à impressão de que o marxismo ocidental é, por natureza, no fundo, um inimigo incurável do espírito da razão crítica.

Capítulo IV

ALGUMAS CONCLUSÕES GERAIS

O marxismo é o ópio dos marxistas.
Joan Robinson*

O marxismo ocidental, nascido do espírito da revolução contra o determinismo do materialismo dialético, terminou por abraçar o mais negro pessimismo ou por esposar o mais vago dos reformismos. A única grande exceção a esse improfícuo programa – a prescrição de uma Grande Recusa por Marcuse – significava mais uma revolta moral do que uma revolução social; e o mesmo poderia ser dito do malogrado engajamento marxista do existencialismo por Sartre. Além disso, excetuando outra vez a *Kulturkritik* pop de Marcuse, a abstenção política era acompanhada de uma escassez geral de qualquer nova análise das realidades sociais e tendências históricas, principalmente em nível econômico, social, e político. Nos seus esforços mais consistentes, o marxismo ocidental recolheu-se à teoria. Ocupou-se da natureza da ciência social – mas só a aplicou com muita parcimônia.

O privilégio da teoria à custa da análise sociológica afiligiu o marxismo ocidental desde o começo. A acusação se aplica a *História e Consciência de Classe*, ao principal da obra de Adorno, ao melhor da *Crítica* de Sartre ou ao conjunto da obra de Habermas. O único caso em que seria flagrantemente injusto falar de teorismo (*theoreticism*) é o de Gramsci. Mas aí se trata, significativamente, de um marxismo ocidental periférico, de caráter mais histórico-filológico que filosófico. E, naturalmente, tudo o que foi sugerido nos capítulos anteriores sobre a irredutibilidade da *Kulturkritik* à análise histórica confirma decididamente a ausência de concretude histórica no marxismo ocidental, na medida em que este tem sido, primordialmente, uma *Kulturkritik* de esquerda.

No principal, portanto, é difícil não subscrever o contundente veredicto de Perry Anderson: o marxismo ocidental é o "método como impotência, a arte como consolação, o pessimismo como quiescência".[1] Seria preciso, sem dúvida, distinguir entre cada autor ou escola no seio

* [A epígrafe é tirada de Joan Robinson, *On Re-Reading* Marx. Cambridge, Cambridge University Press, 1983.]

[1] Anderson, 1976, p. 93.

do marxismo ocidental; mas de maneira geral esse juízo é tão verdadeiro quanto severo. Curiosamente, Anderson não foi o único a associar teorismo com esterilidade. Em 1974, numa entrevista político-filosófica de grande repercussão, concedida à *New Left Review*, Lucio Colletti advertia sobre a possibilidade de um suicídio gnoseológico do marxismo ocidental. A não ser que fosse feita uma análise mais concreta, disse, criando modernos sucessores para o *Finanzkapital* (1910) de Hilferding, ou para *A Acumulação do Capital* (1913) de Rosa Luxemburgo, o marxismo sofisticado corre o risco de tornar-se apenas "um *penchant* de uns poucos professores universitários".[2]

Com uma década de distância, professores marxistas ou marxizantes podem parecer tudo menos poucos. Colletti já não é um deles, mas seu número permanece considerável nas universidades do Ocidente. Mas voltemos ao problema do teorismo. Anderson também oferece uma explicação para a pestilência metodológica (para usar a frase de Weber) do marxismo ocidental. Ele a atribui à falta de contato com a práxis política.[3] Disso, porém, não tenho tanta certeza. Na Itália, por exemplo, o apogeu do marxismo ocidental não gramsciano, do fim da década de 1960 aos meados da década de 1970, assistiu a uma frenética importação de temas frankfurtianos: repúdio do produtivismo, rejeição da ciência e da tecnologia, acoimadas de ideologias burguesas, *slogans* anarquistas (marcusianos), etc. E, todavia, esse movimento era apoiado por um *obreirismo* militante, i.e., uma versão enfaticamente proletária da práxis revolucionária herdada do espírito de maio de 1968.

Mesmo os que concordam com o diagnóstico de Anderson não acompanham necessariamente a sua avaliação. Assim, Russell Jacoby reconhece que o marxismo ocidental estava, de fato, dominado pela impotência política, mas recusa a ver a implícita "dialética da derrota" como uma desvantagem teórica. Pondo em dúvida,

---

[2] Colletti, *New Left Review*, 86, jul./ago. 1974.

[3] Anderson, op.cit., p. 52ff e 76ff.

explicitamente, as *Considerações sobre o Marxismo Ocidental* (1976) de Anderson, Jacoby insistiu em que o marxismo ocidental, com a óbvia exceção da sua *bête noire*, Althusser, representava uma saudável corrente hegeliana no seio do pensamento marxista em geral. Um tipo de marxismo como "crítica", ao mesmo tempo mais humano e mais profundo que as receitas do materialismo dialético, de Engels a Althusser. "O marxismo não ortodoxo", escreve Jacoby, "é inconcebível sem Hegel. Os pontos de partida e de chegada insubstituíveis para superar o marxismo conformista são encontrados em Hegel. De Gramsci a Merleau-Ponty, os marxistas escaparam às peias da ortodoxia abeberando-se em Hegel."[4]

Como Jacoby é o primeiro a admitir, Hegel foi usado pelo marxismo de muitas maneiras. Mas Jacoby percebe um padrão básico, formado por duas tradições hegelianas antagonistas. De um lado, há a "linha" histórica, que valoriza o Hegel da história aberta e da subjetividade dinâmica, o Hegel da *Fonomenologia do Espírito*. De outro, há uma tradição "científica", que louva o Hegel da *Ciência da Lógica*, se compraz em "leis" históricas, e formaliza a dialética numa gramática de desenvolvimento.[5] Em suma: há o Hegel de Engels e o Hegel de Lukács.

Jacoby se alinha ostensivamente com a tradição histórico-humanista – e a invoca para defender o marxismo ocidental como o seu principal representante entre nós. Mas o problema dessa defesa hegeliana do marxismo ocidental é duplo. Primeiro, ele ignora em vez de refutar a acusação de teorismo estéril feita por Anderson. Segundo, leva o hegelianismo do marxismo ocidental demasiadamente a sério. Em última análise, vimos que o marxismo ocidental não era tão hegeliano assim – na verdade, era frequentemente não hegeliano *à outrance*, na adoção de posições eticistas. De Lukács a Marcuse, sem esquecer Sartre, o marxismo ocidental muitas vezes jogou a pureza de altos ideais contra o prosaísmo do processo. O que

[4] Cf. Jacoby, 1981, p. 37.

[5] Ibid., p. 37-38.

Lucien Goldmann escreveu certa vez sobre *Razão e Revolução*, de Marcuse – que ele servia Fichte embrulhado como Hegel –, vai diretamente ao coração do problema.[6] Além do mais, Adorno, na *Dialética Negativa*, observou que a teoria lukacsiana da reificação, dominada pelo tema da consciência, permanecia algo demasiadamente fichtiano. E agora temos pelo menos uma valente tentativa de mostrar que o marxismo ocidental, de Lukács a Frankfurt, desde Adorno até Habermas, é, no fundo, uma *reprise* neokantiana, condenada – *et pour cause* – ao metodologismo. Refiro-me ao brilhante, se bem que muita vez elítico, *Hegel contra Sociology* (1981, especialmente, p. 24-36), de Gillian Rose.

Seria o caso de desprezar o conteúdo da réplica de Jacoby a Anderson, aceitando, porém, a sua tentativa de justificar o marxismo ocidental em termos históricos como uma crítica que a derrota ensombreceu, uma resistência humanista à época? Penso que não, e por dois motivos. Para começo de conversa, adotar essa posição seria corroborar a *Kulturkritik*, quando tudo o que sugerimos até aqui é que uma verdadeira compreensão da história moderna não justifica a fúria e o desespero dos inimigos da modernidade. Mas há também o fato de que a única abordagem disponível de uma explicação histórica da evolução do marxismo está longe de confirmar a ligação entre a dialética como crítica e tempos "difíceis" para a revolução. Quando muito, sugere justamene o oposto.

A abordagem histórica que tenho em mente foi primeiro apresentada nas *Aventuras da Dialética* de Merleau-Ponty. Podemos chamá-la "teoria das marés". Segundo Merleau-Ponty, o marxismo conheceu dois modelos principais. Na sua fase jovem, revolucionária, ele aparece como um pensamento dialético, tratando com quase desprezo a "inércia das infraestruturas". É o tempo de maré alta na história do marxismo. Na esteira das derrotas revolucionárias, ao contrário, ele se fez,

[6] Goldmann, "Undestanding Marcuse", *Partisan Review*, 38: 3, 1971; cit. in Jay, 1984a, p. 326.

teimosamente, determinista e mecanicista. Assim, o próprio Marx, até 1848, tinha sido um humanista perito em dialética. Depois, na segunda metade do século, quando a maré da "idade da revolução" já entrara em vazante, tornou-se determinista e preocupado com a ciência, a ponto de procurar as "leis naturais" da produção capitalista. Com a restauração das esperanças revolucionárias depois de 1917, viria uma nova maré de dialética antideterminista – o momento de Lukács. Na metade da década de 1950, a conversão de Lukács à linha oficial do materialismo dialético parecia refletir o refluxo da revolução nas décadas centrais do nosso século.[7]

Uns doze anos depois da análise de Merleau-Ponty, o insigne marxólogo alemão Iring Fetscher esboçou o que pode ser tido como uma interessante alternativa sociológica à teoria das "marés". O humanismo revolucionário estaria ligado a uma certa fluidez nas bases sociais do ideário marxista. Sempre que, ao contrário, a ação coletiva e consciente do proletariado foi substituída por poderosas organizações da classe operária, atuando no seio da ordem social burguesa, o marxismo tendeu a acentuar seus aspectos deterministas. A verdade sociológica desse fenômeno é que o materialismo dialético se enquadrava muito bem no processo a que Aron gostava de chamar a "educação política" dos trabalhadores alemães pelo marxismo. O marxismo ortodoxo era a religião leiga dos sindicatos e dos partidos de trabalhadores, cujos líderes intelectuais gostavam de guardar distância de visões não marxistas do mundo – uma determinação muito clara tanto em Engels (principalmente no *Anti-Dühring* de 1878) quanto em Lênin. E as afinidades eletivas entre marxismo "organizacional" e doutrinas inflexíveis como o materialismo dialético eram reforçadas pelo contexto histórico. Desde que "as revoluções marxistas só têm ocorrido, até agora, em países agrários extremamente atrasados, onde não caberia falar em ação consciente do proletariado", o humanismo revolucionário permaneceu, em grande

[7] Merleau-Ponty, 1973a, p. 63-64.

parte, como "um episódio limitado a um círculo pouco numeroso de intelectuais".[8]

Porém quer se acentue o contexto histórico, como na "teoria das marés" de Merleau-Ponty, quer seu substrato sociológico, como na referência de Fetscher à variável organizacional, as ideias marxistas devem ainda ser apreciadas nelas mesmas, independentemente das vicissitudes do seu destino social. Se o malogro revolucionário e o isolamento político levaram ao teorismo e à contemplação metodológica do próprio umbigo, é nesses termos que o marxismo ocidental tem de ser examinado. E reexames do marxismo ocidental já se mostraram na verdade dispostos a enfrentar o debate das ideias *per se*. O mais exaustivo até agora é o de Martin Jay, *Marxism and Totality – the Adventures of a Concept from Lukács to Habermas* (1984). Especialista na Escola de Frankfurt, Jay se afasta sutilmente da posição de Anderson para afirmar que o pecado do marxismo ocidental está menos no seu distanciamento da práxis política que nas tendências elitistas; e tende a ver com simpatia a reforma de Habermas, que julga uma metamorfose teórica capaz de evitar o impasse do *Kulturpessimismus*, ou seja, recair no ingênuo *pathos* quiliástico do jovem Lukács.[9]

No entanto, como já vimos, o edifício de Habermas está longe de sólido, seja como epistemologia, seja como teoria social. Uma vez concedido que, de maneira geral, o marxismo ocidental anterior a ele, ao tratar de história substantiva, partilhava do anátema lançado pela *Kulturkritik* contra a civilização moderna, não será exagero dizer que, no marxismo ocidental, um excesso de significado foi extraído à força do marxismo pelos luminares de uma intelectualidade humanista em guerra com a modernidade. O resultado pouco enriqueceu nosso conhecimento da história – coisa que não deve causar espanto a ninguém.

---

[8] Fetscher, 1971, p. 178-79.

[9] Jay, 1984a, p. 10-13, e cap. 15 (sobre Habermas).

"O dia do alemão", escreveu Schiller, "é a colheita do tempo como um todo."[10] Se o eixo Hegel-Marx era a suprema realização de tal destino intelectual, pode-se dizer que o marxismo ocidental constitui sua forma perversa – o colapso de uma tradição de filosofias da história abrangentes nas avassaladoras acusações da *Kulturkritik*. É verdade que, imediatamente antes do nascimento do marxismo ocidental, o maior nome da teoria social alemã, Max Weber, desafiara a teoria clássica (hegeliana) do processo. Enquanto para Hegel o sentido do processo era o progresso da liberdade, e o advento do Ocidente moderno como última fase da história mundial devia ser visto como a corporificação de uma razão mais alta, para Weber o gênio da cultura moderna – a racionalidade instrumental – não era de modo nenhum um atributo do homem histórico, mas uma criação do homem ocidental, que, de qualquer modo, não gozava de nenhuma superioridade além da técnica em relação a culturas passadas ou estrangeiras.[11] Nisso, sua teoria do processo não era, como as de Hegel ou Marx, uma justificação da modernidade. E, todavia, não era também um repúdio da história moderna, um produto da mentalidade neorromântica e antimoderna exibida por muitos marxistas ocidentais.

Em grande parte, a história do marxismo ocidental se torna uma história de traição – a traição da substância do hegelianismo por pretensos marxistas hegelianos. Obviamente, isso não se aplica às escolas epistemológicas de Galvano della Volpe e Louis Althusser. O caso de Althusser é de negação e não de traição de Hegel – uma negação que se fez ainda mais estéril que a traição dos outros. Mas, de regra, a acusação de pseudo-hegelianismo permanece válida para o restante do marxismo ocidental

[10] A citação é tirada das notas para o poema inacabado "Grandeza Alemã", de 1797, lembrado por George Armstrong Kelly, 1978, p. 57.

[11] Essa é a interpretação padrão (e acurada) do principal contraste entre Hegel e Weber com relação às suas opiniões substantivas. Para uma reformulação convincente e elegante, ver Pietro Rossi, 1982, principalmente, p. 11-12 e 116.

alemão, que é, afinal de contas, a principal corrente do marxismo ocidental.

Não se veja nisso a intenção de sugerir que, a fim de praticar uma análise histórica interessante e fecunda, alguém precise ter, desde que marxista, uma conformação de espírito hegeliana. Os marxistas austríacos não a tinham e no entanto abriram, luminosamente, novos domínios à análise marxista. Por outro lado, não basta dizer que o marxismo ocidental tem direito a deixar de parte a análise histórica pelo fato de ter sido sempre, no principal, uma empresa de filósofos e não de historiadores, economistas ou sociólogos. Sem história, o marxismo simplesmente não tem sentido – em termos, note-se, marxistas.

Talvez a distância crescente da política e da história, que tem caracterizado o marxismo ocidental, ajude a explicar por que, desde aproximadamente 1970, a teoria política radical, bem como a historiografia radical mais reflexiva, têm muitas vezes operado na presunção tácita ou mais ou menos explícita de um *horizonte pós-marxista*. Talvez não seja aqui o lugar de descrever esse desvio do marxismo. Basta dizer, essencialmente, que ele tomou duas formas: um radicalismo pós-marxista em teoria política e uma crítica do materialismo histórico clássico. Um radicalismo pós-marxista pode ser visto a olho nu nos escritos de teóricos da revolução como Régis Debray dos primeiros tempos (do período de *Revolução na Revolução*) ou Cornelius Castoriadis. Ambos retêm o conceito de revolução, mas abandonam a análise marxista do processo que a ela conduzia. Quanto à crítica do marxismo histórico na sua forma clássica, é possível distinguir duas escolas de pensamento. A primeira consiste naquilo que me vejo tentado a chamar de crítica da história econômica, a saber, a obra de Immanuel Wallerstein e seus seguidores. A análise wallersteiniana da "economia mundial" é sabidamente uma combinação de teoria clássica do imperialismo com a óptica de Ferdinand Braudel. Mas a estrutura braudeliana da história da "economia mundial" situa essa economia a anos-luz do marxismo. Ao contrário da descrição do capitalismo de Marx, a de Braudel não tem por foco os meios de produção, mas sim um tipo específico de troca, i.e., um comércio em condições de competição particularmente desiguais. Além disso, Braudel tende a tratar as tendências monopolísticas, as quais, para o marxismo clássico tardio, eram a nota dominante da última fase do capitalismo, como a verdadeira essência do capitalismo, manifestada desde os seus começos, no Renascimento.[12] E, para completar, o papel dos determinantes geográficos, crucial na história econômica de Braudel, não tem paralelo no paradigma marxista.

Uma segunda ala, dentro dessa nova abordagem crítica do materialismo histórico, permanece mais teórica que histórica. Um texto característico dessa tendência é *Contemporary Critique of Historical Materialism* (1982) do sociólogo de Cambridge, Anthony Giddens. Esse teórico social não marxista construiu sua obra em torno da tríplice bandeira do pluralismo causal, reducionismo anticlasses, e antievolucionismo.[13] No campo marxista, porém, o ataque de maior repercussão aos conceitos principais do materialismo histórico talvez tenha vindo dos pós-althusserianos ingleses Barry Hindess e Paul Hirst. Para consternação dos historiadores da nova esquerda, seu *début* foi ferozmente anti-histórico. Não causa pois surpresa que, em publicações subsequentes, eles acabassem por abandonar o conceito do modo de produção[14] – e, com ele, a espinha dorsal da teoria marxista do processo. Na história econômica de Wallerstein a teoria do processo sobreviveu, mas sob uma forma distintamente não marxista. Em Hindess e Hirst ela seria totalmente abandonada.

---

[12] Os dois pontos vêm sendo ressaltados na crescente literatura sobre Braudel. Para uma avaliação crítica recente, ver Keith Thomas, artigo in *New York Review of Books*, 22 nov. 1984.

[13] Giddens, 1982, passim. Há uma importante discussão crítica in Erik Olin Wright, "Giddens's Critique of Marxism", *New Left Review*, p. 138, mar/abr. 1983, p. 11-35.

[14] Cf. Hindess e Hirst, 1975, p. 312; e 1977.

Haverá também um horizonte pós-marxista no pensamento radical europeu, em contraposição à teorização anglo-saxã? Aqui, será bastante mencionar algumas tentências teóricas-chave. No marxismo alemão emergiu, no começo da década de 1970, o "debate da derivação do Estado", lançado por Wolfgang Müller e Christel Neusüss.[15] Seu ímpeto tem sido claramente polêmico – e polêmica dirigida contra o marxismo ocidental. O ponto de partida da teoria da derivação do Estado foi um ataque a Habermas e Clauss Offe (cuja análise política marcou muito o Habermas de *A Crise de Legitimação*), por separarem ambos a teoria da crise do estudo da acumulação do capital. Os teóricos da derivação do Estado acentuam que a recessão mundial começada em 1973-1974 lançou no descrédito a minimização habermasiana das crises econômicas. Rejeitando abordagens baseadas na "autonomia do político", eles se opuseram também à suposição althusseriana de esferas largamente autônomas (economia, Estado, etc.). A seu ver, essa diferenciação funcional do conjunto social, longe de ser uma característica de todas as formações sociais, é uma peculiaridade do capitalismo, a ser explicada pela *forma* da exploração de classe. Isso se tornou a preocupação central da escola da "lógica do capital" de Joachim Hirsch. Inspirados pela escola alemã, os teóricos britânicos John Holloway e Sol Picciotto criticaram, um depois do outro, os marxistas "neorricardianos". Os neorricardianos, acompanhando Sraffa (ver p. 78), livraram-se da teoria marxista do valor do trabalho. Em consequência, tendem a ver os salários (e, a partir daí, na sua visão marxista, a exploração) como alguma coisa determinada mais pela luta pelo poder entre as classes que pela "composição orgânica do capital". A conclusão é uma concepção da política e da economia como duas esferas separadas – o pecado supremo, para os teóricos da lógica do capital.

[15] O sinal de partida do debate foi dado por Müller e Neusüss no seu ensaio "The Welfare-State Illusion and the Contradiction between Wage-labour and Capital", agora resumido como cap. 2 e Holloway e Picciotto, 1978. Há uma tradução completa in *Telos*, 25, 1975.

Chamemos a esse pecado "politismo" – a superestimação indébita do elemento político, desligado de mecanismos econômicos. Para a escola da lógica do capital, os culpados nao são apenas os economistas neorricardianos, mas também os filósofos do marxismo ocidental, de Gramsci a Habermas, sem esquecer os althusserianos. Contudo, rompendo com o "politismo" da "derivação do Estado" no marxismo ocidental, a escola da lógica do capital não pretende substituir a autonomia do político pelo velho e bom determinismo. "O que se deseja", dizem eles, "não é uma teoria econômica do Estado, mas uma teoria materialista."[16] Em consequência, os membros dessa escola veem nas crises econômicas o efeito da luta de classes, dando muitas vezes a impressão de que apenas parafraseiam o tema politista sob um disfarce econômico – aliás, já foram repreendidos (por Alex Callinicos) exatamente por causa disso. Lembrando que a luta de classes era para Marx o *explanandum* e não o *explanans* do processo histórico, Callinicos deplora "a tendência por parte de grande número de marxistas contemporâneos a fazer da luta de classes o elemento determinante do processo histórico" como "forma de voluntarismo".[17] Ora, o voluntarismo, aberto ou velado, sempre foi abordagem pouco adequada ao aprofundamento da análise histórica empírica. De modo que, se Callinicos está certo, a controvérsia sobre Estado e capital, que começou como um desafio ao marxismo ocidental, tornou-se uma continuação disfarçada de seus principais impasses.

Nos dois maiores países latinos de forte cultura marxista também têm aparecido síndromes teóricas de natureza pós-marxista. Na França, o pensamento radical mais prestigioso a partir de 1968 pode ser dividido em duas direções principais. Há uma teoria radical de origens não marxistas, como a "microfísica do poder" de Michel Foucault; e há pensadores radicais de *background*

---

[16] Holloway e Picciotto, op. cit., p. 14.

[17] Callinicos, 1982, p. 156-59.

marxista ou marxizante, como Claude Lefort e Cornelius Castoriadis. Talvez Lefort deva ser considerado apenas um caso marginal, uma vez que a principal referência teórica da sua obra – *Elementos para uma Crítica da Burocracia* (1971) – é Merleau-Ponty e não Marx. Escritor prolixo, Lefort habitualmente rumina um libertarismo vago e difuso, com pouco apoio na realidade sociológica. Sua definição de democracia – "a intenção de fazer face à heterogeneidade dos valores [...] e de converter os conflitos em força impulsionadora do crescimento"[18] – não está muito longe do credo liberal, podado de sua habitual sofisticação jurídica e constitucional.

Caracteristicamente, Lefort rompeu com Castoriadis, nos últimos anos da década de 1950, por causa da questão da organização política. Assumiu, então, uma posição espontaneísta, um esquerdismo liberal, por assim dizer. Originalmente, porém, tanto ele quanto Castoriadis eram pós-trotskistas, críticos do comunismo soviético, dispostos a ir além de *A Revolução Traída* (1937), de Trótski. Castoriadis, refugiado da guerra civil grega, e trabalhando para a OECD (Organização para a Cooperação e Desenvolvimento Econômico), em Paris, era a alma do principal jornal do *gauchisme*, *Socialismo ou Barbárie* (1949-1965). Durante todo o período da Guerra Fria, manteria uma vigorosa linha antissoviética, incorrendo na fúria de Sartre e de outros companheiros de viagem do comunismo soviético. A arma especulativa do jornal era a crítica da burocracia. Mas, ao contrário de outros trotskistas, como, notadamente, James Burnham, do livro *The Managerial Rovolution* (1941), Castoriadis não converteu seu antiburocratismo em adeus à revolução. Pelo contrário, aplicando seu conceito de "capitalismo burocrático" tanto ao bloco soviético quanto às economias avançadas do Ocidente, insistiu em que a supressão da hierarquia era tão importante quanto a abolição da propriedade privada dos meios de produção, e defendeu a autogestão na indústria.

[18] Lefort, 1971, p. 348 (minha tradução).

Isso pôs Castoriadis no centro da ideologia de esquerda durante a era dominada por De Gaulle. Maio de 1968 foi, como é sabido, muito mais *gauchiste* que marxista, e líderes estudantis como Cohn-Bendit saudaram Castoriadis juntamente com Marcuse. De certo modo, Castoriadis já retribuíra o cumprimento ao insistir em que as verdadeiras crises do capitalismo burocrático se tinham deslocado da base econômica para as superestruturas políticas e culturais, e que a alienação contava tanto quanto a exploração. Tais crimes subvertiam tudo, a família, a juventude, o sentido do trabalho, o papel das mulheres, a legitimidade do Estado, etc. Como se vê, o *gauchisme*, como interpretação do capitalismo avançado, não diferia muito do marxismo ocidental de Marcuse ou Habermas. Mas o ponto é que Castoriadis já não era um marxista. Ao contrário, insistia na exigência de uma escolha: "Ou se permanece marxista ou se permanece revolucionário", escreveu ele.[19] O *gauchisme* pode ter começado como um ex-trotskismo – mas terminou como um pós-marxista.

Na Itália, o mais notável desenvolvimento especulativo, o de Lucio Colletti, conduziu, da mesma forma, a um desfecho nitidamente pós-marxista, embora com resultados políticos muito diversos. Colletti passou do comunismo de esquerda, no começo da década de 1960, para o liberalismo social-democrata. Sua teoria da ciência social substituiu Della Volpe por Popper, deixando para trás, no caminho, não só a dialética, mas o núcleo mitológico do marxismo: a doutrina da alienação. Numa palavra, sua posição agora diz: se algo é ciência social, então (já) não é marxismo. Nesse sentido, a luta que Perry Anderson trava no Reino Unido há muito em prol de uma história marxista é a antítese da nítida desmarxização de Colletti.

[19] De "Marxisme et Théorie Révolutionnaire", *Socialisme ou Barbarie*, 36, jun. 1965. Cit. in Hirsh, 1981, cap. 5 – uma excelente e concisa análise do pensamento de Castoriadis e sua evolução. Um comentário mais breve in Poster, 1975, p. 201-05. Para uma análise mais longa, cobrindo as divergências entre Lefort e Castoriadis, ver Howard, 1977, cap. 9 e 10.

Entretanto Anderson – para voltar ao marxismo na Inglaterra – chegou a apontar no marxismo algumas lacunas monumentais e erros dos mais crassos. As páginas finais de suas *Considerações sobre o Marxismo Ocidental* especificam três áreas "em que a obra de Marx parece centralmente incerta". Anderson mostra que as profecias marxistas do colapso do capitalismo (seja por mecanismos sociais, seja por mecanismos estritamente econômicos), bem como a ambígua teoria do valor, nunca foram comprovadas. E o catastrofismo econômico de Marx, por sua vez, tornou redundante o desenvolvimento de uma teoria política apropriada, de modo que Marx nunca ofereceu uma explicação coerente das estruturas do poder burguês, nem compreendeu o fenômeno decisivo do nacionalismo.[20]

Mas recentemente, em *Na Pista do Materialismo Histórico* (1983), Anderson foi ainda mais longe. Convidando o marxismo a fazer "um desvio do eixo dos valores para o das instituições, nas projeções de um futuro socialista ou comunista", ele elogia a postura pró-mercado da obra, francamente revisionista, de Alec Nove (*The Economics of Feasible Socialism*, 1983). Anderson pretende que "o legado do pensamento institucional no seio do marxismo clássico foi [...] sempre muito fraco", e exclui noções utópicas como a abolição da divisão do trabalho (que Marx aproveitou de Fourier) ou a substituição do governo dos homens pela administração das coisas (que Marx aproveitou de Saint-Simon) como de todo incompatíveis com as necessidades institucionais reais de uma sociedade pós-capitalista.[21]

Não se deve, porém, aplicar com açodamento o rótulo de "pós-marxista". Anderson o repudiaria, aceitando, talvez, a etiqueta mais ambígua, "neomarxista". Por outro lado, mesmo um pós-marxismo deliberado não é garantia de maior perspicácia sociológica. Considere-se, por exemplo, a obra de André Gorz, contemporâneo de

---

[20] Anderson, 1976, p. 114-20.

[21] Anderson, 1983, p. 104, 100 e 98.

Castoriadis e Lefort. Como antigo sartriano, Gorz passou da defesa da autogestão em *Les Temps Modernes* a uma investida violenta contra a divisão do trabalho e a tecnologia. Bombardeia agora a "moral produtivista" e escreve mais e mais como um Marcuse ecológico, como em *Adieux au Prolétariat* (1980).

No seu revisionismo, alguns pensadores marxistas chegam ao ponto de alijar até uma pedra angular do materialismo histórico clássico: o dogma da *luta de classes*. O conceito althusseriano da ideologia como atributo social sistêmico muito contribuiu para esfumar a noção de conflito entre os interesses das diferentes classes. Quanto à Escola de Frankfurt, ela chega praticamente a um marxismo sem classes – estranho destino para teóricos cuja inspiração inicial jazia na apoteose no jovem Lukács da consciência de classe! Com toda a sua busca tardia de substitutos para o proletariado, Marcuse fez dobrar os sinos para a ideia marxista do papel de classes ao reconhecer que a capacidade de satisfazer as necessidades materiais por parte da sociedade de consumo desmonta a explosividade da contradição entre as necessidades vitais das massas trabalhadoras e as relações de classe de tipo capitalista. Daí seu foco, tipicamente frankfurtiano, em outros tipos de necessidades, *humanas* mais que sociais, tais como a aspiração à satisfação dos instintos, à criatividade, à plenitude da personalidade – em suma, a cantiga do marxismo da alienação.

A mesma tendência domina a obra da escola neolukacsiana de Budapeste, liderada por Agnes Heller. Sua exegese da visão moral de Marx em *The Theory of Need in Marx* (1976) tem seu ponto de partida no colapso da teoria de classe utilitária, baseada numa penúria do proletariado – teoria aposentada pelo industrialismo avançado. Como acentuou Jean Cohen (*Telos*, 33), Heller rejeita a ideia de interesse de classe, tenta "separar a teoria das necessidades radicais da teoria de classe", e não faz nenhum caso da ligação marxista entre alienação e objetificação dos poderes humanos através da história – exatamente o tema hegeliano, na visão antropológica de Marx. É óbvio que para uma teoria dessas, de necessidades radicais – a mais bela flor, talvez, do hodierno humanismo neomarxista –, uma teoria do processo não tem nenhuma utilidade. Heller é por demais sóbria para permitir-se anátemas estridentes como as da *Kulturkritik* (a Escola de Budapeste também aprendeu algo do *velho* Lukács); mas tampouco fica do lado da história contra o ideal desencarnado.

Nenhum dos nomes mais ilustres, no horizonte pós-marxista ou nas suas cercanias, a partir da década de 1960 – Debray, Castoriadis, Gorz, Heller, Hirsch, Holloway, Hindess e Hirst, Wallerstein, Anderson ou Colletti –, é habitualmente descrito como marxista ocidental. Além disso, neomarxistas como Anderson e marxistas neoclássicos assumidos como Hirsch ou Holloway têm sido tão críticos do marxismo ocidental quanto o ex-marxista Colletti. Isso prova apenas que o marxismo ocidental não é, simplesmente, marxismo no Ocidente. Era, a rigor, um conjunto de desvios heréticos do marxismo, moldado, na sua primeira fase (de Lukács a Adorno) pelo *pathos* da *Kulturkritik*, e na segunda, por uma propensão epistemológica (Althusser, Habermas). Nos dois casos, e exceto no que diz respeito ao althusserianismo, o feitio do marxismo ocidental era inconfundivelmente "humanista". O que o movia era uma oposição de princípio à ideia do marxismo como ciência.

Porque o feixe *Kulturkritik*/humanismo/teorismo ocupa o coração da teoria do marxismo ocidental, nada dissemos sobre algumas tendências fora dessa órbita, como o círculo de Galvano della Volpe na Itália por volta de 1960, o revolucionarismo obreirista teorizado por Mario Tronti em *Trabalhadores e Capital* (1966), e o ataque naturalista ao conceito de *Valor e Naturalismo em Marx* (1976). De qualquer maneira, a economia marxista, inclusive no ramo japonês (Morishima, etc.), é empresa teórica por demais técnica e "regional" para comparar-se à teoria social do marxismo ocidental – embora desvende frequentemente implicações cruciais para a problemática do pós-marxismo, conforme entrevisto em nossa breve referência à crítica neorricardiana. Assim, um dos ramos mais consistentes da economia marxista japonesa – o que deriva de *Princípios de Economia Política* (1964), de Kozo Uno, suscita questões de relevância direta para uma teoria do processo com preocupações causais. Lamento ter de convidar o leitor a descobri-lo (ou ponderá-lo) por si.

Nada também foi dito sobre o pensamento marxista nos Estados Unidos. Um exemplo: contribuição do marxismo americano, muitas vezes ignorada pelos intelectuais europeus, tem sido relevante desde a década de 1960, no campo da economia (Paul Baran e Paul Sweezy, Robert Heilbroner), da história social (Harry Braverman) e da crítica literária (Fredric Jameson). Mas embora já exista todo um conjunto de interpretações norte-americanas, das mais perceptivas, de mestres do marxismo ocidental, ainda não surgiu nos Estados Unidos qualquer corrente filosófica significativa do marxismo ocidental. *Last but not least* nosso foco no feixe *Kulturkritik*/teorismo, cerne do marxismo ocidental, impediu que discutíssemos a recente emergência do chamado "marxismo analítico" na obra de Gerald Allan Cohen, Jon Elster e John Roemer – talvez a mais excitante atividade especulativa em curso em nome do marxismo.[22]

Nem um alto grau de rigor analítico nem uma linha adequada de estudos históricos prevalecem, *hélas*, no campo da pretensa *intelligentsia* onde as rosas do marxismo ocidental costumam florir. Humanistas modernos de alto a baixo, os entusiastas do marxismo ocidental e seus subprodutos pouco caso fazem do cuidado do historiador com as lições do passado ou com as inquietações dos esquerdistas mais lúcidos com a viabilidade de mudanças institucionais em larga escala. O próprio marxismo ocidental ensinou-os a prestar pouca atenção a tais ninharias. Pois não são sempre os "fatos", como queria o jovem Lukács, um bicho-papão brandido pelos

---

[22] Cf. G. A. Cohen, 1978; Roemer, 1982; e Elster, 1985. Ver também Ball e Farr, 1984, principalmente cap. 2 e 9.

reacionários? Os leitores dos marxistas ocidentais raras vezes pedem aos seus autores outra credencial além duma postura marxista com algumas tinturas de dissidência com relação ao Gulag – uma espécie de ortodoxia na heresia. História ruim ou nenhuma história – que importa? Que os burgueses se atormentem com a necessidade de restaurar nosso domínio intelectual sobre o processo.[23] A *Kulturkritik* é, acima de tudo, um estado de ânimo, não um conhecimento. E o marxismo ocidental é, de modo geral, uma *Kulturkritik* sublimada em especulação vazia.

Uma coisa é certa: a produção global do marxismo ocidental jamais atingiu a fecundidade de perspectivas sobre temas cruciais da ciência social que distinguiu o marxismo clássico, entre *O Capital* ou o *18 Brumário de Luís Bonaparte* e as principais contribuições dos austríacos. Remova-se Gramsci do cânon do marxismo ocidental e não restará nada que se compare, com, por exemplo, o vigor dos escritos de Trótski sobre a revolução em condições de atraso e desenvolvimento desigual, ou a temática pioneira de Bukharin sobre "economia mundial" e "capitalismo de Estado" – no entanto, os primeiros datam de 1905-1908 e os últimos são conceitos elaborados entre 1915 e 1920! A ciência social, marxista ou não, deve infinitamente mais aos clássicos que à badalada sofisticação dos seus detratores, os "humanistas" do marxismo ocidental.

Nenhuma tentativa foi feita nestas páginas para esboçar uma abordagem de tipo "sociologia do conhecimento" do marxismo ocidental, localizando suas fontes

[23] Penso em dois filósofos (não relacionados um com outro): Nathan Rotenstreich (1976) e George Armstrong Kelly (1969, 1978). O primeiro lançou um protesto válido contra o abandono de questões substantivas pela moderna filosofia da história, mostrando o quanto a conscienciosa concentração por parte dela em problemas epistemológicos está juncada de suposições ocultas sobre o processo – sobre a história *qua* eventos e não a história como conhecimento. Quanto a G. A. Kelly, ele tem defendido vigorosamente a necessidade de revitalizar o nosso pensamento sobre a ligação, tão cara a Hegel, entre filosofia, história e política.

experienciais dentro de diversos contextos sociais especificados – uma tarefa deveras fascinante, mas estranha ao nosso propósito. Como qualquer outro *corpus* de ideias, o marxismo ocidental tem direito a ser analisado *em si mesmo*, sem que a análise fique prejudicada por conclusões sobre suas origens de classe e seu significado social. Entanto, parece não haver dúvida de que, a fim de *explicar* sua aceitação, depois de aferir e interpretar seu conteúdo social, convém examinar a *nova demografia intelectual* de que gozam as ideologias radicais em nosso meio. É uma demografia cujos vastos números têm pouco em comum com os minúsculos círculos de intelectuais em que nasceu o marxismo ocidental, na Viena ou na Frankfurt no primeiro pós-guerra. Trata-se também de uma situação em que o radicalismo tomou conta de muitos lugares estratégicos na "reprodução simbólica" da universidade ocidental. Agora que sua fase criativa parece esgotada, o marxismo ocidental está em vias de tornar-se uma forma suave de contracultura institucionalizada – o romantismo dos professores: insípido, encharcado de jargão, altamente ritualista, no reino de humanidades aguerridas contra a evolução da sociedade moderna. Para o historiador das ideias, não há nisso maior mistério: em conjunto, o marxismo ocidental (1920-1970) foi apenas um episódio na longa história de uma velha patologia do pensamento ocidental cujo nome é, e continua a ser, irracionalismo.

Posfácios

Uma obra-manifesto? Hipóteses sobre o estilo intelectual de José Guilherme Merquior

João Cezar de Castro Rocha

Por onde começar?

Não é uma tarefa simples oferecer uma interpretação abrangente da obra multifacetada de José Guilherme Merquior. E não apenas multifacetada, mas também extensa – extensíssima, diria José Dias, e aqui o superlativo seria modesto e acima de tudo sincero. Publicando desde muito jovem no *Suplemento Dominical do Jornal do Brasil*, Merquior nunca diminuiu seu ritmo intenso, quase impossível, de leitura e de escrita. Falecido precocemente aos 49 anos de idade, ele deixou vinte livros lançados e *Liberalism – Old and New* inteiramente revisto, embora o título tenha sido publicado postumamente.

Não é tudo.

Desses 21 livros, um foi escrito em francês, *L'Esthétique de Lévi-Strauss* (1977), inicialmente apresentado na forma de um seminário em presença do antropólogo; aliás, o carteio entre José Guilherme Merquior e Claude Lévi-Strauss merece uma cuidadosa edição comentada. Desde 1979, com o aparecimento de ensaio extraído de parte do segundo doutorado que completou, este sob a orientação de Ernest Gellner na London School of Economics, *The Veil and the Mask: Essays on Culture and Ideology*, Merquior passou a redigir – sempre à mão – seus textos mais ambiciosos em inglês. No caso, foram outros cinco títulos, incluindo este *Western Marxism*, assim como o último que escreveu, *Liberalism – Old and New* (1991).

Ainda não é tudo.

Nos livros escritos em inglês, Merquior não foi nada tímido e buscou produzir um acerto de contas com as correntes hegemônicas da tradição ocidental. E isso sem perder um decibel sequer de sua dicção polêmica – proeza incomum, e não somente em sua época.

Ora, estamos muito habituados com o modelo do catedrático latino-americano, tirano caprichoso de um feudo ainda mais irrisório que a terra dada com palmos medida. Contudo, mesmo nessa conta menor, o cordial coronel das letras sente-se livre para assediar, favorecer, impor-se – exatamente como certos habitantes da Brasília pós-política dos dias que correm.

E sem embargo...

Não obstante, faça-se a experiência, digamos, etnográfica, de viajar ao exterior em companhia do senhor catedrático, isto é, mais precisamente, visitar os centros de poder da produção de conhecimento acadêmico.

Ocorre então uma metamorfose inesperada.

Eis que o senhor catedrático baixa a crista, trava a língua, e se comporta com uma docilidade que faria época em seu rincão de origem.

Muito pelo contrário, Merquior inovou radicalmente o modelo, na verdade, o lugar-comum atribuído ao intelectual de uma cultura não hegemônica nos centros de poder. Em lugar de aceitar um nicho cômodo, porém limitado, mesmo constrangedor – tratar exclusivamente de sua "própria" cultura, num fenômeno de autoexotismo que impossibilita a participação ativa nos debates contemporâneos relevantes –, o autor de *A Astúcia da Mímese* driblou esse impasse com uma estratégia tão simples quanto ambiciosa: nada menos, nas palavras sempre evocadas de Raymond Aron, do que *ler tudo*, vale dizer, apropriar-se da tradição literária e filosófica ocidental, e, ao mesmo tempo, imprimir sua marca de leitor irreverente no *corpus* estudado.

Há mais.

Merquior também recusou o figurino endomingado do discípulo disciplinado dos mestres. Pois ele não apenas *leu muito* – claro está, porque *ler tudo* deve tornar o ato de pensar uma virtual impossibilidade, mais ou menos como a congestão que vitimou o Funes borgiano de tão prodigiosa memória –, sobretudo ele processou o tanto que assimilou com um olhar original. Apreender tal mirada é tarefa que ainda não foi devidamente enfrentada.

Antes, porém, uma nota.

Nos anos 1970 e 1980, foi bastante reduzido o número de intelectuais e acadêmicos que, oriundo de uma cultura não hegemônica, participou das discussões contemporâneas com a desenvoltura e sem-cerimônia de José Guilherme Merquior. Em seus livros escritos em inglês – notadamente, *Foucault* (1985); *From Prague to Paris: A Critique of Structuralist and Post-Structuralist Thought* (1986); *Western Marxism* (1986) e *Liberalism – Old and New* (1991) –, Merquior assumiu o ousado papel de sistematizador *e* crítico não apenas do conjunto da tradição europeia como também de seus desdobramentos mais recentes.

O sentido transgressor, subversivo até, da atitude intelectual de José Guilherme Merquior tem passado despercebido. Pois o modo dominante, em alguma medida ainda hoje, é antes a assimilação respeitosa, especialmente na arena internacional.

Não é, portanto, uma tarefa simples oferecer uma interpretação abrangente da obra extensíssima e multifacetada de José Guilherme Merquior.

Arrisco uma hipótese.

A, B, C; 1, 2, 3

No "Manifesto Dadaísta" (1918), Tristan Tzara aviou a receita infalível: "Para lançar um manifesto é preciso querer: A, B, C, fulminar contra 1, 2, 3 [...]".

Pois bem: e se imaginarmos que os "primeiros" 20 livros de Merquior constituem uma obra-manifesto? O primeiro passo consiste em inverter a fórmula de Tzara.

Isto é, o ensaísta brasileiro principiou *fulminando 1, 2, 3*.

No horizonte de Merquior, também três foram os principais adversários com os quais terçou armas, resgatando a determinação do cavaleiro que combateu moinhos de vento: a psicanálise, o marxismo e a arte de vanguarda. Na perspectiva firme que caracterizou sua prosa, Merquior definiu seus alvos como episódios "na longa história de uma velha patologia do pensamento ocidental cujo nome é, e continua a ser, irracionalismo".[1] Última frase do livro que você tem em mãos, seu sentido é bem o princípio da obra-manifesto de José Guilherme Merquior. E, aqui, *princípio* em dupla acepção.

Princípio: o primeiro livro de Merquior veio à luz com um título programático: *Razão do Poema*! Não se tratava, claro está, de reduzir a poesia a uma interpretação, por assim dizer, cerebral. Numa combinação de Terêncio e Vico, o ensaísta brasileiro estava convencido da capacidade de inteligir as palavras e as coisas. Se, com Terêncio, Merquior poderia afirmar que nada do que é humano lhe era alheio, com Vico, compartilhava a certeza de que as ações humanas são, por definição, compreensíveis. Há uma linha forte de continuidade entre o jovem autor de artigos para o *Suplemento Dominical do Jornal do Brasil* e o maduro autor de *Western Marxism*; continuidade esclarecida na adesão de Merquior ao modelo das conjecturas e refutações de Karl Popper.

Princípio: a confiança na argumentação racional forneceu a Merquior o eixo de sua reflexão. Daí, em sua perspectiva, o caráter irracional de todo esforço que demande uma aceitação acrítica de ideias e doutrinas. Pelo contrário, a obra-manifesto, aprimorada ao longo de 20 anos, submeteu toda e qualquer corrente de pensamento a um crivo crítico imperturbável.

Tal decisão teórica encontra-se na base da dicção polêmica do ensaísmo de Merquior. É possível que, aqui e ali, em casos específicos, ele tenha passado de certos limites. No entanto, é necessário explicitar o elo entre a decisão intelectual de tudo questionar e o estilo nada diplomático decorrente desse projeto crítico. E, mais uma vez, renda-se homenagem à independência do autor deste livro, pois seu elã polêmico manteve-se inalterado em todos os idiomas nos quais escreveu.

---

[1] Ver, neste livro, p. 248.

Aliás, elã polêmico que empolgou o editor da tradução do ensaio para o espanhol – ninguém menos do que Octavio Paz. *El Marxismo Occidental* saiu nas edições Vuelta, animadas pelo poeta-crítico mexicano. Pois bem: lançada em 1989, ano da Queda do Muro de Berlim, o livro trazia uma tarja, provocadoramente vermelha, na qual se lia:

En la muerte del marxismo
Una historia del marxismo

Frase talvez oportuna para atrair o público, mas inadequada para descrever o conteúdo do livro.

Vejamos.

Em primeiro lugar, o ensaio não lida exatamente com o marxismo como doutrina, porém discute o *marxismo ocidental*; distinção esclarecida logo nos primeiros parágrafos do prefácio:

> Quando o marxismo ocidental, nascido, na década de 1920, do espírito revolucionário, ganhou impulso, nos trinta anos que se seguiram à Segunda Guerra Mundial, passou a proclamar a necessidade premente de repensar tanto a teoria marxista quanto a sua relação com a práxis social.[2]

De igual modo, no início do primeiro capítulo, o sentido desse repensar é claro:

> [...] se considerada em perspectiva *histórica*, a expressão se torna muito mais significativa. Pois o "marxismo ocidental" nasceu, no começo da década de 1920, como um desafio doutrinário, vindo do Ocidente, ao marxismo soviético. Seus principais fundadores – Lukács e Ernst Bloch, Karl Korsch e Gramsci – estavam em áspero desacordo com o materialismo histórico determinista da filosofia bolchevique, tal como definida por Lênin ou Bukharin.[3]

---

[2] Ver, neste livro, p. 11.

[3] Ver, neste livro, p. 15.

Em outras palavras, Merquior identificou nas origens do marxismo ocidental um impulso polêmico radical, cujo propósito era o de evitar a todo custo o engessamento teórico do marxismo soviético. Compreenda-se o paradoxo, talvez em boa medida inevitável, qual seja, revolucionário no momento de tomar o poder de assalto, e, uma vez vitorioso, o pensamento marxista foi ajustado aqui, ali, e em muitas instâncias, às necessidades pragmáticas de manutenção do poder – e, a bem da justiça histórica, não se esqueça do conjunto nada desprezível de adversidades enfrentado nos anos iniciais do governo bolchevique.

Ademais, neste livro, Merquior aperfeiçoou seu método próprio de reflexão e de escrita. Vale dizer, a combinação de panorama histórico erudito e acuidade crítica; combinação temperada pela dicção polêmica e pelo emprego constante, mesmo sistemático, do recurso perfeitamente observado por John Gray, na resenha publicada no *The Times Literary Supplement*: "Um ensaio de história intelectual conduzido como um extenso exercício de ironia".

De um lado, o panorama histórico principia pelas duas fontes do marxismo ocidental – Hegel e Marx – e avança até o presente – publicado em 1986, este ensaio conclui pelo estudo da contribuição de Jürgen Habermas, cujo livro à época mais apreciado, *Theorie des kommunikativen Handelns*, saiu em 1981. Nas palavras do autor: "A recente suma de Habermas, *Teoria da Ação Comunicativa* (1981), em dois volumes, com 1167 páginas no original alemão, começou a ser escrita em 1977".[4] A bibliografia crítica mantém o mesmo padrão. Citemos um exemplo:

> E reexames do marxismo ocidental já se mostraram na verdade dispostos a enfrentar o debate das ideias *per se*. O mais exaustivo até agora é o de Martin Jay, *Marxism and Totality – the Adventures of a Concept from Lukács to Habermas* (1984).[5]

---

[4] Ver, neste livro, p. 217.

[5] Ver, neste livro, p. 235.

Para o leitor da obra-manifesto de Merquior, a referência evoca um efeito de um Dom Casmurro bem-sucedido – por assim dizer.

Em sua narrativa, Bento Santiago buscou atar as pontas da vida, a fim de reencontrar na velhice a felicidade da juventude. Como se sabe, fracassou.

Em 1969, Merquior lançou *Arte e Sociedade em Marcuse, Adorno e Benjamin*,[6] um exame pioneiro da Escola de Frankfurt em seu conjunto. Ora, em 1973, o mesmo Martin Jay publicou o que, na época, era *o mais exaustivo* estudo do movimento, *The Dialectical Imagination*.[7]

Referência, portanto, que associa o Merquior jovem de 1969 com o ensaísta maduro de 1986.

De outro lado, a acuidade crítica é ecumênica, ou seja, não poupa a nenhum dos autores discutidos – literalmente. Aliás, a forma ideal para encerrar a longa obra-manifesto, que reuniu dezenove livros, de *Razão do Poema* (1965) até *O Marxismo Ocidental* (1986). Praticamente impossível selecionar exemplos – são inúmeros. E, afinal, por que fazê-lo? Basta abrir o livro para encontrá-los.

Esta edição

Como acabamos de ver, *O Marxismo Ocidental* pode ser considerado o último título da obra-manifesto, pois, no livro publicado postumamente, *Liberalism – Old and New*, há uma mudança de tom, aliás, ainda não devidamente apreciada. Isto é, Merquior deixou de lado a voz polêmica, ou melhor, embora presente – afinal, o estilo é mesmo o homem! –, ela já não reina soberana. Tudo se passa como se o ensaísta tivesse principiado uma nova maneira – na reflexão e na escrita.

---

[6] José Guilherme Merquior, *Arte e Sociedade em Marcuse, Adorno e Benjamin. Ensaio Crítico sobre a Escola Neo-Hegeliana de Frankfurt*. São Paulo, É Realizações Editora, 2017.

[7] Martin Jay, *The Dialectical Imagination. A History of the Frankfurt School and the Institute of Social Research* – 1923-1950. London, Heinemann Educational Books Ltd, 1973.

Na presente edição de *O Marxismo Ocidental* procedemos a um cotejo cuidadoso com o texto original, *Western Marxism*, a fim de aparar umas poucas arestas, assim como dirimir outras tantas dúvidas. Esperamos que agora a leitura seja menos acidentada.

Nesta edição, levando adiante o trabalho com a Biblioteca José Guilherme Merquior, reproduzimos documentos relativos à recepção deste livro no Brasil e no exterior.

Destacamos duas preciosidades: a já mencionada resenha de John Gray, saída no *The Times Literary Supplement* com as marcas de leitura do próprio Merquior – essa resenha foi particularmente importante para ele. Assinale-se também a troca de cartas entre o autor e o editor de *Critical Review*. Merquior desejava rebater as críticas recebidas na resenha de Sonia Kruks, "*Western Marxism*: *Tale of Woe?*".[8] Talvez surpreso com a intensidade da réplica, o editor sugeriu o corte de frase na qual, digamos, Merquior foi especialmente incisivo. Na versão finalmente publicada, a sentença foi limada, embora o sentido da divergência de Merquior permaneça cristalino.

Por fim, contamos com um relevante depoimento de José Mario Pereira, exímio conhecedor da obra de José Guilherme Merquior, acerca deste livro e de sua recepção.

Hora, portanto, de reler o instigante ensaio *O Marxismo Ocidental*.

---

[8] Sonia Kruks, "*Western Marxism*: *Tale of Woe?*", *Critical Review*, 2 (1988), p. 114-26.

José Guilherme Merquior

José Mario Pereira

O senhor foi muito próximo ao ensaísta e pensador José Guilherme Merquior. Chegou a acompanhar a escrita de alguns de seus livros?

Eu conheci Merquior em setembro de 1979. Ele estava de passagem pelo Rio de Janeiro, e eu o procurei, no apartamento de sua mãe, dona Belinha, na condição de colaborador do jornal *Última Hora*. Ficamos amigos de imediato. Ele havia acabado de publicar em Londres, pela Routledge & Kegan Paul, o *The Veil and the Mask – Essays on Culture and Ideology*, a primeira parte de sua tese sobre legitimidade política, defendida na London School of Economics. Então me presenteou com um exemplar, que traz um prefácio do filósofo e antropólogo Ernest Gellner, seu orientador. No ano seguinte, pela mesma editora, saiu a segunda parte, *Rousseau and Weber – Two Studies in the Theory of Legitimacy*. Recebi-o de Merquior em outubro de 1980. Na dedicatória, ele brinca ao afirmar que esse livro é uma "garantia contra qualquer insônia". Desde o nosso encontro inicial até os seus últimos dias, Merquior me contou sobre tudo o que lia ou escrevia. Falávamos muito ao telefone, e quando ele estava no Rio íamos juntos a livrarias, saíamos para almoçar e jantar com amigos os mais diversos. Ele se divertia dizendo que eu era o seu "ministro plenipotenciário" aqui, pois eu funcionava como elemento de contato dele com muita gente na cidade, além de acompanhar alguns de seus assuntos junto à editora Nova Fronteira, onde eu também trabalhava.

Merquior tinha um método constante para a redação de seus inúmeros ensaios, ou mudava a forma de trabalhar de acordo com o projeto ao qual se dedicava?

Merquior nunca usou máquina de escrever, muito menos computador. Ele escreveu todos os livros à mão. No início de suas atividades como crítico, era Hilda, sua mulher, quem datilografava para ele; depois esse trabalho ficou a cargo de uma secretária. Excetuando-se os livros de ensaios, que iam se fazendo em função de suas colaborações em jornais e revistas, os monográficos nasceram tendo por base um esboço prévio. Ele fazia um sumário, decidia quantas páginas ia dedicar a cada tema, e então se punha a escrever. Também organizava metodicamente os livros que usaria nesse período, todos já devidamente lidos e anotados, e aí disparava. Nunca atrasou nenhum prazo combinado, característica sua logo notada pelos exigentes editores ingleses. Afora a memória privilegiada, Merquior lia com muita rapidez, fazendo marcações diferenciadas em função da importância maior ou menor que dava a cada parágrafo.

Um dia fui jantar com Merquior e Sérgio Lacerda, dono da Nova Fronteira, a editora que o publicava. Nesse encontro, Sérgio, bem impressionado por um recente artigo de Merquior no *Jornal do Brasil*, onde então escrevia semanalmente no suplemento dirigido por Mario Pontes, propôs que ele o desenvolvesse em livro. Merquior topou a ideia na hora, e, de férias no Rio, escreveu em um mês *A Natureza do Processo*. Só pediu ao Sérgio uma datilógrafa. A partir disso, quase toda manhã aparecia na sede da editora, na Rua Maria Angélica, Jardim Botânico, entregava o que havia escrito na noite anterior, depois ia conversar com Sérgio, Pedro Paulo Sena Madureira e comigo numa sala, enquanto aguardava a datilógrafa Diana terminar o trabalho do dia. Então revisava, fazia um ou outro acréscimo à mão e depois saíamos para almoçar.

No caso de O Marxismo Ocidental, *recorda ter conversado com o autor sobre o projeto do livro?*

Sim. Ele me contou do convite assim que o recebeu. Na verdade, Merquior, sem o saber, estava se preparando havia muito para escrevê-lo. Digo isso pensando nos ensaios anteriores que dedicou a Benjamin, Lukács, Habermas, entre outros intelectuais examinados em *O Marxismo Ocidental*. Sempre que se encontrava no Rio, Merquior achava tempo para conversar sobre temas marxistas com dois amigos queridos: Leandro Konder, a quem dedicou este livro, e Carlos Nelson Coutinho. Lembro-me de ter assistido a um longo diálogo de Leandro e Merquior sobre Agnes Heller, cuja obra o primeiro conhecia e estimava. Recordo também uma visita nossa a Mario Henrique Simonsen, na Fundação Getulio Vargas, pois Merquior queria ouvir mais o ex-ministro do Planejamento sobre o trabalho do economista japonês Michio Morishima, que andava esmiuçando criticamente a teoria econômica marxista, e pelo qual Simonsen manifestara entusiasmo num encontro que tiveram em Londres. Merquior leu muito para escrever este livro, mas acho oportuno citar nesse momento alguns pelos quais demonstrou entusiasmo acima da média: 1. *Main Currents of Marxism*, em três volumes, de Leszek Kolakowski, com quem conviveu em Londres; 2. *Il Marxismo e Hegel*, de Lucio Colletti; 3. *Karl Marx's Theory of History: A Defense*, de G. A. Cohen; e 4. *Making Sense of Marx*, de Jon Elster. Este último foi tema de conversas de Merquior com Raymond Aron, que orientou a tese de doutorado do filósofo norueguês, figura de destaque entre os "marxistas analíticos".

Acompanhou a recepção brasileira de O Marxismo Ocidental*?*

A primeira reação ao livro, anterior à sua edição pela Nova Fronteira, em março de 1987, é da lavra de Leandro Konder, num artigo publicado em *O Estado de S. Paulo* em 6 de dezembro de 1986, sob o título "Três Grandes Provocadores", no qual comenta um livro de Norberto Bobbio (*O Futuro da Democracia*), o de Merquior (lançado pela Paladin Books) e outro de Perry Anderson (*Linhagens do Estado Absolutista*). Observa o sempre elegante Leandro: "Merquior não tem em face do socialismo marxista a serenidade de Bobbio: com surpreendente veemência polêmica, o crítico brasileiro investe contra os marxistas mais originais da cultura ocidental no nosso século, acusando-os de se deixarem envolver pelo 'irracionalismo' ('velha patologia') de uma postura 'anticapitalista romântica'. Como, porém, a paixão que Merquior põe no seu ataque não lhe prejudica a agudeza do espírito, o livro tem o mérito de sacudir seus leitores, compelindo-os a refletir e a elaborar suas próprias interpretações para os temas abordados pelo ensaísta". O livro, como se sabe, traz a seguinte dedicatória: "Para Leandro Konder, que não concordará com tudo...".

Logo depois que chegou às livrarias em português, *O Marxismo Ocidental* mereceu comentário de Roberto Romano, intelectual que Merquior respeitava, no mesmo *O Estado de S. Paulo*, em 22 de março de 1987. O artigo se chamava "O décimo nono *round* de Merquior", pois este era então seu décimo nono livro, e vinha ilustrado por uma caricatura, assinada por Rocha, que divertiu Merquior: ele, num ringue, lutando boxe com um imenso e barbudo Marx. Ali se lê que a obra "recolhe a luta entre razão e intuições; entre saber científico e misticismo; a confiança na civilização técnica e sua recusa, em nome de uma cultura conservadora. Definindo seu alvo, o autor assinala a distância que separa os vários 'marxismos': 'Enquanto o foco do marxismo clássico estava na história econômica e na política da luta de classes, o marxismo ocidental se preocupou em primeiro lugar com cultura e ideologia. (...) não é inexato descrever o marxismo ocidental como um marxismo da superestrutura'". E continua Romano: "[...] O livro [...] busca tematizar pontos mais complexos do pensamento hegeliano, ou marxista. Como sempre, o aparato crítico é volumoso, e o intento polêmico do autor, evidente. Os que concordam com seus enunciados encontrarão projéteis para seu arsenal particular. Os discordantes de *O Marxismo Ocidental* deverão se defender, sem muitas efusões sobre a 'alienação', a 'comunidade', etc. O leitor isento julgará o valor exato de mais uma guerra, entre tantas, no 'reino animal do espírito' (Hegel)".

Como o livro foi escrito em inglês, para coleção organizada por Justin Wintle, o senhor também acompanhou a recepção internacional do ensaio?

Em relação ao mundo de língua inglesa, vale lembrar que Merquior estabeleceu relações de amizade com Justin Wintle quando este o convidou para escrever os verbetes sobre Lukács e Benjamin para uma obra de referência que organizou, publicada em 1981 pela Routledge & Kegan Paul: *Makers of Modern Culture – A Biographical Dictionary*. No ano seguinte, Justin lançou um *Makers of Nineteenth Century Culture* (1800-1914), e Merquior compareceu no volume com um verbete sobre Machado de Assis. O inglês, encantado com o profissionalismo de Merquior, tão logo assumiu a direção de uma coleção de temas da alta cultura, comunicou-lhe o fato, e aí nasceu o projeto de *O Marxismo Ocidental*.

Quanto à recepção da crítica internacional, notadamente inglesa, ao livro, lembro que Merquior ficou muito contente ao ler a resenha assinada por John Gray no *The Times Literary Supplement*, especialmente do trecho onde afirma que o livro é "um modelo daquele gênero raro – um ensaio de história intelectual conduzido como um extenso exercício de ironia".

Ele também me contou da reação favorável manifestada por intelectuais com os quais convivia, entre eles Ernest Gellner, Perry Anderson, John Hall. Mas houve pelo menos uma crítica à qual ele reagiu: foi assinada pela inglesa Sonia Kruks, formada pela Universidade de Leeds, na revista *Critical Review*, no outono de 1988, sob o título "Marxismo Ocidental: Uma história trágica?". Na carta que enviou de Paris ao editor da revista, e que foi publicada, Merquior afirma já na abertura: "Em sua resenha de meu *Western Marxism*, Sonia Kruks capta a importância que eu confiro à diferença entre uma avaliação adequada da história e o indiciamento por atacado da cultura moderna. No meu livro, a primeira é denominada 'teoria do processo' e principalmente atribuída a Hegel, enquanto a outra é nomeada *Kulturkritik*, e Nietzsche é seu principal porta-voz. Minha tese é que, enquanto o marxismo clássico permaneceu, como um todo, muito mais perto da teoria do processo do que a repulsa da *Kulturkritik* à modernidade como filha do Iluminismo, a corrente principal de *Western Marxism* (WM) caminhou na direção oposta e, ao fazê-lo, prejudicou de modo geral os padrões racionais de pensamento (embora o WM, como regra, não 'celebre' o irracionalismo), como Kruks a mim atribui". Cinco parágrafos adiante, ironiza Merquior: "Poder-se-ia colocar Kruks em situação delicada apenas solicitando-se que ela qualificasse sua noção de que Weber, mais do que ninguém, amputara a economia moderna da história do capitalismo. Mas prefiro desafiá-la a mostrar onde, em nome de Deus, cometi tão gritante erro. Tudo o que escrevi, numa sentença que ela cita mas interpreta com equívoco selvagem, foi que houve em Marx 'uma antipatia para com a natureza da economia moderna em si – afora quaisquer descontentamentos inerentes à estrutura social capitalista' (*Western Marxism*, 52-53)". [...] "Afirmativas no lugar de argumentos, anátemas destruidores em vez de análises sustentáveis, são ferramentas que não emprego no WM, o que não é o caso de seus críticos."

O senhor acredita que as mudanças no cenário político das últimas décadas provocarão mudanças significativas na recepção das ideias de José Guilherme Merquior em geral, e, em particular, na leitura de O Marxismo Ocidental*?*

A obra publicada de Merquior é extensa, e aborda muitos temas: a história literária, o ensaio crítico, a estética, a filosofia e a teoria política, a análise sociológica, a democracia e os seus impasses, a questão do irracionalismo na cultura, o conceito de ideologia, alguns temas da política e da história do Brasil e da América Latina, entre outros.

Ele se foi em janeiro de 1991, mas ainda teve tempo de refletir sobre a queda do Muro de Berlim, a Perestroika, a perda de prestígio do socialismo, o debate proposto por

Fukuyama sobre o "fim da história", a crise dos nacionalismos, e o renovado prestígio da ideia liberal.

Acredito que a obra literária de Merquior resistirá ao tempo com galhardia, dada a agudeza e a originalidade de suas análises. No que diz respeito aos seus ensaios sociológicos e políticos, há que se fazer uma observação preliminar: é da natureza desse tipo de estudo o fato de que o avanço da pesquisa e da erudição pode fazer esmaecer pontos de vista antes tidos como definitivos, e provocar revisões, ou até mesmo refutação de um ou outro detalhe de qualquer livro tido até então por brilhante. Merquior tinha plena consciência disso; afinal, conhecia a fundo a história das ideias no Ocidente. Eu creio, no entanto, que o diagnóstico de Merquior sobre o marxismo ocidental continua pertinente e apto a inseminar novas abordagens. *O Marxismo Ocidental* é uma boa mostra do estilo elegante, irônico, erudito e polêmico praticado com mestria por Merquior. A exemplo dos grandes vinhos, ele está envelhecendo bem.

Arquivo José Guilherme Merquior

Fonte: Arquivo José Guilherme Merquior / É Realizações Editora

José Guilherme Merquior

Marxologia tupiniquim

(conclusão)

NA apresentação de *Por que Marx*, Leandro Konder e Gisálio Cerqueira Filho observam que os textos oferecidos para esse volume comemorativo do centenário da morte do autor de *Capital* acabaram configurando um imprevisto: predominaram claramente temas não clássicos, bem diversos, em seu conjunto, do elenco temático do marxismo convencional. Para os organizadores, essa preferência pelo insólito na tradição marxista denota uma vocação heterodoxa por parte da maioria absoluta de seus colaboradores. Será mesmo?

A quase vintena de ensaios de *Por que Marx* permite distinguir pelo menos quatro tipos. Alguns se limitam ao reconhecimento do que há muito já é tido como óbvio fora dos arraiais marxistas-leninistas. Assim, André Cezar Medici, em "Marx e o meio ambiente", admite que a alienação do trabalho e a depreciação da natureza também ocorrem no socialismo real, isto é, no universo comunista, enquanto Antonio Celso Alves Pereira, em "Marx e as relações internacionais", se apóia no sociólogo polonês Jerzy Wiatr para afirmar que a URSS é uma potência imperialista e que, atualmente, a prosperidade dos países industriais não depende somente da exploração das áreas periféricas. Muita gente já desconfiava de tudo isso.

Um segundo tipo de ensaio consiste numa espécie de tímida erudição. É o caso do próprio Gisálio, com sua pequena apostila bem comportada sobre a noção marxista de ideologia; ou de Gizlene Neder, que discorre sobre Marx e a história de maneira meramente ilustrativa, deixando-nos com água na boca no tocante à explicitação conceitual do método e análise histórica empregados por Marx. Igual limitação grava "Marx e o Brasil" de José Nilo Tavares, esboço de um possível e necessário estudo que se mantém, conforme, de resto, confessado no subtítulo, estritamente *indicativo* da penetração inicial das idéias marxistas na cultura brasileira (José Nilo interrompe seu inventário preliminar na figura de Silvério Fontes, ou seja, no primeiro dos nossos marxistas não-ocasionais).

Um terceiro tipo de ensaio é composto de aplicações do arsenal conceitual marxista — mas o nível de coerência com as idéias originais do marxismo varia, nesse grupo, tanto quanto a própria qualidade dos textos. Moniz Bandeira, dissertando sobre o internacionalismo em Marx e Engels, adota uma perspectiva catastrofista muito pouco argumentada. Já Eurico de Lima Figueiredo, tentando a junção do marxismo com a sociologia militar, tem pelo menos o mérito de rejeitar, em nome do realismo sociológico, a rigidez da teoria de classes na escolástica althusseriana. Fernando Henrique Cardoso preferiu escrever sem a menor relação aparente com o assunto do livro; mas isso não o impediu de apresentar mais uma análise sofisticada do processo político, desta vez centrada em nosso atual sistema de partidos. Suas observações sobre a dinâmica evolutiva do PDS e o significado da alternativa PMDB/PT para a esquerda são do maior interesse.

Mas as aplicações mais criativas do ponto-de-vista marxista se devem a Marilena Chaui e ao padre Henrique de Lima Vaz. Marilena enriqueceu o volume com uma leitura espinoziana do jovem Marx, especialmente enquanto crítico da teoria política de Hegel; seu ensaio vale, no mínimo, como uma brilhante e acurada exposição da política democrática de Espinoza. Lima Vaz articula uma provocadora analogia entre a superação dialética do cristianismo em Marx e a nova teologia. Convida-nos a entender a evolução recente do pensamento cristão "à luz da inversão marxiana da filosofia da religião de Hegel". Marx teria ultrapassado a fé do ponto-de-vista da práxis, e não, como o iluminismo, de uma mera crítica teórica. E o padre Vaz se torna lírico ao evocar a "primavera marxiana da teologia", que, segundo ele, está levando ao túmulo do grande ateu que foi Marx uma coroa

"dessas estra
ele julgara fa
estranhas, re
altamente re
espírito hoje
mo arbitraria
mo da práxis
da nova teol

Finalment
reflexão, radi
mático, prob
o credo marxi
goria os texto
Maria da Co
Nelson Couti
a filosofia", d
dável distânc
da bem rara,
centrais do m
çar pelo mito
contradições
repelir a idéi
vidade própr
com razão q
tentar o con
hábito de s
automovimen
to enquanto
lista como M
tem cabimen
ensaio de G
obscura. Nos
risco de con
"pedagogia
ainda assim
sões perfeita
da práxis co

Artigo de José Guilherme Merquior publicado no *Jornal do Brasil* em 2 de abril de 1983.

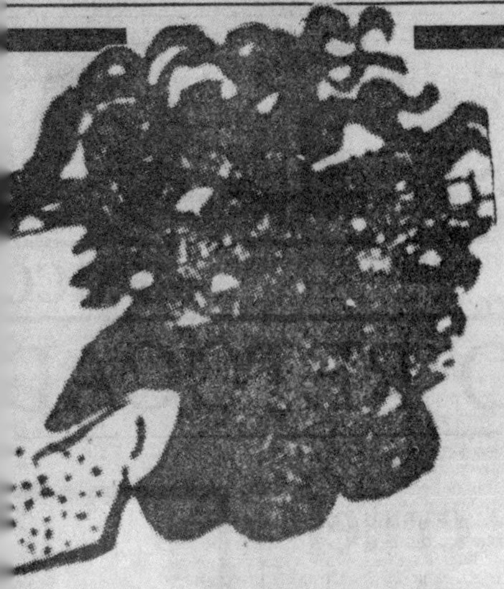

Antônio Gramsci: um leninista, apesar dos esforços dos marxistas brasileiros para democratizá-lo

teológicas que
empre". Muito
nas o ensaio é
omunidade de
tre um marxis-
ido a humanis-
smo descarado

os em que a
impulso adog-
ostancialmente
-se nessa cate-
rthur Gianotti,
ares e Carlos
i, em "Marx e
ssuir uma sau-
felizmente ain-
a vários itens
ônico, a come-
existência de
Vão vacila em
uma "negati-
es, advertindo
conseguia sus-
e devia a seu
ente finito no
sição do infini-
ra um materia-
ante saída não
conclusão do
leliberadamente
evine contra o
ria numa crua
classes"; mas
texto com alu-
as ao espectro
dos problemas

filosóficos. Não estamos tão longe assim — a despeito da diferença de assunto e terminologia — do padre Vaz...

Também tive dificuldade de perceber com nitidez o desenho geral do ensaio de Maria da Conceição, ostensivamente dedicado ao "movimento geral do capital". No entanto, só merece louvor o empenho da autora em descartar as beatices da economia marxista no terreno vetusto da teoria do valor. "A esta altura do século, querer fazer a passagem entre o "valor" da força de trabalho, medida em horas-homem necessárias para sua reprodução, e o "preço" da força de trabalho, ou entre "trabalho excedente" e lucro é uma tarefa equivocada". "O capital que caminhou historicamente sobre duas "pernas", duas "mercadorias especiais" — o trabalho assalariado e o dinheiro — tende a negar progressivamente o valor de uma delas — o trabalho vivo — e a afirmar-se na outra — o dinheiro (...)". Isso, convém notar, num contexto analítico em que a autora faz questão de se manter ao largo da nova escola de Cambridge e das idéias "neo-ricardianas" de Piero Sraffa.

CARLOS Nelson Coutinho reenfrenta o problema da questão democrática em Marx. Seu ensaio contém momentos admiráveis, como o franco reconhecimento de que a classe operária não é mais o único sujeito da luta social e o endosso da sábia advertência de Rosa Luxemburgo, segundo a qual liberdade é sempre liberdade para os outros pensarem diferentemente de nós. Para Carlos Nelson, o tema Marx e a democracia comporta três posições. A primeira decreta a irremediável inépcia de Marx no tocante à conceituação correta da democracia. A segunda afirma que o pensamento de Marx contém a solução da questão democrática. Finalmente, a terceira, perfilhada por Carlos Nelson, julga que Marx elaborou os instrumentos da solução — mas esta precisa, não obstante, incorporar a experiência pós-marxiana e, em particular, a reflexão política de autores marxistas como Luxemburgo e Gramsci.

O esforço de Carlos Nelson para democratizar o marxismo a partir de Gramsci continua a me sensibilizar sem me convencer. Não esqueço a lição de Colletti: se é certo que para Gramsci não há ditadura proletária sem hegemonia, daí não se segue que ele tenha preconizado a hegemonia sem ditadura. Noutras palavras: Gramsci pode ter sido um leninista sui generis, mas nem por isso deixou de ser leninista — e como tal, fundamentalmente alheio ao valor intrínseco das instituições liberais.

De resto, ao restringir o "blanquismo" de Marx a apenas uma fase de seu pensamento — a fase do *Manifesto Comunista* — Carlos Nelson discrepa não só de Bernstein como das mais recentes pesquisas sobre a evolução das idéias políticas de Marx. Tanto assim que, no último número da *New left review*, Wohlforth, revivendo o velho diagnóstico de Karl Kosrch, sustenta o predomínio de um "modelo jacobino" na noção geral da revolução do marxismo clássico — o que equivale a dar o elemento blanquista por embutido no historicismo marxiano. A própria experiência da Revolução Francesa, único processo revolucionário em grande escala estudado por Marx, o levava a privilegiar a centralização pós-insurrecional do poder. O que o marxismo condenou na escola de Blanqui foi o putschismo como técnica de conquista do poder desatenta às condições sociais objetivas, não o paradigma jacobino de uma vanguarda autoencarregada de usar inescrupulosamente o poder para realizar uma transformação social.

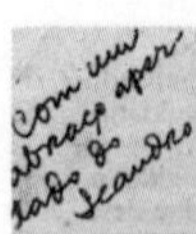

Marx, Merquior e o futuro dos liberais

JB 10.4.83

Leandro Konder

EM seu comentário sobre o volume coletivo *Por que Marx* (ed, Graal), o crítico José Guilherme Merquior faz uma série de observações instigantes, que contribuem decisivamente para que o livro seja lido e debatido, tal como nós, seus organizadores, desejávamos. Não posso deixar de manifestar minha gratidão ao meu amigo Merquior pela atenção que dedicou ao nosso trabalho e pela ajuda que nos deu, permitindo que Marx fosse lembrado, 100 anos depois de sua morte, nos termos polêmicos em que ele seguramente gostaria de ser lembrado.

Merquior é, para nós, um interlocutor importante. Através de suas críticas ao socialismo, ao marxismo, à dialética, à psicanálise e ao vanguardismo estético, Merquior está conferindo ao racionalismo crítico e ao liberalismo conservador uma vitalidade que tais posições, no plano teórico, talvez nunca tenham tido, antes, na cultura brasileira. Com isso, ele presta relevante serviço ao enriquecimento da nossa reflexão, nos quadros da democracia pluralista que estamos — de ângulos distintos — empenhados em criar e consolidar.

Na avaliação de *Por que Marx*, entretanto, aparecem certas formulações que me parecem perigosas. Merquior acusa os intelectuais "marxizados" — "marxistas ou marxizantes" — de serem "os bispos docentes de uma contracultura estabelecida", de constituírem um "marxismo de cátedra", que é "a religião da maioria do próprio mandarinato universitário". Acusa-os de criarem para si a imagem de perseguidos, "sem poder nem prestígio", embora, na verdade, ministrem na universidade um "ensino amplamente marxizado", que "já conseguiu minar consideravelmente, nas novas gerações, a consciência da legitimidade e do valor das instituições liberais". Segundo Merquior, "no último quarto de século", os intelectuais "marxizados" positivamente não constituíram um grupo marginalizado pela sociedade, pela cultura dominante.

Mas "o último quarto de século" (1958-1983) está marcado por várias perseguições a intelectuais de esquerda, que tiveram seus direitos políticos cassados (como Darcy Ribeiro), foram expulsos da universidade (como Fernando Henrique Cardoso, Florestan Fernandes), excluídos do Ministério das Relações Exteriores (como Antônio Houaiss), afastados compulsoriamente do Supremo Tribunal Federal (como Hermes Lima, Victor Nunes Leal e Evandro Lins e Silva), forçados ao exílio (como Celso Furtado) ou presos (como Caio Prado Júnior). Limito-me aqui, por falta de espaço, a lembrar uns poucos nomes, expressivos, de intelectuais que não podem ser seriamente acusados de ser uma ameaça à segurança do Estado e que foram atingidos pela repressão basicamente em decorrência de suas posições teóricas.

Reconhecemos que a esquerda tem cometido erros, muitos e graves. Admitimos que o pensamento de esquerda ainda apresenta sérias deficiências. Estamos fazendo, na prática, nossa autocrítica. Mas já hoje é absolutamente injusto atribuir à imensa maioria dos intelectuais "marxistas ou marxizantes" a intenção tresloucada de "marxizarem" a universidade brasileira. O que eles querem, em geral, é exercer honradamente a profissão de professores, defendendo suas convicções (pois quem não defende as idéias em que acredita é porque não tem caráter), mas debatendo e convivendo com os representantes de outras correntes de pensamento, explicitamente reconhecidas como indispensáveis ao exercício das funções que a universidade deve desempenhar numa sociedade democrática.

Entre as pessoas que *realmente têm poder* nas universidades brasileiras, estou seguro de que são raros — se é que existem! — os "marxistas ou marxizantes". Ainda há pouco, o reitor de uma das principais universidades do nosso país declarou à revista *Isto É* que se orgulhava de nunca ter lido nada de Marx: abominava-o sem precisar conhecê-lo.

Merquior não sentiu necessidade de apontar contra esse poderoso reitor sua lança liberal; brandiu-a contra professores que muitas vezes exercem escassa influência nas instituições onde trabalham e dispõem de escassa segurança em seus postos. Poucos dias antes de lerem sua crítica, cinco dos colaboradores de *Por que Marx* receberam o aviso de que o Instituto Benett resolvera acabar com a pós-graduação em ciências políticas, na qual lecionavam.

Conheço Merquior há mais de 20 anos e sei que ele jamais proporia que a universidade brasileira fosse "saneada" de seus intelectuais "marxizados". Por inadvertência, porém, ele pode estar, neste momento, se enganando de inimigo e levando água para o moinho da direita. Os homens que já realizaram "expurgos" no nosso mundo universitário — os arquipatrulheiros da direita — ainda estão vivos e ativos, sussurrando aos ouvidos daqueles que controlam o aparelho do Estado, incitando os detentores do poder a medidas repressivas. Não tenho dúvida de que, se conseguirem criar condições favoráveis, os núcleos autoritários vão remover da universidade todos os "marxistas ou marxizantes"; e para chegar lá são capazes de tudo: inclusive de aproveitar — contra as intenções dele — o diagnóstico do Merquior.

Não são os professores marxistas que danificam a legitimidade e o valor das instituições liberais: no Brasil, o futuro do liberalismo depende da credibilidade que seus adeptos forem capazes de lhe conferir. Depende da firmeza e da nitidez com que os liberais forem capazes de enfrentar a direita.

Leandro Konder, advogado e ensaísta, é autor dos livros: Introdução ao fascismo, Lukacs e O que é dialética. Carioca, 47 anos, mora na Gávea.

Artigo de Leando Konder publicado no *Jornal do Brasil* em 10 de abril de 1983, e enviado a José Guilherme Merquior.

Da esquerda hegeliana a Marx (I)

JOSÉ GUILHERME MERQUIOR

As raízes da filosofia de Marx estão na chamada esquerda hegeliana (1835-43). Logo após a morte de Hegel (1831), vários discípulos começaram a denunciar a incoerência de seu sistema. Esses discípulos críticos achavam que uma filosofia que exaltara o "trabalho do negativo", isto é, princípio da negatividade criadora, apresentando cada fase da história como a semente de sua própria superação, no movimento dialético da auto-realização do Espírito, era, a rigor, incompatível com a aceitação conservadora do status quo político-social, do establishment religioso e do próprio sistema hegeliano como um nec plus ultra do pensamento.

Uma das fórmulas basilares do sistema hegeliano era o preceito: "todo o real é racional" (Filosofia do Direito, 1821). Com isso, Hegel não queria fazer, simplesmente, a apologia do status quo, por mais que ele mesmo asseverasse que "o presente é a coisa suprema" (Hist. da Filosofia). Sua posição só coincide parcialmente com as teodicéias do racionalismo pré-iluminista, encapsuladas no hemistíquio de Pope: "Whatever is, is right". O real, para Hegel, era uma essência dinâmica, em perpétua atualização, e não apenas a existência dada num determinado ponto da história. Dito de outro modo: o existente, para Hegel, podia, sob vários aspectos, ser inessencial. Ele afirmava a um só tempo: 1) a racionalidade do real; e 2) a realidade do racional, isto é, da Idéia, irredutível ao mero existente.

A divisão da escola hegeliana em direita e esquerda foi desde cedo compreendida (p.ex., por Ludwig Michelet (1801-93), editor da História da Filosofia de Hegel), como uma ostensiva bifurcação daquilo que Hegel tentara unificar conceitualmente: o precário equilíbrio entre a Idéia e a ordem constituída. A direita hegeliana interpretou o sistema como se só o real fosse racional. A esquerda sustentou que só o racional (quer dizer, só a Idéia enquanto ideal) era "real" — e por conseguinte, tratou de proceder à demolição crítica do status quo político-ideológico como simples mistificação.

Os jovens hegelianos, Feuerbach, Bauer, Ruge, Hess e Stirner geralmente se esforçaram por manter o espírito "progressista" do hegelianismo, rejeitando a letra do sistema de Hegel. Contestaram o protestantismo estabelecido e a monarquia prussiana, burocrático-feudal, da Restauração, cuja apologia valera a Hegel o púlpito filosófico oficial — a cátedra (1818) na recém-fundada Universidade de Berlim. A esquerda hegeliana radicalizou em todos os planos: rompeu com a visão hegeliana da História e do presente como encarnação da Razão; converteu-se ao ateísmo; e abraçou a revolução em política, sobretudo depois que o advento de Frederico Guilherme IV ao trono da Prússia desfez as últimas esperanças dos liberais reformistas.

Em 1841, vieram a lume as duas obras mais avançadas dos hegelianos da esquerda: a Essência do Cristianismo, de Ludwig Feuerbach (1804-72) e a Triarquia Européia, de Moisés Hess (1812-75). Feuerbach notou que Hegel, identificando Deus com o Espírito e este com a autoconsciência da história humana, legara uma concepção decididamente imanentista do divino. Portanto, em última análise, "o segredo da teologia é antropologia": Deus e todos os seus magníficos atributos não passam de uma projeção dos anseios humanos.

Com essa crítica da projeção teológica, Feuerbach alterou radicalmente um conceito central de Hegel — o de alienação. Para Hegel, a alienação é uma exteriorização positiva: assim o Espírito, ao objetivar-se na História, caminha em seu progresso rumo à plena e madura auto consciência. Para Feuerbach, ao contrário, a alienação religiosa é algo negativo: assinala uma pura destituição do sujeito humano, que se vê privado dos valores creditados a Deus.

Outro tema crítico de Feuerbach consistia na rejeição de toda filosofia do eu e do espírito como igualmente alienada, porque distante da realidade concreta da vida humana. Um dos seus aforismos anti-hegelianos mais citados era "Mann ist was er isst" — o homem é o que ele come. Em suma: naturalismo e materialismo (bem próximo de certas correntes da Ilustração francesa, na linha de Helvétius ou d'Holbach), em lugar do obstinado espiritualismo e idealismo da metafísica oitocentista dos Schelling e Hegel.

Bruno Bauer (1809-82), o teólogo ateu, havia exposto o cristianismo e, em geral, a religião, como alienação do espírito. O humanismo de Feuerbach foi a um só tempo mais sutil e mais radical. Para ele, a religião não era uma simples mentira, mas a essência humana travestida; e a (má) alienação não era bem do espírito, pois toda filosofia do espírito é que já era, por definição, alienada. Hegeliano, Bauer ainda propunha uma filosofia da subjetividade para vencer a alienação religiosa; Feuerbach propõe uma antropologia materialista para superar a alienação filosófica.

Quanto a Hess, sua maior importância, para a nossa História, reside em ter traçado uma terceira face da alienação: nem religiosa nem filosófica, mas econômica. Possivelmente sob a influência de Proudhon, Hess sustentou que o dinheiro era tão alienante quanto a crença em Deus — uma idéia que Marx mobilizará (contra Bauer) num dos seus primeiros ensaios originais, Sobre a questão judia (1843-4).

Artigo de José Guilherme Merquior publicado em *O Estado de S. Paulo*.

I

A CONCEPT AND ITS BACKGROUND

1. WHAT IS WESTERN MARXISM?

'Western Marxism' is generally taken to mean a body of thought, chiefly philosophical, encompassing the work of authors as different as Georg Lukács and Louis Althusser, Walter Benjamin and the later Jean-Paul Sartre. It also embraces theoretical interventions and historical analyses as distant in time, scope and spirit as those of Antonio Gramsci (d. 1937) and Jürgen Habermas, who began publishing only thirty years ago. It is at once a typical product of the creative inter-war culture and an ongoing theorizing, recognizable (if often deeply transformed) in the output of the second generation of the so-called Frankfurt school grouped around Habermas or, again, in what came to be known as French structuralist Marxism.

Such diversity makes critical interpretation difficult. But at least, roughly speaking, one knows *who* the western Marxists are: Lukács, Gramsci, the Frankfurtians, Sartre, Althusser, some 'new Left' theorists, and so on. It is much harder, however, to say *what* Western Marxism (WM) amounts to. When it comes to defining or even describing Western Marxism as a whole, as a common denominator among several trends in twentieth-century Marxism, the label itself quickly turns out to be a tricky one. For instance, it traditionally denotes non-Soviet, or non-Soviet-like, Marxist thought. Yet, if taken too literally, its geographical meaning becomes quite misleading. Several Marxist trends in the West, while very different from the Soviet canon, are

1

Capa e primeiras páginas da edição original deste livro.

far from qualifying as 'Western Marxism' in the philosophical sense. Consider a few samples at random: a Trotskyist like the influential Belgian economist Ernest Mandel; a theorist of revolution like the early Régis Debray; or an East German dissident such as Rudolf Bahro – arguably the most important case of communist heresy to have surfaced since Milovan Djilas's *The New Class* (1957). All of these, in their most striking works (Debray's *Revolution in the Revolution*, 1969, Mandel's *Late Capitalism*, 1972 and Bahro's *The Alternative in Eastern Europe*, 1977), were at loggerheads with the Soviet persuasion. Yet nobody has ever tagged the badge 'Western Marxism' on to any of them. Clearly, being a Marxist in the West does not alone make one into a 'Western Marxist', any more than it makes one automatically obedient to Soviet theory. To that extent, the tag is just a misnomer.

However, as soon as we look at it from a *historical* perspective, the label becomes much more meaningful. For 'Western Marxism' was born in the early 1920s as a doctrinal challenge, coming from the West, to Soviet Marxism. The main founders of Western Marxism – Lukács and Ernst Bloch, Karl Korsch and Gramsci – were in sharp disagreement with the deterministic historical materialism of Bolshevik philosophy defined by Lenin or Bukharin. Both Lenin and Bukharin, as Engels and Plekhanov before them, believed in objective economic laws as the driving force of all human history; and they also held a view of consciousness as being essentially a reflection of nature and social reality. In the 1920s, these key theoretical positions were shared, in the Leninist camp, in such widely read Marxist treatises as Bukharin's *Historical Materialism* (1921); and, on the anti-Bolshevik side, in Kautsky's *The Materialist Historical Constitution of the State and the Development of Mankind* (1927); but they were strongly opposed by thinkers like Lukács and Gramsci, who took issue with the overt naturalistic outlook of the more determinist brands of Marxism.

Nevertheless, few things would be more erroneous than

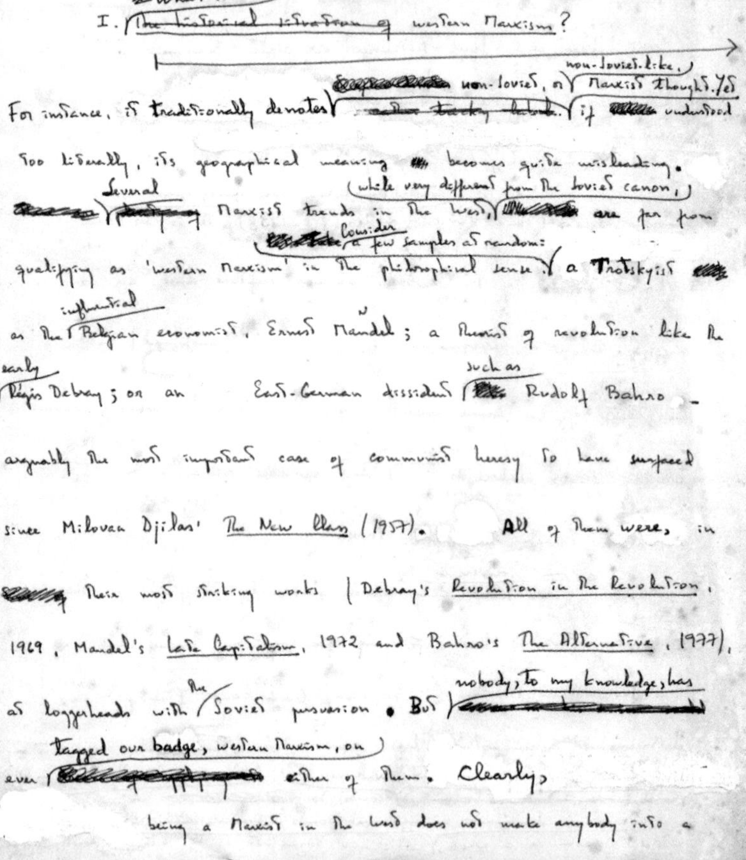

CHAPTER ONE

A CONCEPT AND ITS BACKGROUND

I. What is western Marxism?

For instance, it traditionally denotes non-Soviet, or non-Soviet-like, Marxist thought. Yet if understood too literally, its geographical meaning becomes quite misleading. Several Marxist trends in the West, while very different from the Soviet canon, are far from qualifying as 'western Marxism' in the philosophical sense. Consider a few samples at random: a Trotskyist as the influential Belgian economist, Ernest Mandel; a theorist of revolution like the early Régis Debray; or an East-German dissident such as Rudolf Bahro – arguably the most important case of communist heresy to have surfaced since Milovan Djilas' The New Class (1957). All of them were, in their most striking works (Debray's Revolution in the Revolution, 1969, Mandel's Late Capitalism, 1972 and Bahro's The Alternative, 1977), at loggerheads with the Soviet persuasion. But nobody, to my knowledge, has tagged our badge, western Marxism, on either of them. Clearly, being a Marxist in the West does not make anybody into a

Manuscrito original de *Western Marxism*.

'Western Marxism' generally means a body of thought, chiefly philosophical, comprehending the work of authors as different as Georg Lukács and Louis Althusser, or Walter Benjamin and the later Jean-Paul Sartre. It may also cover the theoretical interventions and historical analyses as distant in time, scope and spirit as those of Antonio Gramsci (d. 1937) and Jürgen Habermas, who started publishing only thirty years ago. It is at once a typical product of the creative interwar culture and an ongoing theorising, recognisable (if often deeply transformed) in the output of the second generation of the so-called Frankfurt school around Habermas, or again in what came to be known as French structuralist Marxism.

Such diversity already makes life difficult for the critical interpreter. But at least, roughly speaking, one knows *who* are the western Marxists: Lukácsians, Gramscians, Frankfurtians, Sartreans, Althusserians, 'new left' theorists, etc.. It is much harder to say *what* western Marxism (WM) amounts to. Whenever it comes to defining, or even minimally describing, (as a common denominator among several trends in twentieth-century Marxism, the western Marxism as a whole,) label soon turns out to be pretty tricky.

de rigor y claridad. Examinada de cerca, la "teoría crítica" siguió siendo "crítica" sólo porque pretendió hacer una "crítica", no porque haya intentado jamás desarrollarla como una forma de pensamiento analíticamente controlada. De hecho, durante la llamada "disputa del positivismo" en la Alemania Federal de los primeros años de la década de 1960 —un alegato principalmente entre Popper y Adorno—, se hizo evidente que para el maestro de Francfort la crítica social era mucho más importante que el cuidado de sus propias herramientas críticas. Irónicamente, la teoría que en el campo marxista insistió más en los riesgos del colapso del pensamiento en la praxis, sacó su atractivo de una postura práctica —la anatematización de la sociedad industrial— presentada en un nivel de rigor teórico más bien bajo.

De Sartre a Althusser

Al reaccionar a la noticia de la muerte de Jean-Paul Sartre (1905-1980), Louis Althusser lo llamó "nuestro Jean-Jaques", queriendo decir con ello que Sartre fue para nuestra época lo que Rousseau había sido para la suya: un inflexible impugnador del poder.[52] Así rendía homenaje uno de los pensadores más poco sartreanos a la figura que, más que ninguna otra, encarnó al intelectual como rebelde en la cultura europea desde la guerra. El perfil de su formación y de su carrera como escritor *engagé* es tan conocido como lo son sus obras de ficción y sus dramas, y no lo es menos su obra maestra de la autobiografía, *Las palabras* (1963); de modo que podemos referirnos con seguridad a su marxismo, así como a la peculiar senda que tomó para llegar a él.

Mucho antes de hacerse comunista, Sartre perteneció a la feroz tradición de la "burguesofobia" (término de Flaubert)

[52] Althusser, 1976, p. 59.

que permeó la literatura francesa de Baudelaire a los surrealistas. Como Gide antes que él y Barthes después, Sartre parece haber trascendido su propio origen hugonote para escribir en abierto desafío a la moral burguesa, tanto católica como republicana. Pero en vez de loar el *acte gratuit* de Gide o, como los surrealistas, el poder liberador de un instintivo, espontáneo, flujo de la conciencia, Sartre escribió en pro del compromiso (*engagement*), una ética de la elección total y de la plena responsabilidad. Aunque fue educado como filósofo, su personal contribución a la teoría del ser y al análisis de la conciencia radicó en la aguda preocupación moral con la que abordó tales problemas clásicos de la filosofía académica.

En su primera y más absorbente novela, *La náusea* (1938), el héroe, Roquentin, padece de una sostenida, dolorosa y ejemplar conciencia de la incoherencia del mundo objetivo y, dentro de él, del carácter absolutamente contingente de su propia existencia. Pero, por otro lado, un sentido de absoluta libertad embriaga al hombre sartreano cuando cae en la cuenta de que las cosas en el mundo podrían ser de otra manera. En la *summa* existencialista de Sartre, *El ser y la nada* (1943), la percepción básica de la teoría interpretativa (*verstehen*) —que para entender la conducta humana normalmente tenemos que entender un complejo juego de los fines e intenciones conscientes— deviene la estructura misma de la existencia: el hombre es su libertad y su libertad esta siempre realizándose en "proyectos". En el hombre la existencia (es decir, la elección) precede a la esencia.

Como la fenomenología de Husserl (la cual estudió en Berlín durante el primer año de la Alemania de Hitler), Sartre resaltaba la interrelación de la intencionalidad: no hay *cogito* sin un *cogitatum*, no hay sujeto sin un objeto. Sin embargo, en el sujeto sartreano —el "*pour-soi*"— tal correlación iba a experimentar una impactante dramatización. El *pour-soi* es pura negatividad: su esencia consiste en una infinita aniquilación de cada uno de sus objetos (los "*en-soi*"). Cada

Duas páginas da tradução de *Western Marxism* para o espanhol.

227

2. DE SARTRE A ALTHUSSER

Al reaccionar a la noticia de la muerte de Jean Paul Sartre (1905-1980), Louis Althusser lo llamó "nuestro Jean Jaques",[52] queriendo decir con ello que Sartre fue para nuestra época lo que Rousseau había sido para la suya: un inflexible impugnador del poder. Así rendía homenaje uno de los pensadores más poco sartreanos a la figura que, más que ninguna otra, encarnó al intelectual como rebelde en la cultura europea desde la guerra. El perfil de su formación y de su carrera como escritor engagé es tan conocido como lo son sus obras de ficción y sus dramas, y no lo es menos su obra maestra de al autobiografía, Las Palabras (1963); de modo que podemos referirnos con seguridad a su marxismo, así como a la peculiar senda que tomó para llegar a él.

Mucho antes de hacerse comunista, Sartre perteneció a esa feroz tradición de la "burguesofobia" (término de Flaubert) que permeó la literatura francesa de Baudelaire a los surrealistas. Como Gide antes que él y Barthes después, Sartre parece haber transitado su propio origen hugonote para escribir en abierto desafío a la moral burguesa, tanto católica republicana. ~~como burguesa.~~ Pero en vez de loar el acte gratuit de Gide o, como los surrealistas, el poder liberador de un instintivo, espontáneo, flujo de la conciencia, Sartre escribió en pro del compromiso (engagement),

[52] Althusser, 1976, p. 59.

Correções da tradução ao espanhol feitas por José Guilherme Merquior e incorporadas na edição final (comparar com as duas páginas anteriores).

una ética de la elección total y de la plena responsabilidad. Aunque fue educado como filósofo, su personal contribución a la teoría del ser y al análisis de la conciencia radicó en la aguda preocupación moral con la que abordó tales problemas clásicos de la filosofía académica.

En su primera y más absorbente novela, *La nausea* (1938), el héroe, Roquentin, padece de una sostenida, dolorosa y ejemplar conciencia de la incoherencia del mundo objetivo y, dentro de él, del ~~absoluto~~ carácter absolutamente contingente de su propia existencia. Pero, por otro lado, un sentido de absoluta libertad embriaga al hombre sartreano cuando cae en la cuenta de que las cosas en el mundo podrían ser de otra manera. En la *summa* existencialista de Sartre, *El ser y la nada* (1943), la percepción ~~introspección~~ básica de la teoría interpretativa (*verstehen*) --que para entender la conducta humana normalmente tenemos que entender un complejo juego de los fines e intenciones concientes-- deviene la estructura misma de la existencia: el hombre es su libertad y su libertad esta siempre realizándose en "proyectos". En el hombre la existencia (es decir, la elección) precede a la esencia.

Como la fenomenología de Husserl (la cual estudió en Berlín durante el primer año de la Alemania de Hitler), Sartre enfatizaba la interrelación de la intencionalidad: no hay *cogito* sin un *cogitatum*, no hay sujeto sin un objeto. Sin embargo, en el sujeto sartreano --el "*pour soi*"-- tal correlación iba a experimentar una impactante dramatización. El *pour soi* es pura negatividad: su esencia consiste en una infinita aniquilación de

A Konder Rio, 26.1.86

Querido José Guilherme,

recebi ontem, sábado, o exemplar do WESTERN MARXISM que você me mandou e nem preciso dizer o quanto a generosa dedicatória me fez feliz. O coração – como diria o prefeito de São Paulo – se me aqueceu. Gostaria de tê-lo ao meu alcance para lhe dar um abraço emocionado, cheio de amizade e gratidão. Comecei imediatamente a ler o livro, mas este fim de semana acabou sendo quase completamente absorvido por compromissos de trabalho e não pude avançar na leitura: só consegui ler a primeira parte de "A concept and its background", intitulada "What is Western marxism?". Como você, com a lucidez habitual, previu na própria dedicatória, nem sempre me sinto de acordo com a sua argumentação crítica; mas – o que é mais importante do que o estar de acordo – me sinto enormemente estimulado pelo seu pensamento, que me desafia

Carta de Leandro Konder, a quem *Western Marxism* foi dedicado.

a reexaminar velhas convicções e me obriga a renovar velhas idéias através de novas reflexões. Não sei se todo o WM manifesta uma rejeição do ethos industrial e não sei se mesmo nos WM que incidem numa drástica "Kulturkritik" não existe um "caroço" muito significativo a ser assimilado por uma nova perspectiva democrática-radical, revolucionária. De qualquer maneira, estou muito interessado em ouvir as suas advertências racionalistas contra o anticapitalismo romântico. Terminada a leitura, voltarei a escrever. Gostaria, no entanto, de receber, assim que for possível, notícias da saúde da Hilda. Um abraço carinhoso para ela, outro para a Julia e o Pedro, outro - especial - para você.

Do amigo

Leandro

2 — O ESTADO DE S. PAULO | Política | DOMINGO, 22 DE MAIO DE 1988

Onze varas

FERNANDO PEDREIRA

Dos leitores

23 de Maio

"Um fato grave"

Memória denegrida

PHILC

No Estado do Rio

Merquior diz o que há muito não se ouvia

Justamente na semana em que se mostravam bem intensas, aqui no Rio, as discussões entre a estatização e o liberalismo econômico, como reflexo dos trabalhos da Constituinte, a TVE jogou no ar um dos programas mais inteligentes da sua produção. Foi uma entrevista do embaixador José Guilherme Merquior, um liberal em economia, social-democrata em cultura, copolítica e anarquista em política, como todos reconhecem. Merquior compareceu ao programa 54 Minutos (dirigido por José Alberto Gueiros) e, durante quase uma hora, esgrimiu seu talento inigualável, numa conversa político-filosófico-literária com Leandro Konder, Felipe Fortuna e Christine Ajuz. Merquior é nosso embaixador no México, membro da Academia Brasileira de Letras, grande escritor de obras como O Marxismo Ocidental, cientista político, homem do mundo, mas foi sobretudo como um intelectual que sabe discutir suas idéias, criticando valores e conceitos no campo da teoria social, que ele se apresentou na TVE, oferecendo um espetáculo de inteligência e honestidade intelectual. Velho amigo do seu antagonista Leandro Konder, filósofo marxista que o admira e fustiga em termos tão elegantes que até parece um aristocrata em Oxford, Merquior começou dizendo que o liberalismo econômico é hoje um tema que transcende o próprio maniqueísmo das ideologias, é uma aspiração natural dos povos, aqui no Brasil, na União Soviética, na China, na Europa e nos Estados Unidos. Konder passou então ao revide, perguntando: — "Você tem escrito, nos seus artigos, sobre uma mudança acelerada, nestes últimos tempos, nos conceitos políticos, mostrando que há uma diferença muito grande entre a esquerda moderna e a esquerda antiga, entre a direita moderna e a direita antiga. Mas suas críticas à esquerda antiga e ultrapassada são mais numerosas. Você não tem se ocupado, com a mesma vigilância implacável, da direita antiga, que é muito poderosa na sociedade brasileira e muito mais responsável que a esquerda antiga pela situação crítica que hoje vivemos. Por que você não exerce seu extraordinário talento crítico para examinar essa direita retrógrada, que tanto contribui para a desgraça em que nos encontramos?"

*Merquior abriu aquele sorr
garoto travesso e disse: "Meu
Leandro Konder, reconheço qu
nhas críticas se dirigem princ
mente à esquerda antiga e não
reita antiga. Mas, note bem, a l
sistemática dos meus artigos não
sido a da avalização específica
fenômeno político brasileiro, da
ciedade do nosso país emergindo
autoritarismo, e sim um olhar crít
sobre a vida das idéias, em term
universais, como no título da min
coluna no Globo. Ora, se me ocu
das idéias, vejo que é a esquerda,*
não a direita, no Brasil, *que tem
hegemonia no terreno das idéias. E
sa esquerda é, sem a menor dúvid
muito mais antiga e ultrapassad
que a direita. Portanto, é natural q
eu concentre meu fogo crítico em c
ma dela. E essa escolha me é ditad
pela realidade das relações de pode
no campo intelectual no Brasil. Nes
se terreno, não é verdade que a direi
ta predomine. Aliás, há muito tempo
não predomina. O que predomina é a
esquerda, e a esquerda velha, ultrapassada. Então eu analiso criticamente as idéias da esquerda".*

Nesse ponto, a apresentadora Dulce Monteiro interveio para perguntar qual seria, na opinião de Merquior, a diferença básica entre a esquerda antiga e a esquerda moderna. Ele explicou assim: "O divisor de águas é o 'liberismo', referido por Croce. Mais do que admitir o liberismo ou liberalismo econômico, a esquerda moderna, a esquerda lúcida, a esquerda crítica, fez uma reconversão mental e estabeleceu que a falta efetiva de liberdade econômica conduz ao autoritarismo e, naturalmente, à ineficiência".

Mais adiante, Konder voltou a falar do vigor do socialismo, citou o horror de Marx à economia de mercado e falou do seu ideal de justiça social que mobilizaria as populações da terra. E afirmou que a economia de mercado perde para o socialismo no plano moral. Merquior contra-argumentou mostrando que os habitantes do universo socialista são os menos convencidos desta excelência do socialismo no plano moral, tanto que procuram livrar-se dele sempre que lhes é dada qualquer oportunidade. Merquior até elogia Marx, na sua perspectiva do materialismo histórico, que lhe dá um lugar central na fundação das Ciências Sociais, mas mostra que suas críticas à economia de mercado, insinuando o que viria a ser uma sociedade pós-capitalista, são a parte mais ultrapassada de sua obra.

N.M.

Matéria de O *Estado de S. Paulo*, em 22 de maio de 1988, sobre o programa *54 Minutos*.

XVIII WEEKEND FT

Financial Times Saturday November 29 1986

• BOOKS •

Face of Small White Yorkshire Pig (1886)—from "A History of the British Pig," one of the books of the year

My Book of the Year

Our reviewers choose the books published this year they have most enjoyed reading

MINE ARE J. G. Merquior's **Western Marxism** (Paladin, £3.95), by a young Brazilian critic and diplomat—a refined, detached and ultimately devastating account of "culture communism" in the West that concludes—after a lively account of Lukács the Hungarian, Gramsci the Italian, Brecht the German, Sartre the Frenchman and a scattering of their Anglo-American disciples—that the whole affair was an episode in the long history of irrationalism among Western intellectuals. And as an antidote to such irrationalism I greatly admired R. W. Newel's **Objectivity, Empiricism and Truth** (Routledge, £9.95)—a short and pungent defence of mind by an American philosopher that shows the forts of reason still standing and still ready to repel any attack, whether Marxist, Nazi or 1960s-style theoretical. They shall not pass.

GEORGE WATSON

LITERARY COMPETITIONS

Edição do Financial Times de 29 de novembro de 1986, na qual George Watson considerou *Western Marxism* "My book of the year".

JORNAL DO BRASIL

Zózimo

Indício forte

• O presidente do IBC, Paulo Graciano, deixou anteontem sorrateiramente o Ministério da Indústria e Comércio depois de uma audiência com o ministro José Hugo Castelo Branco.
• Pela primeira vez, desde que assumiu o cargo, evitou falar com os jornalistas.
• Pode ser um indício a mais de que pretende deixar o cargo, agora esvaziado com a criação do Conselho Nacional da Política Cafeeira, que se instalará na sexta-feira e passará a dar todas as cartas no setor, fazendo do IBC um mero executor de suas decisões.

■ ■ ■

Bola cheia

• *Quem está com a bola cheíssima é o diplomata e acadêmico José Guilherme Merquior (foto).*
• *Seu último livro,* Marxismo Ocidental, *a ser lançado no Rio em março, foi apontado no* Financial Times *do último sábado por George Watson, uma sumidade de Cambridge, como o* "book of the year".
• *O professor Watson considerou o ensaio de Merquior uma análise "refinada, desapaixonada e devastadora" do marxismo do Ocidente.*
• *O livro, aliás, pelo menos no caso dos ingleses, agradou a gregos e troianos, de vez que já tinha recebido aplausos em Oxford, onde John Gray escreveu um artigo elogiosíssimo no* Times Literary Supplement.

■ ■ ■

PROMOÇÃO

• O jornalista Fernando César Mesquita foi promovido.
• Passou de falador a ouvidor.

Coluna do Zózimo, *Jornal do Brasil*, comentando a repercussão internacional de *Western Marxism*.

965 TLS September 5 1986 **POLITICS**

None too classical

John Gray

J. G. MERQUIOR
Western Marxism
247pp. Paladin. Paperback, £3.95.
0586084541

For the connoisseur of the absurd in human thought, it is hard to think of a body of literature more richly rewarding than the writings of the Western Marxists. When you read them – when, say, you find Lukács, in the last chapter of his essay in Kierkegaardian Leninism, *History and Class Consciousness*, describing the Kronstadt rebels as "a corrosive tendency in the service of the bourgeoisie", or Althusser in his *Reply to John Lewis* explaining the Stalin régime in terms of an unfortunate relapse into the excesses of pre-Marxian humanism, or Adorno, Benjamin and the Left Heideggerian Marcuse invoking against modern science, technology and Enlightenment rationalism a system of thought, Marx's, which is redolent of bourgeois technological optimism, modernistic hubris and the vulgar Europocentrism of the lesser thinkers of the Enlightenment – you are never lost for entertainment or edification. Indeed, you almost despair of finding the intellectual historian who can do justice to this wealth of ideas.

In J. G. Merquior's *Western Marxism*, this pessimism is shown to be unfounded. For in this brilliant little book, packed with scholarship and bursting with delightful asides, we have an undeceived intellectual history of Western Marxism in which all of its central paradoxes and absurdities are faithfully chronicled. Merquior begins with an illuminating characterization of Western Marxism as a Marxism of the superstructure – a Marxism of cultural criticism, in which the determinist and scientistic pretensions of classical Marxism are suppressed in favour of a humanist doctrine of liberation. Merquior's characterization holds up well in the case of the three seminal figures of Western Marxism, Lukács, Korsch and Bloch, and in a rather different way even in the cases of Sartre and Gramsci, but, as he is quick to point out, it is hard to sustain in respect of Althusser, whose insistence on a starkly anti-humanist version of historical materialism distinguishes him from the body of Western Marxism as a whole. Althusser aside, the Western Marxists are united by common concerns which transcend the many real differences among them. All exhibit a profound revulsion against the dominant institutions of modern society – a minutely developed system of labour, the modern family with its preoccupation with privacy, and an abstract impersonal civil society held together by voluntary association and market exchange. In its crudest form, in the writings of the Frankfurt School, this anti-modernism becomes an elegiac lament for the passing of High Culture, a fastidious contempt for the plebeian affluence of mass society. An élitist distaste for the principal forms of popular culture in modern society runs through all the main writers of Western Marxism.

The Western Marxists have in common, also, a neglect of the achievements of liberal democracy – one of their few authentic debts to Marx and classical Marxism. As Merquior observes, Marx's politics evinced at least three illiberal tendencies. First, it incorporated much of the technocratic argument of Saint-Simon, with its anticipation of the Taylorist techniques of industrial management so passionately admired by Lenin and Trotsky. Second, it contained many straightforwardly authoritarian elements, as evidenced in his conception of the proletarian dictatorship and his incessant attacks on Bakuninist anarchism. Third, Marx's conception of communist freedom disregarded the institutional framework of civil liberties and legal immunities which had in bourgeois societies secured at least a modicum of liberty. All of these illiberal tendencies are present in Western Marxism.

What distinguishes Western from classical Marxism, in Merquior's judgment, is chiefly the fact that the Western Marxists for the most part do not even attempt in respect of contemporary society the kind of structural analysis which Marx undertook of early capitalism. Their writings on Fascism and National Socialism, for example, are aphoristic and belletrist, speculative psychoanalytic explorations of authoritarian personality rather than careful empirical investigations of the social conditions which produced European Fascism. A second great distinguishing mark of the Western Marxists, less firmly grasped by Merquior, is their studious evasion of the Soviet experience, which is the mirror image of their common conviction that Western societies are in the grip of a paralysing legitimation crisis – a conviction which evades the obvious fact that Soviet-type societies rest on forcible suppression of their populations and most Western societies on a high degree of popular consensus.

Merquior's invaluable study encompasses almost all of the principal schools of Western Marxism, showing their origins in and deviations from classical Marxism and their many borrowings from non-Marxist thought. Merquior concludes that "Now that its creative period seems spent, Western Marxism is about to become a mild form of institutionalised counterculture – the drab, jargon-ridden and highly ritualistic romanticism of the don in the land of humanities dutifully embattled against the drift of modern society." This seems a fair enough obituary on Western Marxism and a fitting note on which to end an exemplar of that rare genre – an essay in intellectual history conducted as an extended exercise in irony.

Resenha de John Gray publicada no *The Times Literary Supplement* em 5 de setembro de 1986. A resenha traz as marcas de leitura de José Guilherme Merquior.

J. G. MERQUIOR

London, 10.IX.86

Dear Dr Gray,

I cannot begin to thank you for so generous a review of my Western Marxism. Indeed it has been a strategic one, for the fact that the very first printed comment on the book came in the form of such an accolade in such prestigious paper has already stirred quite an impact, reaching both author & publishers. It will also be of help in getting an American edition.

As an admiring reader of your own book on Mill and as someone now with rather little time left of a stay in London, I would be delighted if I could have the pleasure of meeting you in the near future. Would you let me know if this is possible, whenever you next come over? My phone no at the embassy is 4990877. It would be great if we could have lunch as fellow friends of liberty.

Carta de José Guilherme Merquior a John Gray enviada em 10 de setembro de 1986.

Looking fwd to hearing from you soon. I am

yours sincerely,

K. Meggison

WESTERN MARXISM: A TALE OF WOE?

WESTERN MARXISM
by J. G. Merquior
London: Paladin Books, 1986. 247pp., £3.95

It was with the work of Merleau-Ponty that the term "Western Marxism" came into contemporary intellectual currency. In the period immediately after World War II, Merleau-Ponty was himself what later commentators have called a "Western" Marxist: he was committed to developing a humanistic synthesis of Marxism and existential phenomenology, in opposition to what he regarded as the erroneously scientistic and reductionist "orthodox" Marxism of the Stalinized French Communist Party.[1] Paradoxically, however, Merleau-Ponty did not use the term himself until he wrote *Adventures of the Dialectic* (1955), the work in which he finally abandoned the attempt at such a synthesis. Looking back over Marxist theory and practice since 1917, and concluding that since history had not borne out the truth of Marxism it could no longer be considered privileged, Merleau-Ponty used the term to refer to the early work of Lukács, particularly *History and Class Consciousness* (1923). In this work, Lukács had developed a Hegelianized interpretation of Marxism in which dialectical relations of subjectivity and objectivity in history were emphasized. As such, Lukács's work stood at the beginning of a trajectory—of which Merleau-Ponty clearly saw his own earlier "Marxist" period works as a terminus—in which conscious human agents, and not "laws of motion" of society,

The author is associate professor of political science at the New School for Social Research; her books include *The Political Philosophy of Merleau-Ponty* (1981) and *Situation: Existentialism and Social Philosophy* (in press). She is also co-editor of *Promissory Notes: Women and the Transition to Socialism* (in press).

were said to make history. Lukács was the founder, against orthodoxy, of a Marxism which no longer attempted to model itself on the natural sciences, and in which human freedom and consciousness had a central role to play.

In *Adventures of the Dialectic* Merleau-Ponty discussed the defeat of this "Western" Marxism at the hands of "orthodox" Leninist theory and Bolshevik practice. He also discussed the failure of later attempts—particularly that of Sartre—to hold together Lukács's dialectic of subjectivity and objectivity: Marxism, he concluded, seems destined always to relapse into a one-sided objectivism, or an equally one-sided subjectivism. Moreover, the repeated failures of twentieth-century Marxism are not merely the outcome of the conditions and history of the Russian Revolution; rather, they must be accounted for in terms of fundamental flaws within the original theory of Marx himself. There is, Merleau-Ponty suggested, a "discordancy between naive realism and dialectical inspiration" in Marx's own thought,[2] which is merely replicated in the later history of Marxism. Thus, if Bolshevism has been a failure there is no sense "in trying Marx all over again."[3] With this, Merleau-Ponty's involvement with Marxism was over. While continuing to hail Marx as a "classic" theorist, he proclaimed a commitment to what he called a "heroic liberalism": a liberalism which accepts from Marxism the existence of class struggle and an awareness of the limits of a politics of abstract principles, a liberalism which recognizes the fundamental ambiguity, contingency and violence of politics.

In Merleau-Ponty's work, then, the very notion of "Western" Marxism is born within the project of demonstrating the need to go beyond all Marxisms. In J. G. Merquior's recent book, written more than three decades after *Adventures of the Dialectic*, a similar intention is at work. If Western Marxism is flawed—and Merquior argues in no uncertain terms that it is—then it would seem that there is no point returning to Marx, or to other Marxisms. Although Merquior's own political agenda remains buried beneath the surface of what appears primarily to be a work of critical exegesis, it turns out that liberalism—though not of Merleau-Ponty's "heroic" variety—is what he too advocates: *plus ça change, plus c'est la même chose!*

Western Marxism before Merquior

In the period between 1955 and 1986, the term "Western Marxism" came into common usage and its meaning broadened. For Merleau-Ponty, Lukács's Marxism was "Western" in two senses: it was to be

distinguished from the Eastern European orthodoxy whose locus lay in the Soviet Union, and it sought to return to Hegel and thus to the core of the Western philosophic enterprise. For an array of later scholars and commentators, however, Western Marxism has come to stand for more. Although Lukács still stands as an originary figure, the term now refers to a particular strand of Marxism whose intellectual history extends from the 1920s to at least the early 1970s and, for some commentators, into the present and possibly beyond.

Among recent works, Perry Anderson's dense little essay, *Considerations on Western Marxism* (1976), has been seminal both in constituting the subject matter of Western Marxism and initiating a critique of it.[4] For Anderson, Western Marxism is both a geographical designation—for the movement is centered in Germany, France and Italy—and a particular orientation. The latter emerges above all from the failure of working-class revolution to take place in Western Europe. Western Marxism exudes a profound pessimism and is a Marxism of defeat. It involves a delinking of Marxist theory from mass working-class movements, a concomitant shift of theorizing into academic settings and retreat into what Anderson calls "theoreticism," and a focus, in the light of the failure of orthodox predictions, on superstructural elements: philosophy itself, politics, aesthetics, at the expense of political economy and class struggle. Thus, although a return to Hegel was central to the work of many Western Marxists, it is not the essential hallmark of the movement. For this reason such anti-Hegelian thinkers as Althusser and Della Volpe can also be included within the Western Marxist canon, according to Anderson.

Anderson suggests that the history of Western Marxism begins with the defeat of socialist revolutions in Hungary and Germany after World War I. Lukács and Karl Korsch were, in the early 1920s, the first to attempt to revise orthodox Marxism in the light of these failures. The failure, in the next decade, of Popular Front politics to stem the tide of Nazism gave rise to the second wave of Western Marxism: the Frankfurt School (Horkheimer, Adorno, Benjamin, Marcuse and others) in Germany, Gramsci in Italy. Finally, the failure of the Left to build a viable politics from Resistance forces after World War II led to a third wave of Western Marxism. This included Sartre, Merleau-Ponty and Althusser in France, Della Volpe and Colletti in Italy, and Habermas in Germany.[5] Other commentators have, by and large, agreed with Anderson's roll-call of those who should be called Western Marxists, though they have focused on different themes, concepts, or problematics as giving coherence to the orientation.

Crítica de Sonia Kruks, "*Western Marxism: A Tale of Woe?*", publicada na *Critical Review* em 1988.

Anderson concluded that by the early 1970s Western Marxism was exhausted. Not only were its major figures either dead or past their most productive periods, but times were changing so as to make Western Marxism less relevant. The continued dynamics of world imperialism remained a pressing agenda for Marxists about which Western Marxism had nothing to say. Furthermore, renewed Left activism from 1968, combined with the first major post-war crisis of the Western economies in the early 1970s, shifted the Marxist agenda back to issues of working-class organization and economics, issues on which Western Marxism had been silent. Yet, Anderson pointed out, although Western Marxism had run its course and had been overly inward-looking, esoteric and pessimistic, it was not to be dismissed as an aberration. Within the confines imposed on it by the tragic failure of European revolutionary movements, Western Marxism still remained true to the revolutionary impulse of Marxism, avoiding a Second International-type slide into reformism. It also achieved "a sophistication greater than that of any previous phase of historical materialism" in those areas where it focused its investigations.[6]

Anderson's verdict on Western Marxism was (at least until Merquior entered the lists with his blistering condemnation) the most definitive. Some years later, in his major scholarly study of Western Marxism, *Marxism and Totality* (1984), Martin Jay gently challenged Anderson. Using the concept of "totality" as a focal point through which to explore Western Marxism, Jay concluded that "it is too early to offer 'a historical balance sheet' of the movement as a whole." To do so is to attempt a conclusive totalization which is not yet appropriate. For many of the rich themes of Western Marxism continue to be explored and developed, at least in the U.S., by the generation of non-dogmatic leftists whom Jay calls "the generation of 1968."[7] Given the continued lack of working-class revolutionary movements in the West, Jay is surely right that it is too soon to conclude that Western Marxism, born of such a lack, has had its day. However, Merquior, as we shall see, does not share such scruples. His polemic denies any value, past, present, or future, to Western Marxism.

Hegel and Modernity

The hero of Merquior's book is Hegel—a Hegel who, in Merquior's rather dubious reading, is the advocate of reason, technological progress, and individual freedom. It has been downhill from the *Philosophy*

of Right onwards, and the entire history of Western Marxism can, finally, be characterized as nothing more than "an episode in the long history of an old pathology of Western thought: irrationalism" (201). With the possible exception of Gramsci, there is not a figure in the canon of Western Marxism for whom a redeeming word can be said. Moreover, the trouble all started with poor old Marx himself. For Marx vacillated between what Merquior regards as a sensible Hegelian notion of history as progress through technological (thus economic) development on the one hand and, on the other, all sorts of foolish and romantic nonsense about alienation and the evils of technology and the division of labor. It was, of course, the latter nonsense that the Western Marxists took hold of. But it is not clear that Merquior thinks we should attach much value to the more sensible side of Marx either. Merquior's explicit purpose is above all critique. He never advances his own positive agenda, and indeed quite frequently appears to be berating the Western Marxists from an orthodox Marxist standpoint, any stick being equally suitable to flog a dead horse. But even so, if we extract the main implications of his critique, it becomes clear that the proper road from Hegel is one to the defense of advanced liberal capitalism.

Of course, Hegel is also the starting-point for most Western Marxists. Beginning with Lukács, there is a conscious return to Hegelian notions of history as totalization and dialectic as a way of developing a critque of orthodox Marxism. So Merquior is at pains to distinguish "his" Hegel from "theirs." He thus begins his book with a lengthy treatment of Hegel which avoids "the lenses" of Western Marxism. Merquior concedes that there are certain dangerous invitations to "illiberalism" (29) given with Hegel's commitment to an account of history as the unfolding of the Ideal. However, the Hegel whom he claims remains of lasting value is the inventor of the modern notion of "civil society" as a realm of concrete individual interests and freedom (26–29). This Hegel[8] is one for whom the present—the Napoleonic state—is the final instantiation of the individualist impulse which has been central to the Western spirit since early Christianity. It is the modern "bourgeois" state which finally institutionalizes individualism, and which Hegel thus defends.

Moreover, Merquior's Hegel is not just the defender of the "bourgeois-Christian synthesis" in the modern state. He is the defender of modernity *tout court*. For Hegel, unlike the Western Marxists who falsely claim him as an inspiration, really believed that "the process" of history is rational. Hegel's theory of history, Merquior asserts

(though he never really argues the case), should best be read as legitimizing "a considered acceptance of the spirit of modern society, with its growing division of labour, its increase in individual freedom and its new sense of man's ability to shape history" (31). Thus, we should not seek in Hegel a yardstick to criticize "our own liberal industrial world" as Western Marxists and recent commentators such as Charles Taylor have done. What Hegel gives us of value is a theory of history as "the process" of progress, a theory which essentially legitimizes modern Western society as the end-point of rational development. It is such a theory of "the process" which Merquior accuses Western Marxism of lacking.

Merquior is indeed accurate in saying that Western Marxism lacks such a definitive theory of "the process." However, the fact that Western Marxism problematized the notion of progress, avoiding both orthodox Marxist theories of inevitable social transformation and liberal evolutionism, is perhaps what makes it of continuing relevance—a point to which I will return later.

In his reading of Hegel as the defender of modernity, Merquior eschews using the term "capitalism." Modern society (ours as well as Hegel's) is described as "liberal industrial." This choice of terms points towards the main criticism that Merquior levels at Marx as well as the Western Marxists. Marx, at what Merquior regards as his best, had a clear theory of the process of history as progress. In spite of its manifold faults, classical historical materialism had, in Merquior's view, the merit of being presented as "a causal theory in the strong sense, specifying a sequence of self-evolving modes of production" (48), a theory in which capitalism had to be appreciated as the most advanced mode of production. Thus Marx wrote approvingly of the revolutionary impact of capital, of the "benefits of industrialism and technological progress" (52). But, unfortunately, there was another side to Marx—the one upon which Western Marxism was to draw, of course—in which he romantically opposed himself to "modernity" by erroneously conflating the evils of nineteenth-century capitalism with the necessary characteristics of modern industrial society *per se*.

Even in his late works Marx persisted in objecting to the division of labor, disliking money, rejecting the market economy and the "commodity form." All these positions are brusquely dismissed by Merquior as no more than evidence of Marx's "romantic unwillingness to accept the market economy as an institutional bedrock of the modern age." Like all romantics, Marx was essentially backward-looking. He "nourished feelings of antipathy towards *the nature of the modern econ-*

omy as such—apart, that is, from any grievances concerning its capitalist social structure" (52–53; emphasis added). The same criticism is repeatedly levelled at the later Western Marxists throughout Merquior's account: in their critiques of commoditization, alienation, technological domination, they all built upon this romantic side of Marx, foolishly neglecting the self-evident requirements of the modern economy (and modern society) "as such." In this objection to Marx is to be found the core of Merquior's criticism of the entire history of Western Marxism.

But for all its centrality to his argument, it is a criticism which is baldly asserted rather than seriously argued. We are asked to take it as unproblematically self-evident that there is such an entity as *"the modern economy as such,"* analytically and even essentially distinguishable from the historical development of capitalism. While such a position of course has a pedigree of a kind descended from Weber, it is not a position that is tenable within a Marxist framework—even one toward which Merquior is somewhat sympathetic. For it involves radically delinking both the sphere of circulation and the social and technical division of labor from the social relations of production. Whatever may be the disagreements between Marxists about the relationships between the political economy and the "superstructural" elements of a society, such a total delinking of the structures *internal* to the political economy destroys the interconnected kernels of both Marxist political economy and historical materialism. For what grounds and links these together in *Capital* is the clear location of the *historical* development of the market, of industrial technology and of the social and technical division of labor, within the historical development of capitalism as a specific mode of exploitation: we cannot analytically distinguish modern industrial society from modern capitalist society without moving into a mode of anti-historical and essentialist analysis that is inimical to any kind of Marxism.

Ironically, it is Marcuse, the Western Marxist whom Merquior hates most of all, whose position he most closely parallels in this respect. For although (apparently wearing his orthodox Marxist hat for the moment) Merquior castigates Marcuse for his departures from economistic Marxism, both of their analyses grant an equivalent autonomy to technological rationality, divorcing its development from the development of capitalism *per se*. The difference is only that the autonomous dynamic of technological reason and its social instantiations which each insists upon is regarded as repressive by Marcuse and as progressive by Merquior. But even outside Marxism there are few

today who would *unproblematially* accept, as Merquior does, the view that modern liberal industrial society is historically divorced from the emergence of capitalism. On the contrary, the connection between a capitalist, or "free enterprise," economy and the development of individualism and the kind of liberal political order of which Merquior approves is frequently and sometimes persuasively discussed.[9]

Nietzsche, the Villain

If Marx remains, in Merquior's account, a confused fellow who could not make up his mind between extolling the virtues of technological progress and bemoaning its ills, it falls to Nietzsche to be the out-and-out villain of the piece. For it is Nietzsche who stands in diametrical opposition to Hegel. He is not merely a romantic but the originator of "a passionate indictment of modernity compounded by a devastating denunciation of Christianity." Nietzsche is the source of the all-embracing attack on modernity which is summed up in the term *Kulturkritik*. As the originator of *Kulturkritik* Nietzsche is also the destroyer of the Hegelian notion of historical "process." His "sweeping cultural critique" lacks—indeed opposes—just what Merquior most values in Hegel. It lacks "a proper theory of the institutional basis of modern society, and a reasonable account of historical movement, highlighting the birth of modernity" (38).

Nietzsche is today regarded (often of course approvingly) as the point of origin of "post-modernism" or "post-structuralism." With him begins the attack on the "logocentrism" of the West which has as its present culmination the work of Derrida, Foucault, Deleuze, and others. Merquior has settled his scores with post-structuralism in another book, *From Prague to Paris*, published shortly after *Western Marxism*. As may be expected, he is intensely unsympathetic to post-structuralism, condeming it as "the unholy alliance of Nietzsche and formalism"[10]—and also as *Kulturkritik*. In the light of this it is significant that Merquior also traces the ills of Western Marxism above all back to Nietzschean origins. If Western Marxism is no more than another episode in the "pathology" of irrationalism, this is because it "betrays" the "real" Hegelian heritage in Marx. It abandons the theory of history as a rational "process" of which modernity is the end point. While falsely claiming to Hegelianize Marx, it substitutes for Hegel's heritage a Nietzschean *Kulturkritik* and a rejection of historical logos. Indeed what is original in Merquior's analysis of Western Marx-

ism, what—apart from its uniquely vitriolic tone—makes it distinct from the interpretations of Anderson, Jay, and others is his reading of Western Marxism as a version of *Kulturkritik*.

Through the Lenses of Kulturkritik

The bulk of *Western Marxism* consists of two lengthy survey chapters. One deals with the "foundations" of Western Marxism (from Lukács to Gramsci), the other with the "post-war scene" (from Adorno to Habermas, with a detour into French thought from Sartre to Althusser). With the exception of Gramsci who, although not sufficiently interested in economy, managed to reject the reductionism of orthodox Marxism without succumbing to irrationalist enticements, it is the abandonment of the historical process for the enchantments of *Kulturkritik* that gives Western Marxism its distinctive qualities. For Merquior, Western Marxism is not merely characterized by its theoreticism, or by its concerns with culture rather than economy and class, which others have pointed out. Above all Western Marxism is distinguished by its hostility to science, technology and the division of labor—that is, its hostility to modernity as such; by its romantic fixation on "reification" and alienation; and—because it has also disowned reason in history with its rejection of a theory of historical process—by its profound pessimism.

This broad characterization, emerging out of Merquior's prior discussions of Hegel and Marx, and of Nietzsche, sheds more light on some of the figures he discusses than others. Adorno, of course, fits the mold, and some aspects of the thought of Bloch and Benjamin are well illuminated through Merquior's approach. But it is something of a Procrustean bed into which to force others. Lukács's optimism or Althusser's rationalism, for example, hang out untidily over the edges, although Merquior certainly does his best to stuff them in. However, while certain facets of Western Marxist thought, such as its aestheticism, are well illuminated by reading particular figures through *Kulturkritik* lenses, Merquior's approach also obscures much that is important. The end result is a one-sided caricature in which the serious issues raised by Western Marxism are ignored while its excesses are emphasized.

Via his initial reading of Hegel, Merquior baldly makes the claim that modernity is the end-point of a rational historical process and that it is patently puerile to inveigh against its essential characteristics. His method in these central chapters is then to show us that each figure he

discusses lacks a theory of the historical process and that, indulging in *Kulturkritik*, each refuses to confront the necessary and indeed desirable elements of modernity: science, technology, the division of labor, the market, etc. The over-all verdict arrived at by this method is that Western Marxism is at best irrelevant and, at worst, dangerous.

However, rather than engaging in a serious debate with the Western Marxists, Merquior unfortunately relies throughout on polemic and vilification. To explain, for example, Lukács's enthusiastic support for the Russian Revolution as the product of "the intensity of his Dostoevskyan craving for brotherhood epiphanies in an apocalyptic framework" (71); to describe the early Frankfurt School as "the knights of critical theory . . . mesmerized by the concept of reification" (112); to describe Marcuse's critique of the concept of technical reason as "a crass epigonic sub-romanticism" (160), is to use tactics which, while witty, add up to no more than derogatory abuse. Merquior constantly subjects us to rhetorical techniques—in the worst sense of the term—attempting to persuade us onto his ground without bothering to consider the actual arguments of those whom he opposes.

Ultimately, of course, such a method is self-defeating. For it is subversive of the canons of rationality to which Merquior tells us he subscribes. And in the era of "post-modern" attacks on Western rationality and the idea of progress, it does a disservice to those of us who are reluctant to abandon the field entirely to current Parisian fashion. For if, as Merquior closes his book by stating, Western Marxism really is no more than an episode of pathological irrationalism, ending in about 1970, it would appear to have given way to simply more of the same. In condemning both Western Marxism and (in *From Prague to Paris*) post-structuralism as irrationalist *Kulturkritik*, Merquior robs us of any criteria to distinguish between them. We are thus left with the unhappy alternatives of his own naive rational-technological progressivism on the one hand and stark post-structuralist irrationalism on the other. Ultimately, Merquior's treatment begs the key questions: whether there is not some value in the Western Marxist skepticism about orthodox Marxism's notion of historical progress, and whether what Merquior calls *Kulturkritik* might not be insightful in exploring the modern condition.

Western Marxism, Post-Structuralism and Rationality

Post-structuralism identifies itself explicitly and militantly as a *rejection* of not only Western rationalism but also any idea of a continuous, let alone progressive, history. From the perspective of post-structuralism Western Marxism still appears as a defense of modernity—and correctly so. For what Merquior's reading obscures is that Western Marxism makes its critique of modern society in order to attempt to *salvage* a notion of reason and to explore whether, in the light of the failure of the Marxist revolutionary project in the West, any kind of notion of historical progress remains possible. That many of the Western Marxists are "pessimistic" in their conclusions should not be confused with a celebration of irrationalism. Rather than accusing Western Marxism of lacking a theory of historical process we should credit it with a serious, if inconclusive, investigation as to whether there remain any grounds for such a theory given twentieth-century events. Western Marxism rightly questions exactly what Merquior wants us to take for granted. But it questions in the hope of rescue, rather than in the post-modernist spirit of rejection.

Thus, to consider one of the thinkers to whom Merquior gives particularly short shrift, Sartre's later political writings (the two volumes of his *Critique of Dialectical Reason*, the second of which Merquior does not even mention) are explicitly concerned with the question of reason and progress in history. Like other Western Marxists Sartre argues that "orthodox" Marxism, whose faith in historical progress is grounded in a naturalistic theory of laws of development (what Merquior approvingly calls "a causal theory in the strong sense"), has shown itself to be historically and theoretically bankrupt. But the question then for Sartre is whether we can *still* discover an "intelligibility" to history. If we abandon faith in laws of development that guarantee it ahead of time, is it yet possible to discern development in history? Can we show that out of the multiple actions of individuals and diverse social ensembles there emerges not, *pace* the post-structuralists, discontinuity and random change, but a totalizing process that links them together in coherent ways? Sartre sets out to answer this question affirmatively. History can be shown to be what he calls a process of "totalization without a totalizer," that is, a process of on-going and intelligible synthesis even though such synthesis is not ensured by God or an "objective spirit."

There are, of course, difficulties with Sartre's account. Indeed, these led him to abandon the second volume incomplete.[11] But even so his attempt to reveal the *logic* at work in Stalinism as the totalization of an incomplete revolution must be reckoned a serious effort to address the issue of reason in history, an attempt that should be built upon rather than dismissed. Similarly, for example, Marcuse's search

for revolutionary agents other than the proletariat raises real questions (even if one does not agree with his answers) concerning whether there exist potential forces for significant social transformation today. The work of Habermas—whom Merquior does grudgingly praise for his "courageous resistance" to post-structuralism (179)—raises important issues concerning the structural and institutional transformations modern society would have to undergo to provide us with a more liberatory world. But for Merquior, Habermas, "while less silly and melodramatic" than Adorno or Marcuse, still finally "sides with *Kulturkritik* rather than with a wholehearted acceptance of cultural modernity" (180), and thus belongs on the scrap-heap.

Underlying Merquior's hostility to all these thinkers is, of course, the claim that we are not today in need of liberation. Unlike Habermas, we should "wholeheartedly" accept cultural modernity. Present-day "liberal industrial" society is the best of all possible worlds. I would submit, along with the Western Marxists and many others, that it is not. But here I enter a terrain which Merquior claims is suspect: the terrain of values. For if modernity is the instantiation of the Western spirit of reason and individualism, the end-point of a long history of progress, then, Merquior tells us, we have no choices. Any attempt at resistance or critique is irrational; it is anti-scientific, even "silly." Values are irrelevant in the face of historical fact.

But the "facts" themselves are under attack today, not merely from those of us who point to the exploitation, oppression and diverse forms of violence that accompany modernity, but from those who would take us into "post-modernity" with a rejection of the very possibility of reason or progress. In the face of the post-modernist challenge, Western Marxism should be respected for its nuanced defense and reworking of reason and progress, not cast in the role of enemy.

NOTES

1. See, for example, *Humanism and Terror*, trans. John O'Neill (Boston: Beacon Press, 1969 [1947]) and *Sense and Non-Sense*, trans. Hubert L. Dreyfus and Patricia A. Dreyfus (Evanston: Northwestern University Press, 1964 [1948]).
2. Maurice Merleau-Ponty, *Adventures of the Dialectic*, trans. Joseph Bien (Evanston: Northwestern University Press, 1974 [1955]), 62.
3. *Ibid.*, 91.
4. Perry Anderson, *Considerations on Western Marxism* (London: New Left Books, 1976). Other explicit attempts to evaluate Western Marxism as a

whole include Russell Jacoby, *Dialectic of Defeat: Contours of Western Marxism* (Cambridge: Cambridge University Press, 1981) and Martin Jay, *Marxism and Totality: The Adventures of a Concept from Lukács to Habermas* (Berkeley: University of California Press, 1984). Much of the same ground is also covered in Dick Howard, *The Marxian Legacy* (London: MacMillan, 1977) and James Miller, *From History to Human Existence* (Berkeley: University of California Press, 1979). For references to the literature on individual thinkers and sub-movements within Western Marxism the bibliography in Jay should be consulted.
5. Anderson did not include Habermas among the Western Marxists in *Considerations*, but he criticized himself for the omission and included a discussion of Habermas in a later work. See *In the Tracks of Historical Materialism* (London: Verso, 1983).
6. Anderson, *Considerations*, 94. By 1983 Anderson also conceded that many of the themes and insights of Western Marxism had continued to be developed in fruitful ways in more recent Marxist theory. See *Tracks*, 23.
7. *Marxism and Totality*, 15 and 18.
8. This reading owes a certain debt to Kojève, as Merquior acknowledges. See Alexandre Kojève, *Introduction to the Reading of Hegel*, trans. James Nichols (New York: Basic Books, 1962 [1947]).
9. See, for example, Charles E. Lindblom, *Politics and Markets* (New York: Basic Books, 1977).
10. J. G. Merquior, *From Prague to Paris: A Critique of Structuralist and Post-Structuralist Thought* (London: Verso, 1986), 199.
11. For an account of Sartre's second volume of the *Critique* and his failure to complete it see Ronald Aronson, *Sartre's Second Critique* (Chicago: University of Chicago Press, 1987).

LETTERS

Western Marxism

TO THE EDITOR:

In her review of my *Western Marxism* ("Western Marxism: A Tale of Woe?," Fall 1988), Sonia Kruks grasps the importance I attach to the difference between a proper assessment of history and a wholesale indictment of modern culture. In my book the former is called "theory of process" and chiefly ascribed to Hegel whereas the latter is dubbed *Kulturkritik* and finds its main spokesman in Nietzsche. My thesis is that while classical Marxism remained as a whole much closer to process theory than to the *kulturkritisch* revulsion against modernity as the child of the Enlightenment, mainstream Western Marxism (WM) did it the other way round, and in so doing generally jeopardized rational standards of thought (though WM as a rule did *not*, as Kruks has me saying, "celebrate" irrationalism).

Now Kruks agrees (119) that I'm correct in denying WM a theory of process but she thinks that WM's "continuing relevance" lies precisely in its "problematizing the notion of progress" through a "nuanced defense and reworking of reason and progress" (125).

Is that an accurate picture of WM "critical theory"? The writings of Adorno & Co. are fraught with statements like this: "Enlightenment is totalitarian" (*Dialectic of Enlightenment*) and "No universal history leads from savagery to humanitarianism, but there is one leading from the slingshot to the megaton bomb" (*Negative Dialectics*). Not surprisingly, even a former member of the Frankfurt school, Joseph Maier, came to point out that in the hands of such Marxists historicism was turned upside down, ending up with a caricature of history as constant retrogression. Level-headed experts on philosophy of history such as Herbert Schnadelbach have argued that the classical Frankfurtian thesis about modernity as the "betrayal of reason" and the height of repression are as little genuinely historical a model of the historical process as Heidegger's

600

Letters 601

preposterous indictment of the whole of Western metaphysics since Plato (cf. Schnadelbach, *Philosophy in Germany*, 1984). No wonder many people fail to notice that "nuanced defense" of progress Kruks fancifully reads into WM.

Kruks misconstrues my (hardly original) criticism of Marx's own hostility to the market as tantamount to accepting "the view that modern liberal industrial society is historically divorced from the emergence of capitalism" (121). "We are asked," she writes, "to take it as unproblematically self-evident that there is such an entity as 'the modern economy as such,' analytically and even essentially distinguishable from the historical development of capitalism"—a position, she comments, stemming "from Weber," but "not tenable within a Marxist framework" (120).

One could get Kruks into serious trouble just by requiring her to substantiate her notion that Weber, of all people, severed the modern economy from the history of capitalism. But I prefer to challenge her to show where on earth have I made such a glaring mistake. All I wrote, in a sentence she quotes but wildly misinterprets, is that there was in Marx "an antipathy towards the nature of modern economy as such—apart from any grievances concerning its capitalist social structure" (*Western Marxism*, 52–3). The key word here is of course "social," as it is perfectly possible and legitimate to distinguish the market economy from the transient social structures associated with it. This *distinguo*, however, played no part in Marx's critique of capitalism.

On the other hand, the making of such a distinction in no way entails taking the modern economy for something historically unrelated to the rise and evolution of capitalism; nor has one to be a Marxist to acknowledge it, although the acknowledgement certainly implies recognition of Marx's role in establishing this type of historical connection at a deeper than descriptive level. Besides, how could I, after stressing so much the need for concrete, *specifying*, differentiating historical analysis (which is what the theory of process boils down to)—instead of the massive, indiscriminate historical outlook of *Kulturkritik*—ever dream of indulging in such an ahistorical mode of thinking?

That Kruks, in the age of perestroika, is so patently unable to display the least concern for the institutional autonomy of the economy as a pillar of modernity says much about the historical realism and sociological acumen of the WM constituency in today's academe. The poverty of institutional analysis in WM theory, from Lukács to Marcuse and from Sartre to Habermas (with the glorious exception of Gramsci, the only non-philosopher among them) is impossible to conceal.

602 *Critical Review* · *Vol. 3, Nos. 3 & 4*

No wonder, therefore, that a defender of the faith overlooks the wealth of determinations going into a reasoned theory of progress and modernity. Accordingly, Kruks saddles me with "naive rational-technological progressivism" just because I don't buy the silly Marcusean denigration of science and technology. Nowhere in my book—nor, for that matter, in any serious work I know of—is the value of modern culture reduced to anything remotely like a crass apotheosis of *die Technik*. This ridiculous idea seems just a curious projection of Kruks's own Frankfurtian demonization of technology.

Still more ludicrous, she accuses me of depicting Hegel himself as an "advocate of reason, *technological progress* and individual freedom" (117; emph. added). She charges me with asserting yet not arguing that Hegel's main value to us nowadays is his legitimation of modernity. This is blatantly unfair, since I happen to devote many a page to *demonstrating* that the Hegel reception, from the romantics to Alfred Marshall and from Kojève to Charles Taylor, always focused on assessing his picture of modern institutions. Assertion instead of argument, sweeping anathemas instead of sustained analyses, are tools of the trade of WM, not of its critics. Significantly, Kruks's footnote list of studies on WM doesn't include one by a single non-Marxist. In view of which, the tribalist self-indulgence with which our post-1968 academic Leftists like to call themselves "non-dogmatic" (117) can be quietly doubted.

José Guilherme Merquior
Paris

Marx as Politician

TO THE EDITOR:

In Paul Thomas's fiercely angry onslaught ("Marx Demythologized or Remythologized?," Fall 1988) on my *Marx as Politician*, there is a sweetly reasonable, praise-crooning review trying to emerge. He might be surprised, like a M. Jourdain enchanted at being informed he has been talking prose, to learn that *he* has been talking in post-Hegelian dialectic and producing unplanned transcendent truths.

In his anger Thomas finds it natural to follow Marxian precedent: attack the person if you cannot cope with the facts and/or argument. The result is a remarkably dense concentrate of the ad hominem. The author under review is successively guilty of a "weakness for . . . hyperbole," "cheap psychologizing," "unguarded moments (which are many)," the kind of response which "would howl us down," "sheer and illegitimate

Resposta de José Guilherme Merquior publicada na *Critical Review*.

To the Editor:

"Western Marxism: A Tale of Woe?"

In her review of my <u>Western Marxism</u> (Fall 1988) Sonia Kruks grasps the importance I attach to the difference between a proper assessment of history and a wholesale indictment of modern culture. In my book the former is called "theory of process" and chiefly ascribed to Hegel whereas the latter is dubbed <u>Kulturkritik</u>, and finds its main spokesman in Nietzsche. My thesis is that while classical Marxism remained as a whole much closer to process theory than to the <u>kulturkritisch</u> revulsion against modernity as the child of the Enlightenment, mainstream Western Marxism (WM) did it the other way round, and in so doing generally jeopardized rational standards of thought (though WM as a rule did <u>not</u>, as Kruks has me saying, "celebrate" irrationalism).

Now Kruks agrees (p. 119) that I'm ~~accurate in~~ correct in denying WM a theory of process but she thinks that WM's "continuing relevance" lies precisely in its "problematizing the notion of progress" through a "nuanced defense and reworking of reason and progress" (p. 125).

Is that a ~~right~~ accurate picture of WM "critical theory"? The writings of Adorno & Co. are fraught with statements like this: "Enlightenment is totalitarian" (<u>Dialectic of Enlightenment</u>) ~~or~~ and "No universal history leads from savagery to humanitarianism, but there is one leading from the slingshot to the megaton bomb" (<u>Negative Dialectics</u>). Not surprisingly, even a former member of

Carta de José Guilherme Merquior a Jeffrey Friedman, editor de *Critical Review*.

the Frankfurt school, Joseph Maier, came to point out that in the hands of such marxists historicism was turned upside down, ending up with a caricature of history as constant retrogression. Level-headed experts on philosophy of history such as Herbert Schnädelbach have argued that the classical Frankfurtian thesis about modernity as the "betrayal of reason" and the height of repression are as little genuinely historical a model ~~of the process~~ as

Heidegger's preposterous indictment of the whole of western metaphysics since Plato (cf. Schnadelbach, Philosophy in Germany , 1984). No wonder many people fail to notice that "nuanced defense" of progress Kruks fancifully reads into WM.

Kruks misconstrues my (hardly original) criticism of Marx's own hostility to the market as tantamount to accepting "the view that modern liberal industrial society is historically divorced from the emergence of capitalism" (121). "We are asked", she writes, "to take it as unproblematically self-evident that there is such an entity as "the modern economy as such", analytically and even essentially distinguishable from the historical development of capitalism" - a position, she comments, stemming "from Weber", but "not tenable within a Marxist framework". (120).

One could get Kruks into serious trouble just by requiring her to substantiate her ~~bizarre~~ notion that Weber, of all people, severed the modern economy from the history of capitalism. But I prefer to challenge her to show where on earth have I made such a glaring mistake. All I wrote, in a sentence she quotes but wildly misinterprets, is that there was in Marx "an antipathy towards the nature of modern economy as such - apart from any grievances concerning its capitalist social structure" (Western Marxism , 52-3). The key word here is of course "social", as it is perfectly possible and legitimate to distinguish the market economy from the transient social structures associated with it. This distinguo, however, played no part in Marx's critique of capitalism.

On the other hand, the making of such distinction in no way entails taking the modern economy for something historically unrelated to the rise and evolution of capitalism; nor has one to be a marxist to acknowledge it, although the acknowledgement certainly implies recognition of Marx's role in establishing this type of historical connection at a deeper than descriptive level. Besides, how could I, after stressing so much the need for concrete specifying , differentiating historical analysis (which is what the theory of process boils down to) instead of the massive, indiscriminate historical outlook of Kulturkritik ever dream of indulging in such an ahistorical mode of thinking?

That Kruks, in the age of perestroika, is so patently unable to display the least concern for the institutional autonomy of the economy as a pillar of modernity says much about the historical realism and sociological acumen of the WM constituency in today's academe. The poverty of institutional analysis in WM theory, from Lukács to Marcuse and from Sartre to Habermas (with the glorious exception of Gramsci, the only non-philosopher among them) is impossible to conceal.

No wonder, therefore, that a defender of the faith overlooks the wealth of determinations going into a reasoned theory of progress and modernity. Accordingly, Kruks saddles me with "naive rational-technological progressivism" just because I don't buy the silly Marcusean denigration of science and technology. Nowhere in my book – nor, for that matter, in any serious work I know of – is the value of modern culture reduced to anything remotely like a crass apotheosis of <u>die Technik</u>. This ridiculous idea seems just a curious projection of Kruks's own Frankfurtian demonization of technology.

Still more ludicrous, she accuses me of depicting Hegel himself as an "advocate of reason, <u>technological progress</u> and individual freedom" (117; emph. added). Coming from someone who credits Hegel with "an account of history as the unfolding of the <u>Ideal</u>" [sic], it only shows that Kruks has lots of Hegel-learning to do. She charges me with asserting yet not arguing that Hegel's main value to us nowadays is his legitimation of modernity. This is blatantly unfair, since I happen to devote many a page to demonstrating that the Hegel reception, from the romantics to Alfred Marshall and from Kojève to Charles Taylor, always focused on assessing his picture of modern institutions. Assertion instead of argument, sweeping anathemas instead of sustained analyses, are tools of trade of WM, not of its critics'. Significantly, Kruks's footnote list of studies on WM doesn't include one by a single non-Marxist. In view of which, the tribalist self-indulgence with which our post-1968

academic Leftists like to call themselves "non-dogmatic" (117) can be quietly doubted.

José Guilherme Merquior
Sierra Leona 270 Lomas
11010 Mexico City

CRITICAL REVIEW

A JOURNAL OF BOOKS AND IDEAS

P.O. Box 14528, Chicago, IL 60614 USA

March 30, 1989

J.G. Merquior
Lope de Armendariz
130 Lomas
11000 Mexico City

Dear José:

Many thanks for your financial contribution. It is so heartening to know that Critical Review is capable of garnering the material support of people whom I respect as much as you.

Not that you have been niggardly in your verbal support; I'm very pleased, naturally, with your enthusiasm about the Marxism issue. Again, thank you for sharing your reaction with me.

I have received your reply to Kruks and have suggested a few small alterations (enclosed). One that I did not make, but will now, is that on p. 4 you consider taking out the words "Coming from someone who credits Hegel with 'an account of history as the unfolding of the Ideal' [sic], it" and begin the sentence with the word "This" instead. I fear that you might be interpreted as being either pedantic or vicious here. OK

You can either call or write with your reaction to my changes--you might want to simply mark any final revisions with a colored ink on the enclosed copy and send it back. Then I will send it to Kruks for her reply.

As for Poster, you may want to wait until the post-structuralism issue appears before writing your response. As I was reading the page proofs I was struck by how much agreement there was among both critics and defenders as to what characterizes the other side's weak points; Poster's deficiencies might, if you are so inclined, be used to make larger points about post-structuralism by referring to some of the other articles. This might make you sound less the perpetually aggrieved author than the persistently engaged scholar.

I think I will enclose the draft of my editorial for the issue, since I feel much less sure of my footing regarding post-structuralism than Marxism or liberalism. If you have any criticisms, do give me a call: the issue will have to go to the printer around April 14.

Thanks as always for your encouragement, assistance, participation. . . .

Yours, Jeff

Carta de Jeffrey Friedman, editor de *Critical Review*, na qual sugere o "abrandamento" da resposta de Merquior (compare-se a carta do autor brasileiro com a resposta publicada: a sugestão do editor foi acolhida).

LIVROS

A paixão da polêmica

O novo livro de José Guilherme Merquior, dedicado ao marxismo, consolida a reputação de um infatigável polemista

CHICO NELSON

Merquior: um rapaz que leu e entendeu tudo, segundo Aron

José Guilherme Merquior é provavelmente o escritor brasileiro mais traduzido no Brasil. Às vésperas de completar 46 anos, esse carioca da Tijuca, diplomata de carreira, membro da Academia Brasileira de Letras e infatigável polemista, é autor de dezenove livros – cinco dos quais jorraram de sua pena em idioma estrangeiro. Destes, três já se naturalizaram, através de traduções confiadas a outras mãos. *A Estética de Lévi-Strauss*, dedicado ao papa do estruturalismo, nasceu em Paris e em língua local, antes de cruzar o equador em 1977. Os demais foram gerados em Londres e em inglês. *Michel Foucault* ou o *Nihilismo de Cátedra*, dura estocada em outro imponente *maître à penser* parisiense, fez a travessia há dois anos. Agora desembarca *O Marxismo Ocidental* – e, como sempre acontece com os livros de Merquior, já começa a provocar barulho, à esquerda como à direita (*leia crítica na pág. 78*).

Parte do alarido veio na bagagem, pois a obra, publicada na Inglaterra em janeiro do ano passado, esteve longe de passar despercebida. Em artigo no respeitado *Times Literary Supplement*, um conhecido especialista inglês em marxismo, John Gray, professor da Universidade de Oxford, saudou no livro "um modelo daquele gênero raro – um ensaio de história intelectual conduzido como um extenso exercício de ironia". O cientista político e crítico literário George Watson, da Universidade de Cambridge, não se limitou a ver no estudo de Merquior "uma explanação refinada, imparcial e absolutamente devastadora": numa enquete promovida em novembro pelo diário londrino *Financial Times*, destacou-o como o melhor lançamento de 1986.

É ao som dessas fanfarras que José Guilherme Merquior chega ao Brasil neste domingo, 22. Lança o novo livro no Rio de Janeiro e, em seguida, voa a Brasília, para acompanhar lances decisivos de sua fulgurante carreira diplomática, na qual ingressou há 23 anos. Designado embaixador no México pelo presidente José Sarney, seu colega de Academia, em dezembro último, ele já tem no bolso o *agrément* do governo de Miguel de la Madrid e só depende, agora, de que seu nome receba sinal verde no Senado. Nos primeiros dias de abril, de

76 ISTOÉ 25/3/1987

Matéria da revista *Isto É*, "A Paixão da Polêmica", publicada em 25 de março de 1987.

Teixeira de Freitas: num time...

... onde jogam também Freyre e o autor de O Marxismo Ocidental

volta à Inglaterra, participa em Cambridge de um ciclo de conferências sob o tema "Brasil na Transição". Por essa altura, já terá desmontado a casa em Londres e embalado os 11 mil volumes de sua biblioteca (fora outros mil que conserva no Rio). Se tudo correr bem, estará instalado na Cidade do México em meados do mês que vem, com a mulher, Hilda, sua colega de colégio, e os filhos do casal - Júlia, 21 anos, e Pedro, 16.

Pela primeira vez no comando de uma representação brasileira no exterior, José Guilherme Merquior leva no bolso um invejável estímulo. Na semana passada, ele exibia com orgulho uma carta de Claude Lévi-Strauss, de quem foi aluno em Paris, e que, ao cumprimentá-lo pela promoção, augurou: "Graças a você, a grande tradição do embaixador homem de letras conhecerá um novo brilho". "Tomara que ele tenha razão", cruzava os dedos Merquior. Meio caminho já foi andado: o jovem diplomata integra hoje o rarefeito time dos pensadores brasileiros que em algum momento de nossa história conseguiram meter a colher na discussão de grandes temas universais, como o marxismo, e se fazer ouvir lá fora.

Livros de Merquior: originais em inglês

Um time de que faz parte, por exemplo, o baiano Augusto Teixeira de Freitas (1816-1883), um dos maiores juristas que o Brasil já teve. Encarregado pelo imperador Pedro II de elaborar um projeto de Código Civil, em 1859, Teixeira de Freitas não chegou a terminar sua tarefa, mas deixou um esboço que inspirou a feitura dos códigos da Argentina, Uruguai, Paraguai, Chile e vários outros países. No nosso século, o time onde agora joga José Guilherme Merquior tem sua estrela máxima no sociólogo pernambucano Gilberto Freyre, que aos 86 anos não está apenas traduzido para os idiomas mais importantes: as chaves que o autor de *Casa-Grande & Senzala* (1933) introduziu para a análise das relações entre senhores e escravos vêm sendo manejadas, também, por cientistas sociais de outros países.

"Isso tem acontecido aqui nos Estados Unidos, para explicar os mecanismos da sociedade escravagista americana", testemunha o crítico literário paulistano Wilson Martins, 66 anos, desde 1962 professor na Universidade de Nova York e autor da ambiciosa *História da Inteligência Brasileira*. Segundo Martins, que cita nomes como Robert William Fogel, Stanley L. Engerman, Eugene D. Genovese e Theodor Rosengarten, além do inglês Gerald J. Bender, diversos autores empregam os métodos propostos por Gilberto Freyre - "embora nem todos se lembrem de lhe dar o devido crédito".

As idéias do Mestre de Apipucos circulam em traduções. As de José Guilherme Merquior têm sido injetadas diretamente no idioma universal em que vão trafegar - o inglês. Não se trata, ao que parece, de uma bravata como a do jurista Tobias Barreto (1839-1889), mulato sergipano que, no século passado, levou o bovarismo verde-amarelo a seu extremo mais delirante ao publicar, na pequena cidade de Escada, no interior de seu Estado, um jornal todo escrito em alemão, *Deutscher Kaempfer* (o lutador alemão). Não se trata, também, de uma pedanteria como a de Joaquim Nabuco (1849-1910), que em 1906 lançou na França uma coletânea de aforismos, *Pensées Detachées et Souvenirs*, alcançando a glória de ser confundido pelo maior crítico parisiense da época, Emile Faguet, como um francês disfarçado sob pseudônimo.

Merquior explica que utiliza o inglês, antes de mais nada, porque seus últimos livros – como *O Marxismo Ocidental* – têm nascido de encomendas de editores londrinos e lhe "daria muito trabalho redigir em português para depois traduzir o calhamaço". Além disso, acrescenta, grande parte do vocabulário das ciências políticas sociais e da filosofia, de que se ocupa, "está colonizada em língua inglesa". Há limites, porém. Não é qualquer texto que pode brotar em outro idioma. No momento, por exemplo, Merquior está "começando a rabiscar" um livro sobre a cultura moderna, e seus rabiscos têm baixado ora em inglês, ora em português. Ele está certo de que a interpretação histórica da América Latina que pretende pôr no papel, no México, virá em vernáculo, pois deverá conter "elementos vivenciais muito fortes".

O diplomata, de resto, não se vê como um novo Ruy Barbosa, abrindo curso de inglês na Inglaterra. Nem se considera exatamente um poliglota. Além da língua de Shakespeare, diz que escreve "em francês, em espanhol com erros e em italiano com muitos erros", e que apesar de ter morado em Bonn durante

EVANDRO TEIXEIRA / AJB

O acadêmico: elogios a Sarney

dois anos levou "surras tremendas" toda vez que tentou ler alemão sozinho. Merquior acha que o fato de escrever numa língua periférica como o português contribui para manter na sombra a produção dos pensadores brasileiros. Mas acredita, também, que "somos um pouco tímidos". "Precisamos cuidar mais da difusão", propõe.

No seu caso, é óbvio que a carreira diplomática tem ajudado. Já são, afinal, dezenove anos vivendo no exterior, dezessete deles na Europa. Não tem sido, aliás, uma carreira qualquer, sujeita, de repente, às vicissitudes de um consulado esquecido na Ásia, ou de uma embaixada num tórrido país africano. Talentoso, sem dúvida – foi o primeiro colocado no exame para o curso Rio Branco –, mas também habilidoso e bem-relacionado junto ao poder, Merquior praticamente só conheceu bons postos. Como diz sua mãe, dona Belinha, "começou onde tantos gostariam de acabar – em Paris", como terceiro-secretário, em 1963. Viveu também na Alemanha e, em mais de uma ocasião, na Inglaterra – numa delas, a convite do então embaixador Roberto Campos, hoje senador pelo PDS de Mato Grosso. A cidade menos prestigiosa por que passou, até agora, foi Montevidéu – de onde foi resgatado, em 1984, por um convite para assessorar o ministro João Leitão de Abreu no Gabinete Civil da Presidência da República, nos anos Figueiredo.

Já visto então como direitista pelas esquerdas – embora se defina como "liberal em economia, social-democrata em política e anarquista em cultura" –, Merquior, com essa escala de dois anos no Planalto, forneceu mais munição a seus

Facultativo audaz

■ O MARXISMO OCIDENTAL – *De José Guilherme Merquior. Tradução de Raul de Sá Barbosa. Nova Fronteira, 323 páginas, Cz$ 334,00*

O marxismo ocidental está morto. É o que se pode concluir do boletim médico do dr. José Guilherme Merquior. *Causa mortis:* "a velha patologia do pensamento ocidental, cujo nome é, e continua sendo, irracionalismo" (pág. 277).

Dr. Merquior é um facultativo, se ouso a expressão, audaz. Ele recusa uma abordagem "tipo sociologia do conhecimento". Rejeita igualmente um tratamento histórico do tema. É pena. Outros, como o historiador inglês Eric Hobsbawm e o romeno George Haupt, o fizeram e deixaram indicações metodológicas sugestivas. Mas o nosso patologista prefere analisar o marxismo "em si mesmo". O resultado não é desprezível, mas problemático.

O Marxismo Ocidental é um livro bem-escrito, o que mostra que a Academia Brasileira de Letras é judiciosa em suas escolhas. Desigual em sua estrutura, a obra consome um terço de suas páginas num *exposé* sobre Hegel e Marx, excessivamente longo se se leva em conta o parcimonioso, para não dizer superficial, tratamento dado a Antonio Gramsci e Jean-Paul Sartre. O livro contém, no entanto, exposições claras e até mesmo didáticas, ainda que freqüentemente idiossincráticas, particularmente visíveis no tratamento da Escola de Frankfurt. Talvez se ela fosse analisada não somente "em si mesma", o pessimismo, a tentação romântica e a resistência à modernidade dos frankfurtianos pudessem ser examinados através de um prisma, não digo mais condescendente, mas, no mínimo, mais rico e rigoroso, porque histórico. Dispensáveis, também, as *boutades* "sociológicas" sobre os nexos entre o "radicalismo" de seus integrantes e suas origens judaicas e abastadas – tão irrelevantes para a compreensão do marxismo ocidental quanto o é, para o entendimento do livro de Merquior, o fato de ter sido escrito por um diplomata que ademais serviu à Casa Civil do general Figueiredo.

O livro é instigante. Contém observações e indicações relevantes para o marxismo. Oxalá seja lido sem as resistências que o autor provoca em muitos, mas também sem a admiração basbaque e provinciana que sua analítica performática suscita. *O Marxismo Ocidental* não é só um texto para inglês ver, como alguém disse maldosamente. Até porque os ingleses estranhariam nele a ausência de seus conterrâneos, historiadores, que desmentem a assertiva de Merquior sobre a falta de análises concretas no marxismo contemporâneo.

O tratamento lapidar, para dizer o menos, de autores como o francês Claude Lefort, o grego Cornelius Castoriadis ou o italiano Galvano Della Volpe, e a omissão do italiano Toni Negri e de tantos outros põem em limites a abrangência que o título do livro sugere e as trombetas iniciais anunciam. Mas, afinal, ninguém é perfeito...

Marco Aurélio Garcia

cientista político da Unicamp

opositores. Acusado de legitimar um governo autoritário, ele sempre se escudou no argumento de que era um simples servidor público. Data dessa época a lenda de que uma de suas funções era redigir discursos para Figueiredo e rechear a oratória de Leitão com citações de Platão e Aristóteles. "Nunca pronunciei um discurso que eu não tivesse escrito", desmentiu na semana passada o ministro de Medici e Figueiredo. Quanto aos discursos do presidente, um ex-colega de Merquior assegura que eram elaborados pelo chefe do gabinete.

A versão de que o jovem diplomata entronizou Platão e Aristóteles no planalto não chega, porém, a ser inteiramente gratuita – não fosse ele conhecido pela rapidez e profusão com que habitualmente dispara citações. "Merquior faz terrorismo bibliográfico para intimidar os incautos", observa o psicanalista Eduardo Mascarenhas, 44 anos, que com ele terçou armas num célebre *Canal Livre*, em janeiro de 1982. O ensaísta se defende dizendo que "no nosso meio intelectual a propensão a citar autores define um determinado tipo de comportamento cujo contrário é a propensão a recitar clichês". E põe lenha na fogueira: "Se essa gente lesse mais os autores citados, certamente recitaria menos clichês".

J.A. FONSECA

Coutinho: debate sem misturas

FOTOS MAURICIO SIMONETTI

Lafer: "uma pessoa não-redonda"

Rouanet: "uma síntese completa"

Merquior acredita que sua legendária erudição é meramente "instrumental". É pouco provável, no entanto, que algum dia se livre (ou queira se livrar) dessa pecha, para cuja consolidação contribuiu involuntariamente um de seus grandes mestres, o filósofo francês Raymond Aron (1905-1983), quando de sua visita ao Brasil, no começo da década. O episódio é famoso e foi testemunhado por um companheiro de Merquior no gabinete de Leitão, o hoje ministro do Supremo Tribunal Federal José Francisco Rezek, 43 anos. Por ocasião de um almoço, Aron e Rezek conversavam numa varanda do Itamaraty, em Brasília, e o filósofo disse, referindo-se ao diplomata: "Este rapaz leu tudo e, o que é mais importante, entendeu tudo".

A voracidade livresca que tanto impressionou Raymond Aron pode ter começado antes mesmo do nascimento, a julgar pelo que conta dona Belinha Merquior do mais velho de seus quatro filhos. "Foi um parto difícil, ele não queria sair, acho que tinha um livro escondidinho lá dentro", brinca a orgulhosa mãe do escritor. Dona Belinha já não se lembra bem, mas acha perfeitamente verossímil a história segundo a qual José Guilherme, aos 9 anos, perdeu um dos gols do fatídico Uruguai 2, Brasil 1, na decisão da Copa do Mundo de 1950, tão absorvido estava na leitura de um livro.

Torcedor platônico do sofrido Fluminense, Merquior há anos não põe o pé num estádio. Também já não lê tanto: nunca mais de uma hora e meia, duas, nos dias de semana, um pouco mais aos sábados e domingos. É um homem caseiro e, segundo a filha, Júlia, recém-formada em relações internacionais, muito guloso. Quando lê por puro prazer, Merquior apanha na estante os ensaios de Montaigne ou os versos de Dante, Virgílio e Camões – "os poetas absolutos, de remuneração estética total". Tem um olho nos lançamentos editoriais brasileiros e, ultimamente, gostou muito do romance *Viva o Povo Brasileiro*, de João Ubaldo Ribeiro, e dos poemas de *A Quinta Parede*, de Mário Chamie, além de *Literatura como Missão*, de Nicolau Sevcenko, que tem na conta do melhor ensaio de história literária desde a clássica *Formação da Literatura Brasileira*, de Antonio Candido. Algo relutante, concedeu recentemente elogios à obra de José Sarney, cujos contos tinha sobre sua mesa na embaixada, em Londres, poucos dias atrás, numa "simpática" tradução inglesa. Mas sua atenção, hoje, se concentra mais nas ciências sociais.

CHICO NELSON

Jaguaribe: ventilador de idéias

Nesse campo, mantém contato amistoso com os confrades brasileiros, por cima das diferenças políticas. Dedicou seu *O Marxismo Ocidental* ao marxista Leandro Konder, "que não concordará com tudo..." Konder, 51 anos, de quem é amigo há um quarto de século, já passou recibo, através de um artigo restritivo mas cordial, nas páginas do *Jornal do Brasil*. Carlos Nelson Coutinho, 43 anos, outro teórico marxista que Merquior tem em alta conta e de quem igualmente é amigo, já leu o livro e fechou a cara em algumas passagens. Nem por isso deixa de achar que a obra tem

Eduardo Mascarenhas: "terrorismo bibliográfico"

Marilena Chaui: pena que faltaram as aspas

méritos – entre eles, o de "colocar a discussão entre o marxismo e o liberalismo num patamar mais elevado" –, e qualifica de "mesquinhas" as tentativas de "misturar, num debate de idéias, eventuais problemas relativos à carreira de Merquior".

Situado entre um e outro na topografia ideológica, o cientista social Hélio Jaguaribe, 63 anos, não concorda com os que etiquetam como direitista o autor de *O Marxismo Ocidental*. "Ele é um liberal clássico com alguma sensibilidade para o social, e um ventilador de idéias com uma grande frescura", julga Jaguaribe. Outro liberal, o cientista político Celso Lafer, 44 anos, leu o livro em inglês e o considera, "como tudo o que escreve Merquior, muito inteligente, original". É polêmico, acrescenta Lafer – "afinal, ele é uma pessoa não-redonda, quer dizer, tem arestas".

Nisso todos, de um extremo a outro do espectro ideológico, estão de acordo: trata-se de uma extraordinária vocação de polemista. O nível dos embates em que se mete é que tem variado. Na opinião de Celso Lafer, nenhuma dessas porfias intelectuais atingiu as culminâncias daquela que José Guilherme Merquior travou, no *Jornal da Tarde*, de São Paulo, em fevereiro do ano passado, com o também diplomata e filósofo Sérgio Paulo Rouanet, 52 anos, a respeito de Michel Foucault. Embora expondo divergências de fundo, Rouanet, em seu artigo – incluído, agora, na coletânea *As Razões do Iluminismo* –, procurou fazer justiça à obra que criticava. "O livro de José Guilherme Merquior sobre Michel Foucault é de longe a síntese mais completa, mais bem documentada e mais brilhantemente escrita que já li até hoje sobre o pensador francês", tirou o chapéu Rouanet – e foi além: "Raramente material tão denso foi expresso num inglês tão puro, com uma elegância tão cáustica e num estilo tão legível".

Paulo Francis: insultos por causa de Bandeira

O nível das polêmicas, contudo, às vezes derrapa. Caetano Veloso, certa ocasião, foi mexer no vespeiro e acabou rotulado de "pseudo-intelectual de miolo mole". O jornalista Paulo Francis, em 1980, apresentado como um talento na arte de unir ignorância e grossura, retrucou dizendo que Merquior "ordenha quem está no poder". Eduardo Mascarenhas, na televisão, ouviu que "a psicanálise é uma enfermidade do intelecto", e devolveu, contabilizando os 512 autores que o interlocutor citara nas 162 páginas de *As Idéias e as Formas*: "É um escritor de pé de página". A refrega mais célebre envolveu a filósofa Marilena Chaui, acusada de plagiar o francês Claude Lefort. "Marilena Lefort", alfinetou Merquior num ato falho intencional ao referir-se a ela numa entrevista. Boa parte da intelectualidade de esquerda partiu para cima do então assessor de Leitão, em defesa de Marilena.

Adoçado talvez pela maturidade, quem sabe pelo comedimento que lhe impõem suas novas funções de embaixador, o ex-menino prodígio das letras nacionais exibe agora nova postura. Na semana passada, em Londres, com laivos de ironia apenas perceptíveis, dizia deplorar a infeliz omissão de aspas que desencadeou seu bate-boca com Marilena Chaui. A troca de insultos com o "várias vezes brilhante" Paulo Francis ganhava, a distância, os contornos de um desagradável desentendimento em torno da poesia de Manuel Bandeira. O psicanalista Hélio Pellegrino, outrora "um escritor sem livros e um pensador sem idéias", emerge do passado como "uma flor de sujeito, culto e espirituoso".

Do outro lado também existe açúcar. No Rio, Eduardo Mascarenhas descobre que o "liberal moderno" José Guilherme Merquior não está assim tão distante do socialismo democrático de Gramsci, e, mesmo divergindo, louva o seu "cavalheirismo exemplar". "Ele tem o bom humor, a alegria do polemista", concede Hélio Pellegrino, disposto a ler "com interesse" *O Marxismo Ocidental*. Mas que ninguém se iluda com a inesperada calmaria. No *Jornal do Brasil*, dia 14 último, o filósofo Carlos Henrique Escobar afirmou que "a característica mais forte de Merquior como intelectual é ter sido um intelectual orgânico da ditadura militar". O troco não fez esperar. "É um pigmeu intelectual", ouviu-se do outro lado do oceano. Era um lembrete de que a metralhadora giratória de José Guilherme Merquior, provisoriamente aposentada, está sempre pronta para funcionar.

Humberto Werneck ▲

Participou Timóteo Lopes, do Rio de Janeiro

Ilustrada

FOLHA DE S. PAULO — Domingo, 30 de agosto de 1987 — 5.º caderno — A-41

O MARXISMO ESTÁ MORTO

Para José Guilherme Merquior, ensaísta e embaixador do Brasil no México, a teoria marxista não tem nenhuma perspectiva e não se sustenta à luz da razão

ANDRÉ SINGER
Secretário de Redação

A morte do marxismo é o mote preferido das últimas intervenções do ensaísta José Guilherme Merquior, 46, embaixador do Brasil no México e hoje, talvez, o maior polemista ativo na cultura brasileira. Merquior, cujo último livro é "O Marxismo Ocidental" (Nova Fronteira), vem assestando sua metralhadora giratória sobre autores e conceitos básicos do marxismo, como mais-valia e alienação. Entre os principais atacados está o alemão Jurgen Habermas, considerado por muitos o maior filósofo marxista vivo. De passagem, lança farpas sobre o também ensaísta e diplomata brasileiro Sérgio Paulo Rouanet, por suas tentativas de fazer "ligações" entre Habermas e Foucault.

Categórico, Merquior não vê nenhum horizonte para o marxismo. Tece elogios a um certo "marxismo analítico", desenvolvido em algumas universidades européias e norte-americanas, mas não sabe se isso pode mesmo ser considerado marxismo. Para ele o marxismo tem raízes religiosas e nenhuma de suas principais teses resiste ao exame da razão.

Há três meses morando na agradável residência oficial da embaixada brasileira na Cidade do México, Merquior concedeu lá esta entrevista, um dia antes da chegada do presidente Sarney à capital mexicana, há duas semanas. Foi uma pausa entre os preparativos para mais uma festa da "unidade latino-americana". Aliás, soa curioso ouvir o erudito Merquior, na Cidade do México, se referir a torto e a direito à tal "unidade latino-americana". Mesmo se dizendo dedicado "full time" à diplomacia, Merquior anuncia que já tem outro livro na gaveta.

A seguir os principais trechos da entrevista:

Folha - O sr. acha que existe uma crise do marxismo e do pensamento de esquerda, hoje?

José Guilherme Merquior - A crise do marxismo, tanto quanto eu possa ver, é permanente, quer dizer, eu não a sinto como uma conjuntura ou um modismo ideológico que, digamos, daqui a dez, quinze ou vinte anos estaria superado por uma possível revivescência, uma possível renascença do marxismo. Eu acho que o marxismo está, realmente, como proposta teórica, considerada no que lhe possa restar de unidade, num momento de liquidação. Os marxismos seriam um outro problema, porque o campo marxista se fracionou de tal maneira, teoricamente, que há marxismos. Eu posso contemplar alguns marxismos com capacidade de sobrevivência. Mas a questão de saber o grau de autenticidade marxista desses marxismos é uma questão muito cabeluda. Por exemplo, no chamado movimento do marxismo analítico, do qual pouco ou nada se tem falado no Brasil. Todo mundo se preocupa no Brasil com Habermas e outras tendências a meu ver infinitamente menos fecundas. Mas é perfeitamente possível que se diga que o marxismo analítico é apenas um marxismo pela metade ou marxismo sem luta de classe, marxismo sem profecias progressistas.

Folha - O que é o marxismo analítico?

Merquior - Eu chamo de marxismo analítico naturalmente esse movimento —que quase que não é um movimento, o número de protagonistas ainda é reduzido, mas apesar de reduzido é muito brilhante— que se consubstancia em obras recentes, todas basicamente da década de 80 ou do meio da década de 70 para cá, do John Elster, do Jerry Coehn, que são pessoas que reexaminaram em profundidade o conceito de exploração, o conceito de alienação e, sobretudo os instrumentos metodológicos que a tradição marxista utilizou, tanto Marx quanto seus sucessores da época da 2ª Internacional, ou posteriores, como os marxistas ocidentais, utilizaram. É um movimento de grande interesse intelectual, que eu acho que é o maior desafio intelectual hoje dentro do marxismo. Mas o que eu queria deixar claro é que o conjunto de conclusões a que alguns desses autores chegam, como é certamente o caso do mais brilhante e produtivo deles que é o próprio Elster, são conclusões que o leitor inteligente e despreconcebido fica na dúvida se deve considerar conclusões marxistas ou conclusões pós-marxistas.

A minha tendência pessoal é considerá-las conclusões pós-marxistas porque resta muito pouco do sistema marxiano depois dessa filtragem crítica realizada pelo marxismo analítico. Essencialmente o que restaria seria aquilo que o Raymond Aron gostava de chamar do senso dos determinismos. Aquilo que Raymond Aron quase que poeticamente chamava de tema da infra-estrutura, que eu acho, aliás, que é uma coisa de muita substância e que realmente, nós devemos, na história das idéias, principalmente a Marx. Marx, não é à toa, continua a ser, com toda justiça, considerado como um dos principais fundadores da ciência social. Por quê? Por causa da ênfase posta no tema da infra-estrutura, quer dizer, a proposta do materialismo histórico, como enfoque de baixo para cima, como um enfoque que busca, na tentativa de explicar fenômenos sociais, um conjunto ,de determinismo, um conjunto de condicionamentos, no sentido forte da palavra evidentemente, mas não necessariamente na sua interpretação dogmática, transformando esse condicionamento numa espécie de lei universal, de "passpar tout") de lei universal da explicação histórica que, de resto é uma coisa contra a qual o próprio Marx se rebelou muitas vezes.

Esse marxismo analítico eu considero que tem condições de sobrevivência. Num plano que seria, digamos, entre o plano do conhecimento e o plano da política, mas, talvez, mais no plano da ação política do que no plano do conhecimento, eu acho que em determinadas áreas do mundo contemporâneo há um outro tipo de marxismo que também tem condições de sobrevivência apreciáveis que é, a meu ver, o que para simplificar eu chamaria de tendências neo-gramscianas. Acho que, especialmente em países como o Brasil essas tendências jogam uma carta historicamente ainda prenhe de possibilidades. E por quê? Porque justamente elas arquivam tudo o que pudesse haver de demasiadamente isolacionista, intransigente, dogmático e sectário em postulações marxistas anteriores.

O meu caro amigo e principal neo-gramsciano brasileiro —creio que seja ele o principal de longe— Carlos Nelson Coutinho, numa carta muito recente concluía, voltando de uma recentíssima viagem à Itália, feita neste verão italiano, que na Itália o gramscianismo está em fracionamento, dispersão e mesmo sofrendo um adiantado estágio de negligência —coisa que, naturalmente, não o agradou, como fiel gramsciianista que é. E se ele tem razão, eu diria que há outras áreas do globo que podem transformar o nosso querido Carlos Nelson em alguém bem menos pessimista e mais otimista quanto às posições ianas.' E essa área é, de uma maneira geral a nossa área, por exemplo, latino-americana, onde as propostas neo-gramscianas têm um charme, um tipo de apelo e de charme que, se elas não estão tendo na Europa neste momento, podem ter em outros quadrantes.

Procurei dar dois exemplos de possíveis sobrevivências do marxismo: uma teórica, que é o marxismo analítico, mas com um vasto ponto de interrogação que, palavra de honra, não é absolutamente um preciosismo de minha parte, é uma questão muito séria, que tenho colocado nos meus próprios escritos sobre marxismo, no meu livro sobre marxismo ocidental, em particular. É a questão de saber se... bom, tudo bem com o marxismo analítico, eu concordo com quase 90% das suas conclusões. O problema é que essas conclusões são tão demolidoras do edifício marxista no seu conjunto, que as pessoas têm todo o direito de se perguntar se isso ainda é marxismo ou se seus autores se dizem marxistas por uma espécie de fidelidade sentimental. Já houve quem dissesse isso, já há quem diga isso de John Elster, que ele é marxista porque ele acha bonito.

Você não precisa ser marxista para ter preocupações de justiça social, para ter preocupações até humanitárias, enfim, para querer corrigir abusos, onde quer que eles se manifestem, em qualquer estrutura social. O marxismo, afinal de contas nunca teve monopólio dessas posições e não há porquê ter daqui por diante. Certamente não é agora que ele sofre um descrédito intelectual bem maior do que no passado que ele vai ter esse monopólio. Mas de qualquer maneira é o exemplo de possível sobrevivência de uma corrente que se auto-rotula, se autointitula de marxista, mas é uma corrente naturalmente muito rarefeita. Uma corrente que tem um pé em Oxford, um pé na Escandinávia, um pé nas universidades da Costa Atlântica, nos Estados Unidos.

A outra corrente que é bem menos teórica e bem mais política e não é tão rarefeita, seria a sobrevivência possível do neo-gramscianismo.

Folha - Qual é a vertente de pensamento que pode ser uma alternativa ao marxismo? O pensamento liberal, que historicamente tem origem antes do próprio marxismo?

Merquior - Eu diria o seguinte: primeiro, o marxismo como fecundante da ciência social ou da busca de mecanismos sociais, da busca de condicionamentos sociais, enfim, da aspiração a um projeto de explicação da mudança social, permanece como um exemplo muito instigante. Na esfera econômica, o edifício da teoria econômica marxiana, quer dizer, do próprio Marx, para não falar de marxistas posteriores, está carcomido por um defeito de base, que é a própria teoria nuclear, a própria teoria da mais-valia. Eu não vejo mais intelectual de real preeminência no terreno econômico se aprestar mais em defendê-la. É uma teoria caduca. É uma teoria —eu não direi nem mais agonizante— simplesmente morta.

O marxismo analítico talvez tenha sido o elegante golpe de misericórdia nessa teoria. Se se atribui —como eu acho que só pode ser correto atribuir— à teoria da mais-valia lugar central no pensamento econômico de Marx, o pensamento econômico de Marx fica automaticamente arquivável. Agora, o marxismo, de qualquer maneira, era uma teoria globalista demais, uma teoria com a vocação de ser uma explicação global —muita gente pensa até erroneamente que por ser uma explicação global é uma explicação tão totalizadora que explicaria tudo, a forma dos pés daquela cadeira, a curva de um arco gótico e assim por diante.

O marxismo, de Marx, pelo menos, jamais se propôs a ser isto, jamais se propôs a ser tão assim enciclopédico; não era uma chave para a explicação de cada detalhe do mundo. Mas sem dúvida nenhuma era uma explicação global como hoje nós não mais nos atrevemos a construir —intelectualmente falando. Daí o problema de saber se nós não nos atrevemos a construir porque somos simplesmente inferiores, intelectualmente falando, a Marx ou a Hegel, que era tão globalista quanto Marx. Ou se, ao contrário, pertence à própria natureza das coisas essa nossa impossibilidade moderna de abarcarmos tanto. Eu me inclino, sinceramente, à segunda resposta. Acho que o mundo moderno se tornou ao mesmo tempo mais complexo na realidade e mais sofisticado intelectualmente para poder se permitir essa visão tão globalizante, que ainda tem uma marca religiosa, mesmo em espíritos tão pouco religiosos quanto Marx ou tão religiosos, mas de uma maneira muito especial, que não é a maneira confessional, quanto Hegel. Eu acho que o mundo moderno aposentou os sistemas, aposentou toda espécie de tentativa tão grandiosa de abarcar a explicação da história no seu conjunto.

Folha - Qual a sua opinião sobre a tentativa globalizadora de Habermas?

Merquior - Acho que o Habermas é intelectualmente falando, um conservador. É claro que no terreno político-social ele é um bravo social-democrata de esquerda; não estou empregando a etiqueta conservadora noutro sentido, mas apenas no sentido dos seus quadros mentais. Acho que nos seus quadros mentais realmente existe uma tentativa quase grandiosa como tentativa, mas muito pouco convincente a meu ver como resultado. É uma tentativa de restauração intelectual, porque é uma espécie de tentativa de ser o Hegel das Ciências Sociais, de construir uma suma totalizante a partir de resultados de várias disciplinas. Em conjunto, o resultado denota uma profunda ambivalência ante a modernidade, porque por um lado Habermas, com grande coragem, recusa a condenação barata do mundo moderno que nós encontramos em toda uma série de pensadores contemporâneos de grande prestígio e influência. Acho que nisso ele tem toda razão e é uma atitude muito válida e valente de sua parte —essa recusa desse repúdio à modernidade. E não posso concordar com aqueles brilhantes intelectuais que às vezes tentam concordar ao mesmo tempo com Habermas e com algumas dessas figuras que ele sem hesitação condena, como é o caso, por exemplo, do meu caro amigo Sérgio Paulo Rouanet, que pensa que é possível, ao mesmo tempo, você dar a mão direita a Habermas e a mão esquerda a Foucault.

Estou profundamente convencido de que não é possível; é preciso você optar contra um, a favor de outro. Se você quiser ficar com Foucault você não pode ser habermasiano, se você quiser ser fiel à lição de Habermas você não pode dar a mão a Foucault —dar a mão intelectualmente falando, evidentemente, porque não estou pondo em questão o brilho da personalidade filosófica de Foucault; estou pondo em questão, certamente, o bem fundado das suas teses. Mas acredito que apesar de Habermas, por este lado, ser válido — o lado pelo qual ele recusa a condenação barata da modernidade—, por outro lado a sua própria maneira de conceber essa modernidade ainda está profundamente determinada por uma desconfiança básica em relação ao "ethos" do homem moderno e, portanto, ao espírito da modernidade. É muito difícil ser preciso quando a gente se move no terreno das idéias de Habermas, porque se há um pensador que é ao mesmo tempo plúmbeo na expressão e bastante nebuloso na concepção, é ele mesmo. Um escritor de graça quase elefantina e, naturalmente, de idéias passavelmente nebulosas. Mas tentando lançar um raio de sol nessa névoa toda, eu diria que o pensamento de Habermas ainda está profundamente dominado pela categoria da alienação. O conceito de alienação ainda é absolutamente central em Habermas. Ora, toda uma série de resultados no trabalho filosófico —de um lado— e no trabalho sociológico —de outro—, que eu aprecio muito na cena itelectual contemporânea, me levam à idéia de que o conceito de alienação precisa ser urgentemente revisto. Não é que não haja nada atrás do conceito de alienação, evidentemente.

Mas ou o conceito de alienação é passível de ser traduzido em termos empíricos bastante concretos e de fácil compreensão —a obra de Elster, para citar uma última vez o principal nome do marxismo analítico, é um exemplo notável desse tipo de tendência— ou o conceito de alienação é uma tradução profunda, é uma tradução secularizada de um mito religioso, que o marxismo, na sua dimensão de escatologia revolucionária, herdou de um velho leito místico, de um velho leito religioso ocidental. Evidentemente que o conceito de alienação nesse sentido místico é fascinante como tema de história das idéias e eu próprio me detive nele algumas vezes. Mas embora fascinante como tema de história das idéias, ele só é fascinante como qualquer grande veio do pensamento religioso —e se um pensamento religioso que exerceu muita influência é fascinante, não quer dizer que eu ache que aquilo é um instrumento de análise.

É fascinante para mim porque a cultura religiosa, especialmente a grande cultura religiosa que para mim pertence ao passado, e não ao presente da humanidade, é fascinante para o entendimento do que foi um sem número de aspectos da cultura humana no seu passado. Mas não como instrumento válido de análise. Como instrumento válido de análise, [illegible], o conceito de alienação nesse plano elevado —em que, segundo ele, se processa um verdadeiro drama para salvação e resgate da humanidade— me parece algo de muito bonito mas perfeitamente arbitrário, quando usado para a caracterização do homem em geral e do homem moderno em particular.

Eu noto que há um grande inconformismo em vários trabalhos filosóficos contemporâneos, especialmente de vinte anos para cá, em relação a isso. Há uma liquidação do conceito de alienação. Se você quer eu eu cito o caso de alguém exemplar nesse terreno —porque veio justamente do marxismo— que chegou a ser um brilhante representante do marxismo em seu país e sofreu uma evolução de abandono crítico do conceito de alienação: Lucio Coletti.

Folha - A fragmentação do conhecimento de que o sr. fala, a impossibilidade de globalização, seriam características do tal pós-moderno?

Merquior - Você aponta a possibilidade de um equívoco, basendo nessa aparente semelhança entre a idéia do pós-moderno e essas conclusões a respeito da morte do sistema e do esvaziamento do conceito de alienação. Durante muito tempo se nos quis vender uma certa tradição de filosofia, de corte alemão.

Quando nós fazemos um pouquinho de genealogia desta maneira de entender filosofia, que é muito mais sistêmica e totalizante do que analítica e fracionadora, nós deparamos com o quê? Nós deparamos com origens claramente teológicas.

Este tipo de pensamento alemão teve raízes claramente teológicas. Pensadores como Hegel são notórios casos desse impulso, desse ímpeto sistêmico e dessa visão totalista que tinha como ponto de partida quadros mentais, categorias, claramente herdadas de uma tradição teológica. Não estou negando, de maneira nenhuma, que haja interesse na contribuição poderosamente original que Hegel deu a determinados temas teológicos. O que eu estou tentando fazer notar é que há uma espécie de marca teológica de origem, há uma espécie de pecado original, para empregar justamente uma metáfora teológica, nesse tipo de pensamento, que faz com que ele esteja demasiado comprometido com uma ânsia de salvação e com um molde de pensamento onde a visão do todo é mais importante do que a filtragem crítica do conhecimento.

Há mais compromisso com a possibilidade de totalizar a visão e de atribuir a essa visão totalizante uma carga salvífica, uma carga de salvação, do que com a filtragem crítica, passo a passo do pensamento. Embora seja, a meu ver, ridículo colocar esse problema em termos de saber quem foi o maior, se um filósofo como Hegel ou se um filósofo como Hume que representaria, digamos assim, o conjunto de hábitos mentais exatamente opostos aos de Hegel. Esse tipo de debate é ridículo, porque a obra de Hegel é riquíssima —e eu estou cada vez mais convencido da profunda riqueza temática da sua obra— mas eu não posso negar que, como modelo de rigor cognitivo, Hume está mais perto do nosso espírito moderno do que essa visão totalista, repito, de origem empírico-teológica, do pensamento de Hegel.

O ensaísta e diplomata José Guilherme Merquior, autor de "O Marxismo Ocidental", em sua residência de embaixador do Brasil na Cidade do México

Todo mundo se preocupa, no Brasil, com Habermas e com outras tendências a meu ver infinitamente menos fecundas

Você não precisa ser marxista para se preocupar com justiça social e querer corrigir abusos, onde eles se manifestam

Entrevista realizada por André Singer, "O Marxismo Está Morto", publicada na *Folha de S. Paulo* em 30 de agosto de 1987.

FOLHA DE S. PAULO

Ilustrada

Quinta-feira, 17 de setembro de 1987 — A-29

O MARXISMO ESTÁ VIVO

ARTUR RIBEIRO NETO
Secretário-assistente da Redação

"O marxismo está muito vivo e continua sendo o interlocutor intelectual mais importante", afirma o sociólogo e economista Francisco de Oliveira, 54. A declaração é uma resposta ao ensaísta e embaixador brasileiro no México, José Guilherme Merquior, que havia declarado a morte do pensamento marxista em entrevista publicada pela **Folha** *no dia 30 de agosto. Respondendo ponto por ponto as considerações de Merquior sobre a falência e a decreptude do marxismo, Oliveira diz que é "rigorosamente mentira" que não existam economistas de relevo que trabalhem com o conceito de mais-valia [um sobre-valor que o trabalho produziria além de pagar o seu custo como mercadoria]. Afirma também que o autor de "O Marxismo Ocidental" "não entendeu direito o que quer dizer alienação" na teoria marxista, conceito que, a seu ver, descreve o mecanismo de movimento entre "forma aparente e forma essencial" da realidade.*

Na entrevista, realizada em sua sala no 2º andar do casarão que sedia o Centro Brasileiro de Análise e Planejamento (Cebrap), na Vila Mariana, o marxista Francisco de Oliveira, classificou o pensamento de Merquior como o de um diletante, que "escolhe os temas da moda para ganhar publicidade". "Isto é muito confortante", mas é também "sinal de impotência", acrescentou. Para o sociólogo e economista, o marxismo que Merquior considerou liquidado é "um fantasma que construiu para melhor atacá-lo". Francisco de Oliveira acredita que o marxismo hoje é um patrimônio universal, que "passou a prova da história".

O sociólogo e economista Francisco de Oliveira leva a mão à cabeça ao criticar José Guilherme Merquior, durante entrevista em sua sala no 2º andar do Cebrap

Folha - O ensaísta José Guilherme Merquior disse, em entrevista à Folha, que o marxismo morreu. Gostaria de saber qual é a sua opinião sobre esta análise.

Francisco de Oliveira - José Guilherme Merquior se inscreve numa longa lista de anunciantes da morte do marxismo. Não é o primeiro a falhar nem será o último, porque, a meu modo de ver, o marxismo está muito vivo e continua sendo o interlocutor intelectual mais importante. É engraçado ver que o marxismo imanta contra si todos os outros campos teóricos. É um combate que se dá no terreno das idéias, numa espécie de combate desigual: todos estão contra o marxismo tentando provar que ele não dá conta mais do mundo contemporâneo, anunciando a sua morte e as falhas de suas previsões. Mas, de alguma maneira, todas as grandes correntes de pensamento contemporâneas têm o marxismo como uma referência fundamental, para negá-lo na maioria dos casos. Ora, uma corrente de pensamento que tem esse estranho privilégio de imantar todos os outros campos teóricos contra si não pode ser considerada morta.

Folha - Merquior nessa mesma entrevista ataca os conceitos de alienação e mais-valia. Com relação à mais-valia ele diz que não há um único economista respeitável que hoje trabalhe com esta idéia. Como o sr., que é economista, se posiciona sobre isso?

Oliveira - Em primeiro lugar eu não sou um economista respeitável, não faço parte do rol daqueles que o Merquior considera respeitáveis, de modo que a mim isso pouco me atinge. Em segundo lugar, ele não nomeia quais são os economistas respeitáveis que não trabalham com a teoria da mais-valia. É evidente que fora do campo dos economistas marxistas ninguém trabalha com a teoria da mais-valia. E não há na mídia internacional acadêmica, que é uma mídia muito especial, nenhum relevo para economistas marxistas. Em terceiro lugar é rigorosamente mentira, posto que há economistas respeitáveis que trabalham com a teoria da mais-valia. Todos economistas da escola francesa regulacionista, como Michel Aglitta, declaram abertamente sua forte inspiração na teoria marxista. De modo que não é verdade. Há aí um problema de mídia, a mídia acadêmica é muito mais hermética do que qualquer outra e há, de outro lado, no mínimo, ignorância do Merquior quanto à teoria econômica.

Folha - Há autores de esquerda que põem em cheque a idéia de mais-valia. Alguns de origem marxista, como Cornelius Castoriadis, por exemplo. Para esses críticos, a mais-valia é algo completamente imensurável e, portanto, metafísico. Como é que o sr. vê a questão da medida da mais valia?

Oliveira - Essa exatamente é a questão mais crucial. E colocar esta questão consiste a modernidade do marxismo, ao invés da sua velhice ou a sua decreptude. Esta noção é uma noção extremamente moderna. A mais-valia em Marx e em marxistas sérios é um processo em que nunca está definido a priori. Você não pode nunca partir —mesmo tendo todos os dados à sua disposição— de uma produção "X", baseada em investimentos "Y", em consumo de força de trabalho "Z" e calcular uma quantidade mensurável de mais-valia. Isto porque a mais-valia se dá no processo. Pode o industrial ou empresário não vender sua produção. Pode haver uma greve pelo meio. Portanto, o processo da mais-valia é sujeito a pertubações que advém da própria relação do trabalho, da própria competição capitalista. O conceito de mais-valia coloca, do ponto-de-vista da pesquisa concreta, realmente, uma imensa dificuldade de mensuração. Agora, essa questão da medida tende muito a ser vista duma forma positivista. Eu queria que o Merquior ou qualquer outro economista —ele certamente não é economista— dissesse como é que ele mede o lucro, que é um conceito abundantemente utilizado na teoria econômica, por todas as escolas do pensamento, desde as marxistas até as não marxistas? Como é que eles medem o lucro, como é que eles medem o valor-utilidade, como é que eles medem o valor-marginal, que são teoremas clássicos da escola neoclássica, da escola marginalista. Como é que eles medem? Eles só medem isso pelo resultado. Só podem medir pelos resultados. E só podem medir por resultados que estão predeterminados pela forma em que as atividades econômicas se institucionalizam. A Fundação Getúlio Vargas faz a conta dos lucros das empresas na economia brasileira. Como é que ela faz? Ela faz consultando o balanço das empresas. Quer dizer, o lucro —a categoria central do capitalismo— é tão difícil de se mensurar quanto a mais-valia. Como não há nenhum sistema institucionalizado para medir a mais-valia, à dificuldade teórica de medir a mais-valia soma-se a sua dificuldade institucional. A Fundação Getúlio Vargas ou quem quer que apure as contas nacionais, chega ao lucro através de deduções institucionalizadas, deduções de conceitos que são institucionalizados. Ninguém pode saber teoricamente qual é o núcleo real de qualquer atividade capitalista.

Merquior não propôs nenhuma contribuição, é um diletante que escolhe os temas da moda para ganhar publicidade

Só um cego diria que o marxismo foi derrotado ao longo de sua existência como campo de idéias

A diversidade, a variedade, a riqueza tornam o marxismo mais invulnerável aos ataques do tipo feito por Merquior

Folha — Outro conceito que Merquior diz pertencer à pré-história da modernidade é a idéia da alienação. Ele diz que o conceito é fortemente inspirada pelo modelo teológico. E, de fato, é um conceito muito controverso, mesmo dentro do marxismo. Como o sr. pensa esse problema?

Oliveira — Eu não sou competente para discutir isso. A questão da alienação requer uma competência filosófica que eu não tenho. Acho que é bom o Merquior prestar atenção a um artigo que o José Arthur Giannotti está fazendo sobre o último livro dele, que deve sair na revista Novos Estudos, onde as questões propriamente filosóficas do Merquior são enfrentadas, a meu ver, de forma irrespondível. Mas é possível que o conceito de alienação tenha contaminações teológicas. É extramente difícil não ter havido nenhuma influência. Pedir isto seria esperar que as ciências nascessem em proveta. Na realidade, provêm de algum terreno social, sofrem contaminações, fecundações, influências muito amplas. Isso não invalida o que esses campos teóricos produziram. Na verdade, o que Merquior pede? Ele pede uma espécie de ciência pura, não contaminada pelas influências culturais presentes na época em que esses paradigmas científicos foram criados. Isso é um pedido completamente banal, um pedido quase inquisitorial. Merquior não tenta ver se o conceito de alienação, tanto no marxismo como em outros campos científicos, serve para descobrir novas pistas e enriquecer, portanto, a problemática posta em questão. Além disso, acho que o Merquior não entendeu direito o que quer dizer alienação no marxismo. Alienação no marxismo não quer dizer nunca máscara nem loucura. Alienação no marxismo quer dizer a forma aparente. E há uma profunda imbricação entre forma aparente e forma essencial. Alienação é um mecanismo de movimento dessas duas formas. Isto toma no marxismo um caráter muito especial. Por quê? Porque o marxismo é teleológico, o que, a meu ver, não o joga fora o campo científico. Há vários outros campos científicos que também o são. Eu diria até que, no fundo, todos os campos científicos são teleológicos. A psicanálise também é teleológica. Por quê? Porque no fundo busca fazer o indivíduo reencontrar-se. No marxismo, a alienação comparece com o seu peso devido porque ele trabalha no sentido da transformação. Agora, se você tomar um campo científico aparentemente não minado de preconceitos, aparentemente limpo de qualquer atitude preconcebida, aparentemente limpo de qualquer teologismo, você encontra a mesma questão. Você toma a teoria econômica convencional, que hoje é uma mistura de neoclássico, marginalista, keynesianismo, pós-keynesianos. Por quê eles procuram saber qual é o preço real das coisas? Por quê os economistas usam indicadores de preços para distinguir entre preços nominais e preços reais, entre preços constantes e preços correntes. Por quê? Porque acreditam que o fenômeno monetário encobre e ao mesmo tempo expressa certos fenômenos reais. A coisa mais inocente que você tome em qualquer revista de conjuntura contém em si essa tensão. Por quê não tomamos que os preços nominais e os assumimos como reais? Por quê toda discussão sobre a inflação? Porque há a convicção de que a inflação recobre o fenômeno real, impede o reconhecimento de fenômenos reais e é preciso, portanto, conhecer os fenômenos reais para não só fazer política econômica como para debelar a própria inflação. Há uma alienação dos preços reais em favor dos preços correntes, dos preços inflacionados. O que o marxismo faz é explicitar essas questões, que os outros campos não explicitam.

Folha — Duas coisas a respeito desse assunto: me parece que a diferença entre e o marxismo e a psicanálise é que esta não pressupõe um estágio de resolução da alienação. O inconsciente nunca se torna completamente consciente. É uma pergunta perpétua. No marxismo, há a idéia de que se chega a um momento na história em que a alienação é rompida.

Oliveira — Essa é uma diferença importante.

Folha — Para os críticos do marxismo, isso faz com que o caráter teleológico e metafísico do marxismo apareça com relevo, porque pressupõe a idéia de um fim da história. Como o sr. pensa esse problema? O sr. acha que idéia de que haverá um reencontro completo em um ponto na história permanece válida?

Oliveira — Eu não me inclino a considerar que a história tem um fio nem que haja nenhum reencontro em algum ponto da história. Desse ponto-de-vista, portanto, se essa for a interpretação do teleologismo no marxismo, eu me afasto dela. Mas é possível ver nos clássicos marxismo outra questão também que não é a do fim da história, mas é do começo da história. Isso também está muito presente. Nos textos políticos de Marx, por exemplo, o regime político que aparece depois do socialismo chama-se democracia. Não é o fim, é um novo começo. O que o marxismo tem, aparentemente desse teleologismo fatal, desse teleologismo vulgar que põe o fim da história, é que ele é o único sistema que declarou de forma explícita que o capitalismo é um modo finito de produção. E essa coisa que coloca em xeque e causa desconforto. Isto é tudo que tem de teleologismo fatal no marxismo. Dizer que este é um modo de produção finito e que ele vai acabar.

Folha — Merquior, ainda na entrevista à Folha, diz que a única saída teórica do marxismo é o que ele chama de marxismo analítico. Cita dois autores John Elster e Jerry Cohen como típicos do que seria uma saída para a sobrevida do marxismo, embora diga também que eles acabam levando para fora do marxismo. Como o sr. encara esse problema?

Oliveira — Eu acho que aí há um problema. Merquior, no fundo, pede ao marxismo que se mantenha sectário, fatalista e, por um truque que não está explicitado na entrevista, tornar-se assim mais vulnerável aos ataques de gente do tipo Merquior. O que acontece com o marxismo é o que aconteceu com todas as grandes correntes de pensamento. Ele tornou-se universal. Dizer, como o Merquior diz, que não há um marxismo mas marxismos não é sinal de decadência, é sinal de riqueza. Como nós não podemos dizer hoje que há um liberalismo. Há vários. Nós não podemos dizer que há uma psicanalise, há várias. Isso é um enriquecimento da psicanálise e não uma degenerescência. No marxismo se operou a mesma coisa. O marxismo tornou-se uma referência universal, incorporou-se ao modo de conceber o mundo e, portanto, ele dá lugar hoje a desdobramentos, a explorações de variado teor, que tomam da matriz principal do marxismo e levam a conclusões que podem perfeitamente ser pós-marxistas. Pedir rigor e pedir fidelidade a si mesmo é um truque para tornar o atacado mais vulnerável. O que Merquior percebe, na verdade, é que o objeto de ataque não é tão vulnerável —na entrevista ele faz o reconhecimento explícito do marxismo analítico, dos gramscianos e dos neogramscianos [*adeptos de Antonio Gramsci, teórico marxista italiano*]. E isto dificulta a tarefa dos merquiores da vida. Seria a a mesma coisa que algum cretino quisesse agora tomar os clássicos do liberalismo inglês e procurasse ver nos liberais contemporâneos a repercussão dos clássicos do liberalismo neles. Seria um procedimento tão cretino que revela aquela manobra que os intelectuais estão muito acostumados a fazer que é construir o fantasma para poder atacá-lo. O que ele percebe, e diz na entrevista, é que o marxismo tornou-se tão rico, tão diverso, fecundou tantas correntes de pensamento, que não é mais uno. Nunca foi, na verdade. Ora, ele percebe exatamente que essa variedade, essa diversidade, essa riqueza, tornam o marxismo mais invulnerável aos ataques do tipo Merquior. E isso certamente angustia o intelectual do tipo Merquior que vive de construir fantasmas para combatê-los sob as luzes dos holofotes da mídia. Qualquer pessoa séria olharia isso com outros olhos. Só um cego diria que o marxismo foi derrotado ao longo da sua existência enquanto campo de idéias. Poucas teorias sociais se converteram em ideologia. É muito frequente dizer que toda vez que um campo teórico se converte em ideologia se empobrece. Eu acho que é o contrário. Toda vez que um campo teórico se converte em ideologia significa que passou a prova da história. Quer dizer, se converteu, realmente, num forte instrumento de construção do mundo cotidiano. São poucas as construções teóricas que resistiram a essa prova. O marxismo é uma delas. Transformou-se num instrumento de luta, de compreensão do mundo e de ideologia de classes e isso é parte da construção do mundo contemporâneo.

Ilustrada
O MARXISMO ESTÁ MORTO

Fac-símile da entrevista de Merquior

Folha — José Arthur Giannotti define o trabalho do Merquior como o trabalho de um polemista. O sr., nessa crítica que fez agora, disse que o procedimento utilizado por ele é um procedimento cretino. Como o sr. define Merquior?

Oliveira — Eu confesso que nunca li muita coisa do Merquior. E, certamente, na réplica ele dirá que nunca leu nada meu, o que é perfeitamente natural. Não tenho nenhuma grande tiragem de livro, embora de um lado grandes tiragens de livros pudessem me conduzir a uma situação financeira diferente. Mas só quem vive de direitos autorais no Brasil é Jorge Amado. Portanto, o sr. Merquior pode dizer solenemente, como ele dirá, que me desconhece, que eu sou um joão ninguém. E eu aceito. As únicas coisas que eu li dele foram "O Marxismo Ocidental", recentemente, e essa entrevista à **Folha** e a conhecida polêmica com a Marilena Chauí [*Merquior acusou Marilena Chauí de plagiar o filósofo francês Claude Lefort*], que foi muito badalada na época. O que me parece é que ele é um tipo que faz um trabalho intelectual diletante —diletante não tem o sentido de opor-se ao do intelectual engajado, velha imagem que se tem, sobretudo, daqueles que se reconhecem dentro do campo do marxismo. E eu o acho diletante porque escolhe os temas da moda para ganhar publicidade. Quer dizer, não há na produção do sr. Merquior, até onde eu conheça, nenhuma contribuição, nenhum avanço. Ele não propôs nada, já que é tão competente no terreno filosófico, não propôs nenhuma contribuição a qualquer sistema filosófico. E é muito confortante para tipos como ele ficarem atirando com metralhadora giratória e confortarem-se na posição de que a pós-modernidade recusa qualquer teoria totalizadora ou qualquer teoria globalizadora. Isso é muito confortante. Mas isso é também, dizendo da forma mais direta, sinal de impotência.

Folha — Merquior critica o que ele chama de marxismo ocidental dizendo que é dominado pelo irracionalismo. Como o sr. enxerga essa questão?

Oliveira — Eu não vou responder essa questão, porque acho que o artigo do Giannotti dá conta disso. Há autores muito bem sucedidos na mídia, que estão aí liderando vendas de livros, há semanas, como Marshall Berman, que busca a inspiração do seu modernismo precisamente no marxismo. Talvez se pudesse dizer como paródia que, se "tudo o que é sólido desmancha no ar" [título do livro de Berman], a obra do Merquior é o seu oposto: tudo que é leve se espatifa como tijolo.

Entrevista com Francisco de Oliveira, realizada por Artur Ribeiro Neto, "O Marxismo Está Vivo", publicada na *Folha de S.Paulo* em 17 de setembro de 1987.

RETÓRICA EX CATHEDRA

RESPOSTA A JOSÉ ARTHUR GIANNOTTI

José Guilherme Merquior

Ao reagir ao comentário crítico feito por José Arthur Giannotti de meu livro *O Marxismo Ocidental*, no rico número 18 de Novos Estudos CEBRAP (setembro de 1987), faço questão de render homenagem ao tom e espírito com que o autor vaza sua crítica. Conforme assinala o próprio Giannotti, pensador paulista cujo esforço de reflexão sempre respeitei, "uma imprensa urubu tem-se alimentado da carniça dum confronto de baixo nível que oculta o embate de idéias com golpes visando destruir a legitimidade e a integridade do adversário" (p. 15). Como vítima frequente desses golpes, não posso deixar de agradecer ao professor Giannotti o alto nível de sua recensão. Ao contrário de outros críticos de *O Marxismo Ocidental*, ele procura contrapor argumento a argumento, e ainda acha jeito de ser elegante com a pessoa do autor criticado. Que diferença de outro cebrapiano, Francisco de Oliveira, o qual, em entrevista a *Folha de S. Paulo*, confessa não entender de filosofia nem conhecer minha obra e, no entanto, se permite julgá-la com expressões pouco amáveis, que não chegam a compensar sua notória indigência teórica.

Os comentários de Giannotti distribuem-se em três planos. No primeiro, o professor contesta certas leituras minhas, alguns pontos da história da filosofia que, segundo ele, eu teria interpretado erroneamente. Num segundo plano, descreve — e julga — sinteticamente a natureza de meu projeto analítico no livro mencionado. Finalmente, num terceiro plano, caracteriza meu ensaísmo filosófico, atribuindo-lhe determinada posição entre os "gêneros" hoje praticados pela produção filosofante entre nós. Assim, enquanto, para Giannotti, Sergio Paulo Rouanet seria essencialmente

7

"Retórica *Ex Cathedra*. Resposta a José Arthur Giannotti", publicada na revista *Novos Estudos* em dezembro de 1987.

um "pedagogo" escrevendo filosofia, eu seria antes um "sofista" ("Merquior é um mestre indiscutível da retórica").

Mas vamos ao primeiro plano. Gostaria de destacar apenas três pontos, um sobre Habermas e dois sobre Hegel. Juntos, eles cobrem noventa por cento das objeções técnicas de Giannotti.

O ponto habermasiano é o mais árduo. Em síntese, Giannotti me acusa de acolher o que considera um "engano elementar" de W.G. Runciman. A questão se refere à famosa descrição por Habermas dos mecanismos envolvidos na "ação comunicativa", por oposição ao fazer técnico.

O professor Runciman, conhecido especialista na epistemologia das ciências humanas, censurou Habermas por considerar que os padrões de racionalidade implicados em cada diálogo animado por uma intenção de veracidade (sobre qualquer assunto) possuem um valor impositivo no mesmo grau que os procedimentos lógicos habitualmente empregados pela ciência. E Habermas compara essas pretensões à validez no discurso com o juízo estético, juízo de vocação universal segundo Kant.

Por que Giannotti acha a objeção de Runciman um "engano elementar"? Porque, explica ele, Runciman (e eu com ele) teria esquecido que Kant, logo no limiar da *Crítica do Juízo*, distingue muito claramente entre os juízos determinantes, próprios da lógica e da ciência lógico-empírica, e os juízos reflexionantes, cuja pretensão à universalidade é válida, porém não se confunde com o tipo de universalidade alcançada pelo entendimento no caso dos juízos lógico-científicos.

Receio, porém, que Giannotti tenha confundido as coisas. Nem eu nem Runciman perdemos de vista essa distinção, sem dúvida essencial, entre os dois tipos de juízo universalizante, traçada por Kant e, como lembra corretamente Giannotti, sublinhada pela pragmática de Habermas. O problema levantado por Runciman se refere tão-somente ao *grau* de obrigatoriedade para o espírito de ambos os tipos de juízo. No próprio Kant, é evidente que a validez universal dos juízos lógicos é irresistivelmente clara e imediata, ao passo que a pretensão à universalidade dos juízos estéticos positivamente não exibe tais atributos.

Noutras palavras: Runciman absolutamente *não* diz que o modo dos dois tipos de juízo é o mesmo e sim que Habermas tende a tratar as pretensões a uma validez ideal embutidas em todo diálogo veraz como se elas fossem, para nosso espírito, *tão* imediatamente impositivas quanto os passos do raciocínio lógico; e mais, que Habermas apresenta essa tese como um postulado que não se dá ao trabalho de demonstrar. A crítica me parece justíssima, e o lembrete kantiano de Giannotti em nada a abala.

Passemos agora aos pontos hegelianos. Numa primeira objeção a meu tratamento de Hegel, Giannotti critica um parágrafo (*O Marxismo Ocidental*, edição brasileira, pp. 26-27) em que relaciono a diferença entre o idealismo objetivo de Hegel e o idealismo subjetivo de Fichte com a força do elemento *tético* (de *thesein*, pôr, colocar).

Aqui, por uma questão de honestidade, começo por dar bastante razão a Giannotti. De fato, essas linhas de meu livro sobre a presença do tema tético em Fichte e Hegel ficaram demasiado comprimidas, mesmo no seu original inglês. Como estão, sugerem, a uma leitura rápida, que a ênfase no elemento tético pertence em exclusividade a Hegel. Melhor desenvolvidas, essas linhas deveriam ter mostrado que o tema tético, conforme recorda Giannotti, vem de Fichte, por sinal introdutor, na sua *Doutrina da Ciência*, da expressão "juízo tético".

Concedo, portanto, o defeito de formulação e agradeço a Giannotti seu reparo, que me ajudará a corrigi-lo numa outra edição. No fundo, porém, o importante é que persiste uma notável diferença entre as respectivas direções do tético em Fichte e em Hegel. Em Fichte, o acento é todo no pólo subjetivo da posição do sujeito. Daí o próprio juízo tético ser aquele que, desprovido de predicado, traz um conceito de sujeito irrelacionado com qualquer outro conceito.

Já em Hegel, sabidamente, o foco recai no mundo das objetivações do Espírito. Donde a diferença, sublinhada logo no começo do parágrafo indigitado, entre o reino da reflexão (o paraíso fichtiano da consciência, como ego transcendental) e a tendência muito mais objetiva (embora não objetivista) do pensamento de Hegel. Tendência essa que, na sua fase formativa, aproximou a filosofia de Hegel do idealismo de Schelling, levando-a precisamente a contrapor este último ao idealismo subjetivo de Fichte.

Outra objeção de Giannotti versa sobre a contradição em Hegel. Ele objeta a uma afirmação em *O Marxismo Ocidental* (p. 36) segundo a qual "a contradição hegeliana, como a mediação hegeliana, é um produto nativo da história". Neste ponto, entretanto, posso alinhar uma dupla defesa. Para começar, meu texto original não diz bem isso e sim que a contradição, em Hegel, é um habitante da história ("a denizen of history", *Western Marxism*, Londres, 1986, p. 20). Infelizmente, a tradução de *O Marxismo Ocidental* está longe de ser perfeita.

Dessa forma, a alegação de Giannotti, de que a contradição em Hegel não "provém da história", por operar num nível categorial anterior a qualquer história, passa longe do alvo. Sem absolutamente negar esse nível categorial, o que quis e, creio, consegui salientar foi que muito daquilo que se pode arguir contra a contradição na dialética hegeliana em bases puramente lógicas não afeta a potência heurística da contradição hegeliana quando encarada como figura histórica, ou série de figuras históricas. Na práxis discursiva, conceitual-descritiva de obras como a *Fenomenologia do Espírito*, quem negaria que a contradição, quaisquer que sejam seus suportes categoriais, tem de fato seu *habitat* na história?

Respondidas as censuras técnicas de Giannotti, examino brevemente o segundo plano da sua crítica, isto é, aquele em que descreve e condena o projeto analítico de *O Marxismo Ocidental*. Giannotti se aferra a minha afirmação, na última página do livro, de que "como qualquer outro *corpus* de idéias, o marxismo ocidental tem direito de ser analisado em si mes-

mo", ou seja, sem que se conduza sua análise em termos de sociologia do conhecimento.

Para Giannotti, essa posição metodológica equivale a uma "recusa" (sic), de minha parte, de qualquer sociologia do conhecimento ou da própria noção marxista de ideologia, "que permitiria a Merquior traçar o panorama das ilusões de interpretações por que a obra de Marx tem passado".

Entretanto, nada mais arbitrário do que essa imputação. O que o fecho do livro deixa claro é precisamente a legitimidade de uma abordagem sociológica do marxismo ocidental, que explique sua gênese e sua implantação acadêmica. Por isso é que o livro termina relacionando o prestígio do marxismo ocidental com certa demografia intelectual, aquela desfrutada pelo radicalismo da *intelligentsia* na universidade humanística de nossos dias.

Apenas, faço questão de vincar a diferença essencial entre as duas abordagens. Uma examina independentemente o bem ou mal fundado das teses dos marxistas ocidentais. Outra vê no marxismo ocidental e seu destino acadêmico o efeito de determinadas causas sociais. Confundir as duas perspectivas constitui clamoroso aviltamento da análise filosófica. Mas não querer confundi-las *não* significa, de modo algum, que se recuse a segunda. Afinal de contas, de nós dois, Giannotti e eu, o único sociólogo, que se saiba, sou eu — e sociólogo justamente chegado à sociologia do conhecimento e à teoria da ideologia (cf. J.G. Merquior, *The Veil and the Mask: Essays on Culture and Ideology*, Londres, 1979).

Ao caracterizar, não só o *O Marxismo Ocidental*, mas todo o meu ensaísmo filosófico, Giannotti me brinda com a mimosa qualificação de sofista e retórico. Meu papel, nas letras filosóficas nacionais, consistiria em praticar com garbo o espúrio esporte da polêmica retórica.

Giannotti tem todo o direito de pensar assim. De minha parte, e usando igual direito, considero sua engenhosa classificação de gêneros filosóficos verde-amarelos, na qual, acima do sofista Merquior e do pedagogo Rouanet, se situa, simpática mas olimpicamente, o trabalho sisudamente acadêmico do próprio Giannotti e seus pares no magistério, apenas mais uma peça de auto-advocacia universitária. Um argumento, enfim, ostensivamente retórico, baseado no sofisma segundo o qual a origem dos textos filosofantes — ou, o que é pior, a intenção que o crítico arbitrariamente lhes atribui — é o elemento determinante do seu grau de rigor e seriedade.

Cruamente posto, o problema se resumiria numa simples contraposição entre a retórica do ensaísmo e a retórica da filosofia acadêmica, que nem por isso garante, *ipso facto*, padrões de argumentação ou até mesmo de leitura mais estritos que o da produção filosófica extramuros. O próprio Giannotti não deixa, implicitamente, de reconhecê-lo, quando critica a retórica de Marilena Chaui, em seu prefácio ao livro de Rubens Rodrigues Torres Filho; pois se Marilena, fina e brilhante flor da filosofia universitária, pode cair na retórica, por que não admitir que, em compensação, o pobre ensaísta extra-universitário suba acima da retórica?

Giannotti bem o sabe; mas, prisioneiro da própria retórica, evita tematizar essa possibilidade em sua sofística dos gêneros. Tudo bem. Só não vou é deixá-lo escapar com a alegre impressão de que o decreto de quem é retórico, ou sofístico, lhe pertence por direito de cátedra. Até porque, na sua preocupação com exorcizar a validez analítica do discurso filosófico alheio, meu caro professor negligencia um dever de velho marxista: o de avaliar as interpretações principais que apresento do marxismo ocidental.

Lendo seu comentário, o leitor nem desconfia que discuto várias caracterizações e juízos de Lukács e sua evolução; ou do papel de Gramsci; ou da natureza do pensamento de Benjamin; ou do valor, menor ou maior, do que chamei de "horizonte pós-marxista" nas correntes radicais contemporâneas; ou ainda, do que descrevo como a luta entre o espírito de Hegel e o espírito de Nietzsche (ou entre filosofia da história e crítica da cultura) no pensamento da atualidade.

Todas essas, e várias outras, são questões que os leitores e admiradores de José Arthur Giannotti, entre os quais me incluo, têm o direito de pedir que ele enfrente — sem tentar desqualificar previamente (ainda que com grande sutileza) o texto que as suscita, a pretexto de imunização da filosofia universitária frente ao ensaísmo "polêmico". Espero sinceramente que nosso debate possa prosseguir, nesse âmbito e nível mais substantivo.

José Guilherme Merquior é ensaísta, autor de vários livros de interpretação literária, política e filosófica, e embaixador do Brasil no México.

Novos Estudos
CEBRAP
Nº 19, dezembro 87
pp. 7-11

MARCOS DO MARXISMO OCIDENTAL

1923	Lukács: *História e Consciência de Classe*
	Korsch: *Marxismo e Filosofia*
1928	Benjamin: *Rua de Mão Única*
1947	Horkheimer e Adorno: *Dialética do Esclarecimento*
1948-1951	Gramsci: *Cadernos do Cárcere* (póstumo)
1949	Adorno: *Filosofia da Música Moderna*
1954	Bloch: *O Princípio Esperança*
1955	Merleau-Ponty: *Aventuras da Dialética*
	Marcuse: *Eros e Civilização*
1959	Goldmann: *Pesquisas Dialéticas*
1960	Sartre: *Crítica da Razão Dialética*
1963	Kosík: *Dialética do Concreto*
1964	Marcuse: *O Homem Unidimensional (Ideologia da Sociedade Industrial)*
1965	Lefebvre: *Metafilosofia*
	Althusser: *A Favor de Marx*
	Althusser et al.: *Ler O Capital*
1966	Adorno: *Dialética Negativa*
1968	Habermas: *Conhecimento e Interesse*
1969	Colletti: *Marxismo e Hegel*
1970	Adorno: *Teoria Estética*
1973	Habermas: *A Crise de Legitimação no Capitalismo Tardio*
1982	Benjamin: *As Arcadas de Paris* (póstumo)
	Habermas: *Teoria da Ação Comunicativa*

BIBLIOGRAFIA

ABERCROMBIE, Nicholas; HILL, Stephen; TURNER, Bryan S. *The Dominant Ideology Thesis*. London: Allen and Unwin, 1930.

ADAMSON, Walter L. *Hegemony and Revolution*. Berkeley: University of California Press, 1980.

ADORNO, Theodor W. *Kierkegaard: Konstruktion des Ästhetischen*. Tübingen: Mohr, 1933.

______. *Mahler: Eine Musikalische Physiognomik*. Frankfurt: Suhrkamp, 1960.

______. *Prisms*. London: Spearman, 1967. Trad. Samuel e Shierry Weber, de *Prismen: Kulturkritik und Gesellschaft*. Frankfurt: Suhrkamp, 1965.

______. *Aesthetic Theorie*. Eds. Gretel Adorno e Rolf Tiedemann. Frankfurt: Suhrkamp, 1970.

______. *Gesammelte Werke*. Ed. Rolf Tiedemann. Frankfurt: Suhrkamp, 1970, 23 v.

______. *Philosophy of Modern Music*. New York e London: Seabury, 1973. Trad. Anne G. Mitchell e Wesley V. Blomster, de *Philosophie der Neuen Musik*. Tübingen: Mohr, 1949.

______. *The Jargon of Authenticity*. London: Routledge; Evanston: Northwestern University Press, 1973. Trad. Kaut Tarnowksi e Frederick Will, de *Jargon der Eigentlichkeit: Zur Deutschen Ideologie*. Frankfurt: Suhrkamp, 1965.

______. *Negative Dialectics*. New York: Seabury; London: Routledge, 1973. Trad. E. B. Ashton, de *Negative Dialektik*. Frankfurt: Suhrkamp, 1966.

______. *Minima Moralia: Reflections from Damaged Life*. London: New Left Books, 1974. Trad. Edmund E. N. Jephcott, de *Minima Moralia: Reflektionen aus den Beschädigten Leben*. Frankfurt: Suhrkamp, 1951.

______. *Against Epistemology*. Oxford: Blackwell, 1980. Trad. Willis Domingo, de *Zur Metakritik der Erkenntnistheorie: Studien über Husserl und die Phänomenologischen Antinomien*. Stuttgart: Kohlhammer, 1956.

______. *In Search of Wagner*. London: New Left Books; New York: Schocken, 1981. Trad. Edmund F. N. Jephcott, de *Versuch über Wagner*. Frankfurt: Suhrkamp, 1952.

Albertelli, Gianfranco. *Interpretazioni di Gramsci* (1957-1975): *La Problematica del Marxismo*. Trento: Gruppo di lavoro "Fenomeni Politici", 1976.

Althusser, Louis. *For Marx*. London: Allen Lane; New York: Pantheon, 1969. Trad. Ben Brewster, de *Pour Marx*. Paris: Maspero, 1965.

______. *Reading Capital*. London: New Left Books, 1970. Trad. Ben Brewster, de *Lire le Capital*, com E. Balibar et al. Paris: Maspero, 1965, 2 v.

______. *Lenin and History and Other Essays*. London: New Left Books, 1971. Trad. Ben Brewster, de *Lénine et la Philosophie*. Paris: Maspero, 1969.

______. *Politics and History: Montesquieu, Rousseau, Hegel and Marx*. London: New Left Books, 1972.

______. *Philosophie et Philosophie Spontanée des Savants*. Paris: Maspero. 1974.

______. *Essays in Self-Criticism*. London: New Left Books; Atlantic Highlands: Humanities Press, 1976.

Anderson, Perry. *Considerations on Western Marxism*. London: New Left Books, 1976.

______. *In the Tracks of Historical Materialism*. London: Verso Editions, 1983.

Arato, Andrew e Breines, Paul. *The Young Lukács and the Origins of Western Marxism*. London: Pluto Press, 1979.

Arato, Andrew e Gebhardt, Eike. *Essential Frankfurt School Reader*. Oxford: Blackwell, 1978.

Aron, Raymond. *Marxism and the Existentialists*. New York: Harper, 1969. Trad. Helen Weaver Addis e John Weightman de parte de *D'une Saint Familie à L'Autre: Essai sur les Marxismes Imaginaires*. Paris: Gallimard, 1969.

______. *History and Dialectic of Violence: an Analysis of Sartre's Critique de la Raison Dialectique*. New York: Praeger; Oxford: Blackwell, 1975. Trad. da ed. francesa por Barry Cooper, 1973.

Aronson, Ronald. *Jean-Paul Sartre: Philosophy in the World*. London: New Left Books, 1980.

Avineri, Shlomo. *The Social and Politic Thought of Karl Marx*. Cambridge: Cambridge University Press, 1968.

______. *Hegel's Theory of the Modern State*. Cambridge: Cambridge University Press, 1972.

_____. *Varieties of Marxism*. Den Haag: Martinus Nijhoff, 1977.

AXELOS, Kostas. *Marx, Penseur de la Technique*. Paris: Minuit, 1961.

BADALONI, Nicola. *Il Marxismo di Gramsci*. Torino: Einaudi, 1975.

BAHRO, Rudolf. *The Alternativ in Eastern Europe*. London: New Left Books, 1978. Trad. de *Die Alternative*. Frankfurt: Europäisch Verlagsanstalt, 1977.

BALL, T. e FARR, J. *After Marx*. Cambridge: Cambridge University Press, 1984.

BEKERMAN, Gérard. *Vocabulaire du Marxisme*. Paris: Presses Universitaires de France, 1981.

BENJAMIN, Walter. *Der Begriff der Kunstkritik in der deutschen Romantik*. Berna: Francke, 1920.

_____. *Gesammelte Schriften*. Eds. Hermann Scheweppenhäuser e Rolf Tiedemann. Frankfurt: Suhrkamp, 1972.

_____. *Illuminations*. Ed. e apr. Hannah Arendt; trad. Harry Zohn. London: Fontana, 1973.

_____. *Charles Baudelaire: A Poet in the Era of High Capitalism*. London: New Left Books, 1973. Trad. Harry Zohn, de *Charles Baudelaire: ein Lyriker im Zeitalter des Hochkapitalismus*. Ed. Rolf Tiedemann. Frankfurt: Suhrkamp, 1969.

_____. *Understanding Brecht*. Intr. Stanley Mitchell; trad. Anne Bostock. London: New Left Books, 1973.

_____. *The Origin of German Tragic Drama*. London: New Left Books, 1977. Trad. John Osborne, de *Ursprung des Deutschen Trauerspiels*. Berlin: Rowohlt, 1928.

_____. *Reflections: Essays, Aphorisms, Autobiographical Writings*. Ed. e apres. Peter Demetz; trad. Edmund Jephcott e Kingsley Shorter. New York: Harcourt Brace, 1979.

_____. *One-way Street and Other Writings*. Intr. Susan Sontag. London: New Left Books, 1979. Trad. Edmund Jephcott e Kingsley Shorter, de *Einbahstrasse* [aforismos]. Berlin: Rowohlt, 1928.

_____. *Das Passagenwerk* (*Gesammelte Schriften*, V, 2 v.). Ed. Rolf Tiedemann. Frankfurt: Suhrkamp, 1982.

BERNSTEIN, Richard. *The Reconstructuring of Social and Political Thought*. Oxford: Blackwell, 1976.

BLOCH, Ernst. *Geist der Utopie*. München: Duncker und Humboldt, 1918.

______. *Subjekt-Objekt: Erläuterungen zu Hegel*. Berlin: Aufbau, 1951.

______. *Das Prinzip Hoffnung*. Berlin: Aufbau, 1954-1959, 3 v. Seleções sob o título: *On Karl Marx Marx*, New York, Herder, 1970.

______. *A Philosophie of the Future*. New York: Herder, 1970. Trad. John Cumming, de *Tübinger Einleitung in die Philosophie*, vol. I. Frankfurt: Suhrkamp, 1963-1964.

______. *Man on His Own: Essays in the Philosophy of Religion*. New York: Herder, 1970. Trad. E. B. Ashton, de *Religion im Erbe*. Frankfurt: Suhrkamp, 1961.

______. *Experimentum Mundi*. Frankfurt: Suhrkamp, 1974.

Bobbio, Norberto. *Studi Hegeliani*. Torino: Einaudi, 1981.

Boggs, Carl. *Gramsci's Marxism*. London: Pluto Press, 1976.

Böhm-Bawerk, Eugen von. *Karl Marx and the Close of His System*. Ed. Paul M. Sweezy. London: Merlin Press, 1975.

______. *The Exploitation Theory of Socialism-Communism*. South Holland: Libertarian Press, 1975.

Borkenau, Franz. *The Communist International*. London: Faber and Faber, 1938. Reimpresso como *World Communism: A History of Communism International*. Ann Arbor: University of Michigan Press, 1962.

Bottomore, T. B. et al. *A Dictionary of Marxist Thought*. Oxford: Blackwell, 1983.

Bottomore, T. B. e Good, P. *Austro-Marxism*. Oxford: Clarendon Press, 1978.

Boudon, Raymond. *Unintended Consequences of Social Action*. London: Macmillan, 1982.

Braverman, Harry. *Labor and Monopoly Capital: The Degradation of Work in the Twentieth Century*. New York: Monthly Review Press, 1974.

Brazil, William J. *The Young Hegellians*. New Haven: Yale University Press, 1970.

Breines, Paul. *Critical Interruptions: New Left Perspectives on Hebert Marcuse*. New York: Herder, 1972.

Buci-Glucksmann, Christine. *Grasmci et l'État: Pour une Théorie Matérialiste de la Philosophie*. Paris: Fayard, 1975.

Buck-Morss, Susan. *The Origin of Negative Dialectics: Theodor W. Adorno, Walter Benjamin and the Frankfurt School*. Hassocks: Harvester, 1977.

BUKHARIN, Nikolai. *Historical Materialism: A System of Sociology*. Ann Arbor: University of Michigan Press, 1969.

CALLINICOS, Alex. *Is There a Future for Marxism?* London: Macmillan, 1976.

______. *Althusser's Marxism*. London: Pluto Press, 1982.

CARVER, Terrell. *Marx's Social Theory*. Oxford: Oxford University Press, 1982.

CASSANO, Franco. *Marxismo e Filosofia in Italia*. Bari: De Donato, 1973.

CASTORIADIS, Cornelius (sob o pseudônimo de P. Cardan). *Modern Capitalism and Revolution*. London: Solidarity, s. d.

______. *L'Institution Imaginaire de la Société*. Paris: Seuil, 1975.

CHIODI, Pietro. *Sartre and Marxism*. Trad. Kate Soper. Hassocks: Harvester, 1976. Ed. italiana Milano: Feltrinelli, 1965.

COHEN, G. A. *Karl Marx's Theory of History: A Defense*. Oxford: Clarendon Press, 1978.

COHEN, Jean L. *Class and Civil Society*. Oxford: Martin Robertson, 1983.

COLLETTI, Lucio. *From Rousseau to Lenin – Studies in Theory and Society*. London: New Left Books, 1972. Trad. John Merrington e Judith White, de *Ideologia e Società*. Bari: Laterza, 1969.

______. *Marxism and Hegel*. London: New Left Books, 1973. Trad. Lawrence Garner, de *Il Marxismo e Hegel*. Bari: Laterza, 1969.

______. *Tra Marxismo e No*. Bari: Laterza, 1979.

______. *Tramonto dell'Ideologia*. Bari: Laterza, 1981.

COLLINI, Stefan; WINCH, Donald; BURROW, John. *That Noble Science of Politics: A Study in Nineteenth-Century Intellectual History*. Cambridge: Cambridge University Press, 1983.

CONGDON, Lee. *The Young Lukács*. Chapel Hill: University of North Carolina Press, 1983.

CONNERTON, Paul. *Critical Sociology*. Harmondsworth: Penguin. 1976.

COOPER, Barry. *The End of History: An Essay on Modern Hegelianism*. Toronto: University of Toronto Press, 1984.

COUTINHO, Carlos Nelson. *Gramsci*. Porto Alegre: L&PM, 1981.

CRESPIGNY, Antoine de e MINOGUE, Kenneth. *Contemporary Political Philosophies*. London: Methuen, 1975.

CUTLER, A. et al. *Marx's 'Capital' and Capitalism Today*. London: Routledge and Kegan Paul, 1977.

DALLMAYR, Winfried R. *Materialien zu Habermas' "Erkenntnis und Interesse"*. Frankfurt: Suhrkamp, 1971.

DANTO, Arthur C. *Sartre*. London: Fontana, 1975.

DEBRAY, Régis. *Revolution in the Revolution?* New York: Monthly Review Press, 1967. Trad. Bobbye Ortiz, da ed. francesa, Paris, 1967.

DESAI, Meghnad. *Marxian Economics*. Oxford: Blackwell, 1979.

D'HONDT, Jacques. *La Logique de Marx*. Paris: Presses Universitaires de France, 1974.

______. *De Hegel à Marx*. Paris: Presses Universitaires de France, 1982.

ELSTER, Jon. *Making Sense of Marx*. Cambridge: Cambridge University Press, 1985.

ENGELS, Friedrich. *Anti-Dühring (Herr Eugen Dühring's Revolution in Science)*. London: Lawrence & Wishart, 1942. Trad. E. Burns, da ed. alemã, Leipzig, 1878.

FAKENHEIM, Emil. *The Religious Dimension in Hegel's Thought*. Chicago: Chicago University Press, 1967.

FEMIA, Joseph V. *Gramsci's Political Thought*. Oxford: Oxford University Press, 1981.

FETSCHER, Iring. *Marx and Marxism*. New York: Herder, 1971. Trad. John Hargreaves, de *Karl Marx und der Marxismus*. München: Piper, 1967.

FLEISCHER, Helmut. *Marxism and History*. New York, Harper, 1973. Trad. Eric Mosbacher, da ed. alemã. Frankfurt: Suhrkamp, 1969.

FLEISCHMANN, Eugène. *La Philosophie Politique de Hegel*. Paris: Plon, 1969.

FLYNN, Thomas R. *Sartre and Marxist Existentialism*. Chicago: University of Chicago Press, 1984.

FOUCAULT, Michel. *Power – Knowledge: Selected Interviews and Other Writings*, 1972-1977. Ed. Collin Gordon et al. Brighton: Harvester, 1980.

FRASER, John. *An Introduction to the Thought of Galvano della Volpe*. London: Lawrence & Wishart, 1977.

FRIEDMAN, George. *The Political Philosophy of the Frankfurt School*. London: Cornell University Press, 1981.

GADAMER, Hans-Georg. *Hegel's Dialectic*. Trad. P. Christopher Smith. New Haven: Yale University Press, 1976.

GELLNER, Ernest. *Spectacles and Predicaments: Essays in Social Theory*. Cambridge: Cambridge University Press, 1979.

GEUSS, Raymond. *The Idea of Critical Theory – Habermas and Frankfurt School*. Cambridge: Cambridge University Press, 1981.

GIDDENS, Anthony. *Studies in Social and Political Theory*. London: Hutchinson, 1977.

______. *A Contemporary Critique of Historical Materialism*. Cambridge: Cambridge University Press, 1982.

GILLESPIE, Michel Allen. *Hegel, Heidegger and the Ground of History*. Chicago: University of Chicago Press, 1984.

GOLDMANN, Lucien. *Recherches Dialectiques*. Paris: Gallimard, 1959.

GOODE, Patrick. *Karl Korsch: A Study in Western Marxism*. London: Macmillan, 1979.

GORZ, André. *Adieux au Prolétariat – Au-delà du Socialisme*. Paris: Galilée, 1980.

GOTTHEIL, Fred M. *Marx's Economic Predictions*. Evanston: Northwestern University Press, 1966.

GOULDNER, Alvin. *Against Fragmentation: The Origins of Marxism and the Sociology of Intellectuals*. Oxford: Oxford University Press, 1985.

GRAMSCI, Antonio. *Selections from the Prison Notebooks of Antonio Gramsci*. Trad. de *Quaderni del Carcere*; eds. Q. Hoare e G. N. Smith. New York: International Publishers, 1971.

______. *Quaderni del Carcere*. Torino: Einaudi, 1948-1951. Ed. crítica como *Quaderni del Carcere: Edizione Critica dell'Instituto Gramsci*. Ed. Valentino Gerratana. Torino: Einaudi, 1975, 4 v.

______. *Selections from Political Writings: vol. 1, 1910-1920; vol. 2, 1921-26*. Ed. Q. Hoare. New York: International Publishers, 1977-1978.

GRÜNBAUM, Adolf. *The Foundations of Psychoanalysis. A Philosophical Critique*. Berkeley: University of California Press, 1984.

Habermas, Jürgen. *Strukturwandel der Öffentlichkeit*. Neuwied: Luchterhand, 1962.

_____. *Zur Logik der Sozialwissenschaften*. Tübingen: Siebeck und Mohr, 1967.

_____. *Technik und Wissenschaft als "Ideologie"*. Frankfurt: Suhrkamp, 1968.

_____. *Antworten auf Herbert Marcuse*. Frankfurt: Suhrkamp, 1968.

_____. *Philosophische-Politische* (ensaios). Frankfurt: Suhrkamp, 1971.

_____. *Toward a Rational Society: Student Protest, Science and Politics*. Trad. Jeremy Shapiro, de ensaios na década de 60. London: Heinemann, 1971.

_____. *Knowledge and Human Interests*. London: Heinemann. Trad. Jeremy Shapiro, de *Erkenntnis und Interesse*. Frankfurt: Suhrkamp, 1972.

_____. *Theory and Practice*. London: Heinemann, 1974. Ed. resumida. Trad. John Viertel, de *Theorie und Praxis* (ensaios). Neuwied: Luchterhand, 1962.

_____. *Legitimation Crisis*. London: Heinemann, 1976. Trad. Thomas MacCarthy, de *Legitimationsprobleme im Spätkapitalismus*. Frankfurt: Suhrkamp, 1973.

_____. *Communication and the Evolution of Society* (ensaios). London: Heinemann; e Boston: Beacon Press, 1979. Trad. Thomas MacCarthy, de *Zur Rekonstruktion des Historischen Materialismus*. Frankfurt: Suhrkamp, 1976.

_____. *Theorie des Kommunikativen Handelns I-II*. Frankfurt: Suhrkamp, 1982.

_____. *The Theory of Communicative Action, I: Reason and the Rationalization of Society*. Trad. Thomas MacCarthy. London: Heinemann, 1984.

_____ e Luhmann, Niklas. *Theorie der Gesellschaft oder Sozialtechnologie: was leistet die Systemforschung?* Frankfurt: Suhrkamp, 1971.

Hall, John. *Diagnosis of Our Time: Six Views on Our Social Condition*. London: Heinemann, 1968.

Harris, H. S. *Hegel's Development: Toward the Sunlight*. Oxford: Clarendon, 1972.

_____. *Hegel's Development: Night Thought*. Oxford: Clarendon, 1983.

HEGEL, Georg Wilhelm Friedrich. *Philosophy of Right*. Trad. T. M. Knox. Oxford: Clarendon, 1952.

______. *The Philosophy of History*. Intr. de C. J. Friedrich. New York: Dover, 1956.

______. *Political Writings*. Trad. T. M. Knox. Oxford: Clarendon, 1964.

______. *Princípios da Filosofia do Direito*. Trad. Orlando Vitorino. Lisboa: Guimarães Editores, 1968.

______. *Science of Logic*. Trad. A. V. Miller. London: Allen and Unwin, 1969.

______. *Philosophy of Mind*. Trad. A. V. Miller e William Wallace; pref. J. N. Findlay. Oxford: Clarendon, 1971.

______. *Logic*. Trad. William Wallace. Oxford: Clarendon, 1975.

______. *Lectures on Philosophy of World History*. Trad. H. B. Nisbet. Cambridge: Cambridge University Press, 1975.

______. *Fenomenologia do Espírito*. Trad. Paulo Meneses e José Nogueira Machado. Petrópolis: Vozes, 1993.

HELD, David. *Introduction to Critical Theory: Horkheimer to Habermas*. Berkeley: University of California Press, 1980.

HELLER, Agnes. *Theory of Need in Marx*. London: Allison and Busby, 1974.

______. *Die Seele und das Leben: Studien zum frühen Lukács*. Frankfurt: Suhrkamp, 1977.

______. *Lukács Revalued*. Oxford: Blackwell, 1983.

HINDESS, Barry e HIRST, Paul. *Pre-Capitalist Modes of Production*. London: Routledge and Kegan Paul, 1975.

______. *Mode of Production and Social Formation*. London: Macmillan, 1977.

HIRSCH, Arthur. *The French New Left: An Intellectual History from Sartre do Gorz*. Boston: South End Press, 1981.

HOLLOWAY, John e PICCIOTTO, Sol. *State and Capital: A Marxist Debate*. London: Edward Arnold, 1978.

HOOK, Sidney. *From Hegel to Marx*. Ann Arbon: University of Michigan Press, 1962.

HORKHEIMER, Max. *Eclipse of Reason*. New York: Oxford University Press, 1947.

______. *Critical Theory: Selected Essays*. New York: Herder, 1972. Trad. parcial Matthew O'Connell et al., de *Kritische Theorie: Eine Dokumentation*. Ed. Alfred Smith. Frankfurt: Fischer, 1968, 2 v.

______. *Critical of Instrumental Reason*. New York: Seabury, 1974. Trad. Matthew O'Connell et al., de *Zur Kritik der Instrumentellen Vernunft*. Frankfurt: Fischer, 1967.

______. *Dawn and Decline: Notes 1926-1931 and 1950-1969*. New York: Seabury, 1978. Trad. de *Dämmerung: Notizen in Deutschland* (como Heinrich Regius). Zurich: Oprecht und Helbling, 1934; ed. revista e ampliada como *Notizen 1950-1969 und Dämmerung*. Frankfurt: Fischer, 1964.

______ e ADORNO, Theodor. *Dialectic of Enlightenment*. New York: Herder, 1972. Trad. John Cumming, de *Philosophische Fragmente*. New York: Institute for Social Research, 1944; ed. revista como *Dialektik der Aufklärung: Philosophische Fragmente*. Amsterdam: Querido, 1947.

HOROWITZ, David. *Marx and Modern Economics*. London: MacGibbon and Kee, 1968.

HOWARD, Dick. *The Marxian Legacy*. London: Macmillan, 1977.

______ e KLARE, Karl. *The Unknown Dimension: European Marxism since Lenin*. London: Macmillan; New York: Basic Books, 1972.

HUDSON, Wayne. *The Marxist Philosophy of Ernst Bloch*. London: Macmillan, 1982.

HUNT, Richard. *The Political Ideas of Marx and Engels*, vol. I. Pittsburgh: University of Pittsburgh Press, 1975.

HUTCHINSON, T. W. *The Politics and Philosophy of Economics: Marxians, Keynesians and Austrians*. Oxford: Blackwell, 1981.

JACOBY, Russell. *Dialetic of Defeat*. Cambridge: Cambridge University Press, 1981.

JAMESON, Fredric. *Marxism and Form*. Princeton: Princeton University Press, 1971.

JAY, Martin. *The Dialectical Imagination: A History of the Frankfurt School and the Institute of Social Research, 1923-1950*. Boston: Little Brown, 1973.

______. *Marxism and Totality*. Cambridge: Polity Press, 1984.

______. *Adorno*. London: Fontana/Collins, 1984.

JOLL, James. *Gramsci*. Glasgow: Fontana/Collins, 1977.

JONES, Gareth Stedman (ed.). *Western Marxism: A Critical Reader*. London: New Left Books, 1977.

KATZ, Barry. *Herbert Marcuse and the Art of Liberation: An Intellectual Biography*. London: New Left Books, 1982.

KEAT, Russell. *The Politics of Social Theory: Habermas, Freud and the Critique of Positivism*. Oxford: Blackwell, 1981.

KELLY, George A. *Idealism, Politics and History: Sources of Hegelian Thought*. Cambridge: Cambridge University Press, 1969.

______. *Hegel's Retreat from Eleusis: Studies in Political Thoughts*. Princeton: Princeton University Press, 1978.

KELLY, Michael. *Herbert Marcuse and the Crisis of Marxism*. Berkeley: University of California Press, 1985.

KILMINSTER, Richard. *Praxis and Method*. London: Routledge and Kegan Paul, 1979.

KNEI-PAZ, Baruch. *The Social and Political Thought of Leon Trotsky*. Oxford: Oxford University Press, 1977.

KOJÈVE, Alexandre. *Introduction of the Reading of Hegel*. Trad. James Nichols. New York: Basic Books, 1969. Ed. francesa, Paris: Gallimard, 1947.

KOLAKOWSKI, Leszek. *Main Currents of Marxism: The Founders, the Golden Age, the Breakdown*. Trad. P. S. Falla. Oxford: Clarendon, 1978, 3 v.

KONDER, Leandro. *Lukács*. Porto Alegre: L&PM, 1980.

KORSCH, Karl. *Karl Marx*. Trad. do manuscrito alemão. London: Chapman and Hall; New York: Wiley, 1938.

______. *Marxism and Philosophy*. London: New Left Books, 1970. Trad. Fred. Halliday, de *Marxismus und Philosophie: Zugleich eine Antikritik*. Ed. E. Gerlach. Frankfurt: Europäisch Verlagsanstalt, 1966.

______. *Three Essays on Marxism*. London: Pluto, 1970.

______. *Karl Korsch: Revolutionary Theory*. Ed. e intr. Douglas Kellner. Austin: University of Texas Press, 1977.

KOSÍK, Karel. *Dialectics of the Concret: A Study on Problems of Man and the World*. Dordrech, Reidel, 1976. Trad. do tcheco por Karel Kowanda e James Schmidt. Praga, 1963.

KRACAUER, Siegfried. *History: The Last Things Before the Last*. New York, Oxford University Press, 1969.

LABEDZ, Leopold. *Revisionism: Essays on the History of Marxism Ideas*. London: Allen and Unwin, 1962.

LEFORT, Claude. *Elements d'une Critique de la Bureaucratie*. Genève: Droz, 1971, 2. ed.; Paris: Gallimard, 1979.

LICHTHEIM, George. *Marxism*. London: Routledge and Kegan Paul, 1961.

______. *Lukács*. London: Fontana Collins, 1970.

______. *From Marx to Hegel*. New York: Seabury, 1974.

LIPPI, Marco. *Value and Naturalism in Marx*. London: New Left Books, 1979. Trad. Hilary Steedman, de *Marx: Il Valore come Costo Sociale Reale*. Milano: Etas, 1976.

LOEWENSTEIN, Julius I. *Marx Against Marxism*. London: Routledge and Kegan Paul, 1980. Trad. Harry Drost, de *Vision und Wirklichkeit*. Basel: Kyklos, 1970.

LO PIPARO, Franco. *Lingua Intellettuali Egemonia in Gramsci*. Bari: De Donato, 1979.

LOVELL, David W. *From Marx to Lenin: An Evaluation of Marx's Responsibility for Soviet Authoritarianism*. Cambridge: Cambridge University Press, 1984.

LÖWITH, Karl. *From Hegel to Nietzsche: The Revolution in Nineteenth-Century Thought*. New York: Europa, 1946. Trad. D. E. Green, da ed. alemã, Zurique, 1941.

______. *Meaning in History*. Chicago: University of Chicago Press, 1949.

LÖWY, Michael. *Pour une Sociologie des Intellectuels Révolutionnaires: L'Evolution Politique de Lukács, 1909-1929*. Paris: Presses Universitaires de France, 1976.

LUKÁCS, Georg. *Werke*. Neuwied: Luchterhand, 1967.

______. *Studies in European Realism: A Sociological Survey of the Writings of Balzac, Stendhal, Zola, Tolstoy, Gorki and Others*. London: Hillway, 1950. Trad. de *Essays über Realismus*. Berlin: Aufbau, 1948.

______. *Die Zerstörung der Vernunft*. Berlin: Aufbau, 1954.

______. *The Meaning of Contemporary Realism*. London: Merlin Press, 1963. Trad. J. e N. Mander, de *Wider den Missverstandenen Realismus*. Hamburg: Claassen, 1958.

______. *Die Eigenart des Ästhetischen*. Neuwied: Luchterhand, 1963, 2 v.

______. *The Sociology of Modern Drama*. Oshkosh: Green Mountain Editions, 1965. Trad. de *A Modern Dráma Fejlödesének Története*. Budapest: Franklin, 1911, 2 v.

______. *The Historical Novel*. New York: Humanities Press, 1965. Trad. Hannah e Stanley Mitchell, de *A Történelmi Regény*. Budapest, 1947.

______. *Essays on Thomas Mann*. London: Merlin Press; New York: Grosset and Dunlap, 1965. Trad. Stanley Mitchell, de *Thomas Mann*. Budapest, 1948.

______. *The Theory of the Novel: A Historico-Philosophical Essay on the Form of Great Epic Literature*. Cambridge: MIT Press, 1971a. Trad. Rodney Livingstone, de *Die Theorie des Romans: Ein Geschichtsphilosophischer Versuch über die Formen der grossen Epik*. Berlin: Cassirer, 1920.

______. *History and Class Consciousness: Studies in Marxism Dialectics*. Cambridge: MIT Press, 1971b. Trad. Rodney Livingstone, de *Geschichte und Klassenbewusstsein: Studien über marxistische Dialektik*. Berlin: Malik, 1924.

______. *Ästhetik*. Neuwied: Luchterhand, 1972, 4 v.

______ *The Question of Parliamentarianism and Other Essays*. London: New Left Books, 1972. Trad. Michael MacColgan, de *Taktika és Ethika*. Budapest, 1919.

______. *Marxism and Human Liberation: Essays on History, Culture and Revolution*. Ed. San Juan, Jr. New York: Dell, 1973.

______. *Soul and Form*. Cambridge: MIT Press, 1974. Trad. Anna Bostock, de *A Lélek és a Formák: Kisérletek*. Budapest: Franklin, 1910.

______. *Heidelberger Ästhetik, 1916-1918*. Ed. György Márkus e Frank Benseler. Neuwied: Luchterhand, 1974.

______. *Heidelberger Philosophie der Kunst, 1912-1914*. Ed. György Márkus e Frank Benseler. Neuwied: Luchterhand, 1974.

______ *Tactics and Ethics: Political Essays, 1919-1920*. New York: Harper, 1975. Trad. Michael MacColgan, de *Taktika és Ethika*. Budapest, 1919.

______. *The Young Hegel: Studies in the Relations between Dialectics and Economics*. London: Merlin Press, 1975. Trad. Rodney Livingstone, de *Der Junge Hegel: über die Beziehungen von Dialektik und Ökonomie*. Zürich: Europa, 1948.

______. *Marx's Basic Ontological Principles*. London: Merlin Press, 1978. Trad. David Fernbach, de *Zur Ontologie des Gesellschaftlichen Seins, vol. I, Die ontologischen Grundprinzipien von Marx*. Neuwied: Luchterhand, 1971.

______. *Hegel's False and Genuine Ontology*. London: Merlin Press, 1979. Trad. David Fernbach de *Zur Ontologie des*

Gesellschaftlichen Sens. V. 2. Hegels Falsche und Echt Ontologie. Neuwied: Luchterhand, 1972.

______. *Reviews and Articles from "Die rote Fahne"*. Trad. Peter Palmer. London: Merlin, 1983.

Lunn, Eugene. *Marxism and Modernism: An Historical Study of Lukács, Brecht, Benjamin and Adorno*. Berkeley: University of California Press, 1982.

Luporini, Cesare. *Dialettica e Materialismo*. Roma: Editori Riuniti, 1974.

Luxemburgo, Rosa. *Selected Political Writings*. Ed. Robert Locker. London: Jonathan Cape, 1972.

MacIntyre, Alasdair. *Hegel: A Collection of Critical Essays*. Indiana: University of Notre Dame Press, 1972.

Mandelbaum, Maurice. *History, Man and Reason: A Study in Nineteenth Century Thought*. Baltimore: Johns Hopkins University Press, 1971.

Marck, Siegried et al. *Geschichte und Klassenbewusstsein heut*. Amsterdam: De Munter, 1971.

Marcuse, Herbert. *Hegels und die Grundlegung einer Theorie der Geschichtlichkeit*. Frankfurt: Klostermann, 1932.

______. *Reason and Revolution: Hegel and the Rise of Social Theory*. London: Oxford University Press, 1941.

______. *Eros and Civilization: A Philosophical Inquiry into Freud*. Boston: Beacon Press, 1955. (Ed. bras.: *Eros e Civilização: Uma Interpretação Filosófica do Pensamento de Freud*. Trad. Álvaro Cabral. Rio de Janeiro: Zahar, 1981, 8. ed.)

______. *Soviet Marxism: A Critical Analysis*. London: Routledge, 1958.

______. *One-Dimensional Man: Studies in the Ideology of Advanced Industrial Society*. Boston: Beacon Press; London: Routledge, 1964. (Ed. bras.: *Ideologia da Sociedade Industrial*. Trad. Álvaro Cabral. Rio de Janeiro: Zahar, 1982, 6. ed.)

______. *Negations: Essays in Critical Theory*. Boston: Beacon Press; London: Allen Lane, 1968. Trad. parcial Jeremy Shapiro, de *Kultur und Gessellschaft*. Frankfurt: Suhrkamp, 1965, 2v.

______. *An Essay on Liberation*. Boston: Beacon Press; London: Allen Lane, 1969.

_____. *Five Lectures: Psychoanalysis, Politics and Utopia*. Boston: Beacon Press; London: Allen Lane, 1970. Trad. Jeremy Shapiro e Shierry Weber, de *Psychoanalyse und Politik*. Frankfurt: Europäische Verlagsanstalt, 1968.

_____. *Studies in Critical Philosophy*. Boston: Beacon Press; London: New Left, 1972.

_____. *Counterrevolution and Revolt*. Boston: Beacon Press; London: Allen Lane, 1972. (Ed. bras., *Contrarrevolução e Revolta*. Trad. Álvaro Cabral. Rio de Janeiro: Zahar, 1981, 2. ed.)

_____. *The Aesthetic Dimension: Toward a Critique of Marxist Aesthetics*. London: Macmillan, 1979. Trad. de *Die Permanenz der Kunst: Wider eine bestimmte marxistische Ästhetik*. München: Hanser, 1977.

_____; Wolff, Robert Paul; Moore, Barrington. *A Critique of Pure Tolerance*. London: Jonathan Cape, 1969.

Marx, Karl. *Selected Writings in Sociology and Social Philosophy*. Ed. Tom Bottomore e Maximilien Rubel; trad. T. Bottomore. London: Watts, 1956.

_____. *Writings of the Young Marx on Philosophy and Society*. Ed. e trad. Lloyd D. Easton e Kurt H. Guddat. New York: Anchor Books, 1967.

_____. *Critique of Hegel's "Philosophy of Right"*. Ed. Joseph O'Halley. Cambridge: Cambridge University Press, 1970.

_____. *Political Writings II: The Revolution of 1848*. Ed. David Fernbach. London: Penguin, 1973.

_____. *Political Writings III: Surveys from Exile*. Ed. David Fernbach. London: Penguin, 1973.

_____. *Grundrisse*. Trad. Martin Nicolaus. London: Penguin, 1973.

_____. *Political Writings I: The First International and After*. Ed. David Fernbach. London: Penguin, 1974.

_____. *Texts on Method*. Ed. e trad. Terrell Carver. Oxford: Blackwell, 1975.

_____. *Capital: A Critique of Political Economy*. Ed. David Fernbach. London: Penguin, 1976-81.

Masaryk, Tomáš. *Masaryk on Marx*. Lewisburg: Bucknell University Press, 1972. Ed. e trad. (resumida) Erazim Kohák, de *Die philosophischen und sociologischen Grundlagen des Marxismus*. Wien, 1899.

McBride, William L. *The Philosophy of Marx*. London: Hutchinson, 1977.

McCarthy, Thomas. *The Critical Theory of Jürgen Habermas*. London: Hutchinson, 1978.

McInnes, Neil. *The Western Marxists*. London: Alcove Press, 1972.

McLellan, David. *The Thought of Karl Marx*. London: Macmillan, 1971.

______. *Marxism after Marx*. London: Macmillan, 1979.

Merleau-Ponty, Maurice. *Phenomenology of Perception*. New York: Humanities Press; London: Routledge, 1962. Trad. C. Smith, de *Phénoménologie de la Perception*. Paris: Gallimard, 1945.

______. *Humanism and Terror: An Essay on the Communist Problem*. Boston: Beacon Press, 1969. Trad. John O'Neill, de *Humanisme et Terreur: Essai sur le Problème Communiste*. Paris: Gallimard, 1947.

______. *Adventures of the Dialectic*. Evanston: Northwestern University Press, 1972. Trad. J. Bien, de *Les Aventures de la Dialectique*. Paris: Gallimard, 1955.

______. *The Prose of the World*. Evanston: Northwestern University Press, 1973. Trad. John O'Neill, de *La Prose du Monde*. Ed. Claude Lefort. Paris: Gallimard, 1969.

Merquior, J. G. *Arte e Sociedade em Marcuse, Adorno e Benjamin*. Rio de Janeiro: Tempo Brasileiro, 1969. [Em edição contemporânea: José Guilherme Merquior, *Arte e Sociedade em Marcuse, Adorno e Benjamin – Ensaio Crítico sobre a Escola Neo-Hegeliana de Frankfurt*. São Paulo, É Realizações Editora, 2017.]

______. *The Veil and the Mask: Essays on Culture and Ideology*. London: Routledge and Kegan Paul, 1979.

______. *Rousseau and Weber: Two Studies in the Theory of Legitimacy*. London: Routledge and Kegan Paul, 1980.

______, *Foucault*. London: Fontana, 1985. (Ed. bras. *Michel Foucault ou o Niilismo de Cátedra*. Trad. Donaldson Garschagen. Rio de Janeiro: Nova Fronteira, 1986.)

______. *From Prague to Paris: Structuralist and Poststructuralist Itineraries*. London: Verso, 1986.

Mészáros, István. *Aspects of History and Class Consciousness*. London: Routledge and Kegan Paul, 1971.

_____. *The Work of Sartre: Search for Freedom and the Challenge of History.* Atlantic Highlands: Humanities Press, 1979.

MILLER, James. *History and Human Existence: From Marx to Merleau-Ponty*. Berkeley: University of California Press, 1979.

MOMMSEN, Wolfgang e J. OSTERHAMMEL, Jürgen (eds.). *Max Weber and his Contemporaries*. London: Allen & Unwin, 1987.

MOUFFE, Chantal. *Gramsci and Marxist Theory*. London: Routledge and Kegan Paul, 1979.

NEMETH, Thomas. *Gramsci's Philosophy: A Critical Study*. Brighton: Harvester, 1980.

NIEL, Henri. *De la Médiation dans la Philosophie de Hegel*. Paris: Aubier. 1945.

NOVE, Alec. *The Economics of Feasible Socialism*. London: Allen and Unwin, 1983.

OAKLEY, Allen. *The Making of Marx's Critical Theory: A Bibliographical Analysis*. London: Routledge and Kegan Paul, 1983.

O'BRIEN, George Dennis. *Hegel on Reason and History: A Contemporary Interpretation*. Chicago: University of Chicago Press, 1975.

OFFE, Claus. *Strukturprobleme des Kapitalistischen Staates*. Frankfurt: Suhrkamp, 1972.

PAPAIOANNOU, Kostas. *De Marx et du Marxisme*. Paris: Gallimard, 1983.

PARKINSON, G. H. R. *Georg Lukács*. London: Routledge and Kegan Paul, 1977.

PELCZYNSKI, Zbigniew. *Hegel's Political Philosophy: Problems and Perspectives*. Cambridge: Cambridge University Press, 1971.

_____. *The State and Civil Society: Studies in Hegel's Political Philosophy*. Cambridge: Cambridge University Press, 1984.

PERLINI, Tito. *Utopia e Prospettiva in György Lukács*. Bari: Dedalo, 1968.

PLANT, Raymond. *Hegel*. London: Allen and Unwin, 1973.

Poster, Mark. *Existential Marxism in Postwar France: From Sartre to Althusser*. Princeton: Princeton University Press, 1975.

Rader, Melvin. *Marx's Interpretation of History*. New York: Oxford University Press, 1979.

Radnitzky, Gerard. *Contemporary School of Metascience*. Göteborg: Akademiförlaget, 1970.

Rancière, Jacques. *La Leçon d'Althusser*. Paris: Gallimard, 1974.

Reichelt, Helmut. *La Struttura Logica del Concetto di Capitale in Marx*. Bari: De Donato, 1973. Trad. Francesco Coppellotti, de *Zur Logischen Struktur des Kapitalbregriffs bei Karl Marx*. Frankfurt: Europäisch Verlagsanstalt, 1970.

Riedel, Manfred. *Between Tradition and Revolution: The Hegelian Transformation of Political Philosophy*. Cambridge: Cambridge University Press, 1984. Trad. Walter Wright, de *Studien zu Hegels Rechtsphilosophie*. Frankfurt: Europäisch Verlagsanstalt, 1969.

Ritter, Joachim. *Hegel and French Revolution: Essays on the "Philosophy of Right"*. Trad. Richard Winfield. Cambridge e London: MIT Press, 1982.

Robert, Julian. *Walter Benjamin*. London: Macmillan, 1982.

Robinson, Joan. *On Re-reading Marx*. Cambridge: Cambridge University Press, 1953.

Roemer, John. *A General Theory of Exploitation and Class*. Cambridge: Harvard University Press, 1982.

Rose, Gillian. *The Melancholy Science: An Introduction to the Thought of Theodor W. Adorno*. London: Athlone Press, 1978.

Rosen, Michael. *Hegel's Dialectic and its Criticism*. Cambridge: Cambridge University Press, 1982.

Rosen, Stanley. *G. W. F. Hegel: An Introduction to the Science of Wisdom*. New Haven: Yale University Press, 1974.

Rosenzweig, Franz. *Hegel e lo Stato*. Bologna: Il Mulino, 1976. Trad. Anna Lucia Künkler Giavotto e Rosa Curino Cerrato, de *Hegel und der Staat*. Aalen: Scientia Verlag, 1962.

Rossi, Pietro. *Gramsci e la Cultura Contemporanea*. Roma: Riuniti, 1975, 2 v.

______. *Max Weber: Razionalità e Razionalizzazione*. Milano: Il Saggiatore, 1982.

ROTENSTREICH, Nathan. *Philosophy, History and Politics: Studies in Contemporary English Philosophy of History*. Den Haag: Martinus Nijhoff, 1976.

ROUANET, Sergio Paulo. *Teoria Crítica e Psicanálise*. Rio de Janeiro: Tempo Brasileiro, 1983.

RUBEL, Maximilien. *Marx Critique du Marxisme*. Paris: Payot, 1974.

SARTRE, Jean-Paul. *Existentialism and Humanism*. London: Methuen, 1948. Trad. Philip Maiet, de *L'Existentialisme et Humanisme*. Paris: Nagel, 1946.

______. *What is Litterature?* London: Methuen, 1950. Seleção e trad. B. Frechtman, de *Situations II*. Paris: Gallimard, 1948.

______. *Being and Nothingness*. London: Methuen, 1957. Trad. H. Barnes, de *L'Etre et le Néant: Essai d'Ontologie Phénoménologique*. Paris: Gallimard, 1943.

______. *Transcendence of the Ego: An Existentialist Theory of Consciousness*. London: Vision Press, 1958. Trad. Forrest Williams e Robert Kirkpatrick, de *La Transcendance de l'Ego: Esquisse d'une Description Phénoménologique in Recherches Philosophiques* 6. Paris: BNF, 1936-1937.

______. *The Words*. New York: Braziller, 1964. Trad. B. Frechtman, de *Les Mots* (autobiografia). Paris: Gallimard, 1963. (Ed. brasileira: *As Palavras*. Trad. de J. Guinsburg. Rio de Janeiro: Nova Fronteira, 1984, 6. ed.)

______. *Between Existentialism and Marxism*. London: New Left Books, 1974. Trad. J. Mathews, de seleções de *Situations VIII (Autour de 68) e IX (Mélanges)*. Paris: Gallimard, 1971.

______. *Critique of Dialectical Reason: Theory of Practical Ensembles*. London: New Left Books; Highlands: Humanities Press, 1976. Trad. Allan Sheridan-Smith, de *Critique de la Raison Dialectique: Théorie des Ensembles Pratiques*. Paris: Gallimard, 1960.

______. *Saint Genet, Ator e Mártir*. Trad. Lucy Magalhães. Petrópolis: Vozes, 2002.

SASSOON, Anne S. *Gramsci's Politics*. London: Croom Helm, 1980.

SCHMIDT, Alfred. *History and Structure*. Cambridge: MIT Press, 1983. Trad. Jeffrey Herf, de *Geschichte und Struktur: Fragen einer Marxistischen Historik*. München: Carl Hanser, 1971.

_____ e Rusconi, Gian Enrico. *La Scuola di Francoforte: Origini e Significato Attuale*. Bari: De Donato, 1972.

Schroyer, Trent. *The Critique of Domination*. New York: Braziller, 1973.

Schumpeter, Joseph A. *History of Economics Analysis*. London: Allen and Unwin, 1954.

Scruton, Roger. *The Meaning of Conservatism*. Harmondsworth, Penguin, 1980. [Em edição contemporânea: Roger Scruton, *O que É Conservadorismo*. Trad. Guilherme Ferreira Araújo. São Paulo, É Realizações Editora, 2015.]

Searle, John. *Speech Acts: An Essay in the Philosophy of Language*. Cambridge: Cambridge University Press, 1969.

Shaw, William H. *Marx's Theory of History*. London: Hutchinson, 1978.

Shklar, Judith. *Freedom and Independence: A Study of Hegel's Phenomenology of Mind*. Cambridge: Cambridge University Press, 1976.

Simmel, Georg. *Philosophy of Money*. Trad. Tom Bottomore e David Frisby. London: Routledge and Kegan Paul, 1978.

Singer, Peter. *Marx*. Oxford: Oxford University Press, 1970.

Skocpol, Theda. *State and Social Revolutions: A Comparative Analysis of France, Russia and China*. Cambridge: Cambridge University Press, 1979.

Slater, Phil. *Origins and Significance of the Frankfurt School*. London: Routledge and Kegan Paul, 1977.

Sorel, Georges. *From Georges Sorel*. Ed. John Stanley. New York: Oxford University Press, 1976.

Sraffa, Piero. *Production of Commodities by Means of Commodities: Prelude to a Critique of Economic Theory*. Cambridge: Cambridge University Press, 1960.

Stepelevich, Lawrence S. *The Young Hegelians: An Anthology*. Cambridge: Cambridge University Press, 1983.

Szondi, Peter. *Satz und Gegensatz*. Frankfurt: Insel, 1964.

Tamburrano, Giuseppe. *Antonio Gramsci: La vita, il Pensiero, l'Azione*. Bari: Laterza, 1963.

Taminiaux, Jacques. *Naissance de la Philosophie Hégélienne de l'État*. Paris: Payot, 1984.

Tarr, Zoltán. *The Frankfurt School: The Critical Theories of Max Horkheimer and Theodor W. Adorno*. New York: Wiley, 1977.

TAYLOR, Charles. *Hegel*. Cambridge: Cambridge University Press, 1975. [Em edição contemporânea: Charles Taylor, *Hegel – Sistema, Método e Estrutura*. Trad. Nélio Schnider. São Paulo, É Realizações Editora, 2014.]

THOMAS, Paul. *Marx and the Anarchists*. London: Routledge and Kegan Paul, 1980.

THOMPSON, E. P. *The Poverty of Theory and Other Essays*. London: Merlin Press, 1978.

THOMPSON, John B. e HELD, David (eds.). *Habermas: Critical Debates*. London: Macmillan, 1982.

TIEDEMANN, Rolf. *Studien zur Philosophie Walter Benjamins*. Frankfurt: Europäisch Verlagsanstalt, 1965.

TOEWS, John Edward. *Hegelianism: The Path Toward Dialectical Humanism, 1805-1841*. Cambridge: Cambridge University Press, 1985.

TOPITSCH, Ernst. *Sozialphilosophie zwischen Ideologie und Wissenschaft*. Trad. parcialmente como *Per una Critica del Marxismo*. Roma: Bulzoni; Neuwied: Luchterhand, 1961.

TRONTI, Mario. *Ouvriers et Capital*. Trad. Y. Moulier. Paris: Christian Bourgois, 1977.

TUCKER, Robert. *Philosophy and Myth in Karl Marx*. New York: Cambridge University Press, 1961.

ULAM, Adam B. *The Unfinished Revolution: Marxism and Communism in the Modern World*. London: Longman, 1960.

UNO, Kozo. *Principles of Political Economy: Theory of a Purely Capitalist Society*. Trad. Thomas Sekine. Brighton: Harvester, 1969.

VINCENT, Jean-Marie. *La Théorie Critique de l'École de Francfort*. Paris: Galilée, 1976.

VINCENT, Jean-Marie et al. *Contre Althusser*. Paris: 10-18, 1974.

WALLERSTEIN, Immanuel. *Modern World-System I: Capitalist Agriculture and the Origins of the European World-Economy in the Sixteenth Century*. New York: Academic Press, 1974.

WARTOFSKY, Marx W. *Feuerbach*. Cambridge: Cambridge University Press, 1977.

WEBER, Max. *The Methodology of the Social Sciences*. New York: Free Press, 1949. Trad. Edwards Shils e Henry Finch, de parte de *Gesammelte Aufsätze zur Wissenschaftslehre*. Tübingen: Mohr, 1922.

WEIL, Eric. *Hegel et l'État*. Paris: Vrin, 1970. [Em edição contemporânea: *Eric Weil, Hegel e o Estado – Cinco Conferências seguidas de Marx e a Filosofia do Direito*. Trad. Carlos Nougué. São Paulo, É Realizações Editora, 2011.]

WELLMER, Albrecht. *Critical Theory of Society*. New York: Seabury, 1971. Trad. John Cumming, de *Kritische Gesellschaftstheorie und Positivismus*. Frankfurt: Suhrkamp, 1969.

WILLEY, Thomas E. *Back to Kant: The Revival of Kantianism in German Social and Historical Thought, 1860-1914*. Detroit: Wayne State University Press, 1978.

WILLMS, Bernard. *Kritik und Politik*. Frankfurt: Suhrkamp, 1973.

WOLFE, Bertram. *Marxism: 100 Years in the Life of a Doctrine*. New York: Dial, 1965.

WOLFF, Kurt H. e MOORE, Barrington, Jr. (eds.) *The Critical Spirit: Essays in Honor of Herbert Marcuse*. Boston: Beacon Press, 1967.

WOLIN, Richard. *Walter Benjamin: An Aesthetic of Redemption*. New York: Columbia University Press, 1982.

WOOD, Allen W. *Karl Marx*. London: Routledge and Kegan Paul, 1981.

WORSLEY, Peter. *Marx and Marxism*. London: Tavistock, 1982.

ZELENY, Jindrich. *The Logic of Marx*. Oxford: Blackwell, 1980. Trad. Terrell Carver, de *Die Wissenschftslogik bei Marx und das Kapital*. Berlin: Akademie, 1968.

ÍNDICE ANALÍTICO

Absoluto, 29
como um Espírito ultra-histórico, 28
-enquanto-sujeito, 31
Ação
comunicativa, 218
conceito de, 218
de Março (1921), 104, 128
Alegoria
Benjamin como melancólico teórico da, 163
conceito em Benjamin, 153
cristã, 155
e arte moderna, 162
moderna, 155
no sentido benjaminiano, 162
peça central da estética de Benjamin, 155
Alienação, 17, 60, 99, 204
burguesa, 157
capitalista, 195
como ideologia, 99
crítica da, 60
do trabalho, 65, 101
doutrina da, 242
econômica, 65
efeitos de, 156
marxismo da, 244
no capitalismo moderno, 181
sentido hegeliano positivo de, 65
terceira forma de, 61
ubíqua, 90
Alta cultura, 105, 147
Althusserianismo, 24, 189, 193, 245
Americanismo, 135
Anacronismo
hegeliano (para Bobbio), 44
Anarcossindicalismo, 94
Anarquismo, 75
crítica de Marx ao, 75
Angústia, 175
Anticapitalismo
romântico da esquerda, 154
Antideterminismo, 21
Antiempirismo, 183
Antigo *epos*, 90
Anti-hegelianismo
de Althusser, 191
Anti-historicismo, 152
Anti-idealismo
de Galvano della Volpe, 137
Anti-individualismo, 113
Anti-intelectualismo
de Sorel, 132
Antileninismo, 16
Antipositivismo, 109, 124
de Lukács, 202
labriolista, 21
Antipsiquiatria, 180
Antirrealismo, 184
Antissemitismo, 83, 87
determinantes sociais de, 170
Antropologia
filosófica, 207
Antroposofia, 110
Aparelhos
ideológicos do Estado, 188
Arte
aurática, 158

crítica
e hermetismo, 171
culinária
noção adorniana, 171
de vanguarda, 147
rejeição lukacsiana da, 119
e totalidade, 171
Ato
gratuito
de Gide, 174
Aufhebung, 34
Aufklärung, 29
Augenblick, 161
Aura
conceito de, 155
decadência da, 156
Austromarxismo, 21-22, 107, 114, 142
fundador do, 142
no primeiro pós-guerra, 23
Autoalienação, 29
enriquecedora, 31
positiva e enriquecedora, 29
Autogestão, 241, 244
Autognose, 33
Automação, 72, 199
Autonomia
conceito de, 46
Autoritarismo, 201
Autorreflexão, 206
modelo psicanalítico de, 215
Aventureirismo
revolucionário, 128

Bildung, 212, 215
como alternativa à revolução, 212
Bildungsroman, 90, 92
Blocos
históricos, 127, 133
modernizadores, 127
nacional-populares, 135
Bolchevismo, 94, 108
como problema moral, 94
objeção de Lukács, 95
Burguesia
fobia à, 174
Burocracia
crítica da, 241
crítica gramsciana à, 133

Capital
acumulação de, 17
acumulação do, 239
colapso do, 106
escola da lógica do, 239
lógica do, 239
Capitalismo
avançado, 212, 242
burocrático, 241
colapso do, 144, 243
consenso na sobrevivência do, 129
contradições culturais do, 212
crítica do, 72
de Estado, 144, 247
descrição marxista do, 238
industrial, 69, 80
liberal, 130, 211
potencial adaptativo do, 137
ruína do, 22
tardio, 210, 212
tecnológico, 199
última fase do, 238
Categorias
psicológicas
como conceitos políticos, 195
Causalidade
conceito estrutural de, 187
estrutural, 187
expressiva hegeliana, 187
Centralismo
democrático, 133
Ceticismo, 35

Ciência
  social
    epistemologia da, 205
Cinema
  como caminho novo e revolucionário, 156
Citação
  insólita, 157
Civilização
  crise da, 22
Classe
  alianças de, 17, 127
  consciência de, 19, 244
  luta de, 17, 69, 143, 220, 240, 244
  polarização de, 22
  reducionismo de, 136
Classicismo
  de Weimar, 171
Competência
  comunicativa, 216
Comuna, 131
Comunhão
  pela comunicação, 210
Comunidade
  desejo de, 85
  de sentimento, 91
  mística holista da, 53
  tema da, 90
Comunismo
  alemão, 61
  comunismo-cultura, 106, 113
  de esquerda, 128
  de Estado, 76
  de sovietes, 16
  do amor, 66
  francês, 61
  inglês, 61
  ocidental, 124
  perspectiva filosófica do, 61
  soviético, 241
    crítica do, 241
  teoria pura do, 143
Comunista
  de esquerda, 163
Conceito
  lógica do, 183
  paciência do, 58
Concreto
  obsessão adorniana com o, 167
Conexão
  Hegel/Marx, 19
Conhecimento
  concepção naturalista do, 18
  crítico, 225
  visão humanista do, 19
Consciência
  consciência-conhecimento, 107
  de classe, 117
  papel da, 98
Conservadorismo, 52
  comunitário, 52
  neoliberal, 52
  romântico, 24
Consumismo, 198
Contracultura
  espírito da, 120
  tradições da, 162
Contradição, 34, 66
  em Hegel, 35
  hegeliana, 35
  in re, 34
  lógica, 34
Contraste
  entre Kant e Hegel, 46
Contrato
  social, 46
    como método político, 46
    de Hobbes, 53
Corporativismo
  de Hegel, 39
Crise
  da racionalidade, 211
  de identidade, 210

do sistema, 210
fiscal do Estado, 211
Crítica
da economia política, 181, 209
da história econômica, 237
do cotidiano (Henri Lefebvre), 181
histórica, 153
marxista da ideologia, 206
Cultura
conceito antropológico de, 105
de massa, 142, 171
essência da, 84
historicização da, 172
popular, 143
desprezo pela, 143
revolucionária, 93
Culturalismo
revolucionário, 105

Dasein, 175
Decisionismo
de Popper, 223
Democracia
ascensão da, 74
da massa, 135
moderna, 204
Desestalinização, 181
Determinismo
do materialismo dialético, 230
econômico, 67, 69, 97, 179
em última análise, 188
marxista, 108
histórico, 21
crítica de Croce ao, 21
de Hegel, 48
de Marx, 22
social, 18
tecnoeconômico de Bukharin, 122
universal, 22
Dialética, 30, 124
antideterminista, 234
ascendente, 33
como método marxista, 98
da derrota, 231
da escolha, 177
da natureza, 123
ataque de Sartre à, 192
da natureza de Engels, 97, 113
definição adorniana de, 142
de Hegel, 167
descendente, 33
e filosofia hegeliana, 30
e teologia negativa, 30
idealista clássica, 192
marxista, 97
moderna, 30
negativa, 171, 203
Direitos
humanos
expansão dos, 74
Discurso
ética universal do, 216
prático, 214
situações ideais de, 225
teórico, 214
Ditadura
do proletariado, 75, 127
e hegemonia, 135
Divisão
do trabalho, 146
Drama
moderno, 96
Dualismo, 88
valor e realidade, 88

Ecletismo
conceitual, 21
Economia
mundial, 237, 247
política
clássica, 18
crítica da, 18

Economismo
histórico, 121
sindical, 131
Emancipação, 225
Engajamento, 171
como envolvimento, 176
moral, 175
sartriano, 174
Ensaio
como forma, 86
Epistemologia, 184
antiempirista de Gastón Bachelard, 183
da ciência social, 189
dualista, 119
habermasiana, 206
kantiana, 23
Erfahrung, 148, 158
Erkenntnis, 148
Erlebnis, 158
Erudição, 36
Escola
cultural
em psicanálise, 195
de Frankfurt, 34, 58, 112, 124, 135, 141, 147, 203, 209, 244
clássica, 204
como neo-hegeliana, 141
e dialética, 141
estrelas da, 172
fundadores da, 107
visão do mundo da, 169
de Manchester, 66
Esfera
pública, 204
e emancipação burguesa, 204
Espírito
como sujeito-substância, 33
conceito idealista de, 208
de 68, 180
em formas históricas, 33
fábula hegeliana do, 67
histórico de Hegel, 28
objetivo, 45
sua constante exteriorização, 33
Esquerda
contracultural, 198
humanista, 183
Esquerdismo, 104
liberal, 241
Estado
conceito hegeliano de, 45
debate da derivação do, 239
de partido único, 95
derivação do, 240
do bem-estar social, 129
hegeliano, 62
legitimidade do, 242
na teoria gramsciana, 128
patrimonial, 130
poder do, 95
Estamento, 39, 57
Estatismo, 76
Estética
da recepção, 162
engagée de Brecht, 158
modernista, 20
utópica, 158
Esteticismo
cósmico
e o George-Kreis, 151
decadente, 85
naturista
do George-Kreis, 151
Estetismo
moderno, 172
Estetização
fascista da política, 156
Estoicismo, 35, 87
Estratégia
de atrito, 129
de derrubada, 129

Estruturalismo, 179
Ethos
cristão, 96
utilitário, 87
Ética
da convicção, 94
de Kant, 23
de tolerância, 28
do dever, 86
kantiana, 151
mística, 89
Eticismo, 232
de Lukács, 113
existencialista, 177
kierkegaardiano, 85
lukacsiano, 115
primitivo de Lukács, 97
Eurocomunismo, 134
condenação do, 191
Evolucionismo, 20
Existencialismo, 181
e marxismo, 180
sartriano, 177, 230
Experiência
em Benjamin, 149
em Kant, 149
Expressionismo, 108, 165
Expurgos
de Stálin, 163
Exteriorização, 31, 60, 65

Fascismo
de esquerda, 200
vitória do, 128
Fé
cristã
decadência da, 22
Fenomenologia, 174, 181
Fetichismo
da mercadoria, 157
Ficção
moderna, 91
Filosofia
acadêmica, 174
alemã
posterior a Kant, 25
bolchevique, 15, 254
científica, 149
da existência, 180
da história, 27, 28, 53
da história hegeliana, 49
da prática, 21
da práxis, 122
de Lênin, 16
do espírito, 51
humanismo da, 61
linguística
de Wittgenstein, 205
marxista, 112
renascimento da na década de 1960, 112
política
idealista, 18
retorno à, 112
social, 144, 203, 222
como teoria crítica, 144
Finitude, 28
limitações da, 28
tristeza da, 29
Fordismo, 136
Forma
celebração popperiana da, 88
pura, 88
significativa, 88
Fraternidade
epifanias de, 94
formas de, 91
Freudianismo, 162
Funcionalismo
estrutural de Talcott Parsons, 189, 205
Futurismo, 135

Geisteswissenschaften, 205

Gemeinschaft, 105
Gerência
  científica, 136
Gesellschaft, 105
Grande Recusa, 197, 199, 201, 230
Grecolatria
  alemã oitocentista, 44
Guerra
  de movimento, 129
  de posição, 129
  fria, 176, 241
  napoleônica, 124

Hedonismo, 171, 196, 204
Hegel
  pensador do processo, 110
  retorno a, 82
Hegelianismo, 96, 115, 261
  de centro, 54, 66
  de direita, 59
  de esquerda, 28, 54, 59-60, 65, 140
  de Sartre, 179
  messiânico, 28
Hegemonia, 127
  aparato de, 131
  comunista, 135
  conceito de, 127
  conceito gramsciano de, 127-28
  e governo no Ocidente, 128
Helenismo
  estético, 45
Hermenêutica
  e romantismo, 20
Hierarquia
  bolchevique, 23
História
  conceito de Hegel, 110
  fim da, 55, 264
  hegeliana, 28
  lógica da, 77
  marxista, 242
  metafísica da, 123
  moderna, 77
  visão apocalíptica da, 172
Historicismo, 51, 70, 176
  abstrato, 111
  de Hegel, 48, 54, 71, 152
  de Marx, 22
  marxista, 122, 182
Historiografia
  da nova esquerda, 238
  radical, 237
Historiosofia, 28, 54
  crítica à, 152
  definição de, 66
  marxista, 116
    desmistificação da, 137
Historismo, 124, 137
  absoluto (Croce), 21
  ruptura com o, 137
Holismo
  crítica popperiana do, 51
  grego, 51
Homem
  imagem marxista do, 71
  paradigma humanista do, 71
  unidimensional, 197
Horizonte
  pós-marxista, 237
Humanismo
  alemão, 44
  de esquerda, 142, 167
  de Feuerbach, 62
  histórico, 122
  materialista, 60
  neomarxista, 245
  universalista, 122
Humildade
  louvor da, 87

Idealismo, 18, 21
  abstrato, 90
  alemão, 19, 26, 60

crociano, 124
de Gramsci, 137
metafísico, 26
objetivo, 27, 37
objetivo de Hegel, 117
pós-kantiano, 26
progressista, 93
radical, 93
subjetivo, 27
transcendental, 41
Ideia
conceito benjaminiano de, 150
Ideologia
conceito althusseriano da, 244
doutrina marxista da, 188
neorromântica da *belle époque*, 109
Iluminismo, 32, 49, 146, 169, 220
alemão, 27
escocês, 43
francês, 60, 63
intenções do, 221
retorno ao, 203
tragédia do, 221
Imago Dei, 106
Imitação
estética da Grécia, 45
Imperativo
da alma, 89
Imperialismo, 237
teoria clássica do, 237
Impressionismo, 85
Inatismo
de Chomsky, 217
Independência
da Argélia, 180
Individualidade
princípio cristão da, 57
Individualismo
moderno, 46
universal, 38
Indivíduo
interpretação cristã do, 188
irredutibilidade do, 177
universal, 72
Indústria
contracultural, 163
cultural, 171, 204
Industrialismo, 64, 140
aprovação de Marx ao, 71
avançado, 244
benefícios do, 73
e proletariado, 79
via stalinista para o, 145
Intelectual(is)
orgânicos, 132, 144
qua rebelde, 173
Intelligentsia
ala antiguerra da, 94
de serviço, 132
humanista de esquerda, 192
humanística, 113, 160
húngara, 92
Intencionalidade, 174
alienação no fenômeno da, 175
Interesse, 206
e conhecimento, 206
emancipatório, 206
prático, 206
técnico, 206
Intuição, 29
Irracionalismo, 34, 94, 167, 200, 227, 248, 261
benjaminiano, 161
de esquerda, 161
de Sorel, 94
e decadência, 119
e Hegel, 34
na cultura, 263
problema do, 119

Jetztzeit, 161
Jovem
Marcuse, 195

Marx, 183
Judaísmo, 151
ético de Cohen, 152

Keynesianismo, 137, 210, 213
Kulturkampf
de Bismarck, 152
Kulturkritik, 93, 135, 145, 209, 221
adorniana, 170
clichês da, 198
da Escola de Frankfurt, 116
de esquerda, 136, 230
e marxismo ocidental, 225
espírito da, 209
e teoria da alienação, 136
excessos compreensíveis da, 163
humanista, 112
neorromântica, 117
pathos da, 94, 245
pop, 230
Kulturpessimismus, 226, 235

Lebensphilosophie, 85
Lebenswelt, 178, 210, 218
colonização da, 220
e ação comunicativa, 219
Legitimação
déficit de, 212
Legitimidade, 211
questão da, 211
Lei
econômica
objetivas, 15
positivista dos três estágios, 70
Leninismo, 16, 95, 106, 113
como domínio dos sovietes, 95
credenciais do, 16
cultural de Lukács, 113
modificação gramsciana do, 134
Liberalismo, 45, 124
social-democrata, 242
Liberdade
antiga, 44
civil, 44
civil moderna, 45
clássica, 45
como autonomia política, 46
como obra de arte moral, 176
conceito de, 47
concepção marxista de, 77
do Espírito, 38
filosófica, 38
hegeliana, 45
ideia da, 38
ideia hegeliana de, 52
individual, 44
interior, 38
metafísica da, 176
moderna, 44
no Estado hegeliano, 44
objetiva, 39
política, 44, 76
princípio cristão da, 38
subjetiva, 39
sujeito hegeliano da, 46
Ludita, 117

Maio de 1968, 231
espírito de, 231
Mais-valia
conceito de, 199
crítica à tese da, 78
teoria da, 63, 72
Marxismo, 162, 261
adesão total de Lukács ao, 105
alemão, 227, 239
analítico, 246, 260
aplicado, 182
ciência da história, 185
clássico, 17, 22, 78-79, 103, 111, 118-19, 147, 195, 261
como ciência
da história, 184

social empírica, 112
como crítica global, 204
como disciplina científica, 186
como economia ricardiana unilateral, 118
como história da salvação, 118
como humanismo, 118
como teoria da revolução social, 107
conformista, 232
conversão ao, 93
crise do, 21
crise teórica do, 21
da alienação, 166
de Marx e anarquismo, 75
de superestrutura, 17
dissidente da Europa Oriental, 181
do jovem Lukács, 116, 179
do século XX, 14
e a psicanálise na França, 185
e naturalismo, 15
essência do, 118
estrutural, 193
estruturalista, 189-90
de Althusser, 189
francês, 14
eticista de Sartre, 180
evolução do, 233
fenomenológico, 178
fontes idealistas do, 181
francês, 16, 181, 182
fundadores do, 69
genuíno (Lukács), 98
humanista francês, 180
húngaro, 94
interpretações intelectuais do, 118
italiano, 122
posterior a Gramsci, 137
legado filosófico do, 106
marxismo-leninismo, 16, 23, 113, 119
dogmas do, 119
rompimento lukacsiano com o, 113
na Inglaterra, 243
não determinista do, 21
não ortodoxo, 232
não soviético, 14
naturalista, 19
natureza
econômica do, 118
filosófica do, 118
neorricardiano, 239
nos Estados Unidos, 246
ocidental, 63, 118, 194, 198, 261
alemão, 237
autoimagem do, 15
centro-europeu, 122
defesa hegeliana do, 232
diagnóstico de Merquior sobre o, 264
e fetichismo da mercadoria, 72
e Hegel, 20
filosofia do, 23
fontes do, 16
fundadores do, 82
hegelianos do, 50
lugar de nascimento do, 19
maduro, 16
mestres do, 22
origem, 14
periférico, 230
retórica do, 24
sociologia do, 23
oficial, 114
ortodoxo, 114, 234
político, 80
pós-Marx, 11
russo, 127

sartriano, 174, 180
sem classes, 244
singularidade do, 96
soviético, 15, 254
teórico, 80
utópico, 109
ventríloquo, 185
vulgar, 22
Materialismo
como platonismo invertido, 98
crítica ao, 93
de Feuerbach, 98
dialético, 19, 114, 232
vulgata do, 20
histórico, 21, 67, 70, 97, 122, 136, 208
clássico, 244
determinista, 15, 254
qua determinismo histórico, 22
mecanicista, 22
naturalista, 21
Mediação, 29, 58
falta de (em Benjamin), 168
hegeliana, 35
trabalho da, 35
Memória
em Flaubert, 91
Mercadoria
fetichismo da, 72
Messianismo
utópico, 119
Metafísica, 47
da mente, 19
da tragédia, 85
dualista, 88
especulativa, 25
historicista, 38
idealista, 19, 27, 29, 59
marxista, 109
ocidental, 28
pós-kantiana, 26
reconstrução da, 109
Microfísica
do poder, 240
Misologia, 167, 198
Mística
romântica, 29
Misticismo, 109
cristão, 30
Mitologia
marxista, 117
Moderna
ficção, 90
Modernidade
advento da, 57
denúncia nietzschiana da, 57
princípio dinâmico da, 140
projeto da, 220
projeto inconcluso de, 220
Modernismo, 162
Moderno
racionalismo, 87
Modo
de produção, 183, 238
Montagem
literária, 157
Moralismo
fichtiano, 97
Movimento
da Juventude Livre Alemã, 157

Nacionalismo
crescimento do, 74
crise do, 264
Narcisismo, 90
Naturalismo, 85
crítica ao, 93
Natureza
finalismo da, 110
Nazismo, 163
anatomia do, 145
sociedades secretas do, 169
Negatividade, 58, 62, 166

Neo-hegelianismo
de esquerda, 58
Neoidealismo, 20, 93
Neokantismo
de Hermann Cohen, 159
Neomarxismo, 198, 243
de Frankfurt, 163
frankfurtiano, 164
Niilismo, 89, 221
psicológico, 113
revolução do, 157
revolucionário, 157
Nostalgia, 155
cultural, 154
helênica, 204
Nova esquerda, 14

Objetividade
subjetivamente enraizada, 31
Ocidente
decadência do, 109
Ocultismo, 109
Ontologia
de Hegel, 193
dinâmica, 110
dinâmica de Hegel, 33
fundamental, 227
monista, 20
niilista de Sartre, 175
Opinião
pública, 204
Oriente
místico, 109

Pacto
názi-soviético, 160
Partido
marxista, 134
revolucionário, 133
Pathos
messiânico de Benjamin, 152
sartriano do fracasso, 179
Pensamento
lógica do, 198
negativo, 197, 202
definição de, 197
radical, 75
reflexivo, 204
vitalista, 85
Pensamento-história, 56
Personalidade
estrutura da, 170
Pietismo, 30
Pluralismo
axiológico de Weber, 222
Política
revolucionária, 105
Politismo, 240
Politização
da arte, 156
Pós-estruturalismo, 170, 220
francês, 224
resistência habermasiana ao, 221
Positivismo, 182
clássico, 53
crítica ao, 93
querela do, 173
querela sobre o, 208
Pós-kantismo, 47
Pós-marxismo, 243
problemática do, 245
Pós-modernismo, 163, 220
Possibilidade
objetiva
conceito weberiano, 102
Pragmática
universal, 216, 217
Pragmatismo, 214
Presente
como efetivação racional do
passado, 34
conceito do, 32
do Ocidente, 33
reavaliação dialética do, 96

Primeira Guerra Mundial, 83, 87, 120, 160
carnificina da, 92
Primitivismo
pagão, 120
Processo
filosofias do, 110
histórico, 59, 96, 164, 240
teoria do, 172
prosaísmo do, 232
teoria do, 202, 246
teoria marxista do, 238
Progresso
concepção diferencial de, 217
crítica ao conceito de, 144
crítica benjaminiana ao, 160
crítica da ideia de, 169
demolição do mito do, 145
ideia de, 176
legitimidade do, 54
Proletariado
como força revolucionária, 143
na história, 101
Proletkult, 159
Propriedade
privada, 66
abolição da, 66
Protestantismo
ético, 151
Proudhon
crítica marxiana de, 73
Pseudo-hegelianismo, 236
Psicanálise, 20

Questão
social, 111
Quietismo
social, 49
Quiliasmo, 91
cristão, 91

Racionalidade
instrumental, 236
Racionalização
crescimento da, 227
progressiva, 219
tema weberiano da, 145
Radicalismo
de Sartre, 180
pós-marxista, 237
Razão
analítica, 167
astúcia da, 55
eclipse da, 147
e repressão, 146
iluminista, 169
instrumental, 145, 164, 228
na história, 48
ocidental, 146
perda da unidade da, 146
Realidade
alienada, 90
princípio de, 196
Realismo
dialético, 115
revolucionário de Lukács, 97
socialista, 15
Rebeliões
estudantis da década de 1960, 213
Reforma, 132
Reformismo, 130, 230
radical de Habermas, 213
social, 103
Reificação, 17, 99, 115, 154, 166
capitalista, 117
como má objetificação, 116
conceito de, 142
condições objetivas dos processos de, 166
teoria da, 106
teoria lukacsiana da, 233
universal, 101

Relativismo, 221
Religião
historicização da, 28
humanização da, 60
Renascença, 132
Repressão
conceito de, 206
República
de Weimar, 95, 144, 202
crepúsculo da, 144
Restauração, 52, 125
dos Bourbon, 124
pós-napoleônica, 130
Retórica
humanista, 183
Revelação, 26
Revisionismo, 193, 244
Revolução
bolchevique, 105
cubana, 180
de 1848, 65, 69, 82
de Outubro, 23, 65, 94
promessa da, 96
e desenvolvimento desigual, 247
em condições de atraso, 247
em termos hegelianos, 96
Francesa, 63, 79, 124, 177
no Ocidente, 129
passiva, 125, 131
refluxo da, 234
retórica da, 131
Russa, 80, 95, 96
socialista, 95
Risorgimento, 124
Romance
anatomia do, 93
habitat do, 90
história do, 90
miniteoria benjaminiana do, 156
moderno, 91
moderno estruturação, 91
Romancista
como místico negativo, 91
Romantismo
alemão, 109
amargurado, 92
como *ethos* anti-industrial, 118
da desilusão, 90
Ruptura
epistemológica, 186

Salvação
pela história, 28
problemas da, 106
Segunda Guerra Mundial, 109, 141, 173
Segunda Internacional, 89, 160, 191
credo econômico-determinista da, 121
teoria social evolucionista da, 89
Segunda Revolução Industrial, 208
Sein, 175
Sensibilidade
moderna, 85
Ser
teoria especulativa do, 19
Ser-esperança
de Bloch, 111
Simbolismo, 85, 165
Sionismo, 149
Sistema
de Hegel, 48
de parentesco, 97
Situação
conceito sartriano de, 176
Sobredeterminação, 187
social, 187
Social-democracia, 83, 105
Socialismo
científico, 134
ético, 94, 131

italiano, 120
messiânico, 87
soviético, 23
Sociedade
civil, 38, 42, 134-35
conceito hegeliano de, 11
ideia de, 42
origem hegeliana do conceito de, 42
civil autônoma, 57
Sociologia
alemã clássica, 227
da literatura, 142
de Weber, 20
do conhecimento, 93, 207
do conhecimento relativista, 207
impressionista
de Simmel, 148
Sociologização
marxista, 18
Solidariedade, 177
Solipsismo, 177
Stalinismo, 119
Sujeito
natureza do, 29
sartriano, 175
totalidade, 123
Surrealismo, 157, 165
e dialética, 181

Taylorismo, 74
admiração de Lênin ou Trótski pelo, 74
Tecnocratismo, 204
Tecnologia
crítica à, 111
qua domínio da natureza, 154
Tempo
interior, 91
Teodiceia, 53, 106
Teologia
bizantina, 30
da libertação, 108
medieval, 29
mística moderna, 109
negativa, 30
Teoria
crítica, 199, 202, 222, 227
berço da, 141
da sociedade, 209
de Habermas, 225, 227
da alienação, 136
da ciência social, 242
da consciência-reflexo de Lênin, 97
da crise, 239
de Habermas, 213
da cultura, 85
da dependência, 135
da elite, 126
da história
de Hegel, 49
da historicidade
de Heidegger, 161
da mais-valia, 199
da revolução, 237
da tradução, 206
da vanguarda organizada, 113
democrática, 47
do bonapartismo, 126
do conhecimento de Lênin, 113, 176
do potencial revolucionário do proletariado, 143
do processo, 116, 140
histórico, 202, 225
do reflexo, 193
dos atos de fala, 216
do ser, 174
dos sistemas, 210
de Niklas Luhmann, 210
econômica marxista, 260
função revolucionária da, 101
hegeliana do processo, 67

hermenêutica, 174
imanente da arte, 88
marxista
do processo, 70
do trabalho alienado, 65
materialista, 240
miséria da, 190
mística da linguagem de Benjamin, 151
política radical, 237
pós-marxista, 240
radical não marxista, 240
social, 170, 206
fenomenológica de Alfred Schütz, 205
Tolerância
democrática, 200
Totalidade, 34, 100, 117, 119, 165
apoteose da, 102
categoria central de, 181
categoria da, 100
categoria fundamental da realidade, 100
concreta, 100
culto lukacsiano da, 144
e intelectualidade, 143
e marxismo ocidental, 208
ênfase na, 106
função da, 102
histórica, 146
horizontes de, 177
lukacsiana, 111
ponto de vista da, 100
revolução
como apreensão da, 226
Trabalho
fonte de valor econômico, 63
Tradição
neoplatônica, 30
cristianizada, 30
progressista, 119
reacionária, 119
Tradução, 206
transcultural, 206
Tríplice Aliança, 92
Trotskismo, 14

Unidade
de teoria e prática, 111
Utopia
anarquista, 73
autoritária de Platão, 40
comunicativa, 224
da arte moderna, 148
de Bloch, 107
do Renascimento, 63
e dialética, 115
epistemológica, 167
tecnológica, 159

Vanguarda
conceito leninista de, 133
contemporânea, 163
heroica, 220
Vanguardismo
de Lênin, 143
ultraleninista, 143
Vida
danificada, 165
sentido trágico da, 86
Violência
culto blanquista da, 191
em Sartre, 178
revolucionária, 178
totalitária, 178
Virtude
como perfeição interior, 93
noção kantiana de, 93

Índice Remissivo*

Acton, H. B., 35
Adamson, Walter, 126
Adler, Max, 22, 23, 142
Adorno, Theodor W., 22, 112, 115, 119, 141-42, 146-48, 154, 158, 161, 164-73, 190, 194, 202-03, 205, 209, 220-21, 224, 227, 230, 233, 245, 256
  ciência, 227
  Dialética Negativa, 115, 148, 164-67, 233
  esterilidade, 170
  Filosofia da Música Moderna, 168
  individualidade, 164, 166
  materialismo, 136
  o concreto, 167
  Teoria Estética, 171
Althusser, Louis, 14, 24, 173, 182-94, 232, 236, 245
  causalidade, 187-88
  ciência, 184
  fundamentalismo, 185
  ideologia, 184, 188-89
  Ler O Capital, 183-84
Anderson, Perry, 11, 127, 129-30, 132, 224, 230-33, 235, 242-43, 245, 260, 262
Antal, Frederic, 93
Arato, Andrew, 96, 115, 144
Arendt, Hannah, 204, 209
Aron, Raymond, 11, 54, 66, 73, 79, 118, 179-80, 182, 192, 234, 251, 260
Austin, John Langshaw, 216
Avineri, Shlomo, 32, 39, 75
Axelos, Kostas, 181

Babeuf, Gracchus, 63
Bachelard, Gaston, 183
Bahro, Rudolf, 14, 15
Bakunin, Mikhail, 74-76
Balázs, Bela, 85-87, 92-93, 95
Balibar, Étienne, 188
Barthes, Roland, 174, 192
Bauer, Bruno, 60
Bauer, Otto, 23
Bell, Daniel, 88, 212
Benjamin, Walter, 14, 44, 141, 148-55, 157-60, 163-68, 194, 200, 202, 256, 260, 262, 322
  alegoria, 153, 155-57, 162-63
  aura, 155-56, 164
  como escritor, 161
  crítica de arte, 150
  e Adorno, 165
  estética, 157-58, 164
  ideia, 150, 154
  nostalgia, 154, 156
  Passagenwerk, 156, 158, 161
  Rua de Mão Única, 148, 153, 162
  teoria da linguagem, 151
  Teses Sobre a Filosofia da História, 153, 159
  Trauerspielbuch, 148, 150, 153-54, 161
Bergson, Henri, 110-11, 167
Bernstein, Eduard, 17, 21, 23, 103, 191, 215

* Reproduzimos aqui o índice da edição original.

Bettelheim, Bruno, 170
Blanqui, Louis Auguste, 64, 191
Bloch, Ernst, 15-16, 36, 82, 84, 96, 106-13, 116-17, 122, 135-36, 143, 254
Espírito da Utopia, 97, 108-09, 111
O Princípio Esperança, 110
Bobbio, Norberto, 42-46, 76, 260
Bogdanov, Alexander, 136, 159
Böhm-Bawerk, Eugen von, 78
Bordiga, Amadeo, 132-33
Borkenau, Franz, 143
Brecht, Bertold, 156-59, 189
Breines, Paul, 115
Breton, André, 157, 181
Buber, Martin, 87
Buck-Morss, Susan, 148, 172
Bukharin, Nikolai, 15, 17, 122, 247, 254
Burnham, James, 241

Callinicos, Alex, 190, 240
Canguilhem, Georges, 183
Castoriadis, Cornelius, 237, 241-42, 244, 245
Cavaillès, Jean, 183
Chardin, Teilhard de, 111
Chiodi, Pietro, 179
Chomsky, Noam, 216, 217
Cohen, Hermann, 151-52, 159, 244, 246, 260
Cohn-Bendit, Daniel, 194, 242
Cohn, Jula, 151
Colletti, Lucio, 135, 227, 231, 242, 245, 260
Constant, Benjamin, 44
Cornelius, Hans, 164, 237, 241
Croce, Benedetto, 20-22, 34, 123-25, 132-33, 140

Debray, Régis, 14-15, 237, 245
della Volpe, Galvano, 137, 236, 242, 245
Derrida, Jacques, 182, 220-21
Dilthey, Wilhelm, 20, 83, 85
Dutschke, Rudi, 194

Eisner, Kurt, 95
Engels, Friedrich, 15, 17-19, 23, 32, 34, 61, 63-64, 66, 68-70, 74, 97-98, 108, 113, 188, 232, 234
Erígena, João Escoto, 30
Ernest, Paul, 11, 15, 36, 84, 86, 89, 96, 106, 159, 254

Fanon, Frantz, 180
Fehér, Ferenc, 89
Femia, Joseph, 134, 137
Ferguson, Adam, 42-43
Fetscher, Iring, 67, 234-35
Feuerbach, Ludwig, 11, 59-62, 98, 146
Fichte, Johann Gottlieb, 25, 27, 46, 48, 97, 115-16, 206, 233
Fogarasi, Bela, 93, 95
Foucault, Michel, 220-221
Fougeyrollas, Pierre, 181
Fourier, Charles, 64, 72, 157, 196, 243
Freud, Sigmund, 109, 153, 185, 192, 195-97, 203, 206-07, 225
Fromm, Erich, 142, 145, 195
Fülep, Lajos, 84

Gadamer, Hans-Georg, 206-07
Garaudy, Roger, 181, 191
Gellner, Ernest, 11, 50-51, 80, 250, 258, 262
George, François, 56, 86-87, 150, 151, 186, 236, 247
George, Stefan, 84, 87
Geuss, Raymond, 225-26
Giddens, Anthony, 224, 238

Gide, André, 174
Glucksmann, André, 185
Gorz, André, 243-45
Grabenko, Ljena, 87
Gramsci, Antonio, 14-17, 20, 24, 108, 120-37, 140, 143, 149, 188, 230, 232, 240, 247, 254
aliança de classes, 125, 129
"A Revolução contra O Capital", 121
Cadernos do Cárcere, 120-22, 124-25, 128, 130, 136
consentimento, 127, 129-30
e Maquiavel, 132-33
filosofia da práxis, 122
função das elites, 125, 133
hegemonia, 127-30
humanismo, 122
intelectuais, 131, 144
marxismo ocidental, 254
Grünberg, Carl, 142
Gundolf, Georg, 151

Habermas, Jürgen, 14, 111-12, 140, 190, 193, 200, 202-28, 230, 233, 235, 239-40, 242, 245, 255-56, 260
Conhecimento e Interesse, 206-09, 214-15
epistemologia da ciência social, 205
A Crise de Legitimação no Capitalismo Tardio, 210, 213, 221, 239
Sobre a Lógica da Ciência Social, 206
Teoria da Ação Comunicativa, 218-19
tipos de ciência, 206
"Trabalho e Interação", 208
Transformação Estrutural da Esfera Pública, 204
Haering, Theodor, 48
Hall, John, 11, 94, 212, 222, 262
Harris, H. S., 51
Hartmann, Eduard von, 48, 109
Hauser, Arnold, 93
Hayek, Friedrich, 52
Hegel, G. W. F., 19, 20, 24-30, 32-41, 43-60, 62-63, 65-67, 70-71, 77, 82, 84, 90, 98-99, 105, 107, 110-11, 115-17, 137, 140, 150, 152, 166-67, 172-73, 178-79, 181, 185, 190-93, 197, 205, 208, 221-22, 232-33, 236, 247, 255, 260-62
Absoluto, 25, 27-29, 31, 33, 40, 47, 58
contradição, 34-35, 66
dialética, 34, 96, 100, 167, 176
externalização, 45
Fenomenologia do Espírito, 29-30, 37, 54, 207
Filosofia do Direito, 18, 27, 31-32, 38-42, 46-47, 52, 61, 75-76
historicismo, 48, 51, 54, 71
holismo, 51
idealismo, 19, 27, 37
liberdade e o individual, 40, 44, 49
Lógica, 28, 31, 34
mediação, 29, 35
o Estado, 52-53
trabalho, 35, 40-41
Heidegger, Martin, 28, 57, 161, 175, 177, 181, 193-94, 200, 227
Heller, Agnes, 87, 89, 112, 244-45, 260
Hess, Moses, 28, 54, 56, 60-62, 65-66, 74
Hilferding, Rudolf, 23, 142, 210, 231

Hindess, Barry, 238, 245
Hirsch, Joachim, 181, 239, 245
Hirst, Paul, 238, 245
Holloway, John, 239-40, 245
Horkheimer, Max, 141-44, 146-47, 164-67, 169-70, 194, 203
Hudson, Wayne, 109
Humboldt, Wilhelm von, 45
Husserl, Edmund, 88, 145-47, 172, 174, 178

Ingrao, Pietro, 135

Janowitz, Morris, 170
Jaspers, Karl, 82, 87
Jay, Martin, 115, 144-45, 168, 181, 207, 233, 235, 255-56
Joll, James, 123

Kant, Immanuel, 20, 23, 25-27, 34, 36, 42, 46-48, 93, 99, 149-50, 152, 205-06, 223
Kautsky, Karl, 15, 17, 20, 75, 98, 104, 108, 111, 129, 134
Kettler, David, 105
Kierkegaard, Sören, 84, 86, 95, 151, 165
Kirschheimer, Otto, 142
Klages, Ludwig, 150, 152, 155, 161
Koestler, Arthur, 178
Kojèv, Alexandre, 54
Kolakowski, Leszek, 11, 30, 117-18, 134, 170, 260
Korsch, Karl, 15-16, 18, 107-08, 111-12, 122, 143, 254
Kracauer, Siegfried, 147-48, 168
Kraus, Karl, 157, 160
Kun, Béla, 93, 95, 102

Labriola, Antonio, 21-22, 122, 134, 142
Lacan, Jacques, 54, 180, 185
Lacis, Asja, 158
Laing, R. D., 180
Lask, Emil, 82, 88-89
Lassalle, Ferdinand, 67, 74
Lazarsfeld, Paul, 170
Lefebvre, Henri, 181
Lefort, Claude, 241-42, 244
Lênin, Vladimir Ilyich Ulyanov, 104
Lessing, G. E., 27-28
Lévi-Strauss, Claude, 179, 192, 250
Lichtheim, Georg, 58, 78
Liebknecht, Karl, 95, 103
Locke, John, 31, 42, 150
Loria, Achille, 122
Lowenthal, Leo, 142-43
Löwith, Karl, 56, 118, 208
Löwy, Michael, 97, 113
Luhmann, Niklas, 210
Lukács, Georg, 14-16, 19, 20, 22, 24, 34, 58, 82-108, 111-20, 122-23, 133-36, 140, 143, 147, 154, 165, 170-72, 176-77, 179-81, 202, 226, 232-35, 244-46, 254-56, 260, 262
  A Alma e as Formas, 84, 86-87, 90-91, 113, 116
  A Destruição da Razão, 119
  alienação, 90, 99, 118, 136
  A Teoria do Romance, 89-92
  "A Velha Cultura e a Nova", 105
  Círculo de Domingo, 93, 95
  consciência, 115, 143
  decadência, 22, 83, 92
  dialética, 96, 98, 100, 107
  e Irma Seidler, 95
  e Ljena Grabenko, 87
  e o PC, 95, 108

e o socialismo, 87, 89, 94, 134
estética, 83, 87, 171
História e Consciência de Classe, 96, 99, 102, 104-07, 112-15, 117-19, 147, 176, 180, 202, 230
materialismo, 92-93, 97, 105, 108, 114, 122, 234
organização, 103-04
O Romance Histórico, 119
romantismo da desilusão, 90
"Tática e Ética", 96, 106
totalidade, 88, 100, 102, 106, 165, 177, 181, 226
tragédia, 83, 92
um verdadeiro fundador do marxismo ocidental, 118
Lukes, Steven, 222
Luxemburgo, Rosa, 95, 100, 103, 120, 129, 135, 210, 231

Machajski, Wactaw, 132
Macherey, Pierre, 189
Mallet, Serge, 199
Mandel, Ernerst, 14, 15
Mannheim, Karl, 93, 143
Mann, Michael, 214
Mann, Thomas, 71, 92, 120, 172
Marcel, Gabriel, 178
Marck, Siegfried, 117
Marcuse, Herbert, 136, 141-43, 154, 171, 180, 193-203-05, 212, 221, 224, 230-33, 242-44, 256
ciência, 198
Eros e Civilização, 195-96, 198
Homem Unidimensional, 196-99, 202
Razão e Revolução, 197
recusa, 198-99, 201
repressão, 194-95, 197, 201
Um Ensaio sobre a Libertação, 200
Marshall, Alfred, 53
Marx, Karl, 11, 17-22, 24, 30, 38-39, 43, 49, 51-52, 54-55, 57-59, 61-80, 98-100, 102, 112, 114, 116, 118, 126, 132, 137, 140, 146-47, 160, 167, 175-76, 181-87, 189, 191, 199, 208-11, 221, 225, 234, 236, 240-41, 243-45, 260-61, 263
A Ideologia Alemã, 64, 67, 71
autoritarismo, 114, 201
crítica do capitalismo, 72
determinismo econômico, 69, 97, 188
direitos individuais, 76
economia política, 18, 63, 67, 72, 100, 184-85, 199, 210
Filosofia da Miséria, 64
Grundrisse, 72, 185
Manifesto Comunista, 23, 64
Manuscritos de Paris, 62, 65, 185, 194
materialismo histórico, 15, 21-22, 65, 67-68, 70, 97, 108, 208, 238, 243-44, 255
O 18 Brumário de Luís Bonaparte, 126, 247
O Capital, 18, 69-72, 74, 78, 80, 121, 126, 183-85, 187, 247
prognósticos, 71
Tese da miserabilização, 70
Mayer, Hans, 142
Mazzini, Guiseppe, 122
McCarthy, Thomas, 214, 222
McInnes, Neil, 20
Merleau-Ponty, Maurice, 16, 54, 112-13, 178-79, 182, 232-35, 241

Michelet, Ludwig, 54, 59
Mouffe, Chantal, 136
Müller, Wolfgang, 239

Neumann, Franz, 142, 144-45
Neusüss, Christel, 239
Nietzsche, Friedrich, 20, 57-58, 86, 109, 119, 140, 160, 167, 172, 196, 202, 221, 262
Nisbet, Robert, 51-53
Nove, Alec, 243

Oakeshott, Michael, 52-53
O'Connor, James, 211
Offe, Claus, 209, 239
Owen, Robert, 64

Parkin, Frank, 214
Parsons, Talcott, 205, 210
Pasolini, Píer Paolo, 120
Picciotto, Sol, 239-40
Platão, 32, 40, 51, 58, 90, 150, 201
Plekhanov, Gueorgui, 15, 19-20, 68, 108
Pollock, Friedrich, 142, 144-45
Popper, Karl, 51-52, 173, 179, 184, 207, 223, 242, 253
Popper, Leo, 86, 88-89
Poster, Mark, 181, 190, 242
Poulantzas, Nicos, 182
Proudhon, Pierre-Joseph, 61, 64, 73, 75-76, 131

Rauschning, Hermann, 157
Renner, Karl, 23, 142
Revai, Joszef, 115
Ricardo, David, 63, 67
Rickert, Heinrich, 87-88, 98
Riedel, Manfred, 40-41, 45
Ritter, Joachim, 32, 46
Roberts, Julian, 143, 151, 161
Robinson, Joan, 78, 229-30
Roemer, John, 78, 246
Rose, Gillian, 167, 168, 233
Rosen, Michael, 36
Rosenzweig, Franz, 152, 160
Rousseau, J.-J., 37, 42-43, 45-46, 66, 173, 201, 258
Rubel, Maximilien, 75
Runciman, W. C., 223

Sachs, Hans, 197
Saint-Simon, Henri de, 41, 64, 66, 74, 196, 243
Sartre, Jean-Paul, 14, 22, 52, 111, 173-80, 182, 192, 230, 232, 241
  A Náusea, 174
  Crítica da Razão Dialética, 112, 176, 180
  intencionalidade, 174-75
  má fé, 175
  no marxismo, 112, 181, 230
  O Ser e o Nada, 174, 176
  situação, 176
Schelling, Friedrich Wilhelm Joseph von, 25-27, 37, 48, 58, 110-11, 203
Schiller, Friedrich, 49, 83, 171, 196, 236
Schmidt, Alfred, 193
Schmitt, Carl, 57
Schumpeter, Joseph, 73, 118, 203
Schütz, Alfred, 205
Scruton, Roger, 51-53
Searle, John, 216, 217
Sève, Lucien, 190
Shklar, Judith, 44
Smith, Adam, 41
Sorel, Georges, 21-22, 94, 131-32, 135-36
Sraffa, Piero, 239
Stálin, Josef, 108, 163, 191

Steiner, Rodolf, 86, 110
Stirner, Max, 75

Tanner, Michael, 169
Tasca, Ângelo, 133
Taylor, Charles, 33, 50-53, 136
Thompson, E. P., 190, 218, 222-24
Toennies, Gerrit Friedrich Otto, 227
Togliatti, Palmire, 120
Tolnay, Charles de, 93
Tretjakov, Sergei, 158

Vaihinger, Hans, 110

Walicki, Andrzej, 77
Weber, Alfred, 105
Weber, Max, 87, 94, 134, 219, 236
Weil, Eric, 52, 54
Weil, Felix, 142
Willms, Bernard, 224
Wittfogel, Karl, 142
Wittgenstein, Ludwig, 205-06
Wolfe, Bertram, 69
Zinoviev, Gregory, 112

Do mesmo autor, leia também:

José Guilherme Merquior faz uma pesquisa estimulante sobre a história e a evolução da teoria liberal desde o século XVII até o tempo presente. Combina uma enorme riqueza de informações – surpreendentemente condensada – com penetrante apresentação dos temas centrais do liberalismo. Esta edição é enriquecida por vasta fortuna crítica e documentos do arquivo pessoal do autor.